중등
신문
읽기

명문대 입학을 위해 반드시 읽어야 할
비문학 독서 논술

중등 신문 읽기 1

1판 1쇄 발행 2025년 4월 10일

지은이	조찬영, 이지혜
펴낸이	애슐리
편집	김민주
디자인 및 그린이	신병근
발행처	가로책길
주소	서울시 중구 퇴계로 409
등록	제 2021-000097호
e-mail	garobook@naver.com
ISBN	979-11-93419-03-8(44370)
	979-11-93419-02-1(세트)

가로책길 출판사는 독자 여러분의 의견에 항상 정성껏 귀를 기울이고 있습니다. 책을 출간하고 싶은 아이디어가 있으신 분은 언제든지 이메일(garobook@naver.com)로 보내주세요. 잠재된 생각을 가지고 있는 분은 망설이지 말고 출간 문의에 도전하시길 바랍니다.

1
인문
예술

중등 신문 읽기

명문대 입학을 위해 반드시
읽어야 할 비문학 독서 논술

조찬영, 이지혜 지음

가로책길

뉴스를 너머 미래 사회를 대응하는 힘을 기르는 시간

예측할 수 없는 변화에 대응하는 능력, 위기 상황에 대응하고 극복하는 능력을 만들다

세상이 참 빠르게 변합니다. 그 변화하는 가속도를 우리는 따라가기가 힘이 들죠. 디지털의 전환, 기후환경의 변화, 학령인구 감소로 사라지는 학교들, 그리고 고령화 사회 등 미래 사회에 대한 대응이 절실한 시대입니다. 그래서 이러한 시대적 흐름을 잘 이해하고 준비할 필요가 있습니다. 그렇다고 빠르게 변화하는 것만 파악해서 임기응변으로 살아가는 것도 올바른 방법은 아닌 것 같습니다. 우리 선조들의 지혜와 세상의 이야기를 두루 살피며 차근차근 세상을 이해하고 헤쳐나갈 힘을 기르는 것이 지금은 더 중요한 시대입니다.

교육이 혁신을 거듭하며 변화하는 것도 우리 학생들이 예측할 수 없는 변화에 대응할 수 있도록 그 힘을 키우기 위함입니다. 공교육은 이렇게 디지털 전화에 따른 산업의 변화, 팬데믹, 기상 이변, 기후 환경의 변화 등 위기 상황에 대응하고 극복하는 능력을 키우는 것이 중요하다고 이야기 합니다. 이러한 노력으로 공교육은 학습자 맞춤형 교육, 미래 교육을 위한 교육 과정 체제의 전환을 꾀하고 있지만 학교에서 배우는 교과목으로는 한계가 있습니다. 그래서 『중등 신

4 ～～～～～

문 읽기』는 학교 공부의 연장선에서 세상의 이야기로 더 이해하기 쉽고, 생각할 수 있는 힘을 키우며, 토론과 글쓰기까지 가능하도록 구성하였습니다.

　중학생을 위한『중등 신문 읽기』시리즈는 총 4권으로 구성되어 있습니다. 1권은 '인문 · 예술', 2권은 '사회 · 문화', 3권은 '과학 · 기술', 그리고 4권은 '주제 통합'으로, 신문에서 다루는 폭넓은 영역을 단계별로 살펴볼 수 있도록 기획하였습니다. 실제 신문 기사와 함께 해설 및 관련 지식을 제공하여, 독자들이 다양한 분야의 이슈에 관심을 갖고 주체적으로 사고하도록 돕는 것이 이 책의 핵심 목표입니다.

　이 시리즈는 크게 세 가지 측면에서 중학생들에게 도움이 될 것입니다.

　첫째, 지식의 확장입니다. 인문 · 예술, 사회 · 문화, 과학 · 기술 등 분야별로 신문 기사를 선별하여 다루므로, 독자들은 특정 분야에만 치우치지 않고 균형 잡힌 시각을 형성할 수 있습니다. 더 나아가 4권에서는 앞서 배운 주제를 통합적으로 연결해보는 과정을 담아, 하나의 사안을 다양한 관점에서 이해하고 해석할 수 있는 능력을 기르도록 돕습니다.

　둘째, 논리적 사고와 비판적 읽기 훈련입니다. 신문은 시의성과 사실성을 갖춘 글이지만, 동시에 기사마다 특정 관점이나 의도가 반영되기도 합니다. 따라서 기사를 읽을 때는 단순히 정보만 받아들이기보다, 그 안에 담긴 맥락과 배경지식을 함께 고려해야 합니다. 이 책에서는 기사 분석과 함께 의문점을 제시하고, 독자가 스스로 생각해볼 만한 질문들을 던집니다. 이를 통해 논리적으로 사고하고, 편향된 정보를 분별해내는 능력을 키우게 될 것입니다.

셋째, 학업 성취와 진로 준비에의 기여입니다. 중학교 시절의 독서 습관은 고등학교 이후 내신과 수능, 나아가 대학 입시와 진로 선택에도 커다란 영향을 미칩니다. 실제로 최근 고등학교 국어 교과나 수능 비문학 영역에서 요구되는 독해력은 특정 지식의 암기가 아니라, 글을 깊이 있게 분석하고 핵심 논지를 파악해내는 능력입니다. 신문을 활용한 읽기 훈련은 이러한 역량을 기르는 데 최적의 방법이라 할 수 있습니다. 또한 자신이 관심 있는 분야의 기사를 찾아 읽는 과정에서 자연스럽게 진로에 대한 단서를 얻을 수도 있습니다.

이 책을 집필한 조찬영 선생님은 오랜 기간 학교 교과와 연계한 독서 콘텐츠와 신문을 활용한 교육 콘텐츠를 연구·개발해 왔습니다. 또한 이지혜 선생님은 중고등학교 학교 현장에서 국어과목을 가르치고 논술연구를 해오며 학생들에게 필요한 것이 무엇인지를 고민해왔습니다. 공교육과 사교육의 실제 수업 현장에서의 경험을 바탕으로, 중학생들이 보다 쉽고 재미있게 신문을 접할 수 있도록 구성하였으며, 각 권별로 제시된 다양한 예시 기사와 활동 문제를 통해 '배우는 재미'를 느낄 수 있도록 하였습니다. 또한, 지루하지 않도록 스토리텔링과 다양한 자료 사진, 도표를 적절히 활용하였습니다. 학생들이 흥미로운 독서활동이 될 수 있도록 고민하고, 사회에 큰 관심을 가질 수 있도록 기사 주제를 고심하여 선별하였습니다.

끝으로, 이 책을 읽는 모든 학생들에게 한 가지 당부하고 싶은 말이 있습니다. 신문을 읽는 습관은 결코 단기간에 완성되지 않습니다. 매일 조금씩 꾸준히 읽고, 기사 속 정보와 자신의 생각을 비교·대조하는 과정을 반복해야 합니다. 그렇게 쌓인 습관과 경험이 결국 여러분의 비판적 사고력과 지식을 단단하게 만들어줄 것입니다. 이 책이 그러한 성장의 발판이 되기를 진심으로 바랍니다.

『중등 신문 읽기』 시리즈가 변동성, 불확실성, 복잡성이 특징인 미래 사회에 대응할 수 있도록 기본 역량과 변화 대응력을 마련해줄 것입니다. 그리고 여러분이 세상을 이해하는 폭을 넓히고, 다가올 고등학교 내신 및 수능 비문학 파트, 더 나아가 대학 및 진로를 설계하는 데에 든든한 길잡이가 되어줄 것이라 확신합니다. 독자 여러분이 책을 읽으며 고민하고, 생각하고, 의문을 제기하는 모든 과정이 한 단계 더 성장하는 귀중한 시간이 되길 기대합니다.

조찬영, 이지혜

차례

프롤로그 뉴스를 너머 미래 사회를 대응하는 힘을 기르는 시간 **4**

1 인문 | 생각의 힘 - 인간을 움직이는 가치의 세계

1 한옥의 특징과 현대적 가치 12

2 맥주, 문명의 물결을 일으킨 황금 액체 20

3 독서가 뇌과학에 미치는 영향 28

4 스니커즈 - 운동화에서 문화 아이콘으로, 발끝에서
시작된 세상 정복기! 36

5 고전문학의 현대적 재해석 - 옛 작품들이 현대에 주는 교훈 44

6 새로운 균형을 찾아서 - 장 피아제와 아동 인지의 비밀 52

7 동서양 철학의 만남과 융합 60

8 파라다이스와 지옥 사이 - 도파민 중독의 역설 68

9 심리적 탄력성 - 실패와 스트레스를 다루는 능력 76

10 역사는 우리의 뿌리이자 미래를 비추는 거울 83

11 죽음이 가르쳐주는 삶의 진정한 가치 90

12 돌봄의 예술 - 사랑으로 엮는 사회의 연결고리 98

13 사고의 틀을 확장하는 언어 106

14 브리타니의 선택 - 존엄한 작별을 위한 자유의 길 114

15 인간과 자연의 상호의존성 - 공생의 철학 122

16 기억의 마법 - 첫인상과 마지막 인상이 남기는 흔적 130

17 자조의 힘 - 스스로 돕는 자들이 만든 근대 한국의 이야기 138

18 초저출산 시대, 우리 미래는 어떻게 될까? 146

2 예술 | 예술, 시대를 말하다 - 감성과 창조의 세계

1 거울 속으로 - 베르사유 궁전의 역사와 아름다움   156

2 BTS와 국악의 콜라보, 전통과 현대의 조화   164

3 스키모토 히로시 - 시간과 존재를 포착한 사진 예술의 경계   172

4 인체 해부학과 르네상스 화가들 - 예술과 과학의 융합   180

5 움직임의 마법 - 키네틱 아트로 만나는 새로운 경험   188

6 예술과 인공지능, AI가 그린 그림은 예술일까?   196

7 우륵과 가야금 - 한국 전통 음악의 심장과 영혼   204

8 공공미술과 사회 변화 - 그래피티 예술, 도시를 바꾸다   212

9 신발이 걸린 나무 - 슈즈트리의 이야기   220

10 세계가 주목하는 K-예술   228

11 아악의 선율, 이왕직 아악부의 문화유산   236

12 문학은 종합예술이다   244

13 빛나는 피라미드 - 고대 이집트의 우주와 영혼을 담은 신성함   252

14 유미주의   260

15 파블로 피카소의 '게르니카'를 아십니까?   268

16 전통예술의 현대적 변화 - 판소리와 힙합의 조화   276

17 탈의 마법 - 한국 전통의 춤과 이야기   284

18 현대 미술이 난해한 이유   292

• 정답 및 해설 300

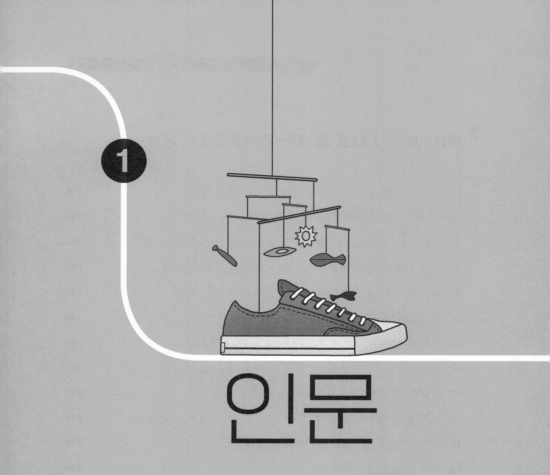

인문

1

생각의 힘

인간을 움직이는 가치의 세계

한옥의 특징과 현대적 가치

한옥은 한국의 전통 건축 양식으로, 자연과의 조화, 효율적인 공간 활용, 그리고 독특한 미적 감각을 지니고 있다. 현대 사회에서는 이러한 전통적 가치를 재조명하며, 한옥의 현대적 활용 방안이 다양하게 모색❶되고 있다. 한옥은 자연과의 조화를 중시하는 건축물로, 주로 목재, 흙,

설화수의 집

돌 등 자연 재료를 사용하여 지어진다. 이러한 재료 선택은 친환경적일 뿐만 아니라, 주변 환경과의 조화를 이루는 데 기여한다. 한옥의 배치는 지형과 기후를 고려하여 설계되며, 남향으로 지어져 햇빛을 최대한 활용하고, 처마의 길이를 조절하여 계절별로 실내 온도를 조절한다. 또한, 온돌과 마루를 통해 겨울에는 따뜻하고 여름에는 시원한 환경을 제공하여, 에너지 효율성을 높인다.

현대 사회에서 한옥은 전통적 요소를 유지하면서도 현대인의 생활 방식에 맞게 변모하고 있다. 대표적인 사례로 서울 북촌 한옥마을의 '설화수의 집'이 있다. 이 공간은 전통 한옥의 기본 골격과 재료를 현대적으로 해석하여 유리문과 유리창을 활용해 안과 밖의 경계를 허물고, 채광❷ 효과를 극대화했다. 햇볕이 공간 곳곳에 오래 머물도록 설계된 이 한옥은 전통미를 살리면서도 현대적 감각을 가미한 성공적인 사례로 꼽힌다. 이러한 현대적 한옥은 전통과 현대의

조화를 통해 새로운 건축적 가치를 창출하며, 전통 건축의 가능성을 넓히고 활용 범위를 확장하는 데 기여하고 있다.

현대적 한옥은 주거 공간을 넘어 다양한 용도로 확장되고 있다. 한옥을 개조해 카페, 갤러리, 숙박 시설 등으로 활용하는 사례가 늘어나고 있는데, 이는 전통 건축의 아름다움과 현대적 기능성을 동시에 추구하려는 경향을 보여준다. 예를 들어, 서울 인사동과 북촌 한옥마을에는 전통적인 외관을 유지하면서도 현대적 편의 시설을 갖춘 카페와 갤러리가 다수 운영되고 있다. 이러한 공간들은 국내외 방문객들에게 큰 인기를 끌며, 전통 건축물을 현대적으로 활용한 성공적인 모델로 자리 잡고 있다. 이는 한옥의 문화적 가치를 높이고, 전통과 현대를 연결하는 새로운 관광 트렌드로 중요한 역할을 하고 있다.

한옥의 현대적 변모는 전통 건축의 보존과 현대적 활용이라는 두 가지 과제를 해결하려는 노력의 일환이다. 전통 한옥의 공간 구성과 자연 친화적 요소를 유지하면서도 현대인의 생활 패턴에 맞는 기능성과 편의성을 추가함으로써, 한옥은 과거의 유산[3]을 현재와 미래에 맞게 재해석하고 있다. 이러한 시도는 단순히 전통을 계승하는 것을 넘어, 한옥의 문화적 가치를 높이고 지속 가능한 건축의 한 모델로 주목받고 있다. 현대적 한옥은 전통과 현대의 경계를 넘어 창의적이고 혁신적인 공간으로 발전하며, 미래 세대가 전통을 이어갈 수 있는 기반을 마련하고, 건축 문화의 새로운 장을 열어가고 있다.

꼭 기억하렴

① 모색: 방법이나 방향을 찾기 위해 이리저리 헤매거나 시도하는 것으로 문제를 해결하거나 새로운 길을 찾고자 할 때의 탐구적 활동을 뜻한다.
② 채광: 자연광을 건축물 내부로 끌어들인다는 의미로, 건물의 창이나 구조를 통해 햇빛을 최대한 효율적으로 받아들이는 기술이나 설계를 의미한다.
③ 유산: 조상이나 이전 세대로부터 물려받은 재산, 전통, 문화적 가치를 가진 것이다. 또한 물리적인 것(건축물, 재산)과 비물리적인 것(문화, 관습, 지식) 모두를 포함하여 후세에 전해지는 자산을 뜻한다.

국어 공신 선생님

한옥의 현대적 변모는 전통 건축의 보존과 현대적 활용이라는 두 가지 과제를 성공적으로 해결하며, 건축 문화에 새로운 가치를 더하고 있다. 전통 한옥은 자연 친화적인 설계와 공간 구성의 독창성을 통해 과거의 유산을 계승하면서도 현대인의 생활 패턴에 맞는 실용성을 더해 재해석되고 있다. 특히, 전통적인 외관과 현대적 기능성을 결합한 한옥 카페, 갤러리, 숙박 시설 등은 국내외 방문객들에게 전통 건축의 아름다움을 체험할 기회를 제공하면서도 현대적인 편리함을 놓치지 않는다. 이러한 시도는 한옥의 문화적 가치를 높이는 동시에, 지속 가능한 건축 모델로서 주목받고 있다. 앞으로도 전통과 현대의 균형을 유지하며 다양한 창의적 활용 방안을 모색하는 한옥은 미래 세대가 전통을 이어가며 새롭게 발전시킬 수 있는 중요한 유산으로 남을 것이다.

국어 공신 선생님의 감상 꿀팁!

 한걸음 더 깊이 생각해 보기

• 한옥의 현대적 변모가 지속 가능한 건축 모델로 평가받는 이유는 무엇인가?

한옥은 전통 건축의 친환경적 요소와 현대적 편리성을 결합하며 지속 가능한 건축 모델로 자리 잡았다. 전통 한옥은 목재, 흙, 돌 등 자연 재료를 활용해 주변 환경과 조화를 이루며, 에너지 효율성이 뛰어난 온돌과 처마 구조를 갖췄다. 현대적 한옥은 이러한 특성을 유지하면서도, 유리문과 유리창을 활용한 채광 효과와 현대적 편의 시설을 더해 실용성을 극대화했다. 이러한 접근은 단순한 전통 보존을 넘어 지속 가능한 건축 기술로 발전 가능성을 보여준다. 특히, 자원 절약과 탄소 배출 감소라는 측면에서 한옥은 현대 건축의 중요한 대안으로 평가받는다. 이는 환경 보호와 전통 계승이라는 두 가지 과제를 동시에 해결하는 모델로서 큰 의미를 가진다.

• 한옥의 현대적 변모 과정에서 관광 산업과 교육적 활용의 가능성은 어떻게 확장될 수 있을까?

한옥의 현대적 변모는 관광 산업과 교육적 활용의 가능성을 크게 확장시킨다. 관광 산업에서는 한옥을 카페, 숙박 시설, 전시 공간으로 개조하여 국내외 방문객들에게 한국 전통 건축의 독특함을 체험할 기회를 제공한다. 또한, 한옥 체험 프로그램이나 워크숍을 통해 방문객들이 전통 건축의 원리를 배우고 참여하도록 유도할 수 있다. 교육적 활용에서는 한옥을 건축 교육의 장으로 활용해 전통 건축 기법과 자연 친화적 설계를 배우는 기회를 제공할 수 있다. 예를 들어, 한옥의 온돌 구조나 처마 설계 원리는 지속 가능한 건축 모델로서 환경 교육에도 활용될 수 있다. 이를 통해 한옥은 단순한 문화 유산을 넘어 학습과 체험의 플랫폼으로 자리 잡을 수 있다.

• 한옥이 현대 사회에서 도시 재생 프로젝트의 중요한 요소로 활용될 가능성은 무엇인가?

한옥은 도시 재생 프로젝트에서 전통과 현대의 조화를 이루는 중요한 요소로 활용될 가능성이 크다. 도시의 낙후된 지역에 한옥을 개조하거나 재건축하면, 전통 건축의 아름다움을 유지하면서도 현대적 편의 시설을 갖춘 공간으로 변모시킬 수 있다. 이는 해당 지역의 역사적 가치를 보존하면서도, 주민들의 삶의 질을 향상시키는 역할을 한다. 또한, 한옥을 활용한 도시 재생은 지역의 문화적 아이덴티티를 강화하고, 관광객과 주민 간의 상호작용을 촉진하며 지역 경제를 활성화하는 데 기여할 수 있다. 서울 북촌 한옥마을은 이러한 도시 재생의 성공적인 사례로, 전통과 현대의 조화를 통해 새로운 도시 문화와 경제적 가치를 창출하고 있다.

정리해 볼까요?

기사에 대해서 알아볼까요?

주제: 한옥의 전통적 가치와 현대적 재해석 및 활용 방안
핵심어휘: 한옥, 전통 건축, 자연과의 조화, 지속 가능성, 현대적 활용, 문화적 가치, 유산, 에너지 효율성, 채광, 관광 트렌드

1단락 요약: 한옥은 목재, 흙, 돌 등 자연 재료를 사용해 친환경적이며, 남향 배치와 처마 설계로 실내 온도를 조절하는 전통 건축 양식이다.
2단락 요약: 현대적 재해석을 통해 한옥은 전통적 요소와 현대적 기술을 결합하여 채광과 공간 활용성을 높인 새로운 건축 사례로 발전하고 있다.
3단락 요약: 한옥은 카페, 갤러리, 숙박 시설 등으로 활용되며, 전통 건축의 아름다움과 현대적 기능성을 겸비해 관광 산업에 기여하고 있다.
4단락 요약: 전통 보존과 현대적 기능을 융합한 한옥은 지속 가능한 건축 모델로 평가받으며, 창의적이고 혁신적인 건축물로 변화하고 있다.
5단락 요약: 현대적 한옥은 전통 건축의 아름다움과 현대적 편리함을 결합하여 미래 세대가 계승할 수 있는 중요한 문화적 유산으로 자리 잡고 있다.

기사의 구조적 접근을 꼭 알아야 해요!

1) 서론: 전통의 가치, 현대적 재조명: 한옥의 의미
한옥은 자연 친화적 설계와 에너지 효율성을 지닌 한국의 전통 건축 양식이다. 현대 사회에서는 이러한 전통적 가치를 재조명하며, 한옥의 현대적 활용 방안이 다양한 형태로 모색되고 있다.

2) 본론: 전통과 현대의 조화, 한옥의 새로운 변신
한옥은 목재, 흙, 돌과 같은 자연 재료로 지어 환경 친화적이며, 자연과 조화를 이루는 설계로 잘 알려져 있다. 남향 배치와 깊은 처마 설계는 계절 변화에 따라 실내 온도를 자연스럽게 조절한다. 이러한 전통적 요소들은 한옥이 단순한 주거 공간을 넘어 자연과 인간이 조화를 이루는 생활 공간으로 자리 잡게 한다. 최근 전통적 가치는 새로운 방식으로 재해석되고 있다. 서울 북촌 한옥마을의 '설화수의 집'은 전통 구조를 유지하면서도 유리창과 유리문을 활용해 채광과 공간 활용도를 높였다.

3) 결론: 지속 가능한 문화유산으로서의 한옥
한옥의 현대적 변모는 전통 보존과 현대적 활용이라는 두 가지 과제를 성공적으로 해결하며 지속 가능한 건축 모델로 자리 잡고 있다. 이는 미래 세대가 계승하고 발전시킬 수 있는 중요한 문화적 유산으로 남을 것이다.

비판적 사고 키워 볼까요? +

1 한옥의 특징과 현대적 재해석에 관한 설명으로 적절하지 <u>않은</u> 것은?

① 한옥은 자연 재료를 사용해 주변 환경과 조화를 이루며 친환경적이다.

② 한옥의 남향 배치는 햇빛 활용도를 높이고 계절별 실내 온도 조절을 가능하게 한다.

③ 현대적 한옥은 전통적 외관을 유지하면서도 편리한 현대적 기능을 결합한 사례가 많다.

④ 한옥의 현대적 활용은 주거 공간에 국한되며 관광 산업에는 기여하지 못한다.

⑤ 서울 북촌의 '설화수의 집'은 한옥이 채광효과를 극대화하여 현대적 공간 활용성을 갖출 수 있음을 보여주는 사례이다.

2 다음 보기를 참고할 때, 한옥의 현대적 변모와 활용에 대한 설명으로 적절하지 <u>않은</u> 것은?

> 보기
>
> • 한옥은 자연과의 조화를 중시하며 목재, 흙, 돌 등 자연 재료를 사용하여 친환경적 건축물로 평가받는다.
> • 현대적 한옥은 전통적인 외관을 유지하면서도 현대적 편의 시설을 갖추어 주거 공간뿐만 아니라 카페, 갤러리, 숙박 시설 등 다양한 용도로 활용된다.
> • 전통적인 설계와 현대적 기술이 결합된 한옥은 전통미와 채광 효과를 극대화하며, 새로운 건축적 가치를 창출하고 있다.

① 한옥은 자연 재료를 활용하여 친환경적 건축의 대표적 사례로 꼽힌다.

② 현대적 한옥은 전통미를 유지하면서도 실용적인 편의 시설을 추가한다.

③ 한옥은 전통적 요소를 유지하며, 현대적 변화를 통해 관광 산업에 기여한다.

④ 한옥은 전통적 주거 양식으로 실용성과 경제성 면에서 활용 가치가 축소되고 있다.

⑤ 현대적 한옥은 전통과 현대의 조화를 통해 지속 가능한 건축 모델로 주목받고 있다.

3 한옥은 자연 친화적 건축 양식으로서 현대적 변모를 통해 다양한 가치를 실현하고 있다. 한옥이 가진 전통적 특징과 현대적 활용 방안에 대해 서술하시오.

4 한옥은 전통 건축의 보존과 현대적 활용이라는 두 가지 가치를 동시에 추구하고 있다. 한옥의 전통적 특징과 현대적 변모 사례를 바탕으로 전통과 현대의 조화를 이루는 건축의 중요성에 대해 서론, 본론, 결론의 형식으로 서술하시오.

중요

5 현대적 한옥은 전통적 가치와 현대적 편리함을 결합하며 새로운 건축 모델로 자리 잡고 있다. 한옥의 현대적 변모 과정에서 전통적 요소를 유지하는 것이 왜 중요한지 서술하시오.

집중

6 다음 '한옥의 현대적 변모 과정에서 전통적 요소와 현대적 기능성 중 어느 것을 더 중시해야 하는가?'라는 논제를 바탕으로 찬성과 반대의 생각을 서술하시오.

전통적 요소 중시	현대적 요소 중시

02 맥주, 문명의 물결을 일으킨 황금 액체

　인류 초기 문명에서 맥주는 단순한 음료 이상의 중요한 역할을 했다. 고대 사회에서 맥주는 문화, 경제, 종교 등 다양한 측면에서 중요한 위치를 차지했으며, 인간 사회의 발전에 깊은 영향을 미쳤다. 메소포타미아는 티그리스강과 유프라테스강 사이에 위치한 지역으로, 세계에서 가장 오래된 문명[1]의 하나로 알려져 있다. 이 지역에서 맥주가 매우 중요한 역할을 했다는 점은 특히 흥미롭다. 메소포타미아 지역은 농업이 발달한 곳으로, 특히 보리를 많이 재배했다. 보리는 맥주의 주요 원료로, 메소포타미아 사람들은 이 보리를 이용해 맥주를 만들었다. 실제로 메소포타미아 문명의 초기 기록에서 맥주에 대한 언급이 많이 등장하며, 이는 기원전 4천 년 전까지 거슬러 올라간다. 맥주는 단순한 음료로서의 기능을 넘어, 사회적 상호작용의 매개체로 작용하기도 했다. 예를 들어, 잔치나 축제와 같은 중요한 행사에서 맥주는 사람들을 모으고 공동체의 유대를 강화하는 역할을 했다.

　메소포타미아에서 맥주는 단순히 음료 이상이었다. 맥주는 종교적 의식에서도 신들에게 바쳐지는 선물의 의미로 중요한 위치를 차지했다. 맥주는 일상생활에서도 널리 소비되었으며, 이는 고대 문헌인 '길가메시 서사시'와 같은 작품에서도 확인이 된다. 길가메시 서사시에서는 야생에서 살던 엔키두(Enkidu)가 맥주를 마심으로써 문명 사회의 일원으로 변

엔키두

모[2]하는 장면이 나오는데, 이처럼 맥주는 인간이 자연 상태를 벗어나 문명화된 사회로 들어가는 상징적 도구로 묘사되었다. 서사시에서는 맥주가 문명화의 상징으로 묘사되기도 했다. 이러한 맥주의 중요성은 단순한 음료 소비를 넘어, 사회적 상호작용과 공동체의 결속을 강화하는 역할을 했다. 고대 메소포타미아에서는 맥주가 사람들 간의 유대감[3]을 형성하고, 잔치나 축제와 같은 중요한 행사에서 필수적인 요소로 자리 잡았다. 또한, 맥주는 경제적 거래의 수단으로도 사용되었으며, 그 가치는 사회적 지위와도 연결되어 있었다. 이처럼 맥주는 메소포타미아 문명에서 다면적인 역할을 하며, 고대 사회의 문화와 가치관을 반영하는 중요한 요소로 기능했다.

메소포타미아 문명에서 맥주는 경제적 교환의 중요한 수단이기도 했다. 임금으로 지급되거나, 상거래에서 거래되기도 했다. 특히 맥주는 노동자들의 일상 식량의 일부로 제공되었으며, 영양가 있는 음료로서 중요한 역할을 했다. 고대 메소포타미아인들은 맥주 제조 기술에 대한 상당한 지식을 가지고 있었고, 그들은 발효 과정을 이해하고 있었으며, 다양한 종류의 맥주를 만들 수 있었다. 메소포타미아의 점토판에는 맥주 제조와 관련된 레시피와 절차가 기록되어 있고, 이러한 문서들은 당시 맥주 제조가 체계화된 지식으로 전해졌음을 보여준다. 또한, 맥주는 종교적 의식에서도 중요한 역할을 했으며, 신들에게 바치는 제물로 사용되기도 했다. 이처럼 맥주는 단순한 음료 이상의 의미를 지니며, 사회적, 경제적, 문화적 맥락에서 중요한 위치를 차지하고 있었다. 고대 메소포타미

꼭 기억하렴

❶ 문명: 인류가 이룩한 물질적, 기술적, 사회 구조적인 발전. 자연 그대로의 원시적 생활에 상대하여 발전되고 세련된 삶의 형태를 말한다.
❷ 변모: 모양이나 모습이 달라지거나 바뀌거나 그 모양이나 모습을 의미한다.
❸ 유대감: 서로 밀접하게 연결되어 있는 공통된 느낌을 일컫는다.
❹ 단서: 어떤 문제를 해결하는 방향으로 이끌어 가는 일의 첫 부분을 뜻한다.

국어 공신 선생님

아인들은 맥주를 통해 공동체의 결속을 다지고, 다양한 사회적 활동을 촉진하는 데 기여했다.

맥주는 메소포타미아인들에게 단순한 음료가 아닌, 그들의 생활과 문화에 깊이 뿌리내린 중요한 요소였다. 이는 사람들 간의 유대감을 강화하고, 사회적 결속을 도모하는 도구로 사용되었음을 알 수 있다. 메소포타미아 문명에서 맥주는 단순한 식음료를 넘어, 사회적, 경제적, 종교적 중요성을 가진 중요한 요소였다. 맥주의 발명과 발전은 메소포타미아 문명의 농업, 사회 구조, 경제 활동 및 문화에 깊은 영향을 미쳤으며, 인류 초기 문명에서의 맥주의 역할을 잘 보여준다. 맥주는 인류 초기 문명에서 영양 공급원, 사회적 결속의 매개체, 종교적 상징, 경제적 자원 등 다양한 역할을 수행했다. 이러한 맥주의 중요성은 초기 문명 사회의 발전과 밀접하게 연결되어 있으며, 당시의 문화와 사회 구조를 이해하는 데 중요한 단서❶를 제공한다. 맥주는 단순한 음료 이상의 의미를 지니며, 인류의 문화적, 경제적, 사회적 발전에 깊은 영향을 미쳤다.

국어 공신 선생님의 감상 꿀팁!

🧢 좀 더 깊이 생각해 보기

집중!

• 고대 사회에서 음료가 사회적 결속을 강화하는 데 어떤 역할을 했을까?
고대 사회에서 음료는 사회적 결속을 강화하는 중요한 역할을 한다. 첫째, 음료는 잔치와 축제와 같은 공동체 행사에서 필수적인 요소로 작용하여 사람들을 모으고 유대를 강화한다. 둘째, 음료를 나누는 과정은 대화를 촉진하고 상호작용을 증가시켜 친밀감을 형성하는 데 기여한다. 셋째, 음료는 경제적 거래의 수단으로 사용되며, 사람들 간의 관계를 형성하는 데 중요한 역할을 한다. 넷째, 종교적 의식에서도 음료는 신에게 바치는 제물로 사용되거나 의식의 일환으로 나누어져 공동체의 신앙과 결속을 강화한다. 마지막으로, 특정 음료는 문화적 상징으로 자리 잡아 공동체의 정체성을 나타내고 소속감을 부여한다. 이러한 요소들은 모두 고대 사회에서 음료가 사회적 결속을 강화하는 데 기여한 중요한 역할들이다.

● 음료와 관련된 고대의 전통 의식은 어떤 것들이 있을까?

고대의 전통 의식에서 음료는 중요한 역할을 하였다. 예를 들어, 고대 그리스에서는 포도주를 신들에게 바치는 의식이 있었다. 이 의식은 신을 기리며, 포도주를 통해 신과의 교감을 이루고자 하였다. 또한, 고대 이집트에서는 맥주가 중요한 사회적 음료로 여겨졌으며, 종교 의식에서도 사용되었다. 이집트인들은 맥주를 신들에게 바치고, 제사에서 중요한 역할을 하였다. 아시아에서는 차 문화가 발달하였고, 중국에서는 차를 통해 조상에게 경의를 표하는 의식이 있었다. 이러한 전통 의식들은 음료가 단순한 소비를 넘어, 사회적, 종교적 의미를 지니고 있음을 보여준다. 음료는 사람들 간의 유대감을 형성하고, 신과의 연결을 강화하는 매개체로 기능하였다.

● 현대 사회에서의 음료가 가지는 문화적 의미와 비교하여 생각해 볼 때, 메소포타미아 문명에서 맥주가 문화적 상징으로서의 어떤 역할을 수행했을까?

현대 사회에서도 음료는 문화적 의미를 지닌다. 예를 들어, 와인이나 맥주는 기념일이나 축제에서 소비되며, 사람들 간의 소통을 촉진하는 역할을 한다. 그러나 현대의 음료는 개인의 취향과 선택에 따라 다양하게 소비되며, 상업화된 경향이 강하다. 메소포타미아의 맥주가 공동체와 신앙의 상징으로 기능한 반면, 현대의 음료는 개인의 정체성과 사회적 상호작용을 반영하는 요소로 변화하였다. 메소포타미아 문명에서 맥주는 단순한 음료가 아니라 문화적 상징으로서 중요한 역할을 수행하였다. 우선, 맥주는 종교적 의식에서 신성한 음료로 여겨져 신에게 바치는 제물로 사용되었다. 이는 맥주가 풍요와 생명의 상징으로 인식되었음을 나타낸다. 또한, 맥주는 공동체의 결속을 강화하는 매개체로 기능하였다. 사람들은 축제나 특별한 행사에서 함께 맥주를 나누며 사회적 유대감을 형성하였다.

정리해 볼까요?

기사에 대해서 알아볼까요?

주제: 인류 초기 문명에서 맥주는 단순한 음료가 아니라, 메소포타미아에서 문화, 경제, 종교적 측면에서 중요한 역할을 하며 사회적 결속과 발전에 기여한 요소로 기능했다.
핵심어휘: 문명, 변모, 유대감, 단서

1단락 요약: 인류 초기 문명에서 맥주는 단순한 음료를 넘어 문화, 경제, 종교 등 다양한 측면에서 중요한 역할을 하였으며, 특히 메소포타미아에서 농업과 사회 발전에 깊은 영향을 미쳤다.
2단락 요약: 메소포타미아에서 맥주는 종교적 의식과 일상생활에서 중요한 역할을 하였으며, 문명화의 상징으로 묘사되었고, 경제적 교환 수단으로도 사용되었으며, 제조 기술이 체계화되어 있었다.
3단락 요약: 메소포타미아 문명에서 맥주는 임금 지급과 상거래에 사용되었으며, 노동자들에게 영양 공급원으로 중요한 역할을 하고, 제조 기술이 체계화 되었고 종교적 의식에서도 중요한 위치를 차지했다.
4단락 요약: 맥주는 메소포타미아인들에게 단순한 음료가 아닌, 사회적 결속과 유대감을 강화하는 중요한 요소로, 농업과 경제 활동, 종교적 상징으로서 인류 초기 문명에 깊은 영향을 미쳤다.

기사의 구조적 접근을 꼭 알아야 해요!

1) 서론: 맥주의 중요성
인류 초기 문명에서 맥주는 단순한 음료 이상으로, 문화, 경제, 종교 등 다양한 측면에서 중요한 역할을 했다. 특히 메소포타미아 지역에서는 맥주가 사회 발전에 깊은 영향을 미쳤다.

2) 본론: 메소포타미아와 맥주
메소포타미아는 보리로 맥주를 제조하여, 종교 의식과 일상에서 소비하였다. '길가메시 서사시'에서 문명화의 상징으로 묘사되었고, 경제적으로 임금과 식량으로 제공되며 중요한 교환 수단으로 기능했다.

3) 결론: 맥주의 문화적 의미
맥주는 메소포타미아 문명에서 사회적 유대감, 경제적 자원, 종교적 상징으로 기능하며 초기 문명 발전에 기여했다. 이는 인류의 문화적, 경제적, 사회적 발전에 깊은 영향을 미쳤음을 보여준다.

비판적 사고 키워 볼까요? ✚

1 메소포타미아 문명에서 맥주의 역할로 가장 적절한 것은?

① 맥주는 영양가는 없었으나 노동자들의 일상 식량의 일부로 제공되었다.

② 점토판에는 맥주 제조와 관련된 레시피와 절차가 기록되어 있었고 이러한 문서들은 당시 맥주 제조가 자리잡는 과도기였음을 상징한다.

③ 맥주는 생활과 문화에 깊이 뿌리내린 중요한 요소로 자리 잡았으며 인류 초기 문명에서 다양한 역할을 수행했다.

④ 노동자들이 하루에 일정량의 맥주를 지급 받는 것은 노동에 대한 보상 보다는 선물의 개념이었다.

⑤ 길가메시 서사시에서 인키두(Enkidu)가 맥주를 마시는 것은 인간이 문명화된 사회에서 자연상태로 돌아간다는 의미를 상징한다.

2 메소포타미아 문명에서 맥주가 사회적 상징으로 여겨진 이유는 무엇인가?

메소포타미아 문명에서 맥주는 사회적 상징으로 여겨졌다. '길가메시 서사시'에서 인키두가 맥주를 마심으로써 자연 상태에서 벗어나 문명 사회의 일원이 되는 장면이 이를 잘 보여준다. 맥주는 단순한 음료를 넘어, 인간이 사회에 통합되는 과정을 상징하며, 사람들 간의 유대감을 강화하는 중요한 역할을 했다.

길가메시 서사시

① 맥주는 귀족 전용 음료였기 때문이다.

② 맥주 제조 기술이 발달하지 않았기 때문이다.

③ 맥주는 단순한 음료로만 소비되었기 때문이다.

④ 맥주는 오직 종교적 의식에서만 사용되었기 때문이다.

⑤ 맥주는 문명화의 상징으로, 인간이 자연 상태를 벗어나 사회에 통합되는 과정을 나타냈기 때문이다.

3 본문을 바탕으로 메소포타미아에서 맥주가 단순한 음료 이상의 의미를 지니며 인류의 문화적, 경제적, 사회적 발전에 미친 영향을 서술하시오.

4 '맥주가 문명 발전에 기여했는지, 혹은 부정적인 영향을 미쳤는지'에 대해 자신의 생각을 서론, 본론, 결론의 형식으로 서술하시오.

중요

5 '맥주가 사회적 모임과 커뮤니티 형성에 기여한 방식이 무엇일까'에 대한 자신에 생각을 서술하시오.

6 다음 '맥주가 사회적 유대감을 강화한다'라는 논제를 바탕으로 찬성과 반대의 생각을 서술하시오.

찬성	반대

03 독서가 뇌과학에 미치는 영향

　독서는 단순한 정보 습득이나 오락을 넘어, 우리의 뇌에 깊은 영향을 미치는 중요한 활동이다. 현대 뇌과학 연구는 독서가 뇌의 구조와 기능에 긍정적인 변화를 가져오며, 학습 능력, 창의적 사고, 정서적 안정, 공감 능력 등 다양한 영역에서 이로운 효과를 발휘한다는 사실을 밝혀내고 있다. 이러한 발견은 독서가 개인의 성장과 삶의 질 향상에 필수적인 요소임을 시사한다.

　독서는 뇌의 구조를 변화시키고, 특히 기억력과 학습 능력에 큰 영향을 미친다. 미국 에모리 대학의 연구에 따르면, 소설을 읽은 참가자들의 뇌에서 연결성이 증가하는 현상이 관찰되었다. 이는 독서가 뇌의 신경가소성[1]을 강화하여 새로운 정보의 통합과 저장을 촉진함을 의미한다. 특히 청소년기에 형성된 독서 습관은 이후의 독서 행동과 학습 능력에 지속적인 영향을 미친다. 한 연구에서는 초등학생 시기의 독서 습관이 중학생이 되었을 때의 독서 행동에 유의미한 영향을 미친다는 결과를 보고하였다. 이는 어릴 때부터의 꾸준한 독서 습관이 학습 능력 향상에 기여함을 시사한다.

　독서는 언어적 유창성, 어휘력, 이해력 등 인지적 능력[2]을 전반적으로 향상시킨다. 《책 읽는 뇌》(메리안 울프 저)에서는 독서가 독해력뿐만 아니라 집중력과 사고력을 기르는 데 중요한 역할을 한다고 설명한다. 또

책 읽는 뇌

한, 독서는 추론 능력과 문제 해결 능력을 강화하며, 이러한 능력은 학업 성취와도 밀접한 관련이 있다. 한 연구에서는 부모의 학력이 높을수록 독서 활동이 활발하고, 이는 자녀의 창의성 발달 및 학업적 자아개념

울프 교수는 "좋은 독서 습관이 개인의 성공뿐 아니라 한 국가의 GDP 성장에도 큰 영향을 준다"고 역설한 적이 있다.

과 긍정적인 관계가 있음을 보고하였다. 이는 독서 환경과 경험이 학습 능력 향상에 중요한 역할을 함을 나타낸다.

독서는 정서적 안정[3]과 공감 능력 향상에도 기여한다. 《사이언스》(Science) 저널에 실린 연구에 따르면, 문학 작품을 읽는 사람들은 타인의 감정을 이해하고 사회적 관계를 개선하는 능력이 더 뛰어나다는 결과가 나왔다. 이는 독서가 뇌의 공감[4] 영역을 자극하여 정서적 유대감을 형성하는 데 도움을 준다는 것을 보여준다. 또한, 독서는 스트레스 감소에도 효과적이다. 영국 서식스 대학교의 연구에서는 하루 6분간의 독서가 스트레스를 약 68% 감소시키는 것으로 나타났다. 이는 독서가 심박수와 근육 긴장을 낮추어 정서적 안정을 가져오는 데 기여함을 의미한다.

이러한 뇌과학적 발견들은 독서가 단순한 여가 활동을 넘어, 개인의 성장과

꼭 기억하렴

❶ 신경가소성: 뇌가 새로운 정보를 받아들이고, 변화에 적응하는 능력을 말한다.
❷ 인지적 능력: 언어적 유창성, 어휘력, 이해력 등 정보를 습득하고 처리하는 능력이다.
❸ 정서적 안정: 심리적 상태가 평온하고 안정된 상태를 의미한다.
❹ 공감: 타인의 감정을 이해하고 함께 느낄 수 있는 능력을 뜻한다.

국어 공신 선생님

삶의 질 향상에 필수적인 요소임을 강조한다. 특히, 청소년기에 형성된 독서 습관은 학습 능력, 창의적 사고, 정서적 안정 등 다양한 측면에서 긍정적인 영향을 미치며, 이는 평생에 걸쳐 지속될 수 있다. 따라서, 독서를 생활의 중심에 두고 꾸준한 독서 습관을 형성하는 노력이 필요하다. 독서를 통해 우리는 끊임없이 사고력을 키우고, 감정적 안정을 얻으며, 창의적 문제 해결력을 강화할 수 있다. 이러한 꾸준한 독서 습관은 우리의 미래에 긍정적 변화를 가져다줄 것이며, 더 나은 사회를 이루는 밑거름이 될 것이다. 독서가 뇌의 신경가소성을 높이고 정서적 안정에 기여한다는 점에서, 교육적 가치는 더더욱 주목받고 있다.

국어 공신 선생님의 감상 꿀팁!

🧢 한걸음 더 깊이 생각해 보기

집중!

• 독서가 학습 환경의 질을 개선하는 데 미치는 영향은 무엇인가?
독서는 학습 환경의 질을 높이는 데 중요한 역할을 한다. 독서 과정은 학습자에게 새로운 정보와 지식을 제공할 뿐만 아니라, 이를 체계적으로 정리하고 활용하는 능력을 키운다. 예를 들어, 부모가 독서를 통해 자녀와의 대화를 활발히 진행하면 학습 분위기가 긍정적으로 조성되며, 이는 자녀의 학업 성취와 자기 주도 학습 능력에 긍정적인 영향을 미친다. 또한, 독서 환경을 조성하는 가정이나 학교는 학생들이 자연스럽게 독서 습관을 형성하고 이를 통해 창의적 사고와 문제 해결 능력을 키울 수 있도록 돕는다.

• 디지털 시대에서 독서의 중요성이 줄어들지 않는 이유는 무엇인가?
디지털 시대에도 독서의 중요성은 여전히 유지되거나 더욱 강조되고 있다. 독서는 단순히 정보를 얻는 활동을 넘어 깊이 있는 사고와 정서적 연결을 가능하게 한다.

반면, 디지털 콘텐츠는 주로 짧고 단편적인 정보 제공에 초점이 맞춰져 있어, 장기적이고 복합적인 사고를 키우는 데 한계가 있다. 독서는 독자의 상상력을 자극하고, 공감 능력을 높이며, 스트레스를 줄이는 데 효과적이다. 따라서 디지털 시대에도 독서는 정서적 안정과 비판적 사고를 위한 필수 활동으로 간주된다.

• 독서와 공감 능력의 관계가 사회적 유대감 형성에 미치는 영향은 무엇인가?

독서는 공감 능력을 키워 사회적 유대감 형성에 긍정적인 영향을 미친다. 문학 작품을 읽을 때, 독자는 등장인물의 관점에서 사건을 경험하며 타인의 감정을 이해하는 능력을 배양한다. 이러한 공감 능력은 실제 사회적 관계에서도 중요한 역할을 한다. 연구에 따르면, 독서를 통해 공감 능력이 향상된 사람들은 갈등 상황에서 타인의 입장을 더 잘 고려하고 협력적인 태도를 보인다. 이는 사회적 유대감을 강화하고, 공동체 내 신뢰와 결속을 높이는 데 기여한다.

• 꾸준한 독서 습관이 개인의 성장과 삶의 질에 미치는 영향은 무엇인가?

꾸준한 독서 습관은 개인의 성장과 삶의 질 향상에 중요한 역할을 한다. 독서는 사고력과 창의적 문제 해결 능력을 강화하며, 학습 능력과 정서적 안정에도 긍정적인 영향을 미친다. 특히, 청소년기에 형성된 독서 습관은 평생 지속되며, 학업 성취와 자기 계발에 기여한다. 또한, 독서는 공감 능력을 향상시켜 사회적 유대감을 강화하고, 스트레스 감소와 정서적 안정에도 효과적이다. 이러한 독서의 지속적 효과는 개인의 전반적인 삶의 질을 높이고, 더 나은 사회적 관계 형성에도 기여한다. 그리고 비판적 사고력과 자기 성찰 능력을 키우는 데도 중요한 역할을 한다. 다양한 관점과 생각을 접하면서 독자는 자신의 가치관과 신념을 점검하고 확장할 수 있는 기회를 얻는다. 이는 문제 해결 능력을 높이고, 복잡한 상황에서 합리적인 결정을 내릴 수 있는 기반을 마련해준다.

정리해 볼까요?

그룹 생각

기사에 대해서 알아볼까요?

집중!

주제: 독서가 뇌 구조와 기능에 미치는 긍정적 영향
핵심어휘: 뇌과학, 신경가소성, 독서 습관, 학습 능력, 창의적 사고, 정서적 안정, 공감 능력, 삶의 질, 집중력, 문제 해결 능력

1단락 요약: 독서는 단순한 정보 습득을 넘어 뇌의 구조와 기능에 깊은 영향을 미치며, 다양한 인지적·정서적 능력에 긍정적인 효과를 준다.
2단락 요약: 독서는 뇌의 신경가소성을 강화하여 기억력과 학습 능력을 증진시키며, 특히 청소년기의 독서 습관은 이후 학습과 독서 행동에 지속적인 영향을 미친다.
3단락 요약: 독서는 언어적 유창성과 이해력을 향상시키고, 집중력과 사고력을 길러 학업 성취에 중요한 역할을 한다. 독서 환경과 경험은 창의성 발달과 자아 개념 형성에도 긍정적인 영향을 준다.
4단락 요약: 독서는 공감 능력을 증진시키고 정서적 안정에 기여한다. 문학 독서는 타인의 감정을 이해하는 능력을 키우며, 독서는 스트레스 완화에도 효과적이다.
5단락 요약: 독서는 단순한 여가 활동을 넘어 개인의 성장과 삶의 질 향상에 중요한 역할을 한다. 꾸준한 독서 습관을 통해 우리는 사고력, 감정 조절, 창의성을 강화하며 더 나은 미래를 준비할 수 있다.

기사의 구조적 접근을 꼭 알아야 해요!

꼭 기억하렴!

1) 서론: 독서의 뇌과학적 가치와 중요성
독서가 뇌의 구조와 기능에 긍정적인 변화를 일으키며, 다양한 인지적·정서적 능력에 긍정적인 영향을 미친다는 뇌과학적 연구 결과를 살펴볼 수 있다.

2) 본론: 독서가 뇌와 삶에 미치는 긍정적 영향
독서는 뇌의 신경가소성을 증진시켜 학습 능력과 기억력을 향상시킨다. 또한, 어휘력, 창의력, 문제 해결 능력을 강화해 학업 성취에 기여하며, 정서적 안정과 공감 능력을 높여 사회적 관계 개선에도 도움을 준다.

3) 결론: 지속 가능한 성장의 열쇠, 독서 습관
독서는 단순한 여가 활동을 넘어 뇌의 신경가소성을 증진시키고, 학습 능력과 창의적 사고를 키우며, 정서적 안정과 공감 능력을 향상시키는 중요한 활동이다. 청소년기부터 꾸준한 독서 습관을 형성하는 것은 개인의 성장과 더 나은 사회를 만드는 데 필수적인 요소이며, 미래 세대의 삶의 질을 높이는 데 기여할 것이다.

비판적 사고 키워 볼까요? +

1 다음 중 본문의 내용으로 적절하지 않은 것은?

① 문학 작품을 읽는 것은 공감 능력을 향상시키는 데 효과적이다.

② 독서는 정서적 안정에는 영향을 미치지만, 뇌구조 변화는 일으키지 않는다.

③ 독서는 뇌의 신경가소성을 강화하여 새로운 정보의 통합과 저장을 촉진할 수 있다.

④ 하루 6분간의 독서는 심박수와 근육 긴장을 완화하며 스트레스를 감소시키는 데 긍정적인 역할을 한다.

⑤ 독서는 언어적 유창성과 어휘력, 이해력, 독해력, 집중력, 사고력, 창의력 등을 향상시키는 데 도움을 준다.

2 <보기>의 내용을 참고하여 본문에 나타난 독서의 효과에 따라 알맞지 않게 결론을 도출한 것은?

> 보기

- 독서는 뇌의 신경가소성을 증진시켜 학습 능력과 기억력을 향상시킨다.
- 정서적 안정과 공감 능력을 키우며 스트레스를 완화하는 효과가 있다.
- 청소년기에 형성된 독서 습관은 이후 학습 능력과 창의적 사고에 지속적인 영향을 미친다.

① 독서는 정서적 안정을 가져와 감정 조절 능력을 높이고 스트레스 해소에 긍정적 영향을 미친다.

② 독서는 뇌의 신경가소성을 강화해 새로운 정보를 효과적으로 통합하고 저장하는 데 도움을 준다.

③ 독서는 새로운 정보의 통합과 저장을 촉진하며 기억력을 향상시키는 데 효과적이다.

④ 독서는 정서적 안정과 공감 능력을 향상시켜 사회적 유대감 강화와 협력적인 안간관계에 기여한다.

⑤ 청소년기에 형성된 독서 습관이 이후 학습 능력, 창의적 사고, 정서적 안정 등 다양한 측면에서 긍정적인 영향을 미치나 성인기까지 지속적으로 이어지지는 않는다.

3 본문에서 언급된 독서의 신경가소성 강화 효과가 학습 능력과 창의적 사고에 미치는 영향을 서술하시오.

4 '독서가 뇌의 구조와 정서적 안정에 미치는 영향'에 대해 서론, 본론, 결론의 형식으로 서술하시오.

중요

5 '독서와 뇌과학'이라는 본문의 제목이 적절한지 평가하고, 그 이유를 서술하시오.

집중

6 다음 '독서 습관 형성은 학습 능력과 정서적 안정에 반드시 필요하다'라는 논제를 바탕으로 찬성과 반대의 생각을 서술하시오.

찬성	반대

04 스니커즈 - 운동화에서 문화 아이콘으로, 발끝에서 시작된 세상 정복기!

스니커즈는 단순한 운동화 이상의 의미를 지니며, 현대 패션과 문화의 상징으로 자리 잡았다. 그 역사는 19세기 후반으로 거슬러 올라가며, 당시에는 주로 스포츠와 운동을 위한 신발로 사용되었다. 그러나 시간이 지나면서 스니커즈는 다양한 사회적, 문화적 요소와 결합하여 전 세계적으로 사랑받는 아이템으로 발전하게 되었다. 스니커즈의 시작은 1860년대 영국에서 시작된 고무 밑창을 가진 신발에서 비롯된다. 이 신발은 '스니커'라는 이름으로 불리게 되었는데, 이는 조용히 걷는다는 의미에서 유래했다. 이후 20세기 초, 미국의 체육용 신발 브랜드들이 등장하면서 스니커즈는 본격적으로 대중화❶되기 시작했다. 특히, 1917년 컨버스의 척 테일러 올스타가 출시되면서 농구와 스니커즈의 관계가 깊어졌다. 이 신발은 농구 선수들 사이에서 인기를 끌며, 스니커즈의 아이콘으로 자리 잡았다.

1970년대와 1980년대에 들어서면서 스니커즈는 패션 아이템으로서의 입지를 더욱 확고히 하게 된다. 이 시기에는 나이키, 아디다스, 푸마와 같은 브랜드들이 등장하며, 스니커즈 시장은 급속히 성장했다. 특히, 나이키의 에어 조던 시리즈는 농구와 패션의 경계를 허물며, 스니커즈를 단순한 운동화에서 스타일의 상징으로 변화시켰다. 이 시기에 스니커즈는 힙합 문화와도 결합하여, 거리 패션의 중요한 요소로 자리 잡았다. 1990년대와 2000년대에는 스니커즈의 다양성이 더욱 확대되었다. 다양한 디자인과 색상, 소재가 사용되며, 한정판 출시

앤디 워홀 파운데이션을 협업
한 척 테일러 올스타

와 협업 제품이 인기를 끌었다. 이러한 현상은 스니커즈를 단순한 신발이 아닌, 수집의 대상으로 만들었다. 많은 브랜드들이 유명 디자이너와 협업하여 독특한 스니커즈를 출시하며, 소비자들은 자신만의 개성을 표현할 수 있는 수단으로 스니커즈를 선택하게 되었다. 스니커즈의 인기는 단순히 패션에 국한되지 않고, 문화 전반에 걸쳐 영향을 미쳤다. 영화, 음악, 스포츠 등 다양한 분야에서 스니커즈는 중요한 아이콘으로 자리 잡았다. 예를 들어, 유명한 래퍼들이나 운동선수들이 착용한 스니커즈는 그 자체로 트렌드[2]를 만들어내며, 팬들에게 큰 영향을 미쳤다. 또한, 스니커즈는 사회적 메시지를 전달하는 수단으로도 활용되며, 환경 문제나 인권 문제에 대한 인식을 높이는 데 기여[3]하고 있다.

현재 스니커즈는 전 세계적으로 수많은 브랜드와 스타일이 존재하며, 그 인기는 계속해서 확장되고 있다. 온라인 쇼핑과 소셜 미디어의 발달로 인해 소비자들은 다양한 스니커즈를 쉽게 접할 수 있게 되었고, 이는 스니커즈 문화의 글로벌화를 가속화하고 있다. 특히, 인플루언서와 유명인들이 스니커즈를 착용하는 모습은 소비자들에게 큰 영향을 미치며, 특정 브랜드나 스타일에 대한 관심을 더욱 높이고 있다. 또한, 지속 가능한 패션에 대한 관심이 높아지면서, 친환경 소재로 제작된 스니커즈도 주목받고 있다. 이러한 변화는 소비자들이 단순히 제품을 구매하는 것을 넘어, 환경과 사회적 책임을 고려하는 방향으로 나

꼭 기억하렴

① 대중화: 대중 사이에 널리 퍼져 친숙해짐. 또는 그렇게 되게 함을 의미한다.
② 트렌드: 트렌드는 특정 시기와 사회에서 인기 있는 스타일, 행동, 사고방식을 의미하며, 문화와 소비에 영향을 미친다.
③ 기여: 어떤 일이나 활동에 도움을 주거나, 그 일에 긍정적인 영향을 미치는 것을 뜻한다.
④ 영향력: 영향력은 개인이나 집단이 다른 사람이나 상황에 미치는 힘이나 효과를 의미하며, 의견, 행동, 결정에 변화를 주는 능력을 말한다.

국어 공신 선생님

아가고 있음을 보여준다. 스니커즈는 단순한 신발을 넘어 현대 사회의 다양한 문화와 트렌드를 반영하는 중요한 아이템으로 자리 잡았다. 그 역사는 스포츠에서 시작되었지만, 이제는 패션, 음악, 사회적 메시지 등 다양한 분야와 연결되어 있으며, 앞으로도 그 영향력[0]은 계속해서 확대될 것으로 보인다. 스니커즈의 세상 정복기는 단순한 유행을 넘어, 우리 삶의 여러 측면에 깊이 뿌리내리고 있는 것이다. 이처럼 스니커즈는 개인의 스타일을 표현하는 수단이자, 사회적 메시지를 전달하는 매개체로서의 역할을 수행하고 있다. 앞으로도 스니커즈는 다양한 혁신과 변화를 통해 새로운 문화적 아이콘으로 자리매김할 것으로 기대된다.

국어 공신 선생님의 감상 꿀팁!

🧢 한걸음 더 깊이 생각해 보기 집중!

• 스니커즈의 인기가 높아짐에 따라 소비자들이 스니커즈를 선택하는 기준이 어떻게 변화했는가?
스니커즈를 선택하는 기준은 과거에는 주로 기능성과 가격이 중요한 요소로 작용하였으나, 현재는 디자인과 브랜드 이미지가 더욱 중요해지고 있다. 소비자들은 스니커즈를 단순한 운동화가 아닌 패션 아이템으로 인식하게 되었으며, 개인의 스타일과 개성을 표현하는 수단으로 활용하고 있다. 또한, 한정판 출시와 협업 제품의 영향이 커지면서 희소성과 독창성이 소비자 선택에 중요한 요소로 자리잡고 있다. 이러한 변화는 소비자들이 스니커즈를 구매할 때 단순한 실용성을 넘어, 브랜드의 스토리와 트렌드에 대한 관심을 반영하게 만들고 있다. 결과적으로, 스니커즈 선택 기준은 기능성에서 개성으로 이동하고 있다.

• 협업 제품이 소비자에게 미치는 심리적 영향은 무엇일까?
협업 제품이 소비자에게 미치는 심리적 영향은 여러 가지가 있다. 첫째, 소속감과 공동체 의식을 강화한다. 소비자들은 협업 제품을 통해 다른 사람들과의 연결을 느끼고, 공동의 목표를 향해 나아가는 경험을 하게 된다. 이는 사회적 상호작용을 촉진하고, 브랜드에 대한 충성도를 높이는 데 기여할 수 있다.

둘째, 소비자에게 자아 표현의 기회를 제공한다. 협업 제품은 종종 독특하고 개성 있는 디자인을 특징으로 하여, 소비자들이 자신의 취향과 스타일을 드러낼 수 있는 수단이 된다. 이는 소비자에게 긍정적인 자아 이미지를 형성하는 데 도움을 줄 수 있다.

셋째, 협업 제품은 소비자에게 새로운 경험을 제공한다. 다양한 브랜드나 아티스트와의 협업은 소비자에게 신선한 자극을 주고, 제품에 대한 흥미를 유발한다. 이러한 경험은 소비자에게 즐거움과 만족감을 주며, 브랜드에 대한 긍정적인 인식을 형성하는 데 기여할 수 있다.

결론적으로, 협업 제품은 소비자에게 소속감, 자아 표현, 새로운 경험을 통해 긍정적인 심리적 영향을 미치며, 이는 브랜드 충성도와 소비자 만족도를 높이는 데 중요한 역할을 한다.

• 특정 브랜드나 스타일의 스니커즈가 소비자에게 어떤 의미를 가지며, 이는 어떻게 개인의 사회적 지위나 취향을 반영할까?

특정 브랜드나 스타일의 스니커즈는 소비자에게 단순한 신발 이상의 의미를 지닌다. 예를 들어, 나이키, 아디다스와 같은 유명 브랜드의 스니커즈는 높은 품질과 성능을 상징하며, 소비자는 이를 통해 자신의 운동 능력이나 활동적인 라이프스타일을 표현할 수 있다. 또한, 한정판 스니커즈나 스트리트웨어 브랜드의 제품은 희소성과 독창성을 강조하여, 소유자가 특정 사회적 지위나 패션 감각을 드러내는 수단이 된다.

이러한 스니커즈는 개인의 취향을 반영하며, 특정 커뮤니티나 문화에 소속감을 느끼게 한다. 예를 들어, 스니커즈 컬렉터들은 자신만의 스타일과 개성을 강조하며, 이를 통해 동질감을 느끼는 사람들과의 연결을 강화한다. 결국, 스니커즈는 소비자의 정체성과 사회적 위치를 나타내는 중요한 요소로 작용하며, 패션과 문화의 상징으로 자리잡고 있다.

정리해 볼까요?

기사에 대해서 알아볼까요?

주제: 운동화를 넘어 현대 패션과 문화의 상징으로 자리 잡은 스니커즈.
핵심어휘: 패션, 스니커즈, 문화

1단락 요약: 스니커즈는 19세기 후반 스포츠 신발로 시작되어, 시간이 지나면서 다양한 사회적, 문화적 요소와 결합하여 현대 패션과 문화의 상징으로 발전하게 되었다.
2단락 요약: 1970년대와 1980년대에 스니커즈는 패션 아이템으로 자리 잡으며, 나이키의 에어 조던 시리즈와 힙합 문화의 결합으로 스타일의 상징으로 변화하고, 수집의 대상으로 발전했다.
3단락 요약: 현재 스니커즈는 다양한 브랜드와 스타일로 글로벌화가 진행되며, 지속 가능한 패션과 사회적 메시지를 반영하는 중요한 아이템으로 자리 잡고 있다.

기사의 구조적 접근을 꼭 알아야 해요!

1) 서론: 스니커즈의 문화적 의미
스니커즈는 단순한 운동화를 넘어서 현대 패션과 문화의 상징으로 자리 잡았다. 19세기 후반 스포츠 신발로 시작된 스니커즈는 다양한 사회적, 문화적 요소와 결합하여 전 세계적으로 사랑받는 아이템이 되었다.

2) 본론: 스니커즈의 발전과 대중화
스니커즈의 기원은 1860년대 영국의 고무 밑창 신발에 있으며, '스니커'라는 이름은 조용히 걷는다는 뜻에서 유래되었다. 20세기 초 미국 체육용 신발 브랜드의 등장과 함께 대중화가 시작되었고, 1917년 컨버스의 척 테일러 올스타가 농구와 스니커즈의 관계를 강화했다. 1970년대에는 나이키와 아디다스 등 브랜드가 성장하며 스니커즈는 패션 아이템으로 자리 잡았다. 1990년대 이후 한정판과 협업 제품이 인기를 끌며 수집의 대상이 되었다.

3) 결론: 스니커즈 문화의 글로벌 확산
현재 스니커즈는 패션, 음악, 사회적 메시지 등 다양한 분야에서 중요한 아이콘으로 자리 잡았다. 온라인 쇼핑과 소셜 미디어의 발달로 스니커즈 문화는 글로벌화되고 있으며, 지속 가능한 패션에 대한 관심도 높아지고 있다. 스니커즈는 이제 현대 사회의 여러 측면에 깊이 뿌리내리고 있으며, 그 영향력은 앞으로도 계속 확대될 것이다.전에 깊은 영향을 미쳤음을 시사한다.

비판적 사고 키워 볼까요? +

1 위 글을 바탕으로 힙합에서 스니커즈가 사람들끼리의 소통에 미치는 영향에 대해 설명한 내용으로 적절하지 <u>않은</u> 것은?

① 스니커즈는 힙합 팬들 사이에서 공통의 관심사를 형성한다.

② 특정 브랜드나 모델에 대한 열정은 사람들 간의 대화를 촉진하고, 서로의 취향을 공유하는 기회를 제공한다.

③ 스니커즈는 힙합 패션의 중요한 요소로, 최신 트렌드에 대한 정보와 의견을 교환하는 매개체가 된다.

④ 스니커즈 컬렉션이나 희귀 모델에 대한 경쟁을 불러와 문화적 아집을 조장한다.

⑤ 스니커즈 관련 이벤트나 커뮤니티 활동은 사람들 간의 만남과 소통을 촉진한다.

2 <보기>를 바탕으로 위 글을 파악할 때 스니커즈의 유행에 대한 이해로 적절하지 <u>않은</u> 것은?

> 보기
>
> 스니커즈의 디자인은 종종 특정 문화적 상징이나 메시지를 담고 있다. 예를 들어, 특정 색상이나 패턴이 사회적 이슈나 역사적 사건과 연결될 때, 그 스니커즈는 단순한 패션 아이템을 넘어 문화적 아이콘으로 자리 잡았다.
> 이러한 디자인 요소들은 힙합 문화와 잘 어울리며, 아티스트와 팬들이 스니커즈를 통해 자신을 표현하고 소통하는 데 중요한 역할을 했다.

① 스니커즈의 편안함 덕분에 많은 사람들이 스니커즈를 선호하게 되었다.

② 인플루언서와 유명인들이 스니커즈를 착용하고 이를 홍보함으로써, 소비자들은 새로운 스타일과 트렌드를 쉽게 접할 수 있게 되었다.

③ 특정 색상이나 디자인이 사회적 이슈와 연결될 때, 그 스니커즈는 단순한 패션 아이템을 넘어 문화적 아이콘으로 자리 잡았다.

④ 스니커즈는 정장이나 캐주얼 복장과도 잘 어울리며, 다양한 상황에서 착용할 수 있는 유연성을 제공해 스니커즈의 인기를 더욱 높였다.

⑤ 스니커즈의 인기가 높아짐에 따라 전통적인 패션 아이템, 예를 들어 정장 구두나 클래식한 신발의 수요가 감소했다.

3 본문을 참고하여 스니커즈가 힙합 문화에 미친 영향을 서술하시오.

4 '스니커즈에 사람들은 왜 열광하게 되었을까'라는 주제로 자신의 생각을 서론, 본론, 결론의 형식으로 서술하시오.

중요

5 '스니커즈 문화가 청년층의 자아 정체성 형성에 어떤 영향을 줄 수 있을까'에 대한 생각을 서술하시오.

집중

6 다음 '패션은 문화 역사로 볼 수 있는가'라는 논제를 바탕으로 찬성과 반대의 생각을 서술하시오.

찬성	반대

05 고전문학의 현대적 재해석
- 옛 작품들이 현대에 주는 교훈

우리가 흔히 고전문학이라 부르는 작품들은 과거의 유산[1]으로 여겨지지만, 현대에도 여전히 중요한 가치를 지니고 있다. 수백 년 전에 쓰인 작품들이지만 그 안에 담긴 주제와 교훈은 오늘날에도 많은 이들에게 공감을 준다. 특히 고전 문학을 현대적 시각으로 재해석할 때, 과거의 작품들이 새로운 의미를 가지며 현대 사회의 문제를 해결하는 데 도움을 줄 수 있다.

고전문학은 인간 본성과 사회적 문제를 다룬다는 점에서 시대를 초월한 가치를 지닌다. 예를 들어, '심청전'은 효를 강조하는 작품으로 널리 알려져 있지만, 현대적 시각에서는 심청이 가진 희생 정신과 가족 간의 유대감[2]을 새롭게 해석할 수 있다. 또한, 심청의 상황을 오늘날의 사회적 약자와 연결 지어 바라본다면, 고전문학이 단순한 옛날 이야기를 넘어 현대 사회에 필요한 공감과 연대[3]의 가치를 일깨워 줄 수 있다. 이처럼 고전문학은 새로운 시각으로 바라볼 때 다양한 교훈을 제공할 수 있다.

또한, 고전문학은 현대 창작물에 영감[4]을 주는 중요한 원천이 된다. 많은 영화, 드라마, 애니메이션 등이 고전문학을 바탕으로 만들어지며, 이를 통해 고전 속 이야기는 새롭게 태어난다. 예를 들어, 고전소설 '춘향전'을 현대적 감각으로 각색한 드라마는 청소년들에게 낯선 고전을 더 친숙하게 만들어 준다. 이를 통해 젊은 세대는 고전에 담긴 사랑, 정의, 저항 정신과 같은 보편적 가치를 자연스럽게 접할 수 있다. 고전문학은 이러한 창작 과정을 통해 과거와 현재를 잇는 다리가 된다.

고전문학 속 등장인물들은 인간의 다양한 감정을 표현하며 오늘날 사람들에게도 깊은 공감을 준다. 고전문학 속 주인공들은 사랑, 슬픔, 기쁨, 분노와 같은 감정을 느끼며 성장하는데, 이러한 과정은 현대를 사는 사람들에게도 익숙한 경험이다. 따라서 고전문학을 읽는 것은 단순히 과거의 이야기를 아는 데 그치지 않고, 자신과 타인의 감정을 이해하는 데 도움을 준다. 이는 사회적 관계 속에서 더 나은 소통과 공감을 이끌어내는 데 중요한 역할을 한다.

더 나아가 고전문학은 사회적 메시지를 담고 있어 현대 사회 문제를 해결하는 데도 중요한 통찰을 제공한다. 예를 들어, '흥부전'은 사회적 불평등과 나눔의 가치를 다루고 있다. 오늘날 심화되는 빈부 격차 문제를 해결하기 위한 방안을 모색할 때, 이러한 고전 속 메시지를 되새겨볼 필요가 있다. 고전문학에 담긴 지혜는 오늘날에도 유효하며, 이를 통해 우리는 더 나은 사회를 만들기 위한 교훈을 얻을 수 있다. 결론적으로 고전문학은 단순히 옛이야기가 아니라 현대를 살아가는 우리에게도 깊은 울림을 주는 중요한 유산이다. 현대적 시각으로 고전문학을 재해석하면 새로운 의미와 가치를 발견할 수 있으며, 이를 통해 개인의 성장뿐 아니라 사회적 문제 해결에도 기여할 수 있다. 따라서 우리는 고전문

❶ 유산: 과거로부터 물려받은 자산이나 가치 있는 것을 의미한다. 고전문학은 우리 문화의 중요한 유산으로, 현대적 시각에서 재해석할 때 새로운 교훈과 의미를 발견할 수 있다.

❷ 유대감: 사람들 간의 관계를 이어주는 정서적 끈이나 연결을 의미한다. 고전문학 속 인물들의 이야기를 통해 우리는 인간관계에서 필요한 유대감을 느끼고 공감을 배울 수 있다.

❸ 연대: 공통의 목표를 위해 서로 협력하고 책임을 함께 나누는 것을 의미한다. 고전문학은 사회적 문제를 다루며 연대의 중요성을 강조하는 메시지를 전달한다.

❸ 영감: 창의적인 사고나 새로운 아이디어를 떠올리게 하는 자극이나 계기를 의미한다. 고전문학은 다양한 주제와 인물들을 통해 현대 예술과 문학에 영감을 주는 원천이 된다.

꼭 기억해볼

국어 공신 선생님

학을 단순히 과거의 유산으로 남겨두는 것이 아니라, 현대적 관점에서 적극적으로 읽고 해석할 필요가 있다. 이를 통해 고전문학은 과거와 현재를 잇는 다리 역할을 하며, 우리의 삶을 더욱 풍요롭게 만들어 줄 것이다. 따라서 고전문학은 과거와 현재, 미래를 연결하는 지혜의 보고로, 지속적인 해석을 통해 전통의 가치를 현대적으로 계승할 수 있다. 이를 통해 새로운 문화적 영감을 얻고, 인간의 본질과 사회적 문제에 대한 깊은 통찰을 제공한다. 고전문학은 우리 삶의 의미와 가치를 더욱 풍요롭게 만드는 소중한 자산이다.

국어 공신 선생님의 감상 꿀팁!

좀 더 깊이 생각해 보기

• 고전문학이 현대적 재해석을 통해 사회적 문제 해결에 기여할 수 있는 이유는 무엇인가?

고전문학은 인간 본성과 사회적 문제를 다루는 보편적 가치를 담고 있어 현대적 시각으로 재해석될 때 새로운 통찰을 제공한다. 예를 들어, '흥부전'은 빈부 격차와 나눔의 가치를 주제로 삼아 오늘날의 경제적 불평등 문제 해결에 영감을 줄 수 있다. 또한, 고전문학에 담긴 교훈은 인간의 삶과 관계에 본질적인 질문을 던지며, 이를 현대 사회의 문제와 연결해 볼 수 있게 한다. 이처럼 고전문학은 단순한 과거의 이야기를 넘어 현대 사회에서도 유의미한 메시지를 전달한다.

• 현대 창작물에서 고전문학의 영향을 확인할 수 있는 구체적 사례는 무엇인가?

현대 창작물 중에는 고전문학을 기반으로 한 영화와 드라마가 많다. 예를 들어, '춘향전'을 재해석한 영화와 드라마는 전통적 사랑 이야기를 현대적 감각으로 풀어내며 청소년들에게 고전을 친숙하게 전달한다. 또 다른 예로는 '심청전'에서 영감을 받아 제작된 애니메이션이 있다. 이러한 작품들은 원작의 주제와 교훈을 현대적으로 재구성하여 고전문학이 가진 보편적 가치를 현대 사회에 연결한다. 이는 고전문학이 현대 문화 콘텐츠로 새롭게 태어날 수 있음을 보여준다.

• 고전문학의 교육적 활용이 오늘날 학생들에게 중요한 이유는 무엇인가?
고전문학은 학생들이 인간 본성과 사회적 문제를 이해하는 데 도움을 준다. 고전 속 인물의 감정과 갈등을 통해 학생들은 공감 능력을 키울 수 있으며, 복잡한 사회적 이슈를 다룬 고전을 통해 비판적 사고력을 배양할 수 있다. 예를 들어, '홍길동전'을 통해 불평등한 사회 구조를 비판적으로 바라보는 시각을 기를 수 있다. 또한, 고전문학의 보편적 주제는 학생들에게 현재와 미래를 통찰할 수 있는 중요한 교훈을 제공한다.

• 고전문학이 인간의 감정 이해와 공감 능력 향상에 기여하는 이유는 무엇인가?
고전문학 속 인물들은 사랑, 슬픔, 기쁨, 분노 등 다양한 감정을 표현하며 성장하는 모습을 보여준다. 이를 통해 독자들은 인간의 보편적인 감정을 경험하고, 자신의 감정과 타인의 감정을 이해하는 능력을 키울 수 있다. 이러한 과정은 공감 능력을 높이고, 사회적 관계 속에서 원활한 소통을 가능하게 한다. 따라서 고전문학은 감정의 이해와 공감을 통한 인간적 성장을 돕는다.

• 고전문학이 사회적 연대의식 형성에 어떤 역할을 할 수 있는가?
고전문학은 사회적 약자에 대한 연대와 공동체의 책임감을 강조하는 메시지를 전달한다. 예를 들어, '심청전'은 희생과 가족 간의 유대감을, '흥부전'은 나눔과 사회적 평등의 가치를 상징한다. 이러한 주제는 독자들에게 공동체 의식과 사회적 책임에 대한 생각을 불러일으킨다. 이를 통해 고전문학은 연대의식을 강화하고 사회적 공감을 확장하는 데 기여한다.

정리해 볼까요?

기사에 대해서 알아볼까요?

주제: 고전문학의 현대적 재해석을 통해 과거의 유산이 현대 사회에 주는 교훈과 가치를 탐구한다.

핵심어휘: 고전문학, 현대적 재해석, 유산, 공감, 연대, 사회적 메시지, 창의성, 인간 본성, 지속 가능성

1단락 요약: 고전문학은 과거의 유산이지만 현대적 시각에서 재해석할 때 현대 사회 문제를 해결하는 데 중요한 통찰을 제공할 수 있다.

2단락 요약: 고전문학은 인간 본성과 사회적 문제를 다루기 때문에 시대를 초월한 가치를 지니며, 현대 사회에 공감과 연대의 가치를 일깨운다.

3단락 요약: 고전문학은 현대 창작물에 영감을 주며, 다양한 창작물을 통해 젊은 세대에게 친숙하게 다가가고 과거와 현재를 연결하는 다리 역할을 한다.

4단락 요약: 고전 속 등장인물들이 표현하는 보편적 감정은 현대 독자들에게 깊은 공감을 주며, 사회적 관계 속에서 더 나은 소통을 가능하게 한다.

5단락 요약: 고전문학은 사회적 메시지를 담고 있어 현대 사회의 빈부 격차와 같은 문제를 해결하는 데 중요한 교훈을 제공한다.

기사의 구조적 접근을 꼭 알아야 해요!

1) 서론: 고전문학의 현대적 가치와 지속적인 영향력
고전문학은 과거의 유산이지만 현대적 재해석을 통해 오늘날에도 여전히 중요한 가치를 지니며 다양한 교훈을 준다.

2) 본론: 고전문학의 시대를 초월한 의미와 현대적 재해석
고전문학은 인간 본성과 사회적 문제를 탐구하며 시대를 초월한 가치를 지닌다. '심청전'은 희생과 가족 간의 유대감을 통해 오늘날에도 중요한 메시지를 전달한다. 또한, 고전문학은 영화, 드라마, 애니메이션 등의 창작물에 영감을 주어 과거와 현재를 연결한다. 이러한 재해석은 젊은 세대에게 고전을 더 친숙하게 만들며, 고유의 가치를 현대적으로 확장시킨다.

3) 결론: 고전문학의 재해석을 통한 개인과 사회의 성장
고전문학은 단순히 과거의 이야기가 아니라 현대 사회에서도 유효한 가치를 지닌다. 이를 현대적 시각으로 재해석하면 새로운 의미와 교훈을 발견할 수 있으며, 개인과 사회의 성장에 기여할 수 있다.

비판적 사고 키워 볼까요? +

1 다음 중 본문의 내용으로 적절하지 <u>않은</u> 것은?

① 고전문학은 과거의 유산으로 현대적 재해석에 제한이 있고, 전통 작품에 새로운 의미와 가치를 부여하려면 허가를 필요로한다.

② 고전문학은 현대 창작물에 영감을 주는 중요한 원천이 된다. 영화, 드라마, 애니메이션 등에서 고전문학을 바탕으로 한 다양한 창작물을 볼 수 있다.

③ 고전문학 속 등장인물들은 현대 독자들에게 깊은 공감을 준다. 따라서 고전 속 인물들의 사랑, 슬픔, 기쁨, 분노 등 감정 표현은 우리에게 익숙한 경험으로 다가온다.

④ 고전문학은 사회적 메시지를 담고 있어 현대 사회에 교훈을 줄 수 있다. 빈부격차와 나눔의 가치를 다루며 현대 사회 문제 해결에 중요한 교훈을 주는 것들이 많다.

⑤ 고전문학은 인간 본성과 사회적 문제를 다루며 시대를 초월한 가치를 지닌다.

2 <보기>의 내용을 참고하여 본문의 내용과 관련 있는 사례로 적절하지 <u>않은</u> 것은?

- 고전문학은 다양한 창작물에 영감을 주며, 이를 통해 새로운 문화 콘텐츠로 재탄생한다.
- 고전 속 주제는 현대 사회 문제 해결에 중요한 통찰을 제공할 수 있다.
- 고전문학 속 등장인물은 보편적인 감정을 표현하여 공감을 불러일으킨다.

① '심청전'의 희생과 유대감, 연대의 가치를 강조하며 현대적 시각으로 재조명할 수 있다.

② 고전문학 속 인물들의 감정은 현대인들에게도 익숙한 경험을 제공한다는 점에서 과거와 현재를 잇는 매개체라 할 수 있다.

③ '춘향전'을 각색한 드라마가 청소년들에게 고전 속 정의와 사랑을 알려주며 당시 탐관오리들의 횡포에 대한 사회문제도 인식하게 한다.

④ 고전문학의 내용을 참고하여 현대에 새로운 창작물로 재탄생한다는 점에서 과거와 현재를 잇는 역할을 한다.

⑤ '흥부전'은 나눔과 연대를 강조하며 현대 사회의 빈부 격차 문제를 해결하는 실질적 정책을 제시한다.

3 본문에서 언급된 고전문학의 현대적 가치를 서술하시오.

4 '고전문학을 현대적 시각으로 재해석하는 것이 중요한 이유'에 대해 서론, 본론, 결론의 형식으로 서술하시오.

중요

5 본문의 제목인 "고전문학의 현대적 재해석 – 옛 작품들이 현대에 주는 교훈"이 적절한지 평가하고, 그 이유를 서술하시오.

6 다음 '고전문학은 현대적 시각으로 재해석될 때 새로운 의미와 가치를 가진다'라는 논제를 바탕으로 찬성과 반대의 생각을 서술하시오.

찬성	반대

중요

새로운 균형을 찾아서
- 장 피아제(Jean Piaget)와 아동 인지의 비밀

장 피아제

평형화는 아동이 새로운 정보와 경험을 기존의 지식 구조와 통합하여 인지적❶ 균형을 유지하는 중요한 과정이다. 이 과정은 아동의 인지 발달에 있어 핵심적인 요소로, 동화와 조절을 통해 아동은 환경에 적응하고 지식을 발전시킨다. 평형화는 피아제가 제시한 개념으로, 아동이 새로운 정보를 기존 인지 구조와 통합하여 새로운 균형 상태를 형성하려는 복잡한 과정을 의미한다. 장 피아제(Jean Piaget)는 아동 발달 이론을 제시한 심리학자로, 그의 이론에서 평형화는 매우 중요한 역할을 한다. 그의 연구는 아동의 인지 발달을 이해하는 데 기초가 되며, 이를 통해 아동의 학습 방식과 인지 구조의 변화 과정을 깊이 이해할 수 있다. 이러한 이해는 교육 현장에서 아동의 적응력을 높이는 데도 기여❷할 수 있다.

피아제의 평형화 개념은 아동이 새로운 정보와 경험을 기존 지식 구조와 통합하려는 과정에서 발생하는 인지적 균형의 변화를 설명한다. 동화는 아동이 새로운 정보를 기존 인지 구조(스키마)와 통합하려는 과정으로, 새로운 경험을 기존 지식으로 해석하여 이해를 확장하는 것을 의미한다. 예를 들어, 아동이 모든 동물을 '개'로 인식하다가 고양이를 보았을 때, '고양이'를 개의 범주❸로 동화하는 경우를 들 수 있다. 반면, 조절은 아동이 새로운 정보를 기존 지식으로 설명할 수 없을 때, 기존 스키마를 수정하거나 새로운 스키마를 형성하는 과정이다. 이는 아동이 '고양이'와 '개'를 구분하기 시작하며, 두 가지 동물 범주를 만드는 과정을 포함한다.

피아제는 평형화 과정을 균형 상태, 불균형 상태, 새로운 균형 상태의 순환 과정으로 설명했다. 아동은 균형 상태에서 현재의 지식 구조로 환경을 이해하고, 불균형 상태에서는 새로운 정보가 기존 지식 구조와 충돌하여 혼란을 느낀다. 최종적으로 새로운 균형 상태를 맞이하게 되면, 아동은 정보를 동화하거나 조절하여 지식 구조를 수정하게 된다. 이러한 평형화 과정은 문제 해결 과정에서도 중요한 역할을 한다. 아동이 새로운 문제를 해결할 때 기존 해결 방법을 적용하거나 새로운 방법을 개발하는 과정에서 평형화가 발생하는데, 이는 아동이 환경을 이해하고 적응하는 데 중요한 역할을 한다.

교육 현장에서는 아동이 새로운 개념을 학습할 때 기존 지식과의 연관성을 제공하고, 동화와 조절 과정을 통해 새로운 지식을 통합하도록 돕는 것이 중요하다. 그러나 피아제의 인지 발달 이론에는 몇 가지 한계가 있다. 첫째, 피아제는 아동의 발달이 단계적으로 이루어진다고 주장했지만, 실제로는 발달이 더 유연하고 개인차가 크다는 연구 결과가 있다. 둘째, 그의 연구는 주로 서구 아동을 대상으로 하여 문화적 차이를 충분히 반영하지 못했다. 셋째, 아동의 인지 능력을 과소평가했다는 비판도 있으며, 최근 연구에서는 아동이 피아제가 제시한 단계보다 더 일찍 복잡한 사고를 할 수 있다는 증거가 발견되었다. 마지막으로, 피아제의 이론은 정서적, 사회적 요인을 충분히 고려하지 않아 인지 발달의 전체적인 맥락[4]을 설명하는 데 한계가 있다.

꼭 기억하렴 ✦

❶ 인지적: 어떠한 사실을 인식하여 아는 것을 말한다.
❷ 범주: 동일한 성질을 가진 부류나 범위를 뜻한다.
❸ 기여: 도움이 되도록 이바지한다는 뜻이다.
❹ 맥락: 사물 따위가 서로 이어져 있는 관계나 연관을 의미한다.

국어 공신 선생님

피아제의 평형화 개념은 아동의 인지 발달을 이해하는 데 있어 매우 중요한 요소로 자리 잡고 있다. 아동이 새로운 정보와 경험을 기존 지식 구조와 통합하는 과정은 인지적 균형을 유지하는 데 필수적이다. 동화와 조절을 통해 아동은 환경에 적응하고 지식을 발전시킬 수 있으며, 이는 교육 현장에서 아동의 학습 방식과 적응력을 높이는 데 기여한다. 그러나 피아제의 이론은 단계적 발달, 문화적 차이, 아동 인지 능력의 과소평가, 정서적 요인 등의 한계를 지니고 있다. 따라서 아동 발달을 보다 포괄적으로 이해하기 위해서는 이러한 한계를 인식하고, 다양한 요인을 고려한 연구가 필요하다. 향후 연구에서는 피아제의 이론을 보완하고, 아동의 인지 발달을 보다 심층적으로 탐구함으로써 실질적인 교육적 접근 방안을 제시할 수 있을 것이다. 이러한 통합적 접근은 아동의 다양한 배경을 이해하고 지원하는 데 중요한 역할을 할 것이다.

국어 공신 선생님의 감상 꿀팁!

 좀 더 깊이 생각해 보기

• 미래 사회에서 인공지능과 기술이 아동의 인지 발달에 미치는 영향은 무엇일까?

미래 사회에서 인공지능(AI)과 기술은 아동의 인지 발달에 여러 긍정적 및 부정적 영향을 미칠 것으로 예상된다. 긍정적인 측면으로는, AI 기반 학습 도구가 아동의 개인적 학습 스타일에 맞춰 맞춤형 교육을 제공함으로써, 동화와 조절 과정을 촉진할 수 있다. 예를 들어, 아동이 특정 개념을 이해하는 데 어려움을 겪을 경우, AI는 추가적인 자료나 연습 문제를 제공하여 학습을 지원할 수 있다. 반면, 기술의 과도한 사용은 아동의 사회적 상호작용을 제한하고, 정서적 발달에 부정적인 영향을 미칠 수 있다. 화면 사용 시간의 증가로 인해 아동이 실제 환경에서의 경험을 소홀히 할 경우, 문제 해결 능력이나 비판적 사고 능력이 저하될 위험이 있다. 즉, AI와 기술은 아동의 인지 발달에 긍정적 영향을 미칠 수 있지만, 균형 잡힌 접근이 필요하다.

• 미래 사회에서 아동의 인지 발달을 지원하기 위한 정책이나 프로그램은 어떻게 필요할까?

첫째, 맞춤형 교육 프로그램을 개발하여 아동의 개별적 학습 스타일과 속도에 맞춘 교육을 제공해야 한다. 이를 위해 AI 기술을 활용하여 아동의 학습 데이터를 분석하고, 필요한 지원을 즉각적으로 제공하는 시스템이 필요하다. 둘째, 기술 사용에 대한 가이드라인을 마련하여 아동이 건강하게 기술을 활용할 수 있도록 해야 한다. 예를 들어, 스크린 시간 제한과 함께 오프라인 활동을 장려하는 프로그램을 운영하여 아동의 사회적 상호작용을 촉진할 수 있다. 셋째, 부모와 교사를 위한 교육 프로그램을 통해 기술의 올바른 사용법과 아동의 인지 발달에 대한 이해를 높여야 한다. 이를 통해 가정과 학교에서 일관된 지원을 제공할 수 있다. 마지막으로, 다양한 체험 학습 기회를 제공하여 아동이 실제 환경에서 문제 해결 능력을 기를 수 있도록 해야 한다. 이러한 정책과 프로그램이 통합적으로 운영될 때, 아동의 인지 발달을 효과적으로 지원할 수 있을 것이다.

• 아동 발달 연구에서 개인차를 고려하는 것이 왜 중요할까?

아동 발달 연구에서 개인차를 고려하는 것은 매우 중요하다. 첫째, 아동은 각기 다른 환경, 유전적 배경, 경험을 가지고 성장하기 때문에 발달 과정에서 나타나는 차이를 이해하는 데 필수적이다. 이러한 개인차를 무시하면 일반화된 결론이 도출될 수 있으며, 이는 특정 아동에게 적합하지 않을 수 있다. 둘째, 개인차를 고려함으로써 아동의 강점과 약점을 파악할 수 있어 맞춤형 교육 및 지원이 가능해진다. 셋째, 아동의 발달에 영향을 미치는 다양한 요인을 분석함으로써 정책 및 프로그램 개발에 기여할 수 있다. 마지막으로, 개인차를 인정하는 것은 아동의 다양성을 존중하고, 각 아동이 최적의 발달을 이룰 수 있도록 돕는 데 중요한 역할을 한다. 따라서 아동 발달 연구에서 개인차를 고려하는 것은 필수적이다.

정리해 볼까요?

기사에 대해서 알아볼까요?

주제: 동화와 조절을 통해 인지 발달을 이해하는 데 중요한 역할을 하는 피아제의 평형화 이론

핵심어휘: 평형화 이론, 인지 발달, 인지적 균형

1단락 요약: 평형화는 아동이 새로운 정보와 경험을 기존 지식 구조와 통합하여 인지적 균형을 유지하는 과정이다. 이는 아동의 환경 적응과 지식 발전에 중요한 역할을 한다.

2단락 요약: 피아제의 평형화 개념은 아동이 새로운 정보를 기존 지식 구조와 통합하여 인지적 균형을 유지하는 과정을 설명한다. 동화와 조절을 통해 아동은 지식을 발전시킨다.

3단락 요약: 평형화는 아동이 문제 해결 과정에서 기존 해결 방법을 적용하거나 새로운 방법을 개발하는 중요한 역할을 하며, 인지 발달의 핵심 과정이다.

4단락 요약: 피아제의 인지 발달 이론은 개별 차이를 고려하지 않고, 서구 아동을 중심으로 연구되어 문화적 차이를 반영하지 못했다. 또한, 아동의 인지 능력을 과소평가하고 정서·사회적 요인을 충분히 고려하지 않아 한계가 있다.

5단락 요약: 피아제의 인지 발달 이론은 개별 차이와 정서·문화적 요인을 충분히 반영하지 못해 이를 보완하기 위한 포괄적 연구와 실질적인 교육적 접근이 필요하다

기사의 구조적 접근을 꼭 알아야 해요!

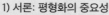

1) 서론: 평형화의 중요성
평형화는 아동이 새로운 정보와 경험을 기존 지식 구조와 통합하여 인지적 균형을 유지하는 중요한 과정이다. 이 과정은 아동의 인지 발달에 핵심적인 요소로, 피아제의 이론에서 매우 중요한 역할을 한다.

2) 본론: 평형화의 메커니즘과 한계
피아제의 평형화 개념은 동화와 조절을 통한 인지적 균형의 변화를 설명한다. 동화는 새로운 정보를 기존 스키마에 통합하는 과정이며, 조절은 기존 스키마를 수정하거나 새로운 스키마를 형성하는 과정이다. 또한, 평형화 과정은 문제 해결에서도 중요한 역할을 하며, 아동이 환경을 이해하고 적응하는 데 기여한다.

3) 결론: 통합적 접근의 필요성
피아제의 평형화 개념은 아동의 인지 발달을 이해하는 데 필수적이다. 동화와 조절을 통해 아동은 환경에 적응하고 지식을 발전시킬 수 있다. 그러나 한계를 인식하고 다양한 요인을 고려한 연구가 필요하다.

비판적 사고 키워 볼까요? +

1 피아제의 평형화 개념에 대한 설명으로 옳지 <u>않은</u> 것은 무엇인가?

① 평형화는 아동이 새로운 정보를 기존 지식 구조와 통합하여 인지적 균형을 유지하는 과정이다.

② 동화는 아동이 새로운 정보를 기존 스키마에 통합하는 과정이고, 조절은 기존 스키마를 수정하는 과정이다.

③ 아동의 인지 발달은 단계적으로 이루어지며, 이는 모든 아동에게 동일하게 적용된다.

④ 피아제는 아동의 환경과 상호작용을 통해 지식이 구성된다고 주장하였다.

⑤ 피아제의 연구는 주로 서구 아동을 대상으로 하여 문화적 차이를 충분히 반영하지 못했다.

2 다음 <보기> 참고하여 피아제의 '동화와 조절 개념'에 대한 설명으로 적절하지 <u>않은</u> 것은?

> 동화는 아동이 새로운 정보를 기존의 인지 구조에 통합하는 과정이며, 조절은 기존의 인지 구조를 수정하거나 새로운 구조를 형성하는 과정을 의미한다. 이 두 과정은 아동의 인지 발달에 있어 핵심적인 역할을 한다.

① 조절은 아동이 새로운 경험을 통해 새로운 스키마를 형성하는 과정이다.

② 아동은 동화를 통해 새로운 경험을 기존 지식으로 해석하여 이해를 높인다.

③ 동화는 아동이 새로운 정보를 기존 스키마에 통합하여 이해를 확장하는 과정이다.

④ 동화와 조절은 서로 독립적인 과정으로, 아동의 인지 발달에는 영향을 미치지 않는다.

⑤ 조절은 아동이 새로운 정보를 기존 지식으로 설명할 수 없을 때 기존 스키마를 수정하는 과정이다.

3 피아제의 이론이 아동의 인지 발달 이론에서 핵심적인 요소로 자리잡는 있는 이유를 서술하시오.

4 '피아제의 이론을 비판적으로 바라보는 시각'에 대해 자신의 생각을 서론, 본론, 결론의 형식으로 서술하시오.

5 피아제 이론이 현재까지 중요하게 여겨지는 이유에 대해서 서술하시오.

6 다음 '피아제 이론은 이론의 일반화로 인한 아동 발달의 복잡성을 간과한 이론이다.'라는 논제를 바탕으로 찬성과 반대의 생각을 서술하시오.

찬성	반대

07 동서양 철학의 만남과 융합

철학은 인류가 삶의 의미와 진리를 탐구하며 축적한 지혜의 산물이다. 동양과 서양은 각기 다른 철학적 전통을 통해 인간과 세계를 이해하려는 노력을 이어왔다. 이 두 전통은 단순히 서로 다르기만 한 것이 아니라, 현대 사회에서 융합 가능성을 열어가며 보완적인 관점을 제공하고 있다.

동양 철학은 조화와 균형의 가치를 중심으로 한다. 유교는 인간 관계와 도덕적 책임을 강조하며, '인'(仁)과 '예'(禮)를 통해 사회적 조화를 이루고자 했다. 도교는 자연과의 조화를 중시하며, '무위자연❶'(無爲自然)을 통해 인위적 행동을 줄이고 자연의 흐름을 따르는 삶을 제안했다. 이러한 철학적 전통은 공동체의 화합과 내면적 수양❷을 통해 삶의 가치를 찾는 데 중점을 둔다. 더불어 동양 철학은 순환적인 시간관을 갖고 있다. 이는 자연의 계절 변화나 인생의 주기를 중요하게 여기며, 변화와 재생의 가치를 강조한다. 이런 사고는 현재의 문제를 새로운 시작의 기회로 바라보게 하며, 현대인들에게 내면의 평화를 찾는 통찰을 제공한다.

소크라테스

서양 철학은 이성과 논리를 바탕으

로 사유 체계를 발전시켰다. 소크라테스는 "너 자신을 알라"는 말로 자기 성찰과 비판적 사고의 중요성을 일깨웠다. 플라톤과 아리스토텔레스는 진리 탐구와 과학적 방법론의 기초를 닦으며, 인간의 이성과 논리를 통해 세계를 이해하려 노력했다. 또한 개인의 자유와 책임을 중시하며, 사회 문제를 해결하는 데 실용적이고 혁신적인 접근 방식을 제공한다. 그리고 선형적[3]인 시간관을 기반으로 발전해 왔다. 과거에서 현재, 미래로 이어지는 진보의 개념은 과학과 기술 발전의 초석이 되었으며, 인류가 지속적으로 새로운 가능성을 모색하도록 이끌었다. 이러한 특징은 현대 사회 문제를 분석하고 해결하는 데 창의적이고 실질적인 도구로 활용된다.

동양과 서양 철학의 만남은 단순한 문화 교류를 넘어 현대 사회의 복잡한 문제를 해결하는 새로운 길을 제시한다. 예를 들어, 동양 철학의 명상과 서양 심리학의 융합은 정신 건강과 정서적 안정에 탁월한 효과를 발휘한다. 서양의 과학적 방법론과 동양의 직관적 통찰이 결합된 연구는 지속 가능한 발전과 환경 문제 해결에 기여하고 있다. 이런 융합은 이론적 차원을 넘어 현대의 기업 경영, 교육, 의료 등 다양한 분야에서도 창의적이고 효과적인 해결책을 제시하고 있다. 예컨대, 조직 내 갈등을 해결하기 위해 동양 철학의 조화와 서양 철학의 논리적 분석을 결합한 방법론이 효과적으로 활용되고 있다. 이는 서로 다른 관점을 존중하면서도 질적인 성과를 창출하는 데 기여하고 있다.

꼭 기억하렴

❶ 무위자연: 인위적인 행동을 줄이고 자연의 흐름에 따르며 조화를 이루는 상태를 의미한다.
❷ 수양: 자신의 내면과 도덕적 성품을 가꾸고 발전시키기 위한 지속적인 노력과 과정을 말한다.
❸ 선형적: 시간이 과거에서 현재, 미래로 직선 형태로 진행된다는 개념을 나타낸다.
❹ 영위: 삶을 계획하고 운영하며 목표를 추구하는 활동이나 행위를 의미한다.

국어 공신 선생님

동서양 철학의 융합은 단순히 과거의 지혜를 계승하는 데 머물지 않는다. 이는 새로운 시대를 열어가는 열쇠가 된다. 각각의 철학 전통은 고유한 가치와 통찰을 지니고 있으며, 이를 결합함으로써 우리는 더욱 풍부하고 창의적인 해결책을 발견할 수 있다. 이러한 융합은 단순한 문화 교류를 넘어 인류가 직면한 문제를 해결하는 필수적인 접근법으로 자리 잡고 있다. 동서양 철학은 서로를 보완하며 미래로 나아가고 있다. 철학적 융합을 통해 우리는 더 넓은 시각으로 세계를 이해하고 조화로운 삶을 영위④할 수 있을 것이다.

국어 공신 선생님의 감상 꿀팁!

  좀 더 깊이 생각해 보기

• 동양 철학과 서양 철학이 각각 제공하는 인간관의 차이는 무엇이며, 이를 융합할 때의 장점은 무엇인가?
동양 철학은 조화와 관계를 중시하며, 인간을 자연과 공동체 속에서 이해한다. 반면, 서양 철학은 개별성과 자율성을 강조하며, 인간을 독립적인 존재로 본다. 이러한 차이는 상호 보완적인 융합을 통해 더 풍부한 인간관을 제공한다. 예를 들어, 서양 철학이 개인의 권리와 자유를 강조한다면, 동양 철학은 공동체적 책임과 조화를 중시한다. 이를 결합하면 개인의 성장과 공동체의 화합을 동시에 추구할 수 있는 균형 잡힌 시각을 형성할 수 있다.

• 동서양 철학의 시간관이 현대 사회 문제 해결에 어떤 방식으로 기여할 수 있을까?
동양 철학의 순환적 시간관은 자연의 흐름과 반복을 중시하며 지속 가능한 발전을 위한 관점을 제공한다. 반면, 서양 철학의 선형적 시간관은 과거에서 미래로 이어지는 진보와 혁신을 강조한다. 이 두 관점을 융합하면 환경 문제와 같은 장기적인 이슈를 해결할 때, 지속 가능성과 기술적 혁신을 동시에 고려할 수 있다. 예를 들어, 동양 철학의 자연과의 조화를 바탕으로, 서양 철학의 과학적 분석을 통해 환경 보존과 기술 개발이 조화를 이루는 접근법을 모색할 수 있다.

• 동서양 철학의 융합이 교육 분야에 미치는 영향은 무엇인가?

동양 철학은 학생의 내면적 성장과 관계 중심의 교육을 강조하며, 서양 철학은 비판적 사고와 논리적 분석 능력을 개발하는 데 중점을 둔다. 이 두 접근법을 융합하면, 학생들은 자신의 감정과 내면을 이해하고, 동시에 비판적이고 창의적인 문제 해결 능력을 배양할 수 있다. 예를 들어, 동양 철학의 명상을 활용한 자기 성찰 수업과 서양 철학의 토론 중심 교육을 결합하면, 정서적 안정과 논리적 사고력을 동시에 키울 수 있다.

• 동서양 철학의 융합이 기업 경영에 어떻게 기여할 수 있는가?

동양 철학은 조화와 균형을 중시해 조직 내 협력과 관계 중심의 경영을 강조한다. 서양 철학은 합리성과 효율성을 바탕으로 문제 해결과 혁신 전략에 집중한다. 이 두 철학을 융합하면 창의적이고 실용적인 전략을 개발하면서도 조화로운 조직 문화를 조성할 수 있다. 이러한 접근은 갈등 해결과 리더십 강화에 효과적이며, 장기적인 성장 전략 수립에도 기여한다. 융합적 경영 전략은 지속 가능한 발전을 위한 새로운 방향성을 제시한다.

• 동서양 철학의 융합이 환경 문제 해결에 어떤 통찰을 제공할 수 있는가?

동양 철학은 자연과의 조화를 중시하며 인간과 자연의 균형을 강조한다. 서양 철학은 과학적 분석과 기술 혁신을 통해 환경 문제 해결을 모색한다. 두 철학의 융합은 지속 가능성과 혁신을 조화롭게 결합해 새로운 해결책을 제시한다. 이를 통해 친환경 기술 개발과 지속 가능한 발전 전략 수립이 가능해진다. 이러한 융합적 접근은 환경 문제에 대한 보다 균형 잡힌 해결 방안을 제공한다.

정리해 볼까요?

그룹 생각

기사에 대해서 알아볼까요?

주제: 동양과 서양 철학의 상호 보완적 관계를 통해 현대 사회의 문제를 해결하고, 인간의 삶에 조화와 창의성을 제공하는 철학적 융합의 중요성을 탐구한다.

핵심어휘: 철학적 전통, 동양 철학, 서양 철학, 조화와 균형, 이성과 논리, 무위자연, 선형적 시간관, 순환적 시간관, 철학적 융합, 창의적 문제 해결, 지속 가능성

1단락 요약: 철학은 인류의 삶과 진리를 탐구한 지혜의 집합체이며, 동서양 철학은 각기 다른 전통을 통해 인간과 세계를 이해하려 했다. 이 둘은 현대 사회에서 보완적 역할을 하며 융합 가능성을 제시한다.

2단락 요약: 동양 철학은 조화와 균형, 자연과의 조화를 강조하며 순환적인 시간관을 통해 변화와 재생을 중시한다.

3단락 요약: 서양 철학은 이성과 논리를 통해 진리를 탐구하며, 선형적 시간관을 바탕으로 과학과 기술 발전의 초석이 되었다. 개인의 자유와 책임을 중시하며 혁신적 문제 해결을 강조한다.

4단락 요약: 동서양 철학의 만남은 정신 건강, 지속 가능성, 환경 문제 해결 등 다양한 현대 사회의 복잡한 문제를 해결하는 데 새로운 접근을 제시한다.

5단락 요약: 동서양 철학의 융합은 새로운 시대를 열어가는 열쇠로, 상호 보완적 관계를 통해 창의적이고 실질적인 해결책을 제공하며, 인간의 삶에 조화와 번영을 가져올 것이다.

기사의 구조적 접근을 꼭 알아야 해요!

1) 서론: 철학의 본질과 동서양 전통의 만남
철학은 인류가 삶의 의미와 진리를 탐구하며 축적한 지혜의 산물이다. 동양과 서양은 각기 다른 철학적 전통을 통해 인간과 세계를 이해하려는 노력을 이어왔다. 이 두 전통은 단순히 차이를 넘어 현대 사회에서 융합 가능성을 열어가며 보완적인 관점을 제공하고 있다.

2) 본론: 동서양 철학의 특징과 현대적 융합의 의미
동양 철학은 조화와 균형, 순환적 시간관을 강조하며 내면적 수양과 공동체 화합에 중점을 둔다. 반면, 서양 철학은 이성과 논리, 선형적 시간관을 바탕으로 과학적 발전과 개인의 자유를 중시한다. 두 철학의 융합은 정신 건강, 환경 문제, 교육 등에서 창의적이고 실질적인 해결책을 제시한다.

3) 결론: 동서양 철학 융합의 가치와 미래적 가능성
동서양 철학의 융합은 단순한 문화적 교류를 넘어 인류가 직면한 문제를 해결하는 필수적인 접근법이다. 이는 인간의 삶에 조화와 창의성을 제공하며, 더 나은 미래를 열어가는 데 중요한 역할을 한다.

1 다음 중 본문의 내용으로 적절하지 <u>않은</u> 것은?

① 동양 철학의 순환적 시간관은 변화와 재생을 중요하게 여긴다.

② 동양 철학은 조화와 균형을 강조하며 내면적 수양을 중시한다.

③ 동서양 철학의 융합은 조화와 창의성을 통해 다양한 분야에서 도움은 주지만 실질적 해결책은 제시하는데에는 한계를 보인다.

④ 서양 철학은 과거에서 미래로 이어지는 선형적 시간관을 바탕으로 발전했다. 이는 과학과 기술의 진보에 중요한 역할을 하며, 지속적인 혁신을 촉진하는 기반이 되었다.

⑤ 서양 철학은 이성과 논리를 기반으로 발전했으며, 진리 탐구와 과학적 방법론을 통해 기술 발전에 이바지했다. 또한 개인의 자유와 책임을 강조해 현대 사회 문제 해결에도 기여한다.

2 <보기>의 내용을 참고하여 본문에 나타난 동양과 서양 철학의 융합 사례로 적절하지 <u>않은</u> 것은?

보기

- 동양 철학은 조화를 강조하며 내면적 수양을 통해 정서적 안정에 기여한다.
- 서양 철학은 논리적 사고와 과학적 방법론을 바탕으로 문제 해결에 도움을 준다.
- 철학적 융합은 현대 사회에서 다양한 문제 해결 방식을 제공한다.

① 동서양 철학의 융합은 현대 기업 경영에서 전혀 응용되지 않는다.

② 동양 철학의 명상과 서양 심리학의 결합은 정신 건강 증진에 기여한다.

③ 서양 과학적 방법론과 동양 직관적 통찰의 융합은 환경 문제 해결에 기여한다.

④ 서양 철학의 논리적 분석과 동양 철학의 조화를 결합한 방법은 조직 내 갈등 해결에 효과적이다.

⑤ 동양 철학의 순환적 시간관과 서양 철학의 선형적 시간관의 결합은 지속 가능성 문제 해결에 도움을 준다.

3 본문에서 언급된 동양과 서양 철학의 융합이 현대 사회 문제 해결에 어떤 기여를 하는지 서술하시오.

4 '동서양 철학의 융합이 현대 사회에 필요한 이유'에 대해 서론, 본론, 결론의 형식으로 서술하시오.

5 본문에서 다룬 "동서양 철학의 융합"이라는 제목이 적절한지 평가하고 이유를 서술하시오.

집중

6 다음 '동서양 철학의 융합은 현대 사회 문제 해결에 필수적이다'라는 논제를 바탕으로 찬성과 반대의 생각을 서술하시오.

찬성	반대

08 파라다이스와 지옥 사이
- 도파민 중독의 역설

　도파민(Dopamine)은 뇌에서 중요한 역할을 하는 신경전달물질로, 다양한 생리적 및 심리적 기능에 영향을 미친다. 도파민은 행복과 쾌감을 느끼게 하는 데 중요한 역할을 하며, 보상 시스템과 관련이 있어 긍정적인 경험이나 성취감, 즐거운 활동에 반응하여 도파민이 분비된다. 도파민 수치가 낮으면 우울감이나 무기력감을 느낄 수 있으며, 과잉 반응할 경우 중독성 행동이나 충동적 행동을 초래할 수 있다. 도파민은 뇌의 보상 시스템, 기분 조절, 운동 조절, 인지 기능 등 다양한 생리적, 심리적 과정에 필수적인 신경전달물질[1]로, 그 적절한 균형과 기능은 전반적인 건강과 웰빙에 중요한 역할을 한다. 도파민 시스템의 이상은 여러 신경정신과 질환의 원인이 될 수 있다. 최근 '도파민 중독'이 사회적인 이슈로 떠오르고 있으며, 2020년 11월 2,200건 언급되던 도파민이 올해 10월, 3년 만에 6만 6,122건으로 무려 30배 상승했다.

　도파민은 쾌감과 즐거움을 전달하는 신경전달물질로, 세로토닌, 엔도르핀과 함께 '행복 호르몬'으로 불린다. 이는 '행복'을 관장하는 중요한 호르몬임에도 '중독'이라는 수식어가 따라붙으며 부정적인 인식이 커진 이유는 무엇일까? 자원적 풍요와 기술의 진화[2]가 도파민 욕구를 더 쉽고 빠르게 충족할 수 있는 환경을 만들기 때문이다. 결과적으로 도파민 자극에 대한 의존성이 커진 결과라고 볼 수 있다. 도파민 중독은 도파민 시스템의 과잉 활성화나 불균형으로 인해 발생하는 상태를 의미하며, 다양한 행동과 물질에 의해 유발될 수 있다. 코

카인, 암페타민, 니코틴, 알코올 등과 같은 약물, 도박, 게임과 같은 보상 기반[3]의 활동, 고당분이나 고지방 음식, 스마트폰 사용, 소셜 미디어 등이 도파민 중독에 영향을 미칠 수 있다. 소셜미디어에서 '도파민'은 재미와 쾌락을 대신하는 말로 사용된다. "요새 도파민 중독 상태인 것 같아요. 두 시간짜리 영화 보는 데에 집중이 도저히 안 되고 요약본도 배속해서 보고 숏폼 엄청 보고…. 매일 핸드폰 하지 말아야지 다짐은 하는데."와 같은 표현이 일상에서 쉽게 들린다. 이렇게 생활 속에서 도파민 중독에 대한 우려와 즐김이 공존하면서, 도파민(재미와 쾌락)을 찾는 목소리만큼이나 도파민 자극에 의존하는 스스로에 대한 걱정과 우려를 다른 사람과 공유하는 목소리도 많다.

도파민 중독에서 벗어나기 위해 일정 기간 동안 도파민 자극을 유발하는 요소를 의도적으로 멀리하는 '도파민 디톡스[4]'도 새로운 트렌드로 주목받고 있다. '아침에 30분 동안 핸드폰 보지 않기', '쇼핑몰 알람 설정 끄기', '스크린타임(앱 사용시간 제어 기능)으로 제한 두기' 등 변화된 자신을 바라며 실천하는 작지만 의미 있는 시도들이 눈에 띈다. 물질문명의 풍요 속에서 즐거움이 너무 많기에 도리어 즐거움을 느끼기 어려워진 도파민의 역설이 나타나고 있다. 도파민 중독은 쾌감 추구와 보상 시스템의 과도한 활성화로 인해 일상 생활과 사회적 관계에 부정적인 영향을 미칠 수 있다. 이를 해결하기 위해서는 심리 치료, 약물 치료, 행동 수정 등이 필요할 수도 있다. 따라서 중독을 극복하기 위해서는 체계

꼭 기억하렴!

❶ 신경전달물질: 신경전달물질은 신경계의 기능에 중요한 역할을 하며, 감정, 기억, 운동 조절 등 다양한 생리적 과정에 관여한다.
❷ 진화: 생물의 유전적 특성이 세대를 거치면서 변화하는 과정을 의미를 가진다.
❸ 보상 기반: 일반적으로 특정 행동이나 성과에 대해 보상을 제공하는 시스템이나 접근 방식을 뜻한다.
❹ 디톡스: 체내의 독소를 제거하는 과정을 의미한다. 일반적으로 디톡스는 건강을 증진하고 체중을 감량하기 위해 특정한 식단이나 프로그램을 따르는 것을 포함한다.

국어 공신 선생님

적인 접근과 사회적 지원이 중요하다.

　도파민 중독 문제를 해결하기 위해서는 개인의 노력이 중요하지만, 사회 전반의 인식 변화와 지원도 필요하다. 교육 프로그램이나 커뮤니티 지원을 통해 도파민의 긍정적 역할과 중독의 위험성을 알리는 것이 중요하다. 또한, 가족과 친구들이 서로의 상태를 이해하고 지지하는 문화가 필요하다. 도파민 중독을 예방하고 극복하기 위한 다양한 자원과 프로그램이 마련된다면, 우리는 보다 건강한 삶을 영위할 수 있을 것이다. 도파민의 균형을 유지하고, 긍정적인 삶의 질을 높이는 방향으로 나아가야 한다.

국어 공신 선생님의 감상 꿀팁!

집중!

좀 더 깊이 생각해 보기

• 도파민의 긍정적인 역할을 강조하는 사회적 캠페인을 통해 사람들의 행복감을 증진시키는 방법

도파민의 긍정적인 역할을 강조하는 사회적 캠페인을 통해 사람들의 행복감을 증진시키는 방법은 여러 가지가 있다. 첫째, 도파민의 기능과 중요성을 알리는 교육 프로그램을 운영하여 사람들에게 도파민이 기분과 동기 부여에 미치는 영향을 이해시키는 것이 필요하다. 둘째, 긍정적인 경험을 공유하는 플랫폼을 만들어 사람들이 자신의 성취나 행복한 순간을 나누도록 유도한다. 이러한 공유는 도파민 분비를 촉진하고, 공동체의 유대감을 강화하는 데 기여한다. 셋째, 지역 사회에서 운동, 예술, 음악 등 다양한 활동을 장려하여 참여를 유도하고, 이를 통해 도파민이 자연스럽게 분비되도록 한다. 넷째, 스트레스 관리와 정신 건강을 위한 워크숍을 개최하여 사람들이 도파민 균형을 유지하는 방법을 배우도록 한다. 마지막으로, 긍정적인 피드백과 격려를 통해 사람들의 자존감을 높이

고, 도파민 분비를 촉진하는 환경을 조성하는 것이 중요하다. 이러한 캠페인은 사람들의 행복감을 증진시키고, 건강한 사회를 만드는 데 기여할 수 있다.

• 도파민의 과잉 활성화가 개인의 사회적 관계에 미치는 영향

도파민의 과잉 활성화는 개인의 사회적 관계에 여러 가지 부정적인 영향을 미친다. 첫째, 도파민은 보상과 쾌감을 조절하는 신경전달물질로, 과도한 도파민 활성화는 쾌락 추구 행동을 증가시킨다. 이로 인해 개인은 즉각적인 만족을 추구하게 되어 장기적인 관계의 중요성을 간과할 수 있다. 둘째, 도파민의 과잉은 감정 조절 능력을 저하시켜, 갈등 상황에서의 반응이 과격해질 수 있다. 이는 사회적 상호작용에서의 신뢰를 감소시키고, 관계의 단절을 초래할 수 있다. 셋째, 도파민의 과잉은 사회적 불안감을 증가시켜, 대인 관계에서의 회피 행동을 유발할 수 있다. 이러한 요인들은 결국 개인의 사회적 네트워크를 축소시키고, 고립감을 느끼게 할 수 있다. 따라서 도파민의 균형 잡힌 활성화가 건강한 사회적 관계를 유지하는 데 중요하다.

• 도파민 균형을 유지하기 위한 개인의 실천 방안

도파민 균형을 유지하기 위한 개인의 실천 방안은 여러 가지가 있다. 첫째, 규칙적인 운동을 통해 도파민 수치를 자연스럽게 조절할 수 있다. 운동은 신체의 스트레스를 줄이고, 기분을 좋게 하는 호르몬을 분비하여 도파민의 균형을 유지하는 데 도움을 준다. 둘째, 건강한 식습관을 유지하는 것이 중요하다. 오메가-3 지방산, 아미노산, 비타민 B군이 풍부한 음식을 섭취하면 도파민 생성에 긍정적인 영향을 미친다. 셋째, 충분한 수면을 취하는 것이 필요하다. 수면 부족은 도파민 수치를 불균형하게 만들 수 있으므로, 규칙적인 수면 패턴을 유지하는 것이 중요하다. 넷째, 스트레스 관리 기법을 활용하여 정신적 안정을 찾는 것이 좋다. 명상, 요가, 심호흡 등의 방법은 도파민 수치를 조절하는 데 효과적이다. 마지막으로, 사회적 관계를 적극적으로 유지하고, 긍정적인 상호작용을 통해 도파민의 자연스러운 분비를 촉진하는 것이 중요하다. 이러한 실천 방안들은 도파민 균형을 유지하고, 전반적인 정신 건강을 증진하는 데 기여한다.

정리해 볼까요?

그룹 생각

기사에 대해서 알아볼까요?

주제: 도파민 중독의 발생 원인과 심리적 및 사회적 문제, 도파민 중독 극복을 위한 체계적 접근과 사회적 지원의 필요성
핵심어휘: 신경전달물질, 진화, 의존성, 보상 기반, 디톡스

1단락 요약: 도파민은 뇌의 보상 시스템과 관련된 신경전달물질로, 행복과 쾌감을 느끼게 하지만, 과잉 반응 시 중독적 행동을 초래할 수 있어 균형이 중요하다. 최근 도파민 중독이 사회적 이슈로 부각되고 있다.
2단락 요약: 도파민은 행복을 관장하는 중요한 호르몬이지만, 자원적 풍요와 기술 발전으로 도파민 욕구가 쉽게 충족되면서 중독에 의한 의존성이 커지고 있다. 다양한 행동과 물질이 도파민 중독을 유발할 수 있다.
3단락 요약: 도파민 디톡스는 자극을 의도적으로 제한하여 중독을 극복하고 즐거움을 회복하는 방법으로 주목받고 있다. 도파민 중독은 일상과 사회 관계에 부정적 영향을 미칠 수 있으며, 이를 해결하기 위해 심리 치료와 행동 수정이 필요하다.
4단락 요약: 도파민 중독은 쾌감을 추구하는 현대 사회에서 심리적, 사회적 문제를 일으키므로, 체계적 접근과 사회적 지원이 필요하다.

기사의 구조적 접근을 꼭 알아야 해요!

꼭 기억하세요

1) 서론: 도파민의 중요성 및 중독 문제
도파민은 뇌에서 중요한 역할을 하는 신경전달물질로, 행복과 쾌감을 느끼게 하는 데 필수적이다. 보상 시스템과 관련이 있어 긍정적인 경험이나 성취감에 반응하여 분비된다.

2) 본론: 도파민 중독의 원인과 해결 방안
도파민 중독은 도파민 시스템의 과잉 활성화로 발생하며, 소셜 미디어, 게임, 고당분 음식 등이 주요 자극 요소다. 이러한 자극은 일시적인 쾌감을 주지만, 장기적으로 우울감이나 무기력감을 초래할 수 있다. '도파민 디톡스'는 이러한 자극을 의도적으로 멀리하는 방법으로 주목받고 있으며, 심리 치료와 약물 치료 등 체계적 접근이 필요하다.

3) 결론: 사회적 지원과 인식 변화의 필요성
도파민 중독 문제를 해결하기 위해서는 개인의 노력과 사회 전반의 인식 변화가 중요하다. 교육 프로그램과 커뮤니티 지원을 통해 도파민의 긍정적 역할과 중독의 위험성을 알리는 것이 필요하다. 도파민의 균형을 유지하며 긍정적인 삶의 질을 높이는 방향으로 나아가야 한다.

1 도파민 중독이 부정적인 인식으로 커진 이유는?

① 자원적 풍요와 기술의 진화가 도파민 욕구를 더 쉽고 빠르게 충족할 수 있는 환경을 만들어 도파민에 대한 의존성이 커지게 했기 때문이다.

② 도파민은 여러 신경 전달 물질의 원인이 되지만, 도파민이 보상관련 시스템과 관련이 없기 때문이다.

③ 도파민은 뇌에서 중요한 역할을 하는 신경 전달 물질이 아니기 때문이다.

④ 도파민이 재미와 쾌락을 대신하는 말이기 때문이다.

⑤ 스마트폰 사용, 소셜 미디어 등이 도파민의 중독에 영향을 미치기 때문이다.

2 <보기>의 내용을 바탕으로 도파민 중독에 해당하지 않는 사례는?

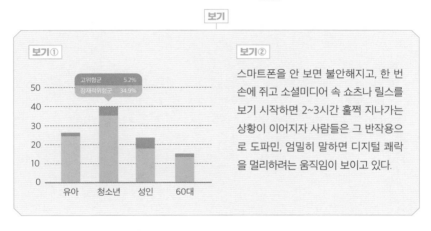

① 혜인: TikTok과 같은 플랫폼에서 사용자는 5분만 보려 했던 영상을 새벽까지 시청하게 되는 경우가 많아.

② 종식: 게임 내에서 보상을 받거나 레벨을 올리는 과정에서 재미를 느끼다 보니 시간 가는 줄 모르고 계속해서 게임을 하게 되네.

③ 상헌: 새로 시작한 소셜 미디어의 '좋아요', 새로운 콘텐츠 업데이트 등의 피드백을 보다보니 요즘 부쩍 스마트폰을 자주 확인하게 되었어.

④ 정현: 요즘 친구랑 카페에서 케익 먹고 대화 하는 것에 재미가 생겨서 매일 카페에 가.

⑤ 홍제: 스마트폰을 사용하면서 수면 시간을 줄이거나, 잠자기 전까지 스마트폰을 사용하는 경우가 많은거 같아.

3 도파민이 가진 양면성에 대해 서술하시오.

4 '도파민 중독 극복 방법'을 주제로 자신의 생각을 서론, 본론, 결론의 형식으로 서술하시오.

중요

5 '도파민 중독은 나쁜가'에 대해 자신의 생각을 서술하시오.

6 다음 '도파민 중독을 사회문제로 바라봐야 하는가'라는 논제를 바탕으로 찬성과 반대의 생각을 서술하시오.

집중

찬성	반대

09 심리적 탄력성
– 실패와 스트레스를 다루는 능력

살면서 사람들은 실패와 스트레스라는 벽에 부딪히곤 한다. 이 벽은 때로 사람을 주저앉게 만들기도 하지만, 어떤 사람들은 그 벽을 디딤돌 삼아 더 강해지기도 한다. 이런 차이를 만드는 열쇠는 바로 '심리①적 탄력②성'이다. 심리적 탄력성은 어려운 상황에서도 무너지지 않고 다시 일어설 수 있는 힘이다. 현대 사회에서는 학업, 대인 관계, 진로 고민 등 다양한 문제로 스트레스를 받는 사람들이 많기 때문에, 심리적 탄력성은 더욱 중요한 능력으로 주목받고 있다.

심리적 탄력성은 스트레스와 실패를 효과적으로 극복하고, 그 과정을 통해 더 성장할 수 있는 능력을 말한다. 이는 타고나는 능력이 아니라, 노력과 학습을 통해 키울 수 있는 능력이다. 심리학자들은 심리적 탄력성이 높은 사람들의 공통점을 연구하며, 이들이 어려운 상황에서도 긍정적인 마음가짐을 유지하고, 문제를 해결하기 위해 적극적으로 행동한다는 사실을 밝혀냈다. 이 능력은 개인의 행복과 삶의 질뿐만 아니라, 신체 건강에도 긍정적인 영향을 미친다.

심리적 탄력성이 부족하면 실패나 스트레스를 겪을 때 쉽게 좌절하고, 극복하지 못하는 경우가 많다. 이는 우울증, 불안 장애와 같은 정신 건강 문제로 이어질 수 있다. 특히 청소년들은 학업 스트레스와 또래 관계에서 오는 갈등으로 인해 쉽게 상처받을 수 있다. 심리적 탄력성이 낮은 경우, 작은 실패에도 과도한 스트레스를 느끼고 무력감③을 경험하게 된다. 이러한 문제를 예방하고 더 나은 삶을 살기 위해 심리적 탄력성을 키우는 것이 중요하다.

심리적 탄력성을 키우기 위해서는 몇 가지 방법이 있다. 첫째, 긍정적인 사고 방식을 기르는 것이 중요하다. 실패를 단순히 부정적으로 바라보기보다는 배움의 기회로 삼는 연습이 필요하다. 둘째, 주변 사람들과의 건강한 관계를 유지해야 한다. 가족, 친구, 선생님 등 믿을 수 있는 사람들과의 대화는 스트레스를 해소하는 데 큰 도움이 된다. 셋째, 규칙적인 운동과 같은 건강한 생활 습관을 실천하는 것도 심리적 탄력성을 높이는 데 효과적이다. 마지막으로, 자신만의 스트레스 해소법을 찾아보는 것도 좋은 방법이다. 음악 듣기, 산책, 글쓰기 등 자신에게 맞는 활동을 꾸준히 실천하면 마음의 여유를 가질 수 있다.

심리적 탄력성은 실패와 스트레스가 넘쳐나는 현대 사회에서 꼭 필요한 능력이다. 누구나 힘든 상황을 겪을 수 있지만, 그 상황을 극복하고 한 단계 더 성장하는 것은 심리적 탄력성에 달려 있다. 심리적 탄력성은 연습과 노력을 통해 충분히 키울 수 있는 능력이기에, 긍정적인 사고방식과 건강한 생활 습관을 실천하는 것이 필요하다. 심리적 탄력성을 키우는 과정은 단순히 어려움을 극복하는 것을 넘어, 더 행복하고 풍요[4]로운 삶을 만드는 밑바탕이 된다.

꼭 기억하렴

❶ 심리: 사람의 마음과 관련된 정신적 활동이나 상태를 의미한다. 심리적 탄력성은 마음이 어려운 상황에서도 긍정적으로 작용하도록 돕는 정신적 힘을 뜻한다.
❷ 탄력: 원래 형태로 돌아가는 힘을 뜻하지만, 심리적 탄력성에서는 스트레스나 실패를 극복하고 다시 제자리를 찾는 마음의 회복력을 의미한다.
❸ 무력감: 어떤 일을 할 수 없거나 상황을 통제하지 못할 때 느끼는 무기력하고 힘이 빠진 상태를 의미한다.
❸ 풍요: 무엇인가가 넉넉하고 충분한 상태를 의미한다. 심리적 탄력성을 통해 마음의 여유를 얻으면, 삶이 더욱 풍요로워진다.

국어 공신 선생님

좀 더 깊이 생각해 보기

• 심리적 탄력성이 개인의 신체 건강에 미치는 영향은 무엇인가?

심리적 탄력성은 개인의 정신적 안정뿐만 아니라 신체 건강에도 긍정적인 영향을 미친다. 심리적 탄력성이 높은 사람은 스트레스를 효과적으로 관리하며, 스트레스로 인해 발생하는 만성질환의 위험을 줄인다. 예를 들어, 스트레스 호르몬인 코르티솔 수치가 낮아지고, 면역 체계가 강화되어 감염병에 대한 저항력이 높아진다. 또한, 심리적 탄력성은 규칙적인 운동과 같은 건강한 생활습관을 유지하도록 돕기 때문에 신체적 건강 증진에 기여한다.

• 심리적 탄력성이 대인관계에 미치는 구체적인 효과는 무엇인가?

심리적 탄력성은 대인관계를 개선하는 데 중요한 역할을 한다. 심리적 탄력성이 높은 사람은 어려운 상황에서도 타인과의 갈등을 효과적으로 해결하며, 협력적인 태도를 유지한다. 또한, 긍정적인 사고방식을 통해 상대방의 입장을 이해하고 공감하는 능력이 뛰어나며, 이는 신뢰를 쌓는 데 기여한다. 이러한 관계의 질적 향상은 개인의 삶의 만족도를 높이고, 사회적 유대감을 강화한다.

• 심리적 탄력성을 키우기 위해 학교에서 실천할 수 있는 방법은 무엇인가?

학교는 학생들이 심리적 탄력성을 키울 수 있는 환경을 제공할 수 있다. 예를 들어, 긍정적인 사고방식을 기를 수 있는 심리 교육 프로그램을 도입하거나, 스트레스 관리 워크숍을 진행할 수 있다. 또한, 또래 간의 건강한 관계를 형성하도록 돕는 협동 학습과 팀 프로젝트를 통해 문제 해결 능력과 대인관계를 향상시킬 수 있다. 이 외에도 체육 수업과 예술 활동을 통해 학생들이 자신만의 스트레스 해소법을 발견하도록 지원할 수 있다.

정리해 볼까요?

기사에 대해서 알아볼까요?

주제: 심리적 탄력성의 중요성과 현대 사회의 스트레스와 실패를 극복하고, 더 나은 삶을 영위하는 방법을 탐구한다.

핵심어휘: 심리적 탄력성, 스트레스 극복, 무력감, 긍정적 사고방식, 건강한 생활 습관, 사회적 유대, 풍요로운 삶

1단락 요약: 현대 사회에서 많은 사람들이 학업, 대인관계, 진로 고민 등으로 스트레스를 받는다. 이때 중요한 역할을 하는 것이 실패와 스트레스를 극복하고 일어날 수 있는 힘. '심리적 탄력성'이다.

2단락 요약: 심리적 탄력성은 타고난 능력이 아니라 학습과 노력을 통해 키울 수 있다. 긍정적인 마음가짐과 적극적인 행동이 이를 강화하며, 이는 정신적, 신체적 건강에 긍정적인 영향을 미친다.

3단락 요약: 심리적 탄력성이 부족하면 작은 실패에도 무력감을 느끼고, 이는 우울증과 불안 장애로 이어질 수 있다. 특히 청소년은 쉽게 상처를 받으므로 심리적 탄력성을 기르는 것이 중요하다.

4단락 요약: 심리적 탄력성을 키우기 위해서는 긍정적인 사고방식과 건강한 인간관계를 유지해야 한다. 또한 규칙적인 운동과 자신에게 맞는 스트레스 해소법을 실천하는 것도 효과적이다.

5단락 요약: 심리적 탄력성은 현대 사회에서 필수적 능력으로, 스트레스를 극복하고 성장할 수 있는 힘이다. 긍정적 사고와 건강한 생활습관은 삶의 질을 높인다.

기사의 구조적 접근을 꼭 알아야 해요!

1) 서론: 현대 사회에서 심리적 탄력성의 중요성
현대 사회는 다양한 문제와 스트레스로 가득 차 있다. 이러한 상황 속에서 실패와 스트레스를 극복하고 다시 일어설 수 있는 심리적 탄력성의 중요성이 커지고 있다.

2) 본론: 심리적 탄력성의 정의, 문제점, 그리고 강화 방법
현대 사회에서 심리적 탄력성은 실패와 스트레스를 극복하고 다시 일어설 수 있는 필수적인 능력이다. 이는 타고난 특성이 아니라 긍정적인 사고방식, 건강한 관계, 규칙적인 생활습관을 통해 키울 수 있다. 심리적 탄력성을 강화하면 삶의 질이 높아지고, 더 행복하고 풍요로운 삶을 살아갈 수 있다.

3) 결론: 심리적 탄력성을 통한 성장과 행복한 삶
심리적 탄력성은 현대 사회에서 꼭 필요한 능력이다. 이를 키우기 위해 긍정적인 사고방식과 건강한 생활습관을 실천하는 것이 중요하며, 심리적 탄력성 향상을 통해 사람들은 어려움을 극복하고 더 나은 미래를 만들어갈 수 있다.

비판적 사고 키워 볼까요? +

1 다음 중 본문의 내용으로 적절하지 <u>않은</u> 것은?

① 심리적 탄력성이 낮은 사람은 스트레스에 쉽게 무너질 수 있으며, 이는 우울증과 불안 장애 같은 정신 건강 문제로 발전할 수 있다.

② 높은 심리적 탄력성은 스트레스를 효과적으로 극복하게 도와주며, 개인의 정신적 안정과 전반적인 삶의 질 향상에 기여한다.

③ 이는 긍정적인 사고방식과 적극적인 행동을 실천하면서 발전할 수 있으며, 지속적인 노력을 통해 강화된다.

④ 심리적 탄력성이 높은 사람들은 긍정적인 마음가짐을 유지하고 행동을 자제하려하지만, 자신감이 너무 커서 일을 그르치거나 범법행위까지 저지르는 경우가 종종 발생한다.

⑤ 자신감을 키우고 스트레스를 해소하기 위해 긍정적인 생각을 유지하고, 주변 사람들과의 건강한 관계 형성이 중요하다.

2 <보기>의 내용을 참고하여 본문의 내용과 관련 있는 사례로 적절하지 <u>않은</u> 것은?

> • 심리적 탄력성은 스트레스를 극복하고 더 나은 삶을 살 수 있게 돕는다.
> • 심리적 탄력성은 학업, 대인관계, 진로 고민 등 다양한 문제에 적용할 수 있다.
> • 심리적 탄력성을 키우기 위해 긍정적인 사고방식과 건강한 생활습관이 필요하다.

① 심리적 탄력성이 높은 사람은 실패를 통해 성장할 기회를 얻는다.

② 심리적 탄력성은 타고난 능력이기 때문에 노력으로 바꿀 수 없다.

③ 심리적 탄력성이 낮은 사람은 작은 실패에도 쉽게 무력감을 느낄 수 있다.

④ 긍정적인 사고방식을 기르는 것은 심리적 탄력성을 높이는 중요한 방법이다.

⑤ 규칙적인 운동과 자신만의 스트레스 해소법은 심리적 탄력성을 향상시킬 수 있다.

3 본문에서 언급된 심리적 탄력성이 개인과 사회에 미치는 영향을 서술하시오.

4 '심리적 탄력성을 키우는 것이 현대 사회에서 중요한 이유'에 대해 서론, 본론, 결론의 형식으로 서술하시오.

5 본문의 제목인 "심리적 탄력성 – 실패와 스트레스를 다루는 능력"이 적절한지 평가하고, 그 이유를 서술하시오.

집중

6 다음 '심리적 탄력성은 타고나는 능력이 아니라 후천적으로 키울 수 있는 능력이다'라는 논제를 바탕으로 찬성과 반대의 생각을 서술하시오.

찬성	반대

역사는 우리의 뿌리이자 미래를 비추는 거울

　역사는 단순히 과거의 사건을 기록한 자료가 아니다. 우리의 뿌리를 확인하고 미래를 비추는 중요한 거울이며, 나아갈 방향을 제시하는 나침반이다. "역사를 잊는 민족에게 미래는 없다"는 말은 단순한 격언이 아니라 우리 모두가 새겨야 할 교훈이다. 역사는 단순히 지나간 사건들의 나열이 아니라, 정체성을 형성하고 더 나은 미래를 준비하기 위한 지혜의 보고[1](寶庫)이다.

　그러나 역사를 왜곡[2]하는 행위는 이러한 지혜의 보고를 오염시킨다. 특정 집단이나 국가가 자신들에게 유리하도록 과거를 재해석하거나 조작하는 '기억의 정치'는 진실을 왜곡하고 잘못된 인식을 심어줄 위험이 크다. 예를 들어, 일본은 제2차 세계대전 당시의 침략 전쟁과 전쟁 범죄를 축소하거나 왜곡하는 내용을 교과서에 담아왔다는 비판을 받아왔다. 이는 피해국 국민들에게 깊은 상처를 남길 뿐만 아니라, 일본 내 청소년들에게 왜곡된 역사관을 심어줄 위험이 있다. 이는 단순히 과거의 잘못을 덮는 데 그치지 않고, 세대를 넘어 사회적 갈등을 유발할 수 있다.

　역사 왜곡은 청소년들에게 특히 큰 영향을 미친다. 비판적 사고력을 키우는 시기에 잘못된 역사관을 접하면, 이는 편향된 시각으로 이어질 가능성이 크다. 승자의 관점만 강조하거나 피해자의 경험을 축소하는 역사 서술은 반드시 경계해야 한다. 예를 들어, 한국과 일본 간의 독도 영유권 분쟁은 일본이 역사적 사실을 왜곡하며 독도가 일본 영토라고 주장하기 때문에 계속해서 논란이 되고 있다. 이러한 문제는 단순히 영토 분쟁이 아니라, 과거의 역사를 왜곡해 현재의 갈등으로 이어지는 대표적인 사례이다.

그렇다면 이러한 역사 왜곡을 극복하기 위해 우리는 무엇을 해야 할까? 가장 중요한 것은 비판적이고 적극적인 역사 학습 태도를 갖추는 것이다. 다양한 자료를 확인하고, 끊임없이 질문하며, 서로 다른 관점을 이해하려는 노력이 필요하다. 또한 다른 문화와 국가의 역사적 경험을 존중하고 공정하게 바라보는 자세는 편협[3]한 시각에서 벗어나 폭넓은 이해를 가능하게 한다.

역사는 민족의 정체성을 확인하고 국가적 자부심을 되찾는 데에도 중요한 역할을 한다. 하지만 현실에서는 역사를 단순히 시험 과목이나 교과서 속의 내용으로만 여기는 경우가 많다. 예를 들어, 한국 근현대사의 대표적 사건인 3 · 1 운동은 단순히 독립선언서를 발표한 사건이 아니다. 당시 수많은 이들이 일제의 식민 통치에 맞서 독립을 외쳤고, 그 과정에서 많은 희생이 있었다. 이를 단순한 사건으로 기억한다면, 그들이 남긴 교훈과 희망은 잊혀지고 말 것이다. 우리는 이러한 역사를 단순히 과거로 묻어두지 않고, 현재를 살아가는 우리가 함께 만들어가는 살아있는 이야기로 여겨야 한다. 역사는 우리를 안내하는 나침반과 같다. 잘못된 역사 왜곡은 잘못된 방향으로 이끌 수 있지만, 비판적 사고와 공감, 그리고 끊임없는 배움의 자세로 이를 극복할 수 있다. 역사를 단순히 암기의 대상으로 보지 말고, 살아있는 교훈으로 받아들일 때 비로소 우리의 뿌리를 이해하고 더 밝은 미래를 설계할 수 있다. 독도 분쟁, 식민지 지배의 기억, 그리

꼭 기억하렴

❶ 보고: 귀중한 보물이나 가치 있는 자료들이 모여 있는 장소나 상태를 의미한다.
❷ 왜곡: 사실이나 진실을 의도적으로 또는 무의식적으로 잘못 전달하거나 변형하는 것을 뜻한다.
❸ 편협: 생각이나 태도가 좁고 치우쳐 있어 다른 관점을 받아들이지 못하는 상태를 뜻한다. 편협한 시각은 비판적 사고와 공감 능력을 저해하고, 갈등을 유발할 수 있다.

국어 공신 선생님

고 3·1운동 같은 역사적 사례들은 우리가 기억해야 할 소중한 교훈이다. 역사를 기억하고 존중하며 끊임없이 배우려는 노력, 그것이 바로 우리가 걸어가야 할 길이다. 이러한 노력은 단지 개인의 성장뿐만 아니라, 더 나은 사회와 국가를 만들어가는 밑거름이 될 것이다.

국어 공신 선생님의 감상 꿀팁!

좀 더 깊이 생각해 보기

집중!

• 역사 왜곡이 국제 사회에서 신뢰 구축과 협력에 미치는 영향은 무엇일까?
역사 왜곡은 국제 사회에서 신뢰를 훼손하고 협력을 저해하는 주요 원인이 된다. 특정 국가가 과거를 왜곡하거나 축소하면, 피해국은 이를 신뢰하지 못하며 긴장이 고조된다. 예를 들어, 일본의 전쟁 범죄 축소는 한국과 중국 같은 피해국들에게 깊은 상처를 남기며, 국가 간 외교적 협력에도 부정적인 영향을 미친다. 역사 왜곡은 과거의 갈등을 해결하지 못하고 현재와 미래로 이어지는 장애물로 작용하며, 이는 국제적인 문제 해결과 연대 형성을 방해한다. 따라서 과거의 진실을 인정하고 공동의 역사 인식을 형성하는 것이 신뢰 구축의 핵심이다.

• 왜곡된 역사를 바로 잡기 위해 국제 사회가 할 수 있는 역할은 무엇일까?
국제 사회는 왜곡된 역사를 바로잡기 위해 다자간 협력과 공정한 역사 연구를 지원해야 한다. 유엔이나 유네스코 같은 국제 기구는 역사 왜곡 사례를 공론화하고, 피해국과 가해국 간 대화를 중재할 수 있다. 또한, 역사 교육에서 객관성과 다양성을 증진하기 위한 표준을 제시하며, 국제 학자들 간의 협력을 장려해 공동 연구 결과를 발표하도록 지원할 수 있다. 더불어 역사 왜곡이 국제 갈등으로 비화될 경우, 외교적 해결 방안을 모색하고 피해국의 목소리를 대변하는 역할도 수행해야 한다. 이를 통해 역사적 정의와 신뢰를 회복할 수 있다.

정리해 볼까요?

기사에 대해서 알아볼까요?

주제: 역사의 중요성과 왜곡의 위험성을 인식하고, 이를 극복하기 위한 비판적 사고와 공정한 역사 학습의 필요성을 탐구한다.

핵심어휘: 역사, 정체성, 기억의 정치, 역사 왜곡, 비판적 사고, 독도 분쟁, 3·1운동, 공정한 시각

1단락 요약: 역사는 단순히 과거의 기록이 아니라, 민족의 정체성을 형성하고 미래 나침반 역할을 한다. 이를 통해 우리는 지혜와 교훈을 얻을 수 있다.

2단락 요약: 역사 왜곡은 과거를 왜곡해 사회적 갈등을 유발하고, 진실을 훼손하는 심각한 문제다. 일본 전쟁 범죄 왜곡은 부정적 영향을 미치는 대표적 사례다.

3단락 요약: 역사 왜곡은 청소년의 비판적 사고력을 저해하며 편향된 시각을 형성할 수 있다. 독도 분쟁은 왜곡된 역사 인식이 현재의 갈등으로 이어진 대표적인 사례다.

4단락 요약: 역사 왜곡을 극복하기 위해 비판적 사고력과 적극적인 역사 학습 태도가 필수적이며 다양한 자료 확인과 다각적 관점 이해가 필요하다.

5단락 요약: 역사는 민족 정체성을 확인하고 국가적 자부심을 회복하는 데 중요한 역할을 한다. 과거 교훈을 바탕으로 개인과 사회의 성장을 이끄는 살아있는 이야기로 받아들여야 한다.

기사의 구조적 접근을 꼭 알아야 해요!

1) 서론: 역사의 의미와 왜곡 문제의 심각성
현대 사회는 급격한 변화와 함께 다양한 도전과 갈등을 겪고 있다. 이러한 상황 속에서 역사는 단순히 과거의 기록이 아닌, 우리의 정체성을 확인하고 미래를 설계하는 데 중요한 역할을 한다.

2) 본론: 역사와 정체성의 관계, 역사 왜곡의 위험성, 그리고 비판적 사고의 필요성
역사는 민족의 정체성을 형성하고 미래를 설계하는 데 중요한 역할을 한다. 그러나 역사 왜곡은 사회적 갈등을 심화시키고 청소년들에게 잘못된 역사관을 심어줄 위험이 있다. 이를 극복하기 위해 비판적 사고와 적극적인 역사 학습이 필요하며, 다양한 관점을 존중하는 노력이 중요하다.

3) 결론: 역사 왜곡 극복과 미래를 위한 올바른 역사 인식
역사는 단순한 과거의 기록이 아닌, 현재와 미래를 연결하는 나침반이다. 비판적 사고와 공정한 태도로 역사 왜곡을 극복하고, 이를 통해 민족적 정체성을 확립하며 더 나은 사회를 만들어가야 한다.

비판적 사고 키워 볼까요? ✛

1 다음 중 본문의 내용으로 적절하지 않은 것은?

① 역사는 단순한 과거의 사건이 아니라 정체성을 형성하고 미래를 준비하는 데 중요한 역할을 한다.

② 역사 왜곡은 특정 국가나 집단이 과거를 유리하게 재해석하거나 조작하는 행위를 의미한다.

③ 역사 왜곡은 단순히 과거를 왜곡하는 데 그치지 않고 사회적 갈등으로 이어질 수 있다.

④ 3·1운동은 단순히 독립선언서를 발표한 사건으로만 기억해도 충분하다.

⑤ 비판적 사고와 적극적인 역사 학습 태도는 역사 왜곡을 극복하는 데 중요한 역할을 한다.

2 <보기>의 내용을 참고하여 본문에서 언급된 역사 왜곡의 사례와 가장 거리가 먼 것은?

> 보기
>
> • 역사 왜곡은 진실을 왜곡하고 잘못된 인식을 심어줄 수 있다.
> • 일본은 침략 전쟁과 전쟁 범죄를 축소하거나 왜곡한 내용으로 비판을 받아 왔다.
> • 역사 왜곡은 세대를 넘어 현재와 미래의 갈등으로 이어질 가능성이 있다.

① 일본이 제2차 세계대전 당시의 침략을 정당화하려는 내용의 교과서를 제작했다.

② 독도 영유권 분쟁은 일본의 역사적 사실 왜곡에서 비롯된 문제이다.

③ 3·1운동은 독립선언서 발표 이외의 희생과 투쟁을 포함한 사건으로 기억되고 있다.

④ 역사 왜곡은 피해국 국민들에게 상처를 남기고 청소년에게 왜곡된 역사관을 심어줄 위험이 있다.

⑤ 특정 집단의 기억의 정치는 사회적 갈등을 유발할 수 있다.

3 본문에서 언급된 역사 왜곡이 청소년들에게 미치는 영향을 서술하시오.

4 '역사 왜곡을 바로잡고 올바른 역사 인식을 형성하는 방법'에 대해 서론, 본론, 결론의 형식으로 서술하시오.

중요

5 본문의 제목인 "역사는 우리의 나침반이다"라는 표현이 적절한지 평가하고, 이유를 서술하시오.

집중

6 '역사 왜곡은 국가 간 갈등의 주요 원인이다'라는 주장에 대해 찬성과 반대 입장을 논하시오.

찬성	반대

11 죽음이 가르쳐주는 삶의 진정한 가치

죽음은 우리가 언젠가 반드시 마주해야 할 삶의 한 부분이다. 그러나 우리는 일상에서 죽음을 깊이 생각하지 않으며, 그것을 마치 멀리 있는 일처럼 여기는 경우가 많다. 하지만 죽음을 외면하는 태도는 우리의 삶을 진정으로 이해하는 데 한계를 만든다. 죽음을 깊이 생각하고 성찰①하는 과정은 현재의 삶을 더 의미 있고 가치 있게 만드는 계기가 될 수 있다. 삶의 진정한 가치를 깨닫기 위해 죽음을 대면하고 이를 통해 삶의 의미를 재발견하려는 노력이 필요하다.

철학자 아르투어 쇼펜하우어는 죽음을 인간이 피할 수 없는 숙명②적인 현상으로 바라보며, 이에 대한 형이상학적 고찰의 중요성을 강조했다. 그는 죽음이 단순히 삶의 끝이 아니라, 인간에게 세계와 삶의 본질을 성찰하게 하는 중요한 계기라고 보았다. 죽음을 깊이 성찰하면 우리는 삶이 지닌 본질적 가치를 깨달을 수 있다. 예를 들어, 쇼펜하우어는 우리가 죽음이라는 한계를

아르투어 쇼펜하우어

인식할 때 비로소 삶의 유한성을 깨닫고, 일상에서 간과하던 순간의 의미를 찾을 수 있다고 말한다. 이는 삶과 죽음이 대립적인 것이 아니라 상호 연결되어 있다는 점을 알려준다.

죽음은 우리가 현재를 살아가는 방식에도 큰 영향을 미친다. 죽음을 의식하

면 우리는 삶의 소중함을 더욱 잘 느끼게 된다. 사랑하는 사람과의 시간이 영원하지 않다는 사실을 깨닫는다면, 그들과 함께하는 매 순간을 더 소중히 여기게 된다. 또한, 자신의 꿈이나 목표를 더 이상 미루지 않고 지금 바로 시작하려는 동기를 얻을 수 있다. 이는 우리가 제한된 시간을 살아가고 있다는 인식을 통해 현재를 최대한 충실히 살아가게 만들며, 나아가 우리의 삶을 더욱 풍요롭고 가치 있게 만들어준다.

죽음에 대한 성찰은 우리에게 겸손함을 가르쳐준다. 누구도 죽음을 피할 수 없다는 사실은 인간이 평등하다는 진리를 일깨운다. 이러한 깨달음은 서로를 더 이해하고 배려하게 만든다. 우리는 살아가면서 크고 작은 갈등과 오해를 겪는데, 죽음이라는 숙명을 떠올릴 때 그 갈등은 무의미하게 느껴지기도 한다. 이 때문에 죽음에 대한 성찰은 화해와 용서를 위한 마음을 열어준다. 특히 현대 사회에서 개인주의와 경쟁이 심화되는 가운데, 죽음에 대한 성찰은 공동체적 가치를 되찾는 데 중요한 역할을 한다. 이러한 태도는 사회를 더 따뜻하고 조화로운 곳으로 만드는 데 기여한다.

죽음에 대해 생각하는 것은 단순히 철학적 성찰에 그치지 않고, 구체적인 행동으로 이어질 때 그 가치를 발휘한다. 예를 들어, 삶이 유한하다는 사실을 자각하는 사람들은 자신이 진정으로 중요하게 여기는 가치와 목표를 우선순위

꼭 기억하렴

① 성찰: 자신의 생각이나 행동을 깊이 되돌아보고 살피는 것을 의미한다. 죽음에 대한 성찰은 삶의 가치를 새롭게 깨닫고, 현재를 충실히 살아가는 데 도움을 준다.
② 숙명: 피할 수 없이 받아들여야 하는 운명을 뜻한다. 철학자들은 죽음을 숙명으로 받아들이며, 이를 통해 삶의 의미를 탐구해야 한다고 주장한다.
③ 낙담: 기대나 희망이 좌절되었을 때 느끼는 실망과 좌절의 감정을 의미한다. 죽음이나 실패를 직면했을 때 낙담하기 쉽지만, 이를 극복하는 것이 심리적 탄력성을 키우는 과정이다.
④ 반추: 한 번 생각했던 것을 되새기며 깊이 숙고하는 것을 의미한다. 죽음에 대한 반추는 삶의 본질을 이해하고 자신의 존재를 다시금 돌아보게 한다.

국어 공신 선생님

에 두고 살아간다. 이는 더 나은 인간 관계를 형성하고, 사회에 긍정적인 영향을 미치는 원동력이 된다. 또한, 죽음은 우리의 삶을 더욱 열정적으로 살아가게 하는 촉매제가 된다. 작은 실패나 좌절에 낙담[3]하기보다는 그것을 성장의 계기로 삼아 삶을 더 충실히 살아가게 된다. 이런 측면에서 죽음은 단순히 두려움의 대상이 아니라, 우리 삶을 더 나은 방향으로 이끄는 내적 동기라고 할 수 있다. 죽음에 대한 인문학적 성찰은 우리의 삶을 더 깊고 풍요롭게 만들어주는 중요한 과정이다. 죽음을 두려워하거나 피하려는 태도보다는, 그것을 통해 삶의 가치를 재발견하고 현재를 충실히 살아가려는 자세가 필요하다. 죽음은 삶의 끝이 아니라, 우리의 삶을 반추[4]하고 더 나은 길을 모색하도록 이끄는 나침반 역할을 한다. 이처럼 죽음은 우리 모두가 피할 수 없는 현실이지만, 이를 통해 현재의 삶을 더욱 소중히 여기고 자신과 타인의 가치를 새롭게 인식할 수 있다. 죽음을 성찰하는 것은 개인의 내적 성장을 넘어, 사회적 조화를 이루는 데도 중요한 역할을 한다. 이러한 성찰을 통해 우리는 자신의 삶에 대한 책임감을 느끼고, 더 나은 미래를 향해 나아갈 수 있을 것이다.

국어 공신 선생님의 감상 꿀팁!

 좀 더 깊이 생각해 보기

• 왜 죽음을 외면하지 않는 것이 중요한가?
죽음을 외면하는 태도는 삶의 진정한 가치를 깨닫는 데 한계를 만든다. 죽음을 성찰하면 삶이 유한하다는 점을 깨닫게 되고, 이는 현재를 더욱 의미 있게 살도록 만든다. 예를 들어, 사랑하는 사람과의 시간이 한정적이라는 것을 알게 되면, 그들과의 매 순간을 더 소중히 여기고 감사하는 마음을 가지게 된다. 또한, 자신의 꿈과 목표를 미루지 않고 지금 바로 시작하려는 동기를 부여받는다. 따라서 죽음을 외면하지 않는 태도는 우리의 삶을 더 충실히 만들어준다.

• 죽음이 사회적 조화에 어떤 영향을 미칠 수 있을까?

죽음은 우리에게 겸손함과 인간의 평등성을 일깨워준다. 누구도 죽음을 피할 수 없다는 사실은 갈등이나 오해를 무의미하게 만들며, 화해와 용서를 위한 계기가 된다. 예를 들어, 죽음에 대해 성찰하는 과정에서 타인과의 갈등을 풀고 더 깊은 유대를 형성할 수 있다. 이러한 성찰은 경쟁과 갈등이 심화된 현대 사회에서 공동체적 가치를 되찾는 데 중요한 역할을 한다. 죽음이라는 공통의 숙명은 인간이 서로를 더 이해하고 배려하게 만드는 원동력이 될 수 있다.

• 죽음을 통해 삶의 방향성을 찾으려면 어떻게 해야 할까?

죽음을 성찰하며 삶의 방향성을 찾으려면 자신이 진정으로 소중하게 여기는 가치와 목표를 되돌아봐야 한다. 삶이 유한하다는 사실을 인식하면, 우리는 무엇이 중요한지 우선순위를 설정할 수 있다. 예를 들어, 사랑하는 사람과의 시간을 더 많이 보내고, 자신의 열정을 추구하며, 사회에 긍정적인 영향을 미치는 활동에 몰두할 수 있다. 죽음에 대한 성찰은 단순히 삶의 끝을 준비하는 것이 아니라, 현재의 삶을 더 가치 있게 만드는 지침이 된다.

• 죽음에 대한 성찰이 개인의 성장과 삶의 질에 어떤 긍정적인 영향을 미칠 수 있는가?

죽음에 대한 성찰은 삶의 유한성을 인식하게 해 현재의 삶을 더욱 소중히 여기게 만든다. 이를 통해 개인은 자신에게 진정으로 중요한 가치와 목표를 명확히 하고, 우선순위를 재정립할 수 있다. 이러한 인식은 꿈이나 목표를 더 이상 미루지 않고, 지금 이 순간을 적극적으로 살아가게 하는 동기를 부여한다. 또한, 죽음의 필연성을 받아들이면서 인간의 평등성과 겸손함을 깨닫게 되고, 타인에 대한 이해와 배려의 마음도 깊어진다. 이는 갈등과 오해를 풀어내는 계기가 되며, 인간관계를 더욱 풍요롭게 만든다. 나아가, 자신이 진정으로 추구하는 삶의 방향성을 명확히 하여 더 충만한 삶을 살아갈 수 있도록 돕는다. 결국, 죽음에 대한 성찰은 개인의 내적 성장을 촉진하고 삶의 질을 향상시키는 원동력이 된다.

정리해 볼까요?

기사에 대해서 알아볼까요?

주제: 죽음에 대한 성찰이 삶의 의미와 가치 재발견에 미치는 영향
핵심어휘: 죽음, 성찰, 삶의 의미, 유한성, 쇼펜하우어, 인간관계, 화해, 겸손, 내적 성장, 나침반

1단락 요약: 죽음을 외면하는 태도가 삶을 진정으로 이해하는 데 한계를 만든다는 점과 죽음을 성찰하는 과정이 삶의 의미를 재발견하는 계기가 될 수 있음을 설명하고 있다.
2단락 요약: 철학자 쇼펜하우어의 죽음에 대한 형이상학적 고찰과 죽음이 삶의 본질과 유한성을 깨닫게 하는 역할에 대해 논의를 하고 있다.
3단락 요약: 죽음을 성찰하면 삶의 소중함을 더 깊이 느끼게 되고, 현재를 충실히 살아가는 동기를 제공한다는 점을 나타낸다.
4단락 요약: 죽음이 인간관계에 미치는 영향, 즉 갈등 해소와 화해를 통한 사회적 조화의 중요성 강조하고 있다.
5단락 요약: 죽음이 단순한 두려움의 대상이 아니라 삶의 나침반 역할을 하며, 더 나은 삶의 방향성을 제시한다는 점을 결론적으로 정리하고 있다.

기사의 구조적 접근을 꼭 알아야 해요!

1) 서론: 죽음의 성찰, 삶의 가치를 재발견하는 시작
죽음은 인간이 피할 수 없는 숙명이지만, 이를 외면하는 태도는 삶의 의미를 온전히 이해하지 못하게 한다. 죽음을 성찰하는 과정은 현재를 충실히 살고 삶의 가치를 재발견하는 계기가 된다.

2) 본론: 죽음이 주는 철학적 의미와 삶에 미치는 긍정적 영향
쇼펜하우어는 죽음을 삶의 유한성을 깨닫게 하는 철학적 성찰의 기회로 보았다. 죽음을 의식하면 사랑하는 사람들과의 시간을 소중히 여기고, 자신의 목표를 적극적으로 실천하려는 동기를 얻는다. 또한 죽음은 인간의 평등성을 일깨워 화해와 배려를 통해 사회적 조화를 이루게 한다. 이러한 성찰은 개인의 성장뿐만 아니라, 더 따뜻하고 조화로운 사회를 만드는 데 기여한다.

3) 결론: 죽음에 대한 성찰이 주는 삶과 사회의 긍정적 변화
죽음에 대한 성찰은 삶을 더욱 풍요롭고 의미 있게 만들어주는 과정이다. 죽음을 단순히 두려움으로 여기는 대신, 이를 삶의 나침반으로 삼아 현재를 충실히 살아가야 한다. 죽음에 대한 성찰은 개인과 사회 모두에 긍정적인 변화를 이끄는 중요한 열쇠다.

비판적 사고 키워 볼까요? ✛

1 다음 중 본문의 내용으로 적절하지 <u>않은</u> 것은?

① 죽음을 성찰하는 것은 삶의 소중함을 깨닫게 하고 현재를 충실히 살게 한다.

② 죽음은 쇼펜하우어에 의해 삶의 끝이 아니라 본질적 가치를 성찰하는 계기로 언급되었다.

③ 죽음을 피하려는 태도는 삶의 진정한 가치를 이해하는 데 도움이 된다.

④ 죽음을 인식하면 갈등을 화해로 전환하고 인간관계를 개선하는 계기가 될 수 있다.

⑤ 죽음은 단순히 두려움의 대상이 아니라 삶을 더 열정적으로 살게 하는 내적 동기가 된다.

2 <보기>의 내용을 참고하여 본문의 내용과 관련 있는 사례로 적절하지 <u>않은</u> 것은?

보기

 • 죽음에 대한 성찰은 현재의 삶을 더 풍요롭고 의미 있게 만든다.

• 죽음을 성찰하면 화해와 배려를 통해 인간관계를 개선할 수 있다.

• 죽음을 인식하면 자신의 목표와 가치에 충실하게 행동할 동기를 얻을 수 있다.

① 죽음을 인식한 사람은 목표를 미루지 않고 바로 실천하려는 의지를 갖게 되며, 삶을 더 충실히 살아가려는 동기를 얻는다.

② 죽음에 대한 성찰은 인간의 평등성을 깨닫게 하여 사회적 조화를 이루는 데 중요한 역할을 한다.

③ 죽음을 의식하면 인간은 본질적으로 자신만을 위해 행동하려는 경향이 강해지며, 이기적인 태도를 강화할 수 있다.

④ 죽음이 갈등을 해소하는 계기가 될 수 있다는 점은 화해와 배려를 촉진해 사회적 유대감을 강화한다.

⑤ 죽음을 통해 삶의 유한성을 깨닫는 것은 삶의 의미를 재발견하고 현재의 시간을 더 소중히 여기게 만든다.

3 본문에서 죽음에 대한 성찰이 인간관계와 사회적 조화에 미치는 영향을 서술하시오.

4 '죽음에 대한 성찰이 현대 사회에서 중요한 이유'에 대해 서론, 본론, 결론의 형식으로 서술하시오.

중요

5 본문의 제목인 "죽음에 대한 성찰-삶의 나침반"이 적절한지 평가하고 이유를 서술하시오.

집중

6 다음 '죽음은 두려움의 대상이 아니라 삶을 풍요롭게 만드는 계기다'라는 논제를 바탕으로 찬성과 반대의 생각을 서술하시오.

찬성	반대

돌봄의 예술
- 사랑으로 엮는 사회의 연결고리

인문학적 돌봄은 인간의 삶과 존재에 대한 깊은 이해를 바탕으로, 돌봄을 실천하고자 하는 접근 방식을 의미한다. 이는 단순히 신체적 또는 물질적 필요를 충족[1]시키는 돌봄을 넘어, 인간의 정신적, 감정적, 문화적 측면을 고려하는 포괄적인 돌봄이다. 인문학적 돌봄은 인간의 존엄성[2]과 가치를 중심에 두고 있다. 돌봄을 받는 사람의 개별적 특성과 삶의 이야기를 존중하며, 그들의 경험과 감정에 깊은 관심을 기울인다. 이는 돌봄이 단순한 기능적 행위가 아니라, 인간의 내면과 존엄성에 대한 존중에서 출발하는 행위임을 의미한다. 이러한 접근은 돌봄을 받는 사람의 삶의 질을 향상시키고, 그들이 느끼는 소속감과 안전감을 증진시키는 데 기여한다. 인문학적 돌봄은 또한 사회적 연대와 공동체의 중요성을 강조하며, 서로의 존재를 인정하고 지지하는 관계를 형성하는 데 필수적이다. 이를 통해 우리는 더 나은 사회를 만들어 나갈 수 있는 가능성을 열어간다.

조안 트론토(Joan Tronto)는 돌봄(care)에 관한 철학적, 윤리적 연구로 유명한 미국의 정치학자이다. 그녀는 돌봄을 단순히 개인적인 도덕적 덕목으로 보지 않고, 사회적, 정치적 맥락에서 중요한 개념으로 확장했다. 조안 트론토의 돌봄 윤리는 주로 네 가지 원리로 요약될 수 있다. 돌봄의 첫 번째 단계는 돌봄이 필요한 사람들의 욕구와 필요에 주의를 기울이는 것이다. 이 원리는 돌봄을 시작하는 핵심으로, 다른 사람의 고통이나 필요를 인식하고[3] 이해하는 과정이다.

이를 통해 우리는 누가 돌봄을 필요로 하는지, 어떤 형태의 돌봄이 필요한지를 알 수 있게 된다. 돌봄의 두 번째 단계는 이러한 필요를 인식한 후, 그 필요를 충족시킬 책임을 지는 것이다. 이는 단순히 도덕적 의무를 넘어서는 것으로, 누가 돌봄을 제공할 것인지에 대한 사회적 책임을 포함한다. 트론토는 돌봄 책임이 단순히 개인적인 것이 아니라 사회적, 정치적 구조 속에서 할당되고❶ 실행된다고 보았다. 돌봄의 세 번째 단계는 돌봄을 제공하는 과정에서 자원과 지원을 적절히 배분하는 것이다. 이는 돌봄이 필요한 사람들에게 필요한 자원을 효과적으로 전달하기 위한 체계적인 접근을 요구한다. 마지막으로, 돌봄의 마지막 단계는 돌봄을 받는 사람의 반응에 주의를 기울이고, 그들의 경험과 관점을 존중하는 것이다. 이는 돌봄이 단순히 일방적인 행위가 아니라 상호작용적인 과정임을 의미한다. 돌봄을 받는 사람의 피드백에 민감하게 반응하며, 그들의 변화하는 필요에 맞게 돌봄을 조정하는 것이 중요하다. 이러한 원리들은 돌봄의 윤리를 더욱 풍부하게 하고, 사회 전반에 걸쳐 돌봄의 중요성을 강조하는 데 기여한다.

　트론토는 돌봄을 인간 관계와 사회적 구조에서 핵심적인 역할을 하는 것으로 본다. 그녀의 돌봄 윤리는 단순히 개인 간의 관계를 넘어서, 사회 전체가 어떻게 돌봄의 책임을 공유하고 관리할 것인가에 대한 중요한 질문을 던진다. 돌봄은 그 자체로 효과적이어야 하며, 돌봄 제공자가 적절한 능력과 기술을 가지고 있어야 한다. 이는 돌봄이 필요한 사람의 필요를 제대로 충족시키기 위해 필

꼭 기억하렴

❶ 충족: 일정한 분량을 채워 모자람이 없게 함을 뜻한다.
❷ 존엄성: 감히 범할 수 없는 높고 엄숙한 성질을 말한다.
❸ 인식하다: 사물을 분별하고 판단하여 알다.
❹ 할당하다: 몫을 갈라 나누다.
❹ 증진시키다: 기운이나 세력 따위를 점점 더 늘려 가고 나아가게 하다.

국어 공신 선생님

수적이다. 돌봄이 효과적으로 이루어지지 않으면 돌봄을 받는 사람이 오히려 더 큰 어려움을 겪을 수 있기 때문에, 돌보는 이의 역량은 돌봄의 질을 보장하는 중요한 요소이다. 인문학적 돌봄은 인간의 복합적인 존재를 이해하고, 그 이해를 바탕으로 전체적이고 의미 있는 돌봄을 실천하려는 노력이다. 이는 돌봄을 단순한 생존 지원에서 벗어나, 인간의 삶의 질과 존엄성을 증진시키는[9] 중요한 행위로 인식하게 한다. 또한, 트론토는 돌봄이 사회적 연대와 공동체의 형성을 촉진하는 역할을 한다고 강조한다. 돌봄의 윤리는 개인의 필요를 넘어, 사회적 연대감을 강화하고, 서로의 삶에 긍정적인 영향을 미치는 관계를 구축하는 데 기여한다. 이러한 관점은 돌봄이 단순한 의무가 아니라, 인간 존재의 본질적인 부분임을 일깨워준다. 즉, 트론토의 돌봄 윤리는 우리가 어떻게 서로를 돌보고, 함께 살아갈 것인지에 대한 깊은 성찰을 요구한다.

 한걸음 더 깊이 생각해 보기

• 인문학적 돌봄이 현대 사회에서 왜 더 중요한 이유

인문학적 돌봄은 현대 사회에서 매우 중요한 역할을 한다. 급변하는 사회 환경과 기술 발전 속에서 개인의 정체성과 감정이 소외될 위험이 커지고 있기 때문이다. 인문학적 돌봄은 개인의 내면과 경험을 존중하고, 그들의 목소리를 듣는 데 중점을 둔다. 이는 개인이 자신의 감정을 표현하고, 정체성을 찾는 데 도움을 주어, 자존감을 높이는 데 기여한다. 또한, 인문학적 돌봄은 사회적 약자와 소외된 이들을 배려하며, 그들이 사회의 일원으로서 존중받고 지원받을 수 있도록 하는 역할을 한다. 이러한 접근은 사회적 연대와 공동체 의식을 강화하며, 서로를 이해하고 지지하는 문화를 형성하는 데 기여한다. 결과적으로, 인문학적 돌봄은 건강한 사회를 만드는 데 필수적인 요소로 작용하며, 개인과 공동체의 복지를 증진시키는 데 중요한 역할을 한다. 따라서 현대 사회에서 인문학적 돌봄의 중요성은 더욱 커지고 있다.

• 돌봄의 질이 개인의 행복에 미치는 영향

돌봄의 질은 개인의 행복에 중요한 영향을 미친다. 높은 질의 돌봄은 신뢰와 안전감을 제공하여 개인의 정서적 안정성을 높인다. 이는 스트레스 감소와 긍정적인 감정 증진으로 이어져, 전반적인 삶의 만족도를 향상시킨다. 또한, 질 높은 돌봄은 사회적 관계를 강화하고, 개인이 소속감을 느끼게 하여 외로움을 줄인다. 이러한 소속감은 개인의 정서적 웰빙을 증진시키며, 사회적 지지를 통해 어려운 상황에서도 긍정적인 태도를 유지할 수 있도록 돕는다. 반면, 낮은 질의 돌봄은 불안과 우울감을 유발할 수 있으며, 이는 개인의 정신적, 신체적 건강에 부정적인 영향을 미친다. 따라서, 돌봄의 질은 개인의 행복을 결정짓는 중요한 요소로 작용하며, 이를 개선하기 위한 노력이 필요하다.

• 사회적 돌봄이 개인의 자립성에 미치는 긍정적인 영향과 부정적 영향으로 나누어 본다면 어떻게 설명할 수 있을까

긍정적인 영향으로는, 사회적 돌봄이 개인에게 필요한 자원과 지원을 제공함으로써 자립성을 증진할 수 있다는 점이다. 예를 들어, 노인이나 장애인과 같은 취약 계층은 일상생활에서 다양한 어려움을 겪을 수 있는데, 사회적 돌봄을 통해 이들은 필요한 도움을 받을 수 있다. 이러한 지원은 개인이 독립적으로 생활할 수 있는 기반을 마련해 주며, 필요한 기술이나 지식을 습득할 수 있는 기회를 제공한다. 또한, 사회적 돌봄은 개인이 사회와 연결될 수 있는 기회를 제공하여, 사회적 연대감을 증진시키고, 정서적 안정감을 높이는 데 기여한다. 이는 개인이 자립적인 삶을 영위하는 데 긍정적인 영향을 미친다.

부정적인 영향으로는 지속적인 돌봄은 개인이 타인에게 의존하게 만들고, 이는 스스로 문제를 해결하는 능력을 감소시킬 수 있다. 예를 들어, 돌봄을 받는 사람은 일상적인 결정이나 문제 해결을 타인에게 맡기게 되어, 자신의 능력에 대한 신뢰가 약해질 수 있다. 또한, 사회적 돌봄을 받는 과정에서 개인이 '약자'로 인식될 수 있으며, 이는 자존감과 자립성을 더욱 저해할 수 있다.

정리해 볼까요?

기사에 대해서 알아볼까요?

주제: 인간의 삶과 존재를 깊이 이해하고, 정신적, 감정적, 문화적 측면을 고려하여 존엄성을 존중하는 포괄적 돌봄을 실천하는 접근 방식, 인문학적 돌봄.
핵심어휘: 충족, 엄성, 인식하다, 할당하다, 증진시키다

1단락 요약: 인문학적 돌봄은 인간의 존엄성과 가치를 중심으로, 신체적 필요를 넘어 정신적, 감정적, 문화적 측면을 고려하여 개별적 특성과 경험을 존중하는 포괄적인 돌봄이다.
2단락 요약: 조안 트론토는 돌봄을 개인적 도덕적 덕목이 아닌 사회적, 정치적 맥락에서 중요한 개념으로 확장하며, 돌봄의 네 가지 원리를 통해 욕구 인식, 책임, 상호작용을 강조한다.
3단락 요약: 트론토는 돌봄이 인간 관계와 사회적 구조에서 핵심적 역할을 하며, 효과적인 돌봄을 위해 제공자의 능력과 기술이 중요하다고 강조한다.

기사의 구조적 접근을 꼭 알아야 해요!

1) 서론: 인문학적 돌봄의 돌봄의 개념
인문학적 돌봄은 인간의 삶과 존재에 대한 깊은 이해를 바탕으로, 신체적 필요를 넘어 정신적, 감정적, 문화적 측면을 고려하는 돌봄을 의미한다. 이는 돌봄을 받는 사람의 개별적 특성과 경험을 존중하며, 인간의 존엄성을 중심에 두고 실천된다.

2) 본론: 조안 트론토의 돌봄 윤리
조안 트론토는 돌봄을 사회적, 정치적 맥락에서 중요한 개념으로 확장했다. 그녀의 돌봄 윤리는 돌봄의 욕구 인식, 책임 충족, 반응 주의의 세 가지 주요 원리로 요약된다. 이는 돌봄이 개인적인 도덕적 덕목을 넘어 사회적 책임을 포함함을 강조한다.

3) 결론: 돌봄의 질과 사회적 역할
트론토는 돌봄이 효과적이어야 하며, 제공자가 적절한 능력과 기술을 갖춰야 한다고 강조한다. 인문학적 돌봄은 생존 지원을 넘어 인간의 삶의 질과 존엄성을 증진시키는 중요한 행위로 여겨진다. 효과적인 돌봄은 사회 전체의 구조와 책임 공유를 통해 이루어져야 한다.

비판적 사고 키워 볼까요? +

1 돌봄의 네 가지 단계가 아닌 것은?

① 누군가의 필요를 인식하는 단계.

② 그 필요를 충족시킬 책임을 느끼는 단계.

③ 인문학적 돌봄의 개념을 타인에게 확장하고 전파하는 단계

④ 실제로 필요한 돌봄을 제공하는 단계.

⑤ 제공된 돌봄의 결과를 평가하고 반성하는 단계

2 <보기>는 돌봄을 바라보는 시각의 초점이 돌봄 대상자에서 돌봄자로 변화한 요인을 '가족돌봄청년'을 통해 설명하는 표이다. 미래의 돌봄과제에 대한 설명으로 적절하지 않은 것은?

> 보기

> '가족돌봄청년'이란, 기존에 중장년기에 가족 돌봄을 수행해야 하는 청년을 뜻하며, 이는 한국의 청년 세대의 처지가 사회 구조의 변화를 표상적으로 드러내는 예이다. 과거 전통사회에서는 대가족체제 내에서 형제자매들이 돌봄의 몫을 분배했다. 하지만 핵가족화된 오늘날, 형제자매 수가 적거나 외동인 '가족돌봄청년'은 부담해야 할 돌봄의 몫이 늘어났다. 형제자매 수, 즉 가족원은 돌봄 대체 인력을 가리키기도 한다. 또, 여전히 가족에 의존해서 돌봄을 해결할 수밖에 없는 실태를 방증하는 부분이기도 하다. 그러므로 지금의 청년 세대가 중장년이 되었을 때 사회가 직면할 돌봄 과제는 사회가 고민할 수 있는 또 다른 과제를 제공한다.

① 경제 활동과 출생을 수행할 청년 세대가 돌봄으로 인해 자신의 삶을 제대로 영위하지 못하게 될 경우 사회가 감당해야 할 손실이 커진다.

② 돌봄이 이제는 사회적인 문제가 될 우려가 있으므로 돌봄에 대해 취약계층 지원으로 끝내는 것이 아니라 근본적인 진단과 분석을 해야한다.

③ 지금의 청년 세대가 중장년이 되었을 때 사회가 직면할 문제점이 돌봄 과제이다.

④ 돌봐야 할 노인은 증가하고 돌볼 수 있는 가족원의 수는 감소하고 있다는 점이 해당된다.

⑤ 가족돌봄청년들은 본인보다 아픈 가족이 중심이 되는 삶을 살기 때문에 학업, 취업, 직장, 연애와 결혼 등은 후순위로 밀려나게 되는 것은 사적인 문제이다.

3 조안 트론토는 돌봄을 어떻게 정의하고 있으며, 그 정의가 현대 사회에서 어떤 의미를 갖는지 서술하시오.

4 '조안 트론토의 돌봄은 사회의 모든 구성원에게 필수적인 책임인가'에 대한 생각을 서론, 본론, 결론의 형식으로 서술하시오.

5 '좋은 돌봄'을 위해서는 세 가지 원칙을 아래 그림으로 정리한 것이다. 아래 그림을 참고하여 '좋은 돌봄'에 대한 정의를 서술하시오.

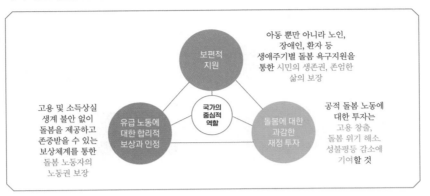

6 다음 '조안 트론토의 돌봄은 필수적 책임으로 볼 수 있는가'라는 논제를 바탕으로 찬성과 반대의 생각을 서술하시오.

찬성	반대

13 사고의 틀을 확장하는 언어

언어와 사고[1]는 인간의 삶에서 떼려야 뗄 수 없는 밀접한 관계를 가진다. 언어는 우리가 세상을 이해하고 표현하는 도구이며, 사고는 언어를 통해 발전하고 구체화된다. 특히, 언어 습득과 인지 발달 간의 상호작용은 학자들에 의해 오랜 시간 동안 연구되어 왔다. 여러 학자들은 언어와 사고가 서로 영향을 주고 받는다고 하였다. 이를 통해 우리의 삶 속에서 언어가 우리 사고의 체계를 어떻게 관장[2]하고 있는지, 또는 사고가 어떻게 언어를 발달시키고 이해시키는 중요한 역할을 하는지 살펴보자.

레프 비고츠키는 언어가 인간의 인지 발달에 큰 역할을 한다고 주장했다. 그는 아이들이 언어를 습득하면서 문제 해결 능력과 논리적 사고가 함께 발달한다고 보았다. 예를 들어, 아이가 새로운 단어를 배우는 과정은 단순히 어휘력을 늘리는 것을 넘어, 주변 세계를 이해하는 사고 능력을 확장하는 데 기여한다. 비고츠키는 이를 '근접 발달 영역'이라는 개념으로 설명하며, 언어가 사회적 상호작

레프 비고츠키

용을 통해 학습과 성장을 이끄는 도구임을 강조했다. 이러한 관점에서 언어는 단순한 의사소통 수단을 넘어, 인간의 사고를 형성하고 발달시키는 중요한 매개체로 작용한다.

언어가 사고를 형성하는 구체적인 사례는 일상에서도 쉽게 찾아볼 수 있다. 예를 들어, 시간이 흐르는 개념을 표현하는 언어적 구조는 각 언어마다 다르다. 영어에서는 '지난 시간'을 과거 시제로 명확히 구분하지만, 한국어에서는 '어제', '오늘', '내일'과 같은 구체적 단어로 표현된다. 이러한 언어적 차이는 우리가 시간을 사고하고 계획하는 방식에 영향을 미친다. 또 다른 사례로, 특정 언어에만 존재하는 색깔 단어가 있다. 이러한 단어는 사람들이 색깔을 인지하는 방식을 결정짓기도 한다. 이는 언어가 우리의 사고와 세계 인식 방식에 얼마나 큰 영향을 미치는지를 보여준다.

반대로, 사고도 언어에 영향을 준다. 인간은 사고를 통해 새로운 아이디어를 만들어내고, 이를 언어로 표현하며 다른 사람들과 공유한다. 이러한 과정에서 언어는 더욱 풍부해지고 발전하게 된다. 예를 들어, 과학 기술의 발전은 이전에 없던 개념과 현상을 설명하기 위한 새로운 용어를 만들어냈다. '인터넷'이나 '인공지능'과 같은 단어는 과학적 사고의 결과로 만들어졌으며, 이러한 단어들이 다시 사고의 틀을 넓히는 데 기여[3]하고 있다. 이처럼 사고와 언어는 서로를 보완하며 함께 진화한다.

언어와 사고는 서로를 강화하고 발전시키는 상호작용의 관계를 가지고 있다. 비고츠키를 비롯한 많은 학자들은 언어가 인간의 사고 발달에 핵심적인 역

꼭 기억하렴

❶ 사고: 문제를 해결하거나 어떤 판단을 내리기 위해 머리를 써서 생각하는 과정을 뜻한다. 언어는 사고를 구체화하고 체계적으로 발전시키는 중요한 도구로 작용한다.
❷ 관장: 어떤 일을 맡아서 관리하고 주도적으로 다루는 것을 의미한다.
❸ 기여: 어떤 일이나 목적을 이루는 데 도움을 주는 것을 뜻한다. 언어는 개인의 인지 발달과 사회적 상호작용에 기여하며, 인간의 사고와 문화를 발전시키는 원천이 된다.
❹ 원동력: 어떤 일을 추진하거나 발전시키는 데 근본이 되는 힘을 의미한다. 사고와 언어의 상호작용은 인간의 창의성과 사회적 진보를 이끄는 중요한 원동력으로 작용한다.

국어 공신 선생님

할을 한다고 주장했다. 언어는 우리의 세상을 이해하고 표현하는 중요한 도구일 뿐만 아니라, 사고를 발전시키고 새로운 아이디어를 만들어내는 매개체로 작용한다. 또한, 우리의 사고는 언어를 풍부하게 만들어 사회와 문화를 발전시키는 원동력[1]이 된다. 이러한 점에서 우리는 언어와 사고의 관계를 이해하고, 언어를 학습하고 사용하는 과정에서 사고력을 더욱 키워야 한다. 이처럼 언어와 사고는 인간의 삶을 더 풍요롭게 만드는 중요한 요소로서, 우리의 현재와 미래를 만들어가는 데 중요한 역할을 한다.

국어 공신 선생님의 감상 꿀팁!

좀 더 깊이 생각해 보기

• 비고츠키의 '근접 발달 영역' 개념은 현대 교육에 어떤 영향을 미칠 수 있는가?

비고츠키의 '근접 발달 영역'은 학습자가 독립적으로 해결할 수 있는 과제와 지도나 도움을 통해 해결할 수 있는 과제 간의 차이를 의미한다. 이 개념은 현대 교육에서 협력 학습과 맞춤형 교육의 중요성을 강조한다. 교사는 학생 개개인의 근접 발달 영역을 파악해 적절한 도움을 제공함으로써 학습 효과를 극대화할 수 있다. 이를 통해 학생은 스스로 해결할 수 있는 능력을 확장하며 점진적으로 독립적인 학습자가 될 수 있다. 이 과정은 학습자의 자신감을 높이고, 도전적인 과제를 해결할 수 있는 역량을 강화하는 데 기여한다.

• 언어가 사고를 형성한다는 주장을 부정하는 사례는 무엇인가?

언어가 사고를 형성하지 않는 사례로는 비언어적 사고를 들 수 있다. 예술가가 그림이나 음악을 통해 감정을 표현하거나 수학자가 공식을 통해 문제를 해결하는 과정은 언어에 의존하지 않는 사고의 예다. 이는 언어 없이도 인간이 창의적이고 논리적인 사고를 할 수 있음을 보여준다. 또한, 직관적 판단이나 즉각적인 감정 반응 역시 언어에 의존하지 않고 발생할 수 있다. 이처럼 비언어적 사고는 인간의 다양한 인지 과정에서 핵심적인 역할을 담당한다.

• 다언어를 학습하는 것이 사고 발달에 미치는 영향은 무엇인가?

다언어 학습은 다양한 문화적 사고방식을 접할 기회를 제공하며, 인지 유연성을 높인다. 예를 들어, 다언어를 사용하는 사람들은 언어 구조의 차이를 통해 문제를 다각적으로 바라보고, 창의적 해결책을 찾는 능력을 기를 수 있다. 이는 개인의 사고 범위를 확장하고, 글로벌 사회에서 중요한 능력을 키운다. 또한, 다언어 구사자는 새로운 개념을 이해하고 문화 간 의사소통에서 유리한 위치를 점할 수 있다. 이는 개인의 직업적 성장과 사회적 적응력 강화에도 긍정적인 영향을 미친다.

• 언어가 사회적 상호작용에서 어떤 역할을 하는가?

언어는 사회적 상호작용에서 의사소통의 기본 도구로 작용하며, 타인과의 이해와 협력을 가능하게 한다. 비고츠키는 언어가 사회적 상호작용을 통해 인지 발달을 촉진한다고 강조했다. 예를 들어, 아이들은 부모나 교사와의 대화를 통해 사고력을 발전시킨다. 또한, 집단 토론이나 협력 학습에서 언어는 의견 교환과 문제 해결의 매개체 역할을 한다. 이러한 상호작용은 사회적 유대감을 강화하고, 공동체 내에서 원활한 소통을 이끄는 핵심 요소가 된다.

• 기술 발전이 언어와 사고의 관계에 미치는 영향은 무엇인가?

기술 발전은 새로운 언어적 표현과 사고 방식을 만들어내며, 인간의 인지 구조에 직접적인 영향을 미친다. 예를 들어, '인공지능', '메타버스' 같은 새로운 용어는 기술적 사고의 발전에 따라 생성된 것이다. 이러한 새로운 개념은 인간의 사고 범위를 확장시키고, 새로운 문제 해결 방식과 창의적 사고를 촉진한다. 기술 발전으로 인한 디지털 커뮤니케이션 도구의 확산은 글로벌 소통을 강화하며 다양한 문화적 사고 방식을 접할 기회를 제공한다. 이로 인해 언어와 사고의 발전은 더 빠르고 폭넓게 이루어지고 있다.

정리해 볼까요?

기사에 대해서 알아볼까요?

주제: 언어와 사고의 상호작용과 그 중요성
핵심어휘: 언어와 사고, 비고츠키, 근접 발달 영역, 언어적 구조, 사고와 언어의 상호작용

1단락 요약: 언어와 사고는 상호작용하며 서로를 발전시킨다. 이 관계는 인간의 삶과 발달에 중요한 영향을 미친다.
2단락 요약: 비고츠키는 언어가 인지 발달에 핵심적인 역할을 한다고 주장했다. 언어는 사고를 형성하고 문제 해결 능력을 키우는 도구로 작용한다.
3단락 요약: 시간 개념과 색깔 인지는 언어적 구조에 따라 다르게 형성된다. 이는 언어가 사고와 세계 인식에 큰 영향을 미친다는 것을 보여준다.
4단락 요약: 사고는 새로운 개념과 아이디어를 통해 언어를 발전시킨다. 과학 기술 발전에 따라 등장한 새로운 용어들이 그 사례이다.
5단락 요약: 언어와 사고는 서로를 발전시키며 인간의 삶을 풍요롭게 한다. 언어 학습과 사용을 통해 사고력을 키우는 노력이 필요하다.

기사의 구조적 접근을 꼭 알아야 해요!

1) 서론: 언어와 사고: 상호작용의 중요성과 필요성
언어와 사고의 밀접한 관계와 중요성을 제시하며, 언어와 사고가 서로 영향을 주는 방식에 대해 살펴볼 필요성을 언급한다.

2) 본론: 언어와 사고의 상호작용: 인지 발달과 구체적 사례
비고츠키의 이론에 따르면, 언어는 인지 발달에 핵심적인 역할을 하며 사고력과 문제 해결 능력을 강화한다. 언어는 시간 개념과 색깔 인지 등에서 사고를 형성하는 데 중요한 영향을 미친다. 반대로, 인간의 사고는 새로운 개념과 아이디어를 언어로 표현하면서 언어를 발전시킨다. 이러한 상호작용은 사고력 확장과 사회 발전에 기여한다.

3) 결론: 언어와 사고의 상호작용이 인간 삶에 미치는 영향
언어와 사고의 상호작용은 인간의 사고력과 삶의 질을 높이며, 언어 학습과 사고력 발달의 중요성을 강조한다. 이를 통해 언어와 사고의 관계가 우리 삶과 미래에 미치는 영향을 종합적으로 이해한다.

비판적 사고 키워 볼까요? ✚

1 다음 중 본문의 내용으로 적절하지 <u>않은</u> 것은?

① 언어는 인간의 사고를 형성하고 발전시키는 중요한 매개체로 작용한다. 이는 언어가 사고력 확장과 문제 해결 능력 발달에 기여한다는 주장과 일치한다.

② 비고츠키는 언어가 사회적 상호작용을 통해 인지 발달을 이끈다고 보았다. 이는 언어가 사고 발달의 핵심 요소로 작용한다는 그의 이론과 일치한다.

③ 사고는 언어를 통해 구체화되며, 새로운 아이디어를 표현하는 데 도움을 준다. 사고는 언어를 통해 명확히 전달되고, 새로운 개념 형성에 기여한다.

④ 언어는 사고를 제한하고 특정 사고를 고정시키는 역할을 한다. 이는 언어가 제한적 사고를 통해 더 깊이 있는 내용을 이해할 수 있도록 작용한다.

⑤ 새로운 과학적 개념의 발전은 언어가 풍부해지고 확장되는 계기가 된다. 과학 기술의 발전이 새로운 용어 창출과 언어적 발전을 촉진시킨다는 내용과 맞닿아 있다.

2 <보기>의 내용을 참고하여 본문의 내용과 관련 <u>없는</u> 사례를 고르시오.

> • 언어는 사고를 구체화하고 세상을 이해하는 도구로 작용한다.
> • 언어는 사고의 발달을 돕는 사회적 상호작용의 매개체가 된다.
> • 사고는 언어를 통해 풍부해지고, 이를 통해 새로운 아이디어를 표현할 수 있다.

① 영어에서 과거를 명확히 구분하는 언어적 구조는 시간 개념을 인식하는 데 영향을 미친다.

② 특정 언어에만 존재하는 색깔 단어는 사람들의 색 인식 방식을 다르게 만든다.

③ 사고를 통해 새로운 개념이 만들어지면, 이를 표현하기 위해 새로운 단어가 만들어진다.

④ 언어가 사고를 형성하지만, 사고는 언어와 무관하게 독립적으로 작동한다.

⑤ 비고츠키의 이론에 따르면, 아이는 언어를 배우면서 사고와 문제 해결 능력을 함께 발전시킨다.

3 본문에서 언어와 사고가 서로 영향을 주고받는 관계를 서술하시오.

4 '언어와 사고의 상호작용이 현대 사회에서 중요한 이유'에 대해서론, 본론, 결론의 형식으로 서술하시오.

중요

5 본문의 제목인 "언어와 사고 – 상호작용의 힘"이 적절한지 평가하고, 이유를 서술하시오.

6 다음 '언어가 사고를 형성한다는 주장은 현대 사회에서 여전히 유효하다'라는 논제를 바탕으로 찬성과 반대의 생각을 서술하시오.

찬성	반대

브리타니의 선택
- 존엄한 작별을 위한 자유의 길

브리타니 메이나드는 1984년 미국에서 태어난, 밝고 활동적인 젊은 여성이었다. 그녀는 결혼 후 가족과 행복한 삶을 살고 있었으나 2014년 초, 29세의 나이에 말기 뇌종양(교모세포종 4기) 진단을 받았고, 의사들은 그녀에게 6개월 정도의 여명이 남았다고 말했다. 브리타니는 자신의 상태가 점점 악화되는 것을 지켜보며, 고통 속에서 남은 시간을 보내기보다는 자신의 마지막 순간을 스스로 결정하고자 했다. 그녀는 존엄사(Dignity in Dying)❶를 지지하며, 고통 없이 존엄하게 죽을 수 있는 권리를 주장했다. 브리타니 메이나드는 죽기 전에 "Compassion & Choices"라는 단체와 협력하여 자신의 이야기를 공유했고, 이를 통해 안락사와 관련된 법률 개정 운동에 기여하게 되었다. 그녀가 살고 있던 캘리포니아 주에서는 당시 안락사가 불법이었기 때문에, 안락사를 실행하기 위해 그녀와 가족은 안락사가 합법인 오리건 주로 이사를 했다. 그녀의 이야기는 소셜 미디어와 온라인을 통해 빠르게 확산되었고, 많은 사람들이 안락사에 대한 자신의 경험이나 의견을 공유하면서, 안락사에 대한 사회적 지지와 반대 모두 크게 증가하는 계기가 되었다. 브리타니의 용기 있는 선택은 많은 이들에게 영감을 주었고, 그녀의 사례는 안락사에 대한 논의를 더욱 활발하게 만들었다. 그녀의 이야기는 단순한 개인의 선택을 넘어, 생명과 죽음에 대한 깊은 철학적 질문을 제기하며, 사회가 개인의 권리와 윤리를 어떻게 조화롭게 다룰 것인지에 대한 중요한 논의의 장을 열었다.

브리타니는 "Compassion & Choices"와 같은 안락사 지지 단체와 협력하여 자신의 이야기와 메시지를 널리 알렸다. 이를 통해 안락사 법제화[2] 운동이 더욱 활발해졌으며, 여러 나라와 지역에서 법률 제정과 개정 노력이 강화되었다. 그녀는 자신의 마지막 순간을 안락사를 통해 평화롭게 맞이하고자 했으며, 이 결정을 공개적으로 밝히고 미디어를 통해 널리 알렸다. 그녀의 이야기는 전 세계 언론에서 대대적으로 보도되었고, 이를 통해 안락사와 존엄사에 대한 공론화가 활발하게 이루어졌다. 브리타니의 사례는 많은 사람들에게 깊은 감동을 주었고, 안락사에 대한 찬반 논의에 참여하게 만들었다. 그녀의 죽음 이후, 캘리포니아 주는 2015년에 "End of Life Option Act"[3]를 통과시켜 말기 환자가 의료 도움을 받아 스스로 생을 마감할 수 있는 권리를 법적으로 허용했다. 이 법은 환자들에게 존엄한 죽음을 선택할 수 있는 기회를 제공하며, 의료계와 사회 전반에 걸쳐 큰 반향을 일으켰다. 브리타니의 이야기는 단순한 개인의 선택을 넘어, 생명과 죽음에 대한 깊은 성찰을 촉구하며, 많은 이들에게 안락사와 관련된 법적, 윤리적 문제들에 대한 관심을 증대시켰다. 이후 뉴저지, 콜로라도, 메인, 하와이 등 여러 주에서 유사한 법안이 통과되었거나 제정 과정에 있다. 그녀의 사례는 안락사 법제화 운동에 중요한 기폭제가 되었다. 브리타니 메이나드의 공개적인 캠페인은 많은 사람들의 공감을 불러일으켰고, 안락사에 대한 대중의 인식을 변화시키는 데 중요한 역할을 했다.

꼭 기억하렴

① 존엄사: 소생할 가망도 없이 장기간 식물인간 상태로 있는 환자에 대하여 생명 유지 장치 따위에 의한 연명(延命)을 중지하고 인간으로서의 존엄을 유지하면서 죽음에 이르게 하는 일을 의미한다.
② 법제화: 법률로 정하여 놓음을 뜻한다.
③ End of Life Option Act: 캘리포니아주에서 말기 환자가 의료 도움을 받아 생을 마감할 수 있는 권리를 법적으로 허용하는 법안이다.
④ 도덕적(윤리적) 딜레마: 윤리에 관련되거나 윤리를 따르는 것으로 이러지도 저러지도 못하는 난처한 지경을 말한다.

국어 공신 선생님

브리타니 메이나드의 사례는 안락사 법제화 운동에 중요한 기폭제가 되었으며, 그녀의 공개적인 캠페인은 많은 사람들에게 깊은 공감을 불러일으켰다. 그녀는 안락사를 단순히 '죽음'으로 한정짓지 않고, '선택의 자유'와 '존엄성'으로 재정의함으로써, 많은 이들이 삶의 마지막 순간을 스스로 결정할 수 있는 권리에 대해 다시 생각하게 만들었다. 그녀의 이야기는 안락사 지지 단체들이 캠페인을 벌일 때 중요한 자료로 사용되었고, 안락사를 합법화하려는 움직임에 힘을 실어주었다. 브리타니의 선택은 안락사에 대한 윤리적, 종교적 논의를 더욱 활발하게 만들었으며, 이는 사회 전반에 걸쳐 큰 반향을 일으켰다. 일부 종교 단체와 윤리 학자들은 그녀의 결정에 반대했지만, 많은 이들은 개인의 선택과 자율성을 존중해야 한다는 입장을 견지했다. 이러한 논의는 안락사와 관련된 법적, 도덕적 딜레마❸를 더욱 깊이 탐구하게 만들며, 사회가 개인의 권리와 윤리적 책임 사이에서 균형을 찾는 데 중요한 역할을 해야 함을 인식시켰다. 결국, 브리타니 메이나드의 사례는 안락사에 대한 사회적 인식을 변화시키고, 법적 제도 개선을 위한 지속적인 논의의 필요성을 강조하는 계기가 되었다. 이러한 변화는 앞으로도 계속될 것이며, 개인의 선택권을 존중하는 방향으로 나아가는 데 기여할 것이다.

국어 공신 선생님의 감상 꿀팁!

🎩 한걸음 더 깊이 생각해 보기

집중!

• 브리타니 메이나드와 같은 사례가 안락사에 대한 사회적 인식에 미친 영향을 바탕으로 이러한 변화가 정치적 결정에 어떤 영향을 미칠까?
브리타니 메이나드의 사례는 안락사에 대한 사회적 인식에 큰 영향을 미쳤다. 그녀는 말기 암 진단을 받고, 고통을 피하기 위해 스스로의 선택으로 안락사를 선택한 이야기를 공개함으로써 많은 사람들에게 깊은 감동을 주었다. 메이나드의 공개적인 선택은 안락사에 대한 논의를 촉발하고, 개인의 존엄성과 자율성에 대한 새로운 시각을 제시하였다. 이러한 변화는 정치적 결정에도 직접적인 영향을 미쳤다. 메이나드의 사례는 안락사 법제화를 지지하는 운동에 힘을 실어주었고, 여러 주에서 법안이 제안되거나 논의되는 계기가 되었다. 예를 들어, 그녀의 이야기가 보도된 후, 미국 내 여러 주에서 안락사 및 자살 지원에 관한 법안이 다시 주목받게 되었고, 일부 주에서는 법안이 통과되기도 하였다. 또한, 메이나드의 사례는 정치인들에게도 중요한 이슈로 부각되었다. 정치인들은 유권자들의 의견을 반영하기 위해 안락사 문제에 대한 입장을 명확히 하게 되었고, 이는 선거 캠페인에서도 중요한 주제가 되었다. 결과적으로, 브리타니 메이나드의 사례는 안락사에 대한 사회적 인식을 변화시키고, 이를 바탕으로 정치적 결정과 법적 규제에 실질적인 영향을 미친 중요한 사례로 남게 되었다. 이러한 변화는 개인의 권리와 선택을 존중하는 방향으로 나아가는 사회적 흐름을 반영하고 있다.

• 인공지능이 적용된 안락사 결정 과정의 윤리적 쟁점은 무엇인가요?

인공지능이 적용된 안락사 결정 과정의 윤리적 쟁점은 여러 가지가 있다. 첫째, 자율성의 문제다. 환자의 의사와 선택이 존중받아야 하는데, AI가 결정에 개입하면 개인의 자율성이 침해될 수 있다. 둘째, 책임의 문제다. AI가 잘못된 결정을 내렸을 경우, 그 책임을 누구에게 물어야 하는지가 불분명하다. 셋째, 데이터의 편향성이다. AI는 학습한 데이터에 따라 판단을 내리므로, 데이터가 편향되어 있다면 불공정한 결과를 초래할 수 있다. 넷째, 감정적 요소의 결여. 안락사는 감정적으로 민감한 문제인데, AI는 인간의 감정을 이해하지 못해 적절한 판단을 내리지 못할 수 있다. 마지막으로, 사회적 합의의 부족이다. 안락사에 대한 사회적 합의가 부족한 상황에서 AI의 개입은 논란을 일으킬 수 있다. 이러한 쟁점들은 인공지능이 안락사 결정 과정에 도입될 때 신중하게 고려해야 할 사항들이다.

정리해 볼까요?

기사에 대해서 알아볼까요?

주제: 안락사와 생명에 대한 권리 문제 - 존엄성과 자율성의 충돌
핵심어휘: 안락사, 존엄사, 선택의 자유, 자율성, 법제화, 윤리적 딜레마

1단락 요약: 브리타니 메이나드는 말기 뇌종양 진단 후 고통 속에서 존엄한 죽음을 원하며 안락사 권리를 주장했고, 이를 통해 안락사 법률 개정 운동에 기여하며 사회적 논의를 촉발했다.

2단락 요약: 브리타니는 안락사 지지 단체와 협력해 자신의 이야기를 알리며 안락사 법제화 운동을 촉진했고, 그녀의 영향으로 캘리포니아는 2015년 'End of Life Option Act'를 통과시켰다.

3단락 요약: 브리타니 메이나드의 사례는 안락사 법제화 운동에 중요한 기폭제가 되었으며, 그녀의 공개적인 캠페인은 대중의 인식을 변화시키고 개인의 선택과 자율성을 존중해야 한다는 논의를 촉발했다.

기사의 구조적 접근을 꼭 알아야 해요!

1) 서론: 브리타니 메이나드의 이야기와 안락사
브리타니 메이나드는 1984년 미국에서 태어난 젊은 여성으로, 29세에 말기 뇌종양 진단을 받았다. 그녀는 고통스러운 여명 대신 자신의 마지막 순간을 스스로 결정하고자 안락사를 지지하며, 이를 위한 법제화 운동에 나섰다.

2) 본론: 안락사 법제화 운동의 촉발
브리타니는 'Compassion & Choices'와 협력하여 자신의 이야기를 널리 알렸고, 이로 인해 안락사에 대한 사회적 지지가 크게 증가했다. 캘리포니아에서 안락사가 불법이었기 때문에 오리건으로 이사한 그녀는 자신의 결정을 공개적으로 밝히며, 안락사 법안의 통과에 기여했다. 그녀의 캠페인은 전 세계적으로 큰 반향을 일으켰고, 여러 주에서 유사한 법안이 통과되었다.

3) 결론: 개인 선택의 권리와 사회적 논의
브리타니 메이나드의 선택은 안락사를 '죽음'이 아닌 '선택의 자유'와 '존엄성'으로 재정의하였다. 그녀의 이야기는 안락사에 대한 윤리적, 종교적 논의를 촉발하며, 개인의 선택과 자율성을 존중해야 한다는 입장을 강화시켰다. 이러한 논의는 안락사와 관련된 복잡한 법적, 도덕적 문제를 탐구하는 데 중요한 역할을 하고 있다.

비판적 사고 키워 볼까요? +

1 브리타니 메이나드의 사례는 안락사에 대한 사회적 논의를 촉진한 중요한 계기가 되었다. 그녀의 선택이 안락사와 관련된 논의에 미친 영향으로 적절하지 <u>않은</u> 것은?

① 그녀의 결정은 안락사를 종교적 논의에서 완전히 배제하게 만들었다.

② 그녀의 공개적인 캠페인은 안락사 법제화 운동에 중요한 기폭제가 되었다.

③ 많은 나라와 주에서 그녀의 이야기를 계기로 안락사 법안이 통과되거나 제정되었다.

④ 브리타니의 사례는 안락사에 대한 대중의 인식을 변화시키는 데 중요한 역할을 했다.

⑤ 브리타니의 이야기는 안락사를 단순한 죽음이 아닌 존엄한 선택으로 재정의하는 데 기여했다.

2 다음 보기의 내용을 참고할 때, 안락사와 관련된 윤리적 논쟁에 대한 설명으로 적절하지 <u>않은</u> 것은?

보기

- 안락사는 말기 환자가 더 이상 회복 불가능한 상태에서 고통을 피하기 위해 자신의 생을 마감할 수 있도록 돕는 의료 행위이다.
- 안락사 지지자들은 개인의 선택권과 존엄성을 존중해야 한다고 주장하며, 연명 치료가 오히려 고통을 가중시킬 수 있다고 본다.
- 반대자들은 안락사가 생명의 존엄성을 훼손하며, 의료의 본질적 가치인 생명 유지의 원칙에 반한다고 주장한다.

① 안락사는 환자의 선택권을 강조하지만, 일부는 이를 도덕적 문제로 보고 반대한다.

② 안락사는 말기 환자의 고통을 줄이기 위한 선택으로, 인간의 존엄성을 지킬 수 있다.

③ 안락사를 반대하는 사람들은 연명 치료가 반드시 환자의 고통을 줄여준다고 주장한다.

④ 안락사 지지자들은 말기 환자가 고통을 덜기 위해 죽음을 선택할 권리가 있다고 주장한다.

⑤ 안락사와 관련된 논의는 법적, 윤리적, 종교적 갈등을 불러일으키며 다양한 의견이 대립하고 있다.

3 브리타니 메이나드가 안락사를 선택한 이유는 무엇이며, 이를 통해 그녀는 어떤 사회적 영향을 미쳤는지 서술하시오.

4 '안락사는 개인의 자율성과 생명의 존엄성 사이에서 어떻게 균형을 맞출 수 있을까?'를 서론, 본론, 결론의 형식으로 서술하시오.

중요

5 안락사에 대한 윤리적, 종교적 논의에서 제기되는 주요 쟁점은 무엇인지 서술하시오.

집중

6 다음 '존엄하게 죽을 권리를 보장해야 한다.'라는 논제를 바탕으로 찬성과 반대의 생각을 서술하시오.

찬성	반대

15 인간과 자연의 상호의존성
- 공생의 철학

인간과 자연은 서로 분리된 존재가 아니다. 우리는 자연 속에서 살아가며, 자연 또한 인간과의 상호작용을 통해 생태계❶를 유지한다. 이러한 상호의존적 관계는 현대 환경철학에서 중요한 주제 중 하나이다. 자연과 인간은 각각 독립적인 존재인 동시에, 생태계라는 하나의 거대한 시스템 안에서 서로 연결되어 있다. 이를 이해하고 공존하는 방법을 모색❷하는 것은 지속 가능한 미래를 위한 첫걸음이다.

오랜 시간 동안 인간은 자연을 지배하고 이용의 대상으로 여겨왔다. 이러한 인간 중심주의는 산업화와 도시화 과정에서 더욱 강화되었고, 그 결과로 환경 파괴와 생태계의 균형 붕괴를 초래했다. 하지만 현대 환경철학은 인간과 자연의 관계를 재정립하고 있다. 자연은 단순히 인간의 필요를 충족시키기 위한 도구가 아니라, 그 자체로 가치와 존엄성을 지닌 존재이다.

생태 중심주의는 모든 생명체가 상호 연결되어 있다는 인식을 바탕으로 한다. 이 관점에서 인간은 자연의 일부이며, 다른 생명체와 대등한 관계를 유지해야 한다. 예를 들어, 숲은 단순히 목재를 제공하는 자원이 아니라, 다양한 생물이 서식하는 공간이자 지구의 기후를 조절하는 중요한 요소이다. 따라서 인간은 숲을 이용하기에 앞서 그것을 보전하고 존중해야 한다.

환경 철학은 인간과 자연이 공생해야 한다는 원칙을 제시한다. 공생의 철학은 서로 다른 존재들이 협력하고 조화를 이루며 살아가는 것을 의미한다. 자연

과 인간의 상호의존적 관계를 이해하면, 우리는 더 이상 자연을 정복해야 할 대상으로 보지 않게 된다. 예를 들어, 농업은 인간과 자연의 상호작용을 잘 보여주는 사례다. 인간은 자연에서 토양과 물, 햇빛을 얻어 농작물을 재배한다. 동시에 자연은 인간의 관리와 보호를 통해 풍요로운 생태계를 유지할 수 있다. 하지만 무분별한 화학비료 사용이나 산림 파괴는 이러한 상호의존적 관계를 깨뜨릴 위험이 있다. 공생의 철학은 이러한 문제를 인식하고 지속 가능한 방법을 찾는 데 중요한 가치를 제공한다.

오늘날 기후 변화, 생물 다양성 감소, 자원 고갈 등 환경 문제가 심각해지고 있다. 이러한 문제를 해결하기 위해서는 인간과 자연이 조화를 이루는 지속 가능한 공존이 필요하다. 예를 들어, 재생 가능 에너지의 사용은 자연 자원을 과도하게 소비하지 않으면서도 인간의 필요를 충족시킬 수 있는 방법이다. 또한, 지역사회의 환경 보호 활동도 이러한 공존을 위한 중요한 실천 중 하나다. 플라스틱 사용을 줄이거나, 생물 다양성을 보전하기 위한 노력을 통해 인간과 자연의

꼭 기억하렴

① 생태계: 생물과 환경이 상호작용하며 형성되는 자연의 체계를 의미한다. 생태계는 인간과 자연이 서로 연결되어 있는 상호의존적 관계를 보여주는 중요한 기반이다.
② 모색: 어떤 해결책이나 방향을 찾기 위해 노력하고 탐구하는 과정을 뜻한다. 지속 가능한 미래를 위해 인간과 자연의 조화를 이루는 방법을 모색해야 한다.
③ 기반: 어떤 사물이나 일이 이루어지기 위한 바탕이나 기초를 의미한다. 생태계의 안정은 인간의 삶과 자연의 조화로운 공존을 위한 중요한 기반이 된다.
④ 공생: 서로 다른 생물이 함께 살아가며 이익을 주고받는 관계를 뜻한다. 공생은 인간과 자연이 조화를 이루며 지속 가능한 삶을 영위하기 위한 철학적 원칙이다.

국어 공신 선생님

상호의존적 관계를 강화할 수 있다. 이는 단순히 환경을 보호하는 것을 넘어, 인간이 자연과 더불어 살아가는 방식을 되찾는 일이다. 인간과 자연은 떼려야 뗄 수 없는 관계에 있다. 현대 환경철학은 이러한 상호의존성을 바탕으로 공생[3]의 철학을 제시하며, 지속 가능한 미래를 위한 방향성을 제안한다. 인간은 자연의 일부로서 자연을 보호하고 존중해야 하며, 자연 역시 인간의 삶을 지탱하는 중요한 기반[4]임을 인정해야 한다. 공생의 철학은 단순히 이론에 그치지 않는다. 이는 우리가 일상에서 실천할 수 있는 환경 보호 활동, 생태계 보전 노력, 지속 가능한 기술 개발 등을 통해 실현될 수 있다. 인간과 자연이 조화를 이루며 살아갈 때, 우리는 더 나은 미래를 만들어갈 수 있을 것이다. 이제는 자연과 공존하며 더불어 살아가는 길을 찾아야 할 때다. 인간과 자연이 하나의 생태계 안에서 서로를 존중하고 협력하는 공생의 철학은 우리의 미래를 밝게 비출 나침반이다.

국어 공신 선생님의 감상 꿀팁!

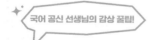

좀 더 깊이 생각해 보기

• 생태 중심주의가 인간 행동에 미칠 수 있는 실질적인 영향은 무엇인가?
생태 중심주의는 인간이 자연의 일부임을 인식하고, 자연을 존중하고 보호하는 태도를 갖도록 이끈다. 이는 환경 보호 활동, 생물 다양성 보전, 재생 가능 에너지 사용과 같은 구체적 행동으로 이어진다. 예를 들어, 삼림 벌채를 줄이고 숲을 보전하려는 노력은 생태 중심주의의 실천적 사례. 이러한 인식은 소비 습관과 자원 사용 방식에도 영향을 미쳐, 인간이 자연과 조화롭게 공존할 수 있는 행동 양식을 장려한다. 이는 지속 가능한 발전과 생태계 복원에도 긍정적인 기여를 한다.

• 공생의 철학이 농업에 주는 교훈은 무엇인가?

공생의 철학은 인간이 자연을 단순히 이용의 대상으로 삼지 않고, 상호작용을 통해 생태계를 유지해야 한다는 원칙을 제시한다. 농업에서는 화학비료 대신 친환경적 농법을 사용하고, 토양과 수자원을 보호하려는 노력이 공생의 철학을 실천하는 예다. 또한, 생태계 내에서 다양한 생물종과의 공존을 위해 토양 생태계를 보존하고 생물 다양성을 유지하는 것이 강조된다. 이는 지속 가능한 농업 시스템을 구축하고, 인간과 자연이 균형을 이루며 상생할 수 있는 환경을 조성하는 데 기여한다.

• 지속 가능한 미래를 위해 지역사회의 역할은 무엇인가?

지역사회는 환경 보호 활동을 통해 지속 가능한 미래를 만드는 데 중요한 역할을 한다. 플라스틱 사용 줄이기, 재활용 활동 강화, 생물 다양성 보전 캠페인 등은 지역사회의 실천적 노력을 보여준다. 이러한 활동은 공생의 철학을 실현하는 데 기여하며, 더 큰 변화를 이끌어낸다. 또한, 지역 주민의 참여와 협력은 지역 차원의 문제 해결뿐만 아니라 글로벌 환경 문제 해결에도 긍정적인 영향을 준다. 이는 지속 가능한 발전을 위해 지역사회가 자발적으로 책임감을 가지고 적극적으로 행동해야 함을 강조한다.

• 기후 변화 대응에서 개인이 실천할 수 있는 방법은 무엇인가?

기후 변화 대응에서 개인이 실천할 수 있는 방법으로는 에너지 절약과 재생 가능 에너지 사용이 있다. 예를 들어, 전력 소비를 줄이기 위해 에너지 효율이 높은 가전제품을 사용하는 것이 한 가지 방법이다. 또한, 대중교통 이용, 자전거 타기, 걷기 등을 통해 탄소 배출량을 줄일 수 있다. 식습관 변화도 중요한데, 육류 소비를 줄이고 채식 위주의 식사를 선택함으로써 탄소 발자국을 줄일 수 있다. 이러한 일상적인 행동은 기후 변화 대응에 직접적인 기여를 하며, 지속 가능한 미래로 나아가는 데 중요한 역할을 한다.

정리해 볼까요?

기사에 대해서 알아볼까요?

주제: 인간과 자연의 상호의존적 관계를 바탕으로 한 공생의 철학과 지속 가능한 미래.
핵심어휘: 상호의존성, 환경 철학, 생태 중심주의, 공생, 지속 가능성

1단락 요약: 인간과 자연은 상호의존적인 관계를 가지며, 이를 이해하고 공존하는 방법을 모색하는 것이 지속 가능한 미래를 위한 첫걸음임을 설명한다.
2단락 요약: 인간 중심주의와 그로 인한 환경 파괴의 문제를 지적하고, 현대 환경철학이 인간과 자연의 관계를 재정립하려는 시도를 다룬다.
3단락 요약: 생태 중심주의의 관점에서 인간과 자연의 동등한 관계와 모든 생명체가 연결되어 있음을 강조한다. 이를 숲의 사례를 통해 구체적으로 설명한다.
4단락 요약: 공생의 철학을 바탕으로 인간과 자연의 조화를 이루는 방법을 제시하며, 농업의 사례를 통해 상호의존적 관계를 설명한다. 동시에 문제점을 해결하기 위한 지속 가능한 방법을 제안한다.
5단락 요약: 기후 변화, 생물 다양성 감소, 자원 고갈 등 현대 환경 문제를 해결하기 위해 인간과 자연의 공존이 필수적임을 강조한다. 이를 실천하기 위한 구체적인 방법과 공생 철학의 필요성을 제시하며 결론을 맺는다.

기사의 구조적 접근을 꼭 알아야 해요!

1) 서론: 인간과 자연의 상호의존성: 공생의 철학과 지속 가능한 미래의 필요성
인간과 자연의 상호의존적 관계와 이를 바탕으로 한 공생의 철학의 중요성을 제기하며, 지속 가능한 미래를 위한 논의의 필요성을 제시한다.

2) 본론: 인간 중심주의의 한계와 생태 중심주의에 기반한 공생의 실천
인간 중심주의는 산업화와 도시화로 인해 환경 파괴와 생태계 붕괴를 초래했다. 이에 대한 대응으로 현대 환경철학은 인간과 자연의 관계를 재정립하고, 생태 중심주의 관점에서 모든 생명체의 상호 연결성을 강조한다. 공생의 철학은 인간이 자연과 협력하며 조화를 이루는 지속 가능한 삶의 방식을 제시한다. 이를 통해 기후 변화, 자원 고갈 등 환경 문제에 대한 해결책을 모색하고 실천해야 한다.

3) 결론: 공생의 철학 실천을 통한 지속 가능한 미래로의 전환
인간과 자연의 공생이 지속 가능한 미래를 만드는 열쇠임을 강조하며, 이를 실천하기 위한 구체적인 행동과 공생 철학의 필요성을 제시한다.

비판적 사고 키워 볼까요? ✚

1 다음 중 본문의 내용으로 적절하지 않은 것은?

① 인간과 자연은 상호의존적 관계를 이루며 생태계 안에서 연결되어 있다.

② 생태 중심주의는 자연을 인간과 대등한 존재로 존중해야 한다는 관점을 가진다.

③ 공생의 철학은 인간과 자연이 서로 협력하며 조화를 이루는 관계를 강조한다.

④ 현대 환경철학은 자연을 인간의 도구로 활용하는 중심적 관점을 지지한다.

⑤ 지속 가능한 공존은 기후 변화와 생물 다양성 감소 문제를 해결하기 위한 핵심적인 접근법이다.

2 <보기>의 내용을 참고하여 본문의 내용과 관련 없는 사례를 고르시오.

보기

- 생태 중심주의는 모든 생명체가 상호 연결되어 있다는 인식을 기반으로 한다.
- 공생의 철학은 인간과 자연의 협력을 통해 지속 가능한 미래를 모색한다.
- 자연은 인간의 필요를 충족시키기 위한 도구가 아니라 그 자체로 존엄성을 지닌 존재다.

① 숲은 목재를 제공하는 자원이자 다양한 생물의 서식 공간으로 보호받아야 하며, 인간은 이를 존중해야 한다.

② 화학비료 사용과 산림 보존은 인간과 자연의 상호의존적 관계를 강화하는 것이 아니라, 오히려 이를 훼손한다.

③ 재생 가능 에너지는 자연 자원을 과도하게 소비하지 않으면서도 인간의 필요를 충족시킬 수 있는 지속 가능한 방법이다.

④ 생물 다양성을 보전하기 위한 지역사회의 환경 보호 활동은 공생의 철학을 실천하는 구체적인 예시로 볼 수 있다.

⑤ 농업은 인간이 자연의 자원을 활용하면서도 자연과 조화를 이루며 살아가는 상호작용의 대표적인 사례이다.

3 본문에서 생태 중심주의와 공생의 철학이 환경 문제 해결에 어떤 기여를 하는지 서술하시오.

4 '공생의 철학이 현대 사회에서 중요한 이유'에 대해 서론, 본론, 결론의 형식으로 서술하시오.

중요

5 본문의 제목인 "인간과 자연-공생의 철학"이 적절한지 평가하고 이유를 서술하시오.

집중

6 다음 '공생의 철학은 인간과 자연의 관계를 재정립하는 데 필수적이다'라는 논제를 바탕으로 찬성과 반대의 생각을 서술하시오.

찬성	반대

16 기억의 마법 - 첫인상과 마지막 인상이 남기는 흔적

마이클 샤피로

'샤피로의 연구'는 심리학에서 기억의 순서 효과를 연구한 대표적인 연구 중 하나로, 일반적으로 마이클 샤피로(Michael Shapiro)의 연구를 지칭한다.[1] 우선성의 법칙은 주로 우선 효과(Primacy Effect)와 최신 효과(Recency Effect)라는 두 가지 주요 개념과 관련이 있다. 이 법칙들은 정보의 기억 및 인상 형성에서 어떻게 우선순위가 적용되는지를 설명한다.

우선 효과(Primacy Effect)는 정보의 기억 및 인상 형성에서 중요한 심리학적 원칙으로, 특정 정보가 리스트나 연속적인 정보의 처음에 제시될 때, 그 정보가 나중에 제시된 정보들보다 더 잘 기억된다는 개념이다. 이 효과는 주로 기억의 순서와 관련이 있다. 초기 정보가 처음에 제시되면, 사람들은 그것을 더 주의 깊게 처리하거나 반복하는 경향이 있어, 장기 기억으로 저장될 가능성이 높다는 결과를 말한다. 초기 정보가 반복적으로 회상되거나 주의가 집중되기 때문에 초기 정보는 단기 기억을 넘어 장기 기억으로 잘 전이[2]될 수 있다. 우선 효과는 정보의 기억과 처리 방식에서 중요한 역할을 하며, 정보가 어떻게 제시되는지가 기억의 정확성에 영향을 미친다는 것을 보여준다. 따라서 우선 효과를 활용한다면 소매점에서 상품을 진열할 때, 중요한 제품이나 프로모션을 매장에 들어오자마자 눈에 잘 띄는 위치에 배치[3]하는 것이 효과적이다. 또 광고 캠페인에서 브랜드의 핵심 메시지나 제품의 주된 장점을 처음에 강조하는 것도 우선 효과를 활용하는 방법이다. 이를 통해 교육, 마케팅, 발표 등 다양한 분야에서 정보를 효과적으로 전달할 수 있는 전략을 개발할 수 있다.

최신 효과 (Recency Effect)는 정보의 기억 및 인상 형성에서 중요한 심리학적 원칙으로, 리스트나 연속적인 정보의 마지막에 제시된 정보가 가장 최근에 기억되기 때문에 가장 잘 기억된다는 개념이다. 최신 효과는 주로 단기 기억과 관련 [4] 이 있다. 최신 효과는 여러 심리학적 실험을 통해 검증이 되었는데 일상생활 속에서 예로 소비자가 쇼핑을 할 때, 매장 방문의 마지막에 접하는 제품이나 프로모션이 기억에 남을 수 있는 경우가 해당이 된다. 예를 들어, 매장에 들어와서 구경하다가 체크아웃 구역에서 특별 할인이나 신제품을 제시하면, 소비자가 그 정보를 더 잘 기억하고 추가 구매를 고려할 수 있게 되는 원리이다. 이러한 현상은 우선 효과와 최신 효과의 결합 결과로 설명할 수 있다. 최신 효과는 정보의 제시 순서가 기억에 큰 영향을 미친다는 것을 보여주므로 이를 통해 교육, 마케팅, 발표 등 다양한 분야에서 정보를 더 효과적으로 전달하고 기억할 수 있도록 전략을 세울 수 있다.

샤피로의 연구는 우선성의 법칙(Primacy Effect)과 관련하여 기억이 어떻게 영향을 받는지를 연구했다. 샤피로의 연구는 기억의 순서 효과를 실험적으로 입증하는 과정을 통해 정보가 어떻게 제시되는지에 따라 기억의 정확성이 달라

꼭 기억하렴

① 지칭하다: 어떤 대상을 가리켜 이르는 말이다.
② 전이되다: 자리나 위치 따위, 생각이나 사상이 다른 곳으로 옮겨지거나 변화하는 의미이다.
③ 배치: 사람이나 물자 따위를 일정한 자리에 나누어 두는 것을 일컫는다.
④ 관련: 둘 이상의 사람, 사물, 현상 따위가 서로 관계를 맺어 매여 있음을 말한다.
④ 확장: 범위, 규모, 세력 따위를 늘려서 넓힘을 뜻한다.

국어 공신 선생님

질 수 있음을 보여주었다. 이러한 연구 결과는 정보 전달과 기억에 관한 심리학적 이해를 확장[5]하고, 다양한 실생활 상황에서 기억을 효과적으로 관리하는 데 도움을 주었다.

 ## 한걸음 더 깊이 생각해 보기

• 우선 효과와 최신 효과가 결합된 상황에서 정보의 기억이 어떻게 달라질 수 있는지 설명하고, 이를 실생활의 예를 통해 구체화한다면?

우선 효과와 최신 효과가 결합된 상황에서 정보의 기억은 여러 방식으로 달라질 수 있다. 우선 효과는 처음 접한 정보가 더 잘 기억되는 경향을 의미하며, 최신 효과는 최근에 접한 정보가 더 잘 기억되는 경향을 나타낸다. 이 두 효과가 결합되면, 사람들은 처음에 접한 정보와 최근에 접한 정보 모두를 기억하려는 경향이 강해진다.

예를 들어, 학생들이 시험 준비를 할 때, 교과서의 첫 번째 장과 마지막 장을 집중적으로 학습한다고 가정해보자. 첫 번째 장에서 배운 내용은 우선 효과로 인해 잘 기억될 것이고, 마지막 장에서 배운 내용은 최신 효과로 인해 기억에 남을 것이다. 이 경우, 학생들은 중간 장의 내용은 상대적으로 덜 기억하게 될 수 있다.

실생활에서 이러한 현상은 뉴스 소비에서도 나타난다. 사람들이 뉴스 기사를 읽을 때, 첫 번째 기사와 마지막 기사가 더 잘 기억되는 경향이 있다. 따라서 중요한 정보는 처음과 끝에 배치하는 것이 효과적일 수 있다. 이러한 기억의 차이는 정보의 배열이나 학습 전략을 설계할 때 고려해야 할 중요한 요소가 된다.

• 최신 효과가 광고 캠페인에서 어떻게 활용될 수 있을까?

최신 효과는 광고 캠페인에서 소비자의 기억에 영향을 미치는 중요한 요소로 활용될 수 있다. 광고의 마지막 부분에 강렬한 메시지나 이미지를 배치함으로써 소비자에게 더 깊은 인상을 남길 수 있다. 예를 들어, TV 광고의 마지막 장면에서 제품의 사용 장면이나 특별 할인 정보를 강조하면, 소비자는 이 정보를 더 잘 기억하게 된다.

또한, 소셜 미디어 캠페인에서도 최신 효과를 활용할 수 있다. 게시물의 마지막에 해시태그나 콜 투 액션(CTA)을 배치하여 소비자가 쉽게 기억하고 행동하도록 유도할 수 있다. 이러한 전략은 소비자가 브랜드와 제품을 떠올릴 때 긍정적인 연상을 강화하고, 구매 결정을 촉진하는 데 효과적이다.즉, 최신 효과를 활용한 광고 캠페인은 소비자의 기억에 남는 방식으로 브랜드 메시지를 전달하여, 브랜드 인지도와 판매를 높이는 데 기여할 수 있다.

• 우선 효과와 최신 효과가 각각 단기 기억과 장기 기억에 미치는 영향은 무엇이 있을까?

우선 효과와 최신 효과는 기억의 형성과 회상에 중요한 역할을 한다. 우선 효과는 리스트의 처음에 위치한 항목들이 더 잘 기억되는 경향을 의미한다. 이는 장기 기억에 긍정적인 영향을 미치며, 초기 항목들이 더 많은 주의를 끌고, 반복적으로 회상되기 때문으로 설명된다. 반면, 최신 효과는 리스트의 마지막에 위치한 항목들이 더 잘 기억되는 현상으로, 단기 기억에 주로 영향을 미친다. 이는 최근에 제시된 정보가 더 신선하게 남아 있어 쉽게 회상될 수 있기 때문이다. 따라서 우선 효과는 장기 기억의 형성에 기여하고, 최신 효과는 단기 기억의 회상에 중요한 역할을 한다. 이 두 효과는 기억의 구조와 정보 처리 방식에 대한 이해를 돕는다.

정리해 볼까요?

기사에 대해서 알아볼까요?

주제: 샤피로의 연구는 기억의 순서 효과와 정보 제시 방식의 중요성
핵심어휘: 기억의 순서효과, 우선성의 법칙, 우선 효과, 최신 효과

1단락 요약: 샤피로의 연구는 심리학에서 기억의 순서 효과를 다루며, 우선 효과와 최신 효과라는 두 가지 주요 개념이 있다.
2단락 요약: 우선 효과는 정보가 처음에 제시될 때 더 잘 기억되는 현상으로, 초기 정보가 장기 기억으로 전이되는 경향을 설명하며, 이를 활용해 마케팅 및 교육 전략을 개발할 수 있다.
3단락 요약: 최신 효과는 정보의 마지막에 제시된 내용이 잘 기억되는 현상으로, 이를 활용해 마케팅과 교육에서 효과적인 정보 전달 전략을 개발할 수 있다.
4단락 요약: 샤피로의 연구는 우선성의 법칙과 관련하여 정보 제시 순서가 기억의 정확성에 미치는 영향을 실험적으로 입증했다. 이 연구는 기억의 심리학적 이해를 확장하고, 실생활에서 효과적인 기억 관리에 도움을 준다.

기사의 구조적 접근을 꼭 알아야 해요!

1) 서론: 기억의 중요성과 샤피로의 연구
기억은 인간 인지에서 중요한 역할을 하며, 정보 제시 방식은 기억의 정확성과 효율성에 영향을 미친다. 마이클 샤피로의 연구는 우선 효과와 최신 효과를 통해 기억의 작동 방식을 탐구하였다.

2) 본론:
①우선 효과
우선 효과는 리스트의 처음에 제시된 정보가 잘 기억된다는 원리로, 소비자가 매장에 들어설 때 눈에 띄는 제품이 기억에 남기 쉽다.
②최신 효과
최신 효과는 리스트의 마지막에 제시된 정보가 잘 기억된다는 원리로, 최근 정보가 단기 기억에 더 잘 남는다.

3) 결론: 연구의 실제적 응용과 중요성
샤피로의 연구는 기억의 순서 효과와 정보 제시 방식의 중요성을 강조하며, 이를 통해 실생활에서 기억을 효과적으로 관리할 수 있도록 돕는다. 연구 결과는 정보 제시 방식이 기억의 정확성을 높여 교육과 마케팅 등 다양한 분야에서 효과적인 전략 개발에 기여함을 보여준다.

비판적 사고 키워 볼까요? ✚

1 우선성의 효과에 대한 설명으로 적절한 것은?

① 정보의 마지막에 제시된 정보가 가장 최근에 기억되기 때문에 가장 잘 기억된다는 개념이다.

② 우선 효과는 주로 단기 기억과 관련이 있다.

③ 주로 기억의 순서와 관련이 있어 정보의 제시 순서가 생각에 큰 영향을 미친다는 것을 보여준다.

④ 상품을 진열할 때, 중요한 제품이나 프로모션을 매장에 들어오자마자 눈에 잘 띄는 위치에 배치하는 것이 효과적이다.

⑤ 매장에 들어와서 구경하다가 체크아웃 구역에서 특별 할인이나 신제품을 제시하면, 추가 구매를 고려할 수 있게 되는 원리이다.

2 아래 <보기>에 해당되는 효과에 대한 설명으로 적절하지 <u>않은</u> 것은?

> 우리나라에 바나나가 귀했던 시절, OO유업에서 바나나향을 첨가한 우유를 개발했다. 당시 고급 과일인 바나나 맛을 입힌 우유를 어떻게 알리면 좋을까 고민하던 중 OO유업은 고급진 한국 고유 전통의 달항아리에서 영감을 받아 단지 모양의 패키지를 선택하게 되었고, 결과적으로 단지형 용기에 담긴 바나나맛 우유는 대중들에게 참신한 첫 인상을 담겼고, 지금도 단지형 바나나우유는 바나나우유의 아이덴티티가 되었다.

① 기업에서 제품을 시장에 처음 선보일 때 소비자의 인식에 긍정적인 첫인상보다는 익숙함을 활용하는 전략을 사용했다.

② 아무리 제품성이 좋아도 부실하고, 믿음이 가지 않는 포장 용기를 쓸 경우에 판매에 영향을 미칠 수 있다는 걸 알 수 있다.

③ 평범한 유리병이나, 팩이 아닌 새로운 시도를 한 것은 패키지 자체가 주는 첫인상에 집중했다고 볼 수 있다.

④ 좋은 상품을 보기 좋게 포장한다면 고객은 만족감을 가지고 제품을 접한다는 것이다.

⑤ 달항아리에서 영감을 받아 단지 모양의 패키지를 선택하게 되었고, 고급 과일이었던 바나나 맛을 입힌 우유를 알리고자 우선 효과와 최신 효과의 결합 결과를 잘 활용한 사례이다.

3 본문을 바탕으로 '우선효과와 최신효과'를 100자로 서술하시오.

4 '우선효과와 최신효과의 상관성'에 대한 생각을 서론, 본론, 결론의 형식으로 서술하시오.

중요

5 <보기>를 바탕으로 우려되는 상황에 대해 300자 이내로 서술하시오..

> ①과장된 광고: 광고는 상품을 잘 팔리게 하기 위하여 상품이 가지고 있는 기능을
> 부풀리기도 하는데, 이러한 광고를 과장광고라고 한다. 그리고 사실에 해당되지
> 않는 자료나 정보를 사용하는 광고를 허위 광고라고 한다.
> ②우선효과: 소비자가 광고를 접했을 때, 처음 인상이나 정보가 이후의 판단에 큰
> 영향을 미치는 현상이다. 이는 소비자가 광고의 과장된 부분을 기억하게 되어, 실
> 제 제품에 대한 기대치가 비현실적으로 높아질 수 있다.

6 다음 '초기 정보가 인지적 편향을 형성하고, 이후 정보의 해석에 영향을 미친다.'라는 논
제를 바탕으로 찬성과 반대의 생각을 서술하시오.

찬성	반대

17 자조의 힘 - 스스로 돕는 자들이 만든 근대 한국의 이야기

사무엘 스마일스

사무엘 스마일스(Samuel Smiles)의 《자조론》(Self-Help)은 개인의 노력과 자기 계발을 통해 성공을 이룰 수 있다는 주제를 중심으로 하고 있다. 이 책은 19세기 영국의 산업혁명 시기에 쓰였으며, 개인의 자립과 자기 책임의 중요성을 강조하는 내용으로 큰 인기를 끌었다. 그는 "하늘은 스스로 돕는 자를 돕는다"라는 격언을 인용해 스스로의 노력 없이 성공을 바라는 것은 어리석은 일이라고 말했다. 스마일스의 《자조론》은 개인의 자립, 근면, 성실함 등을 강조했다. 자조론은 개인뿐만 아니라 사회 전반의 발전을 이루는 데 중요한 덕목으로 여겨졌고, 조선 말기와 근대 시기에 한국에 소개되어 큰 영향을 미쳤다. 특히 한국의 개화기와 근대화 과정에서 많은 지식인과 지도자들이 이 책의 사상에 영향을 받아 자조❶와 자립❷을 강조하는 움직임을 확산시켰다.

유길준은 개화파 지식인으로, 서구의 학문과 사상을 한국에 소개하는 데 중요한 역할을 했다. 그는 한국 최초의 서양식 유학생 중 하나로, 일본과 미국에서 유학하며 서구의 사상과 문물을 배웠다. 유길준은 서구 문명과 제도, 과학적 사고방식의 중요성을 강조하며 한국 사회의 근대화 필요성을 역설❸했다. 그의 대표 저서인 《서유견문》(西遊見聞)은 그가 서양의 문물과 사상을 한국에 소개한 중요한 책으로, 서양의 정치, 경제, 사회, 과학 등의 발전된 제도와 문화를 설명하고, 한국도 이러한 근대적 시스템을 도입해야 한다고 주장한다. 유길준은 서양의 여러 사상가들의 저작을 한국에 소개하며, 자조 정신과 자기 계발의 중요성을 역설했고, 그의 노력으로 《자조론》은 근대 한국의 지식인 사회에 큰 영향을 미치게 되었다. 또한, 그는 한국의 교육 제도와 사회 구조의 개혁을 주장하며, 젊은 세대가 새로운 사고방식을 받아들이고, 국제 사회에서 경쟁력을 갖출 수 있도록 해야 한다고 강조했다. 유길준의 사상은 이후 한국의 근대화 과정에 중요한 이정표가 되었으며, 그의 저작은 오늘날에도 여전히 많은 이들에게 영감을 주고 있다.

이용익(李容翊, 1854-1907)은 한국 근대화 초기의 중요한 개화 사상가이자 정치가로서 자조론을 강조한 인물이다. 그는 특히 경제적 자립과 민족의 독립을 위해 자조의 필요성을 역설했다. 이용익은 경제적 자립이 국가의 독립과 번영을 위해 필수적이라고 생각했다. 그는 외세의 경제적 침략에 대응하기 위해 스스로의 힘으로 경제 기반을 확립해야 한다고 주장했다. 이를 위해 그는 교육과 산업의 발전을 통해 자립할 수 있는 역량⁴을 키우는 것이 중요하다고 보았다. 이용익은 자조를 실현하기 위한 핵심 수단으로 교육을 강조했다. 그는 지식과 기술을 통해 개인과 사회가 자립할 수 있다고 믿었으며, 이를 위해 학교 설립과 인재 양성에 많은 노력을 기울였다. 그가 세운 보성학교는 이러한 자조 정신을 바탕으로 설립된 교육 기관으로, 한국 근대 교육사에 큰 역할을 했다. 그는 개혁 운동과 사회 활동을 통해 자조 정신을 확산시키고자 했으며, 이를 통해 한국 사회

❶ 자조: 자기의 향상ㆍ발전을 위하여 스스로 애쓰는 것을 뜻한다.
❷ 자립: 남의 힘을 입거나 남에게 종속되지 않고 스스로 서는 것을 의미한다.
❸ 역설: 어떤 주의나 주장에 반대되는 이론이나 말을 의미한다.
❹ 역량: 어떤 일을 해낼 수 있는 힘. 또는 그 힘의 정도의 의미를 말한다.
❺ 자강: 스스로 힘써 몸과 마음을 가다듬음을 의미한다.

국어 공신 선생님

가 스스로 발전할 수 있는 기반을 마련하는 데 기여했다. 또한, 이용익은 다양한 저술 활동을 통해 자신의 사상을 널리 알렸으며, 그의 사상은 후대의 개화 사상가들에게도 큰 영향을 미쳤다. 그는 민족의 자주성과 독립을 위해 끊임없이 노력했으며, 이러한 그의 노력은 한국 근대화 과정에서 중요한 이정표가 되었다.

근대 한국 자조론에 영향을 미친 인물로는 한국의 자강⑤ 운동을 이끌었던 유길준, 이용익의 개화 사상가들을 들 수 있다. 이들은 자주독립과 국가의 자강을 위해 자조와 교육의 중요성을 강조하며, 근대화를 위한 다양한 활동을 펼쳤다. 자조론은 개인의 자기 계발과 자립, 근면성을 강조하는 내용을 통해 근대화 과정에서 중요한 역할을 했다. 또 근대 사회에서 개인의 책임감, 자아 실현, 교육의 중요성, 그리고 산업화와 자본주의의 가치관을 강화시키고, 개인의 가치관 형성과 사회적 변화에 큰 영향을 미쳤다.

 한걸음 더 깊이 생각해 보기

• 인공지능과 자동화가 발전하는 미래 사회에서, 개인의 자조와 자립은 어떻게 영향을 받을까?

인공지능과 자동화가 발전하는 미래 사회에서 개인의 자조와 자립은 여러 측면에서 영향을 받을 것으로 보인다. 첫째, 인공지능의 발전은 개인의 업무 환경을 변화시켜 자조의 기회를 확대할 수 있다. 반복적이고 단순한 작업이 자동화됨에 따라, 개인은 더 창의적이고 전략적인 업무에 집중할 수 있게 된다. 이는 개인이 자신의 역량을 개발하고 자립적인 경로를 모색하는 데 긍정적인 영향을 미친다. 둘째, 정보 접근성이 향상됨에 따라 개인의 자기 계발이 용이해진다. 온라인 교육 플랫폼과 다양한 학습 자원이 제공됨에 따라, 개인은 언제 어디서나 필요한 지식을 습득할 수 있다. 이러한 환경은 자조의 정신을 더욱 강화하며, 개인이 스스로의 목표를 설정하고 이를 달성하기 위한 노력을 기울일 수 있는 기반을 마련한다. 셋째, 자동화로 인해 일부 직업이 사라지거나 변화함에 따라, 개인은 새로운 기술을 습득하고 적응해야 하는 상황에 직면하게 된다. 이는 자조의 필요성을 더욱 강조하며, 개인이 지속적으로 학습하고 성장해야 하는 동기를 부여한다. 그러나 이러한 변화는 동시에 불안감을 초래할 수 있으며, 개인의 자립을 위한 심리적 저항감을 유발할 수도 있다. 마지막으로, 인공지능과 자동화가 사회 전반에 걸쳐 불평등을 심화시킬 가능성도 존재한다. 기술에 대한 접근성이 제한된 개인이나 집단은 자조와 자립의 기회를 잃을 수 있으며, 이는 사회적 갈등을 초래할 수 있다.

• 자조론의 관점에서, 개인의 가치관 형성과 사회적 변화가 서로 어떻게 영향을 미칠 수 있을까?

자조론의 관점에서 개인의 가치관 형성과 사회적 변화는 상호작용하며 서로에게 영향을 미친다. 첫째, 개인의 가치관은 사회적 변화에 의해 형성된다. 사회가 변화함에 따라 새로운 가치와 기준이 등장하고, 개인은 이러한 변화에 적응하기 위해 자신의 가치관을 재조정하게 된다. 예를 들어, 환경 문제에 대한 사회적 인식이 높아지면 개인은 지속 가능한 삶의 방식을 추구하게 되고, 이는 개인의 가치관에 반영된다. 둘째, 개인의 가치관은 사회적 변화에 영향을 미칠 수 있다. 개인이 자조적인 태도를 가지고 자신의 가치관을 확립하고 이를 실천할 때, 이는 주변 사람들에게 긍정적인 영향을 미치고 사회적 변화를 촉진할 수 있다. 예를 들어, 개인이 자원봉사나 사회적 책임을 중시하는 가치관을 가지고 행동할 경우, 이러한 행동은 다른 사람들에게도 영감을 주어 공동체의 가치관을 변화시킬 수 있다. 셋째, 개인의 가치관 형성과 사회적 변화는 문화적 맥락에서도 중요한 역할을 한다. 특정 문화에서는 개인의 자율성과 자조가 강조되며, 이는 개인의 가치관 형성에 큰 영향을 미친다. 반면, 집단주의적 문화에서는 공동체의 가치가 우선시되며, 개인의 가치관은 사회적 기대와 규범에 의해 형성된다.즉, 자조론의 관점에서 개인의 가치관 형성과 사회적 변화는 서로 밀접하게 연결되어 있으며, 이들은 지속적으로 상호작용하며 발전해 나간다.

정리해 볼까요?

기사에 대해서 알아볼까요?

주제: 한국의 개화기와 근대화 과정에서 자조 정신과 교육의 필요성을 확산시킨 중요한 사상으로 자리잡은 자조론.

핵심어휘: 자조, 자립, 역설, 역량, 자강

1단락 요약: 사무엘 스마일스의 "자조론"은 개인의 노력과 자기 계발을 통해 성공을 이루는 중요성을 강조하며, 19세기 영국 산업혁명 시기에 큰 인기를 끌었고, 한국의 개화기와 근대화에 영향을 미쳤다.

2단락 요약: 유길준은 개화파 지식인으로, 서양의 학문과 사상을 한국에 소개하며 근대화의 필요성을 강조했고, 그의 저서 "서유견문"을 통해 서양 문물의 중요성을 알리며 "자조론"의 영향을 확산시켰다.

3단락 요약: 이용익은 한국 근대화의 개화 사상가로, 경제적 자립과 민족 독립을 위해 자조론을 강조하며 교육과 산업 발전을 통해 자립 역량을 키우고, 보성학교 설립 등으로 자조 정신을 확산시켰다.

4단락 요약: 근대 한국 자조론은 유길준과 이용익 등 개화 사상가들이 자주독립과 국가 자강을 위해 자조와 교육의 중요성을 강조하며, 개인의 자기 계발과 책임감을 통해 근대화 과정에서 중요한 역할을 했다.

기사의 구조적 접근을 꼭 알아야 해요!

1) 서론: 자조론의 중요성과 한국에 미친 영향
사무엘 스마일스의 "자조론"은 개인의 노력과 자기 계발을 통해 성공을 이룰 수 있다는 주제를 중심으로 한다. 19세기 영국에서 쓰인 이 책은 개인의 자립과 책임을 강조하며, 한국의 개화기와 근대화에 큰 영향을 미쳤다.

2) 본론: 자조론의 한국 소개와 주요 인물
유길준과 이용익은 자조론을 한국에 소개한 주요 인물이다. 유길준은 서구 학문을 통해 근대화의 필요성을 강조하며 "서유견문"에서 서양 문물을 설명했다. 이용익은 경제적 자립을 위해 자조의 중요성을 강조하고 보성학교를 설립해 자조 정신을 확산시켰다.

3) 결론: 자조론의 사회적 영향과 가치
자조론은 한국의 자강운동과 근대화 과정에서 개인의 자기 계발과 자립을 강조하며, 사회적 변화에 큰 영향을 미쳤다. 이 사상은 개인의 책임감과 교육의 중요성을 통해 근대 사회의 가치관 형성에 기여하였다.

1 근대 한국 자조론에 영향을 미친 인물인 이용익에 대한 설명으로 적절한 것은?

① 이용익은 권리와 의무를 다하는 인간이 존엄하다고 주장했다.

② 이용익의 자조론은 한국 사회의 근대화와 자주성을 강조하며, 개인의 권리와 의무를 중시하는 사상이다.

③ 이용익은 지식과 기술을 통해 개인과 사회가 자립할 수 있다고 믿었으며, 이를 위해 교육기관 및 인재 양성에 많은 노력을 기울였다.

④ 이용익은 일본과 미국에서 유학하며 서구의 사상과 문물을 배웠다.

⑤ 이용익은 개화파 지식인으로, 한국 최초의 서양식 유학생 중 하나이다.

2 <보기>의 내용을 바탕으로 유길준에 대한 설명으로 가장 적절한 것은?

> 그의 사상은 후에 최남선과 같은 다른 사상가들에게도 영향을 미쳐, 한국의 자조론이 더욱 확산되는 계기가 되었다. 유길준은 『노동야학독본』과 같은 저서를 통해 노동자들에게 자조의 중요성을 교육했다. 이 저서는 노동자들이 자립적으로 발전할 수 있는 방법을 제시했다.

① 유길준의 사상은 한국의 근대화 과정에서 지식인들의 권리와 자립을 강조하는 중요한 이정표로 남아 있다.

② 유길준의 사상은 일본 노동자들이 자립적으로 문제를 해결하고 사회를 발전시키는 데 큰 영향을 미쳤다.

③ 유길준의 자조론은 일본의 자본주의와 메이지 유신에서 영향을 받았으며, 한국에서도 노동자들이 자주적으로 문제를 해결할 수 있는 기반을 마련했다.

④ 유길준은 근대 한국 자조론의 중요한 인물로, 그의 사상은 한국 노동자들이 자립적으로 문제를 해결하고 사회를 발전시키는 데 큰 영향을 미쳤다.

⑤ 유길준은 자조론을 번역하고 보급하여, 청년층에게 자조의 중요성을 알렸으며 그의 저서와 강연은 많은 이들에게 영향을 미쳤다.

3 현대 사회에서 자조론이 중요한 가치로 여겨지는 이유를 본문에서 찾아 서술하시오.

4 '자조론이 개인뿐만 아니라 사회 전반의 발전을 이루는 데 중요한 덕목으로 여겨진 이유'를 서론, 본론, 결론의 형식으로 서술하시오.

중요

5 자조론에 대한 반대 의견은 주로 개인의 한계와 사회 구조의 복잡성을 강조하기 때문에 모든 사회 문제를 해결하는 데 충분하지 않다는 비판을 받고 있다. 이에 대한 자신의 생각을 서술하시오.

집중

6 자조론에 대한 장단점을 바탕으로, '자조론을 사회문제의 해결책으로 볼 수 있는가'라는 논제를 바탕으로 찬성과 반대의 생각을 서술하시오.

찬성	반대

18 초저출산 시대, 우리 미래는 어떻게 될까?

한국의 출산율은 세계에서 가장 낮은 수준 중 하나이다. 2022년 기준 합계출산율(Total Fertility Rate, TFR)[1]은 0.78명으로, 이는 여성 한 명이 평생 낳을 것으로 예상되는 평균 자녀 수를 나타낸다. 안정적인 인구 유지에 필요한 대체출산율[2](replacement level fertility)이 약 2.1명임을 고려할 때, 한국의 출산율은 매우 낮은 수준이다. 초저출산의 원인으로는 높은 주거비, 교육비, 양육비 등 경제적 부담이 가장 큰 요인이다. 또한, 취업난과 불안정한 고용[3] 상황은 경제적 불확실성을 더욱 악화시키고 있다.

2022년 기준으로 프랑스의 합계출산율(TFR, Total Fertility Rate)은 약 1.8명이다. 이는 프랑스에서 한 여성이 평균적으로 약 1.8명의 자녀를 출산한다는 것을 의미한다. 프랑스는 출산을 장려하고 양육을 지원하는 다양한 시스템과 문화를 갖추고 있어, 상대적으로 높은 출산율을 유지하고 있다. 예를 들어, 프랑스 정부는 육아 휴직, 보육시설 지원, 세금 혜택 등을 통해 부모의 경제적 부담을 줄이고, 자녀 양육을 보다 용이하게 하고 있다. 반면 한국 사회에서는 여성의 육아 부담이 여전히 크고, 경력 단절 문제 또한 심각하다. 여성들이 결혼과 출산을 선택하는 데 있어 큰 부담을 느끼며, 출산 후에도 육아와 직장 생활을 병행하기 어려운 환경이 출산율 감소에 영향을 미친다. 특히, 직장 내 유연근무제나 육아 지원 정책이 부족하여 많은 여성들이 경력 단절을 경험하고 있다. 요즘은 결혼과 출산에 대한 가치관의 변화로 많은 젊은이들이 결혼을 필수로 여기지 않으며, 결혼을 하더라도 자녀를 갖지 않는 '딩크족(DINK: Double Income No Kids)' 가구가 증가하고 있다. 이러한 사회적 변화는 출산율에 부정적인 영향을 미치고 있으며, 한국 사회의 인구 구조에도 심각한 문제를 초래할 수 있다. 따라서 정부와 사회가 함께 해결책을 모색해야 할 시점이다. 프랑스의 출산율이 높은 이유는

프랑스	한국
① 출산 장려금❹: 출산 시 부모에게 금전적 지원을 제공하며, 자녀 수에 따라 차등 지급된다. ② 양육수당: 자녀 양육을 위한 월별 양육수당이 지급되며, 저소득 가구에 대한 추가 지원도 포함되어 있다. ③ 유급 육아휴직: 유급 육아휴직을 제공하여 부모가 자녀 양육에 전념할 수 있도록 돕는다. 육아휴직 동안 소득을 지원받을 수 있다. ④ 무료 보육시설: 공공 어린이집과 유치원에서 보육과 교육을 무료로 제공하며, 보육 비용에 대한 보조금도 지급된다. ⑤ 성평등 정책: 성평등 교육과 정책이 시행되어 남성과 여성이 공동으로 육아를 책임지는 문화를 조성하고 있다.	① 출산 장려금: 출산 시 지원금이 제공되지만, 프랑스에 비해 상대적으로 낮은 편이다. 출산 장려금은 자녀 수에 따라 차등 지급된다. ② 양육수당: 한국에서도 양육수당을 제공하지만, 프랑스와 비교하면 지원금이 적은 편이며, 저소득 가구에 대한 지원이 부족할 수 있다. ③ 유급 육아휴직: 유급 육아휴직 제도가 있지만, 휴직 기간과 소득 지원 수준이 프랑스에 비해 낮다. ④ 보육시설: 공공 보육시설이 있으나, 비용이 높고, 보육 시설의 접근성이 프랑스에 비해 떨어질 수 있다. 민간 보육시설의 비용이 상대적으로 비쌀 수 있다. ⑤ 성평등 정책: 성평등 정책이 있지만, 육아와 직장 생활의 병행에 대한 사회적 지원이 부족할 수 있다.

❶ 합계 출산율: 한 여자가 평생 평균 몇 명의 자녀를 낳는가를 나타내는 지표이며, 출산력 수준비교를 위해 대표적으로 활용되는 지표를 말한다.
❷ 대체 출산율: 현재 인구를 유지하는 데 필요한 출산율을 일컫는다.
❸ 고용: 사람을 채용해서 월급을 주는 것을 말한다.
❹ 장려금: 어떤 일을 하도록 권하기 위해 보태어 도와주는 돈을 의미한다.

국어 공신 선생님

여러 가지 정책과 사회적 요인들이 복합적으로 작용한 결과이다. 프랑스는 출산을 장려하고 양육을 지원하는 다양한 시스템과 문화를 갖추고 있어, 상대적으로 높은 출산율을 유지하고 있다.

현재의 출산율(0.78명 기준)이 유지된다면, 한국의 총인구는 앞으로 수십 년 내에 급격히 감소할 것이다. 일부 전문가들은 2060년까지 한국의 인구가 현재의 5,100만 명에서 약 3,500만 명 수준으로 감소할 수 있다고 예측하고 있다. 젊은 세대의 감소와 함께 고령 인구의 비율이 크게 증가할 것이다. 현재 한국은 고령화 사회(65세 이상 인구 비율이 14% 이상)로, 2025년에는 초고령 사회(65세 이상 인구 비율이 20% 이상)에 진입할 것으로 예상된다. 고령 인구의 급증은 의료비 증가, 연금 부담 가중, 고령자 복지 비용 증가 등을 초래하게 된다. 출산율 저하로 인한 노동 인구의 감소는 생산성 하락으로 이어질 수 있다. 한국의 초저출산 문제는 다각적인 접근과 종합적인 해결 방안을 요구한다. 현재의 낮은 출산율과 급격한 인구 감소를 해결하기 위해서는 정부, 기업, 사회 전체가 협력하여 다양한 정책과 프로그램을 시행해야 한다.

국어 공신 선생님의 감상 꿀팁!

 좀 더 깊이 생각해 보기
집중!

- '딩크족'과 같은 다양한 가족 형태가 증가하는 현상에 대해 사회가 어떻게 대응해야 할까?
'딩크족'과 같은 다양한 가족 형태가 증가하는 현상에 대해 사회는 여러 가지 방법으로 대응해야 한다. 우선, 다양한 가족 형태를 인정하고 존중하는 사회적 분위기를 조성해야 한다. 이를 위해 미디어와 교육을 통해 다양한 가족 모델에 대한 긍정적인 인식을 확산시킬 필요가 있다. 또한, 정책적으로도 다양한 가족 형태를 지원하는 제도를 마련해야 한다. 예를 들어, 자녀가 없는 부부를 위한 세금 혜택이나 사회적 서비스 제공을 통해 그들의 경제적 부담을 줄일 수 있다. 더불어, 결혼과 출산에 대한 강요를 줄이고 개인의 선택을 존중하는 문화가 필요하다. 이를 통해 젊은 세대가 결혼과 출산에 대한 부담 없이 자신의 삶을 설계할 수 있도록 도와야 한다. 마지막으로, 다양한 가족 형태가 사회에 미치는 긍정적인 영향을 강조하고, 이들이 사회의 중요한 구성원임을 인식하는 것이 중요하다.

- **결혼과 출산에 대한 가치관 변화가 한국 사회에 미치는 영향은 무엇인가?**

결혼과 출산에 대한 가치관 변화는 한국 사회에 여러 가지 영향을 미친다. 우선, 결혼을 필수적인 삶의 단계로 여기지 않는 경향이 증가하면서 개인의 삶의 방식이 다양해지고 있다. 이는 개인의 자유와 선택을 중시하는 문화로 이어지며, 젊은 세대가 자신의 경력이나 취미에 집중할 수 있는 기회를 제공한다. 또한, 출산율 감소는 인구 구조에 심각한 영향을 미친다. 고령화 사회가 가속화되면서 노동력 부족과 경제 성장 둔화가 우려된다. 이로 인해 정부는 출산 장려 정책을 강화하고 있지만, 효과는 제한적이다. 더불어, 결혼과 출산에 대한 가치관 변화는 가족 구조에도 영향을 미친다. 전통적인 대가족에서 다양한 가족 형태가 등장하며, 이는 사회적 다양성을 증대시키는 긍정적인 측면이 있다. 그러나 동시에, 이러한 변화는 사회적 안전망과 지원 체계의 필요성을 강조하게 된다. 결혼과 출산에 대한 가치관 변화는 개인의 삶, 인구 구조, 가족 형태 등 여러 측면에서 한국 사회에 깊은 영향을 미치고 있으며, 이에 대한 지속적인 논의와 대응이 필요하다.

정리해 볼까요?

주제: 초저출산 시대 한국의 미래(출산율 저하와 인구 감소의 영향에 대한 고찰)
핵심어휘: 합계 출산율, 대체 출산율, 고용, 경력 단절, 장려금

1단락 요약: 한국의 출산율은 2022년 기준 0.78명으로 매우 낮은 수준이다. 이는 안정적인 인구 유지에 필요한 대체출산율에 미치지 못하며, 높은 주거비, 교육비, 양육비 등 경제적 부담이 주요 원인으로 작용하고 있다. 취업난과 불안정한 고용 상황은 젊은 부부들이 아이를 낳는 것을 더욱 꺼리게 만든다.

2단락 요약: 프랑스의 합계출산율은 1.8명이며, 출산을 장려하는 다양한 정책과 문화가 존재한다. 육아휴직, 보육시설 지원, 세금 혜택 등을 통해 부모의 경제적 부담을 줄이고, 여성의 경력 단절 문제를 완화하는 데 기여하고 있다. 반면 한국은 여성의 육아 부담이 크고, 경력 단절이 심각하여 출산율 감소에 영향을 미친다.

3단락 요약: 현재의 출산율이 유지된다면 한국의 인구는 급격히 감소할 것으로 보인다. 미래 인구는 계속 줄어들 것이며 고령 인구 비율은 증가해 의료비와 복지 비용이 증가할 것으로 예측된다. 이를 해결하기 위해서는 정부와 사회가 협력하여 다각적인 정책과 프로그램을 시행해야 한다.

기사의 구조적 접근을 꼭 알아야 해요!

1) 서론: 한국의 초저출산 문제
한국의 출산율은 2022년 기준 0.78명으로 세계에서 가장 낮은 수준 중 하나이다. 이는 경제적 부담과 사회적 가치관 변화에 기인하고 있으며, 인구 감소와 고령화 문제는 심각한 사회적 도전과제로 부각되고 있다.

2) 본론: 출산율 저하의 원인과 비교
출산율 저하의 주요 원인은 높은 주거비, 교육비, 양육비 등 경제적 부담과 여성의 경력 단절이다. 반면, 프랑스는 출산 장려금, 양육수당, 유급 육아휴직, 무료 보육시설 등의 다양한 정책을 통해 출산율을 높이고 있다. 한국은 이러한 지원이 부족하여 출산율이 낮은 상황이다.

3) 결론: 종합적 해결 방안 필요성
한국의 초저출산 문제를 해결하기 위해서는 정부, 기업, 사회가 협력하여 다양한 정책을 시행해야 한다. 출산율을 높이고 건강한 인구 구조를 유지하기 위한 종합적인 접근이 절실하다.

비판적 사고 키워 볼까요? +

1 한국의 초저출산율로 인해 미래에 우려되는 인구문제 및 경제 문제가 심각한 상태이다. 이러한 문제를 초래한 원인으로 적절하지 **않은** 것은?

① 우리나라에는 프랑스처럼 출산을 장려하고 지원하는 다양한 시스템과 적극적인 문화가 자리잡지 못했다.

② 한국사회에서는 출산에 대한 남성의 육아, 양육의 부담이 크며, 육아에 부담이 생기는 이유는 경력 단절 문제로 이어지기 때문이다.

③ 우리나라에는 결혼을 하더라도 출산과 육아에 대한 가치관의 변화로 딩크족이 증가한다.

④ 우리나라에도 성평등 정책이 있지만 육아와 직장 생활의 병행에 대한 사회적 지원이 부족하기 때문이다.

⑤ 양육수당이 적으며 저소득 가구에 대한 지원이 부족해 출산에 대한 부담을 크게 느낀다.

2 본문과 <보기>의 내용을 바탕으로 출산 장려를 위해 한국에서 마련할 종합적 해결 방법으로 가장 적절하지 **않은** 것은?

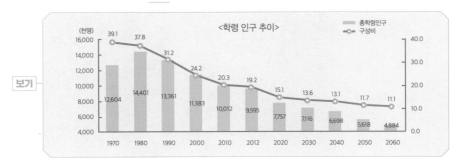

① 출산 시 부모에게 금전적 지원 혜택을 늘리며 자녀 수에 따라 차등된 지급 금액을 현재 보다 5배 높인다.

② 유급 육아 휴직을 제공하며, 육아 휴직을 자율적으로 선택 할 수 있는 사회 분위기와 제도를 널리 확산시켜 육아 휴직 후 복직에 대한 스트레스를 줄이도록 돕는다.

③ 맞벌이 가정이 늘어도 육아에 편리성을 높일 수 있도록 회사 근처 보육시설 기관을 확보하거나 회사 내부에 존재하도록 하는 법규를 만든다.

④ 고령 인구의 급증으로 인해 생길 의료비, 연금 부담을 줄일 수 있는 다양한 정책과 대안을 구체화 하는 방안을 모색한다.

⑤ 자녀 양육을 위한 월별 양육수당을 높이고, 저소득의 경우에는 다양한 법규를 통해 양육 지원을 추가도 더 증진한다.

3 미래의 인구문제가 심각해 지는 이유는 무엇이며, 이를 통해 앞으로 우리나라가 어떤 자세를 가져야 하는지 400자 내외로 서술하시오.

4 '우리나라의 고령화 대비에 대한 자신의 생각'을 서론, 본론, 결론의 형식으로 서술하시오.

중요

5 '한국의 초저출산 문제를 어떻게 해결할 것인가'에 대한 자신의 생각을 서술하시오.

6 다음 '출산율을 높이는 것이 옳은 것인가'라는 논제를 바탕으로 찬성과 반대의 생각을 서술하시오.

찬성	반대

집중

예술

예술, 시대를 말하다

감성과 창조의 세계

01 거울 속으로
- 베르사유 궁전의 역사와 아름다움

베르사유 궁전은 프랑스의 대표적인 바로크 건축❶물로, 루이 14세의 명령으로 17세기 중반부터 18세기 초반까지 건축되었다. 이 궁전은 단순한 왕궁을 넘어 프랑스 절대왕정❷의 상징이자 유럽의 정치적, 문화적 중심지로 자리 잡았다. 베르사유 궁전은 그 화려함과 규모로 인해 세계문화유산으로 등재❸되어 있으며, 바로크 건축의 정수❹를 보여주는 예시로 널리 알려져 있다.

궁전의 건축은 1661년, 건축가 루이 르바우(Louis Le Vau)의 주도로 시작되었다. 이후, 정원 설계는 앙드레 르노트르(André Le Nôtre)가 맡았고, 내부 장식은 샤를 르브룅(Charles Le Brun)이 담당했다. 이들은 각각의 분야에서 뛰어난 재능을 발휘하여 베르사유 궁전을 완성시켰다. 궁전의 설계는 대칭성과 균형을 강조하며, 화려한 장식과 넓은 공간을 통해 왕의 권위를 드러내고자 했다. 베르사유 궁전의 가장 유명한 부분 중 하나는 바로 '거울의 방'(Galerie des Glaces)이다. 이 방은 73개의 거울로 장식되어 있으며, 궁전의 정원과 연결된 대형 창문을 통해 자연광이 들어와 화려한 분위기를 자아낸다. 거울의 방은 왕과 귀족들이 모여 사교 활동을 하던 장소로, 그 자체로도 예술적 가치가 높다. 또한, 이 방은 프랑스 혁명 이후에도 역사적인 사건들이 일어난 장소로 유명하다. 궁전의 정원은 그 자체로도 하나의 걸작이다. 앙드레 르노트르의 설계로 이루어진 정원은 대칭적인 형태와 기하학적인 디자인이 특징이다. 정원에는 분수, 조각상, 그리고 다양한 식물들이 조화롭게 배치되어 있어 방문객들에게 시각적인 즐거움을 제공한

베르사유 궁전 속 '거울의 방'

다. 정원은 또한 왕이 자연과의 조화를 이루고자 했던 의도를 반영하고 있다.

베르사유 궁전은 단순한 건축물 이상의 의미를 지닌다. 이는 프랑스 절대왕정의 상징으로, 루이 14세는 이곳에서 자신의 권력을 과시하고, 국가의 중심으로서의 역할을 강화했다. 궁전은 또한 유럽의 다른 국가들에 큰 영향을 미쳤으며, 많은 나라에서 유사한 스타일의 궁전이나 정원이 건축되었다. 베르사유 궁전은 역사적으로도 중요한 장소이다. 1919년, 제1차 세계대전의 종전 조약이 이곳에서 체결되었으며, 이는 국제 정치의 중요한 전환점을 나타낸다. 이러한 역사적 사건들은 베르사유 궁전이 단순한 왕궁이 아닌, 세계사에 영향을 미친 장소로서의 위상을 더욱 강화시킨다. 오늘날 베르사유 궁전은 매년 수백만 명의 관광객이 방문하는 인기 있는 관광지이다. 궁전 내부와 정원은 잘 보존되어

꼭 기억하렴

❶ 바로크 건축: 바로크 건축은 17세기 유럽에서 발전한 예술 양식으로, 화려한 장식과 역동적인 형태가 특징이다. 대칭과 곡선, 극적인 조명 효과를 활용하여 감정과 웅장함을 표현하며, 교회와 궁전 건축에서 주로 나타난다. 대표적인 예로는 로마의 성 베드로 대성당이 있다.
❷ 절대왕정: 군주(君主)가 어떠한 법률이나 기관에도 구속(拘束)받지 않는 절대적 권한을 가지는 정치 체제를 의미한다.
❸ 등재: 일정한 사항을 장부나 대장에 올림을 뜻한다.
❹ 정수: 사물의 중심이 되는 골자 또는 요점을 말한다.

국어 공신 선생님

있으며, 다양한 전시와 문화 행사도 열린다. 이러한 활동들은 베르사유 궁전이 과거의 영광을 간직하면서도 현대 사회와 소통하는 중요한 공간임을 보여준다. 결론적으로, 베르사유 궁전은 바로크 건축의 정수를 보여주는 대표적인 예로, 그 화려함과 역사적 의미는 오늘날에도 여전히 많은 사람들에게 감동을 주고 있다. 이 궁전은 단순한 건축물이 아닌, 프랑스의 역사와 문화, 그리고 예술의 상징으로서의 역할을 계속해서 이어가고 있다.

국어 공신 선생님의 감상 꿀팁!

 한걸음 더 깊이 생각해 보기

• **베르사유 궁전이 유럽의 다른 권력 구조에 어떤 영향을 미쳤을까?**
베르사유 궁전은 유럽의 권력 구조에 지대한 영향을 미쳤다. 프랑스 왕 루이 14세는 베르사유를 통해 절대왕정의 상징으로 삼았으며, 이는 다른 유럽 국가들에게도 절대주의의 모델이 되었다. 궁전의 화려함과 규모는 왕권의 신성함을 강조하며, 귀족들을 궁전으로 초대해 그들의 권력을 제한하고 왕권을 강화하는 전략을 사용하였다. 이러한 방식은 유럽 각국의 군주들에게도 영향을 미쳐, 많은 나라에서 왕권 강화와 중앙집권적 통치가 이루어졌다. 또한, 베르사유에서의 외교적 만남과 조약 체결은 국제 정치의 중심지로서의 역할을 하여, 유럽의 외교 관계에도 큰 변화를 가져왔다. 결국, 베르사유 궁전은 단순한 건축물이 아닌, 유럽의 정치적 풍토와 권력 구조에 깊은 영향을 미친 상징적 장소로 자리잡았다.

• **베르사유 궁전이 현대 사회에 주는 교훈과 그 중요성은 무엇일까?**
베르사유 궁전은 현대 사회에 여러 가지 중요한 교훈을 제공한다. 첫째, 권력의 상징으로서의 궁전은 권력의 남용과 그에 따른 사회적 불평등을 경계해야 함을 일깨운다. 역사적으로 베르사유는 절대왕정의 상징으로, 권력이 집중될 때 발생할 수 있는 부정적인 결과를 상기시킨다. 둘째, 문화와 예술의 중요성을 강조하며, 이는 사회의 발전과 정체성을 형성하는 데 필수적이다. 베르사유의 화려한 예술작품과 건축물은 문화적 자산으로서, 사회의 창의성과 다양성을 증진시키는 역할을 한다. 셋째, 베르사유의 정원과 건축물은 자연과 인간의 조화로운 관계를 상기시켜, 지속 가능한 발전의 필요성을 강조한다. 현대 사회에서 환경 문제는 점점 더 중요해지고 있으며, 베르사유는 이러한 조화의 중요성을 일깨운다. 마지막으로, 역사적 유산으로서의 베르사유는 과거를 통해 현재를 반성하고 미래를 계획하는 데 중요한 역할을 한다. 이러한 교훈들은 현대 사회가 나아가야 할 방향을 제시하며, 개인과 공동체가 더 나은 미래를 위해 어떤 가치를 추구해야 하는지를 고민하게 만든다. 따라서 베르사유 궁전은 단순한 관광지가 아니라, 우리에게 중요한 메시지를 전달하는 역사적 상징으로 남아 있는 것이다.

• 베르사유 궁전이 당시 '사회와 문화에 미친 상호작용'은 무엇인가?
베르사유 궁전은 단순한 왕의 거주지를 넘어, 프랑스 사회와 문화에 깊은 영향을 미친 상호작용의 중심지였다. 루이 14세는 궁전을 정치적 권력의 상징으로 활용하며, 귀족들을 초대하여 그들의 충성을 확보하고 정치적 통제를 강화했다. 궁전에서의 사교 활동은 귀족들 간의 관계를 형성하고, 왕의 의도에 따라 사회적 계층을 강화하는 데 기여했다. 이러한 상호작용은 귀족들이 왕의 권위에 의존하게 만들었고, 그 결과로 프랑스의 중앙집권적 통치 체제가 더욱 공고해졌다. 또한, 베르사유 궁전은 예술과 문화의 발전에도 큰 영향을 미쳤다. 궁전 내에서 열리는 다양한 연회와 공연은 예술가들에게 창작의 기회를 제공하였고, 이는 바로크 예술의 발전을 촉진했다. 특히, 음악, 무용, 미술 등 다양한 예술 장르가 궁전에서 융합되어 새로운 문화적 흐름을 만들어냈다. 이러한 문화적 상호작용은 프랑스뿐만 아니라 유럽 전역에 영향을 미쳐, 이후의 예술과 문화에 지속적인 유산을 남겼다. 베르사유 궁전은 정치적 권력과 사회적 관계, 문화적 발전이 상호작용하는 복합적인 공간으로, 당시 프랑스 사회의 중심 역할을 수행하였다. 이러한 상호작용은 궁전이 단순한 건축물이 아닌, 역사적, 문화적 상징으로 자리매김하게 만든 중요한 요소였다.

정리해 볼까요?

기사에 대해서 알아볼까요?

주제: 프랑스의 역사와 문화, 그리고 예술의 상징인 베르사유 궁전
핵심어휘: 바로크 건축물, 베르사유 궁전

1단락 요약: 베르사유 궁전은 루이 14세의 명령으로 건축된 프랑스의 대표적인 바로크 건축물로, 절대왕정의 상징이자 유럽의 정치적, 문화적 중심지로 자리 잡았다.

2단락 요약: 정원은 앙드레 르노트르의 대칭적 설계로 왕의 권력과 자연의 조화를 반영하며, 역사적 사건들이 발생한 장소로 세계사에 큰 영향을 미쳤다.

3단락 요약: 베르사유 궁전은 매년 수백만 명이 방문하는 인기 관광지로, 잘 보존된 내부와 정원에서 다양한 문화 행사가 열리며, 바로크 건축의 정수를 보여주는 역사적이고 문화적인 상징으로 여전히 많은 이들에게 감동을 주고 있다.

기사의 구조적 접근을 꼭 알아야 해요!

1) 서론: 베르사유 궁전의 역사적 배경과 중요성
베르사유 궁전은 프랑스의 대표적인 바로크 건축물로, 루이 14세의 명령으로 17세기 중반부터 18세기 초반까지 건축되었다. 이 궁전은 프랑스 절대왕정의 상징이자 유럽의 정치적, 문화적 중심지로 자리 잡았으며, 세계문화유산으로 등재되어 바로크 건축의 정수를 보여준다.

2) 본론: 베르사유 궁전의 디자인과 예술적 가치
궁전은 건축가 루이 르바우의 주도로 건축되었으며, 정원은 앙드레 르노트르가 설계했다. '거울의 방'은 73개의 거울로 장식되어 화려한 분위기를 자아내며, 왕과 귀족들의 사교 공간으로 중요한 역사적 사건이 일어난 장소로도 알려져 있다. 정원은 대칭적 형태와 기하학적 디자인으로 왕의 자연 조화를 반영한다.

3) 결론: 현대에서의 베르사유 궁전의 역할과 영향력
베르사유 궁전은 단순한 건축물이 아닌, 프랑스 절대왕정의 상징으로 국가의 중심 역할을 했다. 오늘날 매년 수백만 명이 방문하는 인기 관광지로, 과거의 영광을 간직하며 현대 사회와 소통하는 중요한 공간으로 여겨진다. 이 궁전은 역사와 문화, 예술의 상징으로서 그 가치를 지속적으로 이어간다.

1 베르사유 궁전에 대한 설명으로 적절하지 않은 것은?

① 베르사유 궁전은 단순한 왕궁을 넘어 프랑스 절대왕정의 상징이자 유럽의 정치적, 문화적 중심지로 자리 잡았다.

② 베르사유 궁전 정원은 왕이 자연과의 조화를 이루고자 했던 의도를 반영한 공간으로 왕과 귀족들이 모여 사교 활동을 했던 장소였다.

③ 베르사유 궁전 유럽의 다른 국가들에 큰 영향을 미쳤으며, 많은 나라에서 유사한 스타일의 궁전이나 정원이 건축되었다.

④ 궁전의 설계는 대칭성과 균형을 강조하며, 화려한 장식과 넓은 공간을 통해 왕의 권위를 드러내고자 했다.

⑤ 베르사유 궁전에서 루이 14세는 이곳에서 자신의 권력을 과시하고, 국가의 중심으로서의 역할을 강화했다.

2 <보기>를 바탕으로 베르사유 궁전이 프랑스에서 단순한 건축물 이상의 의미를 지니는 이유로 적절한 것은?

> 베르사유 궁전은 프랑스의 루이 14세에 의해 17세기 중반에 건설된 궁전으로, 유럽 정치사에 지대한 영향을 미쳤다. 이 궁전은 단순한 왕실 거주지를 넘어, 절대왕정의 상징이자 유럽의 정치적 중심지로 자리 잡았다.

① 베르사유 궁전은 프랑스 절대왕정의 상징으로, 프랑스 고전주의의 정수를 보여주며, 역사적 사건의 배경이 되기 때문이다.

② 베르사유 궁전은 궁전 내에 화장실이 부족하여 귀족들이 정원에서 용변을 해결해야 했던 역사적 사실이 있기 때문인다.

③ 베르사유 궁전은 여러 역사적 사건의 배경이 되었지만, 그 사건들이 현대에 와서 해석에 따라 궁전의 의미가 달라지기 때문이다.

④ 베르사유 궁전의 제1차 세계대전의 종전 조약이 체결된 장소로서의 의미는 현대의 정치적 맥락에서 해석 되기 때문이다.

⑤ 더 이상 궁전이 아니라 베르사유 궁전이 단순한 관광지로 전락하고 있기 때문이다.

3 베르사유 궁전은 프랑스의 상징적인 건축물로 불리는 이유가 무엇일까'에 대해 생각을 서술하시오.

4 '베르사유 궁전이 단순한 건축물 이상의 의미를 지니는 이유'에 대하여 자신의 생각을 서론, 본론, 결론의 형식으로 서술하시오.

5 '건축물은 국가의 상징이다' 에 대한 자신의 생각을 서술하시오.

6 다음 '어떤 건축물이 특정 국가의 문화적 정체성을 대표할 수 있을까?'라는 논제를 바탕으로 찬성과 반대의 생각을 서술하시오.

찬성	반대

BTS와 국악의 콜라보, 전통과 현대의 조화

최근 한국 대중음악이 세계적인 관심을 받으며 한국의 전통 문화 또한 주목받고 있다. 그 중심에는 K-팝을 대표하는 그룹 BTS가 있다. BTS는 서구적인 음악 스타일을 따르는 것에 그치지 않고, 한국적인 요소를 자연스럽게 녹여내며 세계적인 인기를 끌고 있다. 특히 국악과의 결합을 통해 전통과 현대를 조화롭게 융합①하는 모습은 많은 사람들에게 감동을 주고 있다. BTS의 국악 활용은 단순한 음악적 시도가 아니라, 한국 문화의 정체성②을 현대적으로 해석하고 세계에 알리는 중요한 과정이라 할 수 있다.

BTS가 국악을 활용한 대표적인 사례는 2018년 '멜론뮤직어워드(MMA)'에서의 공연이다. 이 무대에서 BTS는 삼고무(제이홉), 부채춤(지민), 봉산탈춤과 북청사자놀음(정국) 등 한국 전통 공연 요소를 활용하여 색다른 퍼포먼스를 선보였다. 특히 전통적인 춤사위를 현대적인 K-팝 안무와 조화롭게 결합하여 한국적인 정체성을 자연스럽게 녹여냈다. 또한, 2020년에는 슈가가 솔로곡 '대취타'를 발표하며 국악과 현대 음악의 조합을 한층 더 발전시켰다. '대취타'는 조선시대 왕실과 군대에서 사용하던 행진 음악으로, 태평소와 나발 같은 전통 악기 소리가 특징적이다. 슈가는 이러한 전통 음악을 현대적인 힙합과 결합해 새로운 스타일의 음악을 만들어냈다. 이 곡의 뮤직비디오는 조선시대 왕과 현대의 래퍼가 대립하는 듯한 장면을 연출하며, 전통성과 현대성이 공존③하는 모습을 보여주었다.

방탄소년단(BTS)이 빌보드 뮤직 어워드에 참석하여 포즈를 취하고 있다.

BTS의 국악 활용은 단순한 실험이 아니다. 이는 전통을 현대적으로 재해석하는 중요한 과정이며, 국악의 대중화에도 큰 영향을 미쳤다. 과거 국악은 어렵고 낯설다는 인식이 강해 젊은 세대들이 쉽게 접하지 못했다. 하지만 BTS가 국악을 K-팝과 결합하면서 국악이 친숙한 음악 장르로 변화하고 있다. 특히 '대취타'는 미국 빌보드 차트에 오르며, 전 세계 팬들에게 한국 전통 음악을 알리는 계기가 되었다. 기존에는 국악이 한국 내에서만 소비되는 경향이 강했지만, 이제는 글로벌 무대에서도 충분한 경쟁력을 가질 수 있음을 보여주었다. BTS의 영향력 덕분에 해외 팬들도 태평소, 사물놀이, 부채춤 등의 전통 요소에 관심을 가지기 시작했다. 이는 단순히 국악을 알리는 것에 그치지 않고, 한국 문화의 정체성을 세계적으로 확산시키는 효과를 가져왔다.

꼭 기억하렴

❶ 융합: 서로 다른 요소들이 하나로 어우러져 새로운 형태나 가치를 창출하는 것을 의미한다.
❷ 정체성: 개인이나 집단이 가지고 있는 고유한 특성과 본질을 의미한다. 문화, 역사, 언어, 가치관 등을 포함하여 특정 공동체가 자신을 구별할 수 있는 핵심 요소로 작용한다.
❸ 공존: 서로 다른 존재나 가치가 같은 공간에서 함께 살아가는 것을 의미한다.
❹ 계승: 이전 세대의 문화, 전통, 지식, 사상 등을 이어받아 유지하고 발전시키는 것을 의미한다.

국어 공신 선생님

BTS가 국악을 활용한 사례는 단순한 퍼포먼스를 넘어서, 국악이 현대 음악과 만나면서 더욱 확장될 수 있다는 가능성을 보여주었다. 전통과 현대는 서로 대립하는 개념이 아니라 어우러질 수 있으며, 그 과정에서 새로운 문화적 가치가 창출된다. BTS와 같은 아티스트들이 전통 문화를 현대적으로 해석하고, 세계적으로 알리는 시도를 이어간다면, 국악은 더욱 새롭고 다양한 모습으로 발전할 수 있을 것이다. 전통을 단순히 계승⁰하는 것뿐만 아니라, 현대적인 감각으로 재탄생시키는 것이야말로 한국 문화가 세계적인 경쟁력을 가질 수 있는 방법이 될 것이다.

BTS는 K-팝과 국악의 성공적인 조합을 보여주었으며, 이는 전통과 현대가 조화를 이루며 새로운 문화를 창출할 수 있다는 중요한 사례로 남을 것이다. 앞으로도 국악이 '어렵고 낯선 음악'이 아니라, 세계적인 대중음악과 어깨를 나란히 할 수 있는 장르로 자리 잡기를 기대해 본다.

국어 공신 선생님의 감상 꿀팁!

🧢 **좀 더 깊이 생각해 보기**

• **BTS가 국악을 활용한 이유는 무엇일까?**
BTS는 단순히 K-팝 스타일을 따르는 것이 아니라, 한국적인 요소를 적극적으로 활용하여 자신들만의 독창성을 만들어가고 있다. 국악을 활용한 이유는 한국의 전통 문화를 세계에 알리고, 음악적으로도 새로운 시도를 하기 위해서이다. 전통과 현대를 융합하면 더욱 독특한 색깔을 가진 음악을 만들 수 있기 때문이다. 특히 2018년 멜론뮤직어워드(MMA)에서 삼고무, 부채춤, 봉산탈춤을 접목한 무대나, 슈가의 '대취타'는 전통 국악과 현대 힙합이 만나 완전히 새로운 음악을 탄생시킨 대표적인 사례다.

• 전통 음악과 현대 음악이 조화를 이루기 위해 가장 중요하게 생각하는 요소는 무엇일까?

전통 음악과 현대 음악이 조화를 이루기 위해 가장 중요한 요소는 균형감이다. 국악의 고유한 특징을 살리면서도, 현대 음악의 요소를 자연스럽게 결합하는 것이 중요하다. BTS의 사례처럼 국악을 대중음악과 융합할 때, 전통적인 악기나 춤사위를 강조하면서도 현대적인 편곡과 비트를 조화롭게 활용하면 더욱 많은 사람들에게 친숙한 음악이 될 수 있다. 또한, 국악이 단순한 장식 요소로 사용되지 않고 본래의 의미를 유지하면서 현대적 감각을 더하는 것이 필요하다.

• BTS의 국악 활용이 세계 음악 시장에서 어떤 의미를 가질까?

BTS의 국악 활용은 단순한 음악적 실험이 아니라, 한국의 전통 문화를 세계에 알리는 중요한 과정이다. '대취타'가 빌보드 차트에 오르고, MMA 공연이 전 세계 팬들에게 주목받은 것은 국악이 글로벌 시장에서도 충분한 경쟁력을 가질 수 있다는 것을 의미한다. 이는 K-팝이 단순한 대중음악을 넘어, 한국 전통 문화를 포함한 문화적 콘텐츠로서 가치를 가진다는 점을 보여준다. 앞으로도 국악이 현대적인 방식으로 재해석된다면, 세계적인 음악 시장에서 더욱 인정받을 가능성이 크다.

• BTS의 국악 활용이 젊은 세대에게 주는 영향은 무엇일까?

BTS의 국악 활용은 젊은 세대에게 전통 문화에 대한 새로운 인식을 심어주는 계기가 되었다. 과거 국악은 주로 전통 행사나 공식적인 자리에서만 접할 수 있었고, 젊은 세대에게는 낯설고 어려운 장르로 여겨졌다. 그러나 BTS는 국악을 현대적으로 재해석하며, 이를 자연스럽게 접하고 흥미를 느낄 수 있도록 만들었다. 특히 슈가의 '대취타'나 2018년 MMA 무대는 전통 음악과 춤을 K-팝과 융합해 국악이 고리타분한 문화가 아님을 보여주었다. 이는 전통 문화에 대한 관심과 자부심을 높였고, 국악의 가치를 새롭게 인식하게 했다.

정리해 볼까요?

그룹 생각

기사에 대해서 알아볼까요?

집중!

주제: BTS와 국악의 융합: 전통과 현대의 조화와 문화적 확장

핵심어휘: BTS, 국악, 전통과 현대의 조화, 대중음악, 정체성, 융합, 공존, 계승, K-팝, 문화적 가치

1단락 요약: 한국 대중음악의 세계적 인기와 함께 전통 문화도 주목받고 있으며, BTS는 국악과 K-팝을 융합해 한국적인 정체성을 세계에 알리고 있다.

2단락 요약: BTS는 2018년 MMA 공연과 슈가의 '대취타'를 통해 전통 공연 요소와 힙합을 결합해 세계적인 주목을 받았다.

3단락 요약: BTS의 국악 활용은 전통을 현대적으로 재해석한 시도로, 국악의 대중화와 친숙한 이미지 형성에 기여했다. 이러한 시도는 젊은 세대가 전통 음악에 대한 흥미를 느끼고 관심을 가질 수 있는 계기가 되었다.

4단락 요약: '대취타'의 빌보드 차트 진입은 국악이 글로벌 무대에서도 경쟁력을 가질 수 있음을 보여주었다. 이는 한국 전통 음악의 독창성과 매력을 전 세계에 알리는 중요한 전환점이 되었다.

5단락 요약: BTS는 전통과 현대의 조화를 통해 새로운 문화를 창출했으며, 국악의 세계적 발전 가능성을 열었다. 앞으로도 이러한 시도가 지속된다면 국악은 글로벌 음악 시장에서 더욱 주목받는 장르로 성장할 수 있다.

기사의 구조적 접근을 꼭 알아야 해요!

꼭 기억하렴!

1) 서론: K-팝과 전통 문화의 만남: 글로벌 무대에서 주목받는 한국의 정체성

국악과 힙합의 결합은 전통 예술이 현대적인 변화를 거치며 대중화되고 문화 융합의 가능성을 보여주는 중요한 사례이다. 이러한 시도는 전통과 현대가 공존하는 방식을 탐구하며, 국악의 새로운 가능성을 열어가고 있다.

2) 본론: BTS의 국악 활용 사례와 그 의미

BTS는 국악과 현대 음악을 융합해 독창적인 예술을 선보였다. 2018년 MMA 무대와 슈가의 '대취타'는 전통과 현대의 조화를 이루며 글로벌 시장에서 주목받았다. 이러한 시도는 국악의 대중화와 세계적 확장 가능성을 보여주었다.

3) 결론: 전통과 현대의 조화, 국악의 세계적 확장 가능성

국악과 힙합의 결합은 전통과 현대가 조화를 이루며 새로운 문화를 창출하는 중요한 과정이다. 변화와 혁신을 통해 전통 음악이 더욱 가치 있게 발전하고, 더 많은 사람들에게 사랑받을 수 있도록 하는 것이 필요하다.

비판적 사고 키워 볼까요? ✛

1 다음 중 BTS의 국악 활용과 관련하여 적절하지 <u>않은</u> 것은?

① BTS는 국악 요소를 활용한 퍼포먼스를 통해 한국 전통 문화를 세계적으로 알리는 데 기여했다.
② BTS의 '대취타'는 조선시대 전통 군악을 현대적 힙합과 결합한 곡이다.
③ BTS가 국악을 활용한 사례는 MMA(멜론뮤직어워드) 공연과 '대취타' 외에는 존재하지 않는다.
④ 국악과 현대 음악의 결합은 전통을 현대적으로 해석하는 중요한 과정이다.
⑤ BTS의 영향력 덕분에 해외 팬들도 태평소, 사물놀이, 부채춤 등의 전통 요소에 관심을 가지기 시작했다.

2 다음 <보기>를 참고할 때, BTS의 국악 활용과 관련된 설명으로 적절하지 <u>않은</u> 것은?

- 전통적인 요소를 활용한 BTS의 퍼포먼스는 한국적인 정체성을 강조하는 데 기여하고 있다.
- '대취타'는 전통 군악을 현대적인 음악과 접목하여 국악의 대중화를 촉진한 대표적인 사례이다.
- BTS가 국악을 활용하면서, 국악이 글로벌 시장에서 더욱 널리 알려지게 되었다.

① BTS는 전통적인 요소를 활용하여 한국적인 정체성을 강조했다.
② '대취타'는 국악의 대중화를 촉진하는 데 기여했다.
③ BTS가 국악을 활용하면서 국악이 글로벌 시장에서 널리 알려지게 되었다.
④ 국악과 현대 음악의 결합은 전통과 현대의 조화를 이루는 과정이다.
⑤ 국악과 현대 음악의 결합은 전통을 훼손하는 부정적인 영향을 미칠 수밖에 없다.

3 BTS가 국악을 활용하여 한국 전통 문화를 대중화하는 데 기여한 점과 그 의의를 서술하시오.

4 전통과 현대의 조화를 이루는 음악적 시도에 대한 중요성을 서론, 본론, 결론의 형식으로 서술하시오.

5 BTS가 국악을 활용한 것은 한국 전통 문화를 현대적으로 계승하는 성공적인 사례라고 할 수 있다. 이에 대한 본인의 생각을 서술하시오.

6 다음 '전통과 현대의 조화를 위해 국악과 대중음악의 결합을 적극적으로 추진해야 하는가?'라는 논제를 바탕으로 찬성과 반대의 생각을 서술하시오.

집중

찬성	반대

03 스키모토 히로시
– 시간과 존재를 포착한 사진 예술의 경계

스키모토 히로시(淸本宏)는 일본의 사진 작가이자 예술가로, 그의 작품은 현대 사진 예술의 경계를 확장하는 데 기여하고 있다. 스키모토는 사진을 단순한 기록의 도구로 보지 않고, 감정과 사유를 전달하는 매체로 인식한다. 그의 작업은 주로 인간의 존재, 기억, 그리고 시간의 흐름을 탐구하는 데 중점을 두고 있다. 스키모토의 사진은 종종 일상적인 장면이나 사물에서 출발하지만, 그가 선택한 주제와 구성은 관객에게 깊은 사유[1]를 유

스키모토 히로시

도한다. 그는 사진을 통해 현실을 재구성하고, 관객이 그 안에서 새로운 의미를 발견하도록 한다. 그의 작품은 몽환적[2]이고 초현실적인 요소를 포함하고 있어, 관객은 사진을 통해 다른 차원의 경험을 하게 된다.

그의 대표적인 작업 중 하나는 '시간의 흐름'을 주제로 한 시리즈이다. 이 시리즈에서는 같은 장소에서 촬영한 여러 장의 사진을 나란히 배열하여, 시간의 변화와 그에 따른 감정의 변화를 시각적으로 표현한다. 이러한 방식은 관객에게 시간의 상대성과 그 속에서의 인간의 감정을 느끼게 한다. 스키모토는 사진을 통해 단순히 순간을 포착하는 것이 아니라, 그 순간이 지닌 의미와 감정을 전달하고자 한다. 또한, 그의 작품은 일본의 전통 문화와 현대적 요소를 결합하는 데 주목할 만하다. 그는 일본의 전통적인 미학을 현대적인 시각으로 재해석

하여, 과거와 현재가 공존하는
공간을 창출한다. 이러한 접근
은 그의 작품에 독특한 매력을
부여하며, 일본 문화에 대한 깊
은 이해를 바탕으로 한 것이다.

유리 다방 몬드리안　　　　© 스키모토 히로시

스키모토의 사진은 종종 대
조적❸인 요소를 포함하고 있다.
고요한 자연 풍경과 인간의 활동이 함께 담긴 사진은 관객에게 자연과 인간의
관계에 대한 깊은 성찰❹을 제공한다. 이러한 대조는 스키모토가 전달하고자 하
는 메시지를 더욱 강렬하게 만들어 준다. 그는 사진을 통해 인간 존재의 복잡성
과 그 속에서의 고독, 그리고 연결의 필요성을 탐구한다. 더욱이, 스키모토의 작
품은 관객이 사진을 통해 자신만의 이야기를 발견하도록 유도하며, 각자의 경
험을 반영할 수 있는 여지를 남긴다. 그의 작품은 국내외 여러 전시회에서 소개
되었으며, 그의 독창적인 시각과 접근 방식은 많은 예술가들에게 영감을 주고
있다. 그는 사진 예술의 가능성을 확장하는 데 기여하며, 관객이 사진을 통해 새
로운 시각을 갖도록 유도한다.

스키모토 히로시의 사진 예술은 단순한 이미지의 나열이 아니라, 깊은 사유
와 감정을 불러일으키는 매개체이다. 그의 작품은 시간, 기억, 존재에 대한 탐구
를 통해 관객에게 새로운 시각을 제공하며, 현대 사진 예술의 중요한 흐름을 형

꼭 기억하렴

❶ 사유: 개념, 구성, 판단, 추리 따위를 행하는 인간의 이성 작용, 대상을 두루 생각하는
　일을 의미한다.
❷ 몽환적: 현실이 아닌 꿈이나 환상과 같은 것을 뜻한다.
❸ 대조적: 서로 달라서 대비가 되는 것을 나타낸다.
❹ 성찰: 자기의 마음을 반성하고 살핌을 의미한다.

국어 공신 선생님

성하고 있다. 스키모토의 작업은 앞으로도 많은 이들에게 영감을 주고, 사진 예술의 경계를 넓히는 데 기여할 것이다. 그의 예술은 관객의 마음속 깊은 곳에 자리잡아, 지속적으로 새로운 질문을 던지고, 삶의 의미를 다시금 생각하게 만드는 힘을 지니고 있다. 이러한 점에서 그의 작업은 단순한 시각적 경험을 넘어, 인간 존재에 대한 깊은 이해와 성찰을 이끌어내는 중요한 역할을 하고 있다. 스키모토의 작품을 통해 관객은 내면을 탐구하고, 삶의 다양한 측면을 재조명할 수 있는 기회를 얻게 된다.

국어 공신 선생님의 감상 꿀팁!

 ## 한걸음 더 깊이 생각해 보기

• 스키모토의 작품을 통해 개인은 얼마나 자신만의 이야기를 발견할 수 있을까? 그리고 이러한 과정을 통해 관객이 얻는 내면의 탐구는 어떤 의미를 지닐까?

스키모토의 작품은 관객이 자신만의 이야기를 발견할 수 있는 풍부한 공간을 제공한다. 그의 작품은 종종 모호하고 상징적인 요소로 가득 차 있어, 각 개인이 자신의 경험과 감정을 투영할 수 있는 여지를 남긴다. 이러한 과정에서 관객은 작품을 통해 자신이 겪은 갈등, 희망, 상실 등을 재조명하게 되며, 이는 개인의 내면적 탐구를 촉진한다.

관객이 스키모토의 작품을 감상하면서 자신만의 이야기를 발견하는 것은 단순한 감상 이상의 의미를 지닌다. 이는 자아를 탐색하고, 내면의 감정을 이해하는 중요한 과정으로 작용한다. 개인은 작품을 통해 자신의 정체성을 확인하고, 삶의 의미를 찾는 여정을 시작하게 된다. 이러한 내면의 탐구는 자기 이해를 깊게 하고, 감정적 치유를 가능하게 하며, 궁극적으로는 개인의 성장으로 이어진다. 스키모토의 예술은 관객이 자신을 돌아보고, 새로운 시각으로 삶을 바라보게 하는 강력한 도구가 된다.

• 스키모토 히로시의 작품에서 일본 전통 문화와 현대적 요소의 결합은 어떤 의미를 지니는가?

스키모토 히로시의 작품에서 일본 전통 문화와 현대적 요소의 결합은 문화적 정체성과 시대적 변화를 탐구하는 중요한 의미를 지닌다. 그의 작품은 전통적인 일본 미학, 예를 들어 우키요에와 같은 고전적 요소를 현대적인 시각으로 재해석하여, 과거와 현재의 대화를 이끌어낸다. 이러한 결합은 일본 문화의 지속성과 변화를 동시에 보여주며, 관객에게 깊은 감동을 준다.

전통과 현대의 융합은 또한 일본 사회의 복잡한 정체성을 반영한다. 현대화가 진행됨에 따라 전통 문화가 소외되는 경향이 있지만, 스키모토는 이를 작품에 통합함으로써 전통의 가치를 재조명하고, 현대 사회에서의 의미를 탐구한다. 이러한 접근은 관객에게 일본 문화의 뿌리를 이해하고, 현대적 맥락에서 그 가치를 새롭게 인식할 기회를 제공한다. 결국, 스키모토의 작품은 전통과 현대의 조화를 통해 문화적 연속성을 강조하며, 관객이 자신의 정체성을 성찰할 수 있는 기회를 마련한다.

• 스키모토 히로시의 작업에 나타나는 자연과 인간의 관계는 어떤 의미를 갖는가?

스키모토 히로시의 작업에서 자연과 인간의 관계는 깊은 상호작용과 상생의 의미를 갖는다. 그의 작품은 자연을 단순한 배경이 아닌, 인간 존재의 중요한 일부로 묘사한다. 스키모토는 자연의 아름다움과 그 속에서 인간이 느끼는 감정을 통해, 인간이 자연과 어떻게 연결되어 있는지를 탐구한다. 그의 사진이나 설치미술은 종종 자연의 요소를 직접적으로 포함하여, 관람객이 자연과의 관계를 재고하도록 유도한다. 이러한 접근은 인간이 자연의 일부임을 인식하게 하며, 자연을 보호하고 존중해야 한다는 메시지를 전달한다.

또한, 스키모토는 자연의 변화를 통해 인간의 삶의 덧없음과 지속성을 동시에 표현한다. 이는 자연이 시간의 흐름 속에서 어떻게 변화하는지를 보여주며, 인간의 존재가 그 속에서 어떤 의미를 갖는지를 성찰하게 한다. 결국, 스키모토의 작업은 자연과 인간의 관계를 통해 생명, 존재, 그리고 환경에 대한 깊은 이해를 촉진하는 역할을 한다.

정리해 볼까요?

그룹 생각

기사에 대해서 알아볼까요?

주제: 스키모토 히로시의 사진 예술
핵심어휘: 사진, 시간의 흐름, 일본의 전통적인 미학

1단락 요약: 스키모토 히로시는 일본의 사진 작가로, 그의 작품은 인간의 존재, 기억, 시간의 흐름을 탐구하며, 사진을 통해 현실을 재구성하고 관객에게 깊은 사유를 유도한다.
2단락 요약: 스키모토의 '시간의 흐름' 시리즈는 같은 장소에서 촬영한 사진을 배열해 시간의 변화와 감정을 시각적으로 표현하며, 전통과 현대를 결합한 독특한 매력을 지닌다.
3단락 요약: 스키모토의 사진은 고요한 자연과 인간의 활동을 대조적으로 담아내어, 인간 존재의 복잡성과 고독, 연결의 필요성을 탐구하며 관객에게 성찰을 유도한다.
4단락 요약: 스키모토 히로시의 사진 예술은 단순한 이미지 이상으로, 시간과 기억, 존재를 탐구하며 관객에게 깊은 사유와 성찰의 기회를 제공한다.

기사의 구조적 접근을 꼭 알아야 해요!

꼭 기억하렴

1) 서론: 스키모토 히로시의 예술적 접근
스키모토 히로시는 일본의 사진 작가로, 그의 작품은 현대 사진 예술의 경계를 확장하면서 사진을 감정과 사유를 전달하는 매체로 인식하게 한다. 그는 인간의 존재, 기억, 시간의 흐름을 탐구하고, 관객에게 깊은 사유를 유도하는 몽환적이고 초현실적인 경험을 제공한다.

2) 본론: '시간의 흐름'과 전통과 현대의 조화
스키모토의 대표작인 '시간의 흐름' 시리즈는 같은 장소에서 촬영한 여러 장의 사진을 배열하여 시간의 변화와 감정 변화를 시각적으로 표현하며, 일본의 전통 문화와 현대적 요소를 결합하여 과거와 현재가 공존하는 독특한 매력을 창출한다.

3) 결론: 스키모토 히로시의 사진 예술-시간과 존재를 탐구하는 시각적 철학
스키모토 히로시의 사진 예술은 단순한 이미지 나열이 아닌, 시간과 기억, 존재를 탐구하여 관객에게 새로운 시각과 깊은 사유를 제공한다. 그의 작업은 지속적으로 새로운 질문을 던지며, 인간 존재에 대한 성찰을 이끌어내는 중요한 역할을 한다.

비판적 사고 키워 볼까요? ✚

1 스키모토가 사진예술의 특징에 대한 설명으로 적절하지 <u>않은</u> 것은?

① 그는 자연을 주제로 한 작품에서 독특한 시각적 언어를 사용한다.

② 그는 사진을 단순한 기록의 도구로 보지 않고, 감정과 사유를 전달하는 매체로 인식한다.

③ 그의 예술은 일상적인 장면이나 사물에서 출발하여 사진을 단순한 기록의 도구로 보고 표현했다.

④ 그의 사진은 종종 고요하고 평화로운 풍경을 담고 있으며, 이는 관객에게 심리적 안정감을 제공합니다.

⑤ 그의 작품은 시간, 기억, 존재에 대한 탐구를 통해 관객에게 새로운 시각을 제공하며, 현대 사진 예술의 중요한 흐름을 형성하고 있다

2 <보기>를 바탕으로 스키모토 히로시를 이해할 때 적절하지 <u>않은</u> 것은?

> 스키모토 히로시의 '시간의 흐름' 시리즈는 자연과 시간의 상호작용을 탐구하는 작품으로, 인류의 영향을 배제한 순수한 자연의 모습을 담고 있다. 이 시리즈는 물, 공기, 태양, 빛의 관계를 통해 시간의 본질을 시각적으로 표현하며, 관람객이 자연의 흐름을 느끼도록 유도한다. 또한 그의 작품은 일상적인 순간을 포착하면서도, 그 속에 숨겨진 의미와 감정을 탐구하게 하여, 관객이 각자의 경험과 연결할 수 있는 여지를 제공한다. 이러한 접근은 사진을 단순한 시각적 기록이 아닌, 심리적이고 철학적인 대화의 장으로 변모시킨다.

① 스키모토 히로시는 사진을 통해 인간 존재의 복잡성과 그 속에서의 고독, 그리고 연결의 필요성을 탐구한다.

② 스키모토 히로시의 사진 예술은 단순한 이미지의 나열이 아니라, 깊은 사유와 감정을 불러일으키는 매개체이다.

③ 스키모토 히로시의 사진 예술은 자연을 주제로 한 작품에서 독특한 시각적 언어를 사용한다.

④ 스키모토 히로시의 사진 예술은 종종 인간의 아름다움과 인간의 존재를 자연보다 부각시키는 주제를 다루며, 관객에게 깊은 사유를 유도한다.

⑤ 스키모토 히로시의 작품은 종종 몽환적이고 초현실적인 요소를 포함하고 있어, 관객은 사진을 통해 다른 차원의 경험을 하게 된다.

3 스키모토 히로시의 사진 예술이 단순한 시각적 경험을 넘어, 관객에게 깊은 사유와 감정을 불러일으킨다고 평가받는 이유가 무엇인지 서술하시오.

4 '스키모토 히로시의 작품이 익숙한 것에서 새로운 의미를 발견하도록 유도한다'로 여겨지는 이유에 대하여 자신의 생각을 서론, 본론, 결론의 형식으로 서술하시오.

중요

5 스키모토 히로시의 작품에서처럼 관객의 감정을 자극하는 예술작품의 특징은 무엇일까
   에 대한 생각을 서술하시오.

6 다음 '예술이 관객에게 영감과 메시지를 꼭 줘야 하는가'라는 논제를 바탕으로 찬성과 반
   대의 생각을 서술하시오.

찬성	반대

04 인체 해부학과 르네상스 화가들
- 예술과 과학의 융합

르네상스 시대[1]는 예술과 과학이 함께 발전한 시기였다. 당시 화가들은 인체를 정확하게 표현하기 위해 과학적인 연구를 도입했으며, 특히 해부학은 예술의 중요한 도구가 된다. 이러한 노력은 단순히 그림을 잘 그리기 위한 목적을 넘어, 인간의 몸에 대한 이해를 통해 예술과 과학을 융합하려는 사상적 바탕을 보여준다.

르네상스의 대표적인 화가인 레오나르도 다빈치는 해부학 연구의 선구자가 된다. 그는 1489년 두개골을 연구하며 인간의 몸에 대한 탐구를 시작한다. 이후 직접 인체를 해부하며 신체 구조와 기능에 대한 상세한 스케치를 남긴다. 다빈치의 해부학적 연구는 단순히 예술을 위한 것이 아니었다. 그는 인간의 내부 구조를 과학적으로 이해함으로써 작품에 사실성과 생동감을 더하려 한다. 그의 스케치들은 오늘날에도 과학적 자료로 인정받을 정도로 정교하다. 또 다른 르네상스 거장 미켈란젤로는 조각과 회화에서 인체 해부학적 지식을 적극적으로 활용한다. 그의 대표작 아담의 창조는 인간의 뇌를 형상화[2]한 배경으로 유명하다. 이는 단순한 종교적 그림이 아니라 인간의 지성과 창조력을 상징적으로 담아낸 작품으로 평가받는다.

해부학 연구는 르네상스 화가들이 인체를 더욱 정확하게 묘사할 수 있게 한다. 알브레히트 뒤러는 남성과 여성의 신체 비율을 수학적으로 분석하여 작품에 반영한다. 그의 대표작 아담과 이브는 인체의 완벽한 비례를 표현하려는 노력이 돋보인다. 이러한 연구는 당시 미술이 단순히 아름다움을 추구하던 것에서 벗어나 과학적 기반을 가진 창작으로 발전하는 데 중요한 역할을 한다. 르네상스 화가들의 해부학적 탐구는 예술에 과학적으로 접근하는 첫 번째 시도가 된다. 이러한 시도는 그림을 단순히 아름다운 이미지로 남기는 것이 아니라, 인간의 몸과 존재를 이해하려는 철학적이고 학문적인 사상을 담는다. 르네상스는 인간 중심의 사고, 즉 휴머니즘이 중심이 되는 시대였다. 화

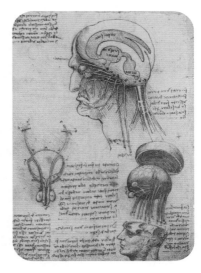

레오나르도가 그린 인간의 뇌와 두개골의 생리학적 스케치

가들은 인간의 아름다움과 가능성을 탐구하며, 인간의 몸을 '자연의 걸작'으로 여긴다. 인체를 과학적으로 분석하려는 노력은 단순한 호기심에서 비롯된 것이 아니다. 그것은 인간의 위대함을 드러내고, 신의 창조물을 이해하려는 철학적 태도를 보여준다. 예를 들어, 미켈란젤로의 작품에서 인간의 근육과 골격은 단순한 묘사가 아니라 신과 인간 사이의 연결을 상징한다. 다빈치의 연구는 인

꼭 기억하렴

❶ 르네상스 (Renaissance): 14세기부터 17세기 사이에 유럽에서 일어난 문화, 예술, 과학의 부흥 운동으로, 인간 중심의 사고(휴머니즘)가 중시되며 예술과 과학의 융합이 강조된 시기를 뜻한다.

❷ 형상화: 추상적인 개념이나 감정을 구체적이고 가시적인 형태로 표현하거나 묘사하는 것을 의미한다. 예술 작품에서는 내면적 또는 철학적 주제를 형상화하여 관객이 느끼고 이해할 수 있도록 전달하는 역할을 한다.

❸ 초석: 건물의 기초를 이루는 돌이라는 뜻으로, 어떤 일이나 체계의 기초나 토대를 의미한다.

국어 공신 선생님

간의 몸이 얼마나 복잡하고 정교한지 보여주며, 이는 곧 자연과 창조의 위대함을 드러내는 방식이 된다.

르네상스 화가들이 이루어낸 예술과 과학의 융합은 현대 예술과 의학의 초석[3]이 된다. 해부학적 연구는 단지 예술가들에게만 영향을 미친 것이 아니라, 현대 의학의 발전에도 기여한다. 오늘날 우리는 르네상스 화가들의 노력을 통해 예술과 과학이 대립하는 것이 아니라 서로를 보완하고 발전시킬 수 있다는 사실을 배운다. 이처럼 르네상스 시대의 화가들은 단순히 그림을 그린 예술가만이 아니라 과학자이자 철학자가 된다. 그들의 작품은 인간에 대한 깊은 이해와 존경을 바탕으로 탄생하며, 예술과 과학이 함께 발전할 수 있다는 가능성을 제시한다.

오늘날 우리는 르네상스 시대의 유산을 통해 예술과 과학이 얼마나 긴밀하게 연결될 수 있는지 깨닫는다. 예술은 과학의 도구를 통해 더욱 정교해질 수 있으며, 과학은 예술을 통해 인간의 본질에 다가갈 수 있다. 르네상스 화가들의 해부학적 탐구는 이러한 융합의 가능성을 보여준 첫 번째 사례였다. 앞으로도 예술과 과학이 함께 발전하며 인간의 잠재력을 더욱 확장시키기를 기대한다.

국어 공신 선생님의 감상 꿀팁!

좀 더 깊이 생각해 보기

집중!

• 예술적 관점에서 르네상스 시대 해부학 연구가 가진 의미는 무엇일까?

르네상스 시대의 해부학 연구는 예술적 관점에서 인간에 대한 깊은 존경과 이해의 표현이었다. 당시 화가들은 인체를 단순히 묘사하는 대상이 아니라, 자연과 창조의 걸작으로 보았다. 레오나르도 다빈치와 미켈란젤로는 인체를 연구하며, 신체의 구조와 기능을 통해 인간 존재의 위대함을 드러내고자 했다. 이는 예술이 단순히 미적인 표현을 넘어 철학적·인문학적 가치를 담을 수 있음을 보여준 사례다.

● 현대 예술이 과학을 활용하는 방식에는 어떤 것들이 있을까?
현대 예술은 다양한 방식으로 과학을 활용한다. 예를 들어, 데이터 시각화는 과학적 데이터를 예술적 감각으로 표현하여 대중이 쉽게 이해하도록 돕는다. 미디어 아트는 디지털 기술을 결합하여 새로운 예술 형태를 창조하며, 과학적 원리와 기술적 가능성을 예술로 변환한다. 또한, 생물학적 소재를 활용한 바이오 아트는 과학과 예술의 경계를 허물며, 인간 존재와 생명의 본질을 탐구한다. 이처럼 현대 예술은 과학을 통해 새로운 가능성과 시각적 경험을 확장한다.

● 예술적 관점에서 르네상스의 유산이 현대 예술에 주는 교훈은 무엇일까?
르네상스의 유산은 예술이 과학적 탐구와 철학적 사고를 바탕으로 더 깊은 가치를 담을 수 있음을 보여준다. 현대 예술은 기술과 과학적 발전을 수용함으로써 새로운 형식을 창조하고 있지만, 이 과정에서 인간의 본질과 존재를 탐구하려는 철학적 태도를 잃지 않아야 한다. 르네상스 화가들이 해부학을 통해 인간의 아름다움과 가능성을 탐구한 것처럼, 현대 예술도 과학적 도구를 활용하여 인간성과 자연의 경이로움을 표현할 수 있어야 한다.

● 예술과 과학의 융합이 앞으로 어떤 방향으로 발전할 수 있을까?
앞으로 예술과 과학의 융합은 인공지능, 가상현실(VR), 증강현실(AR) 등 첨단 기술과 결합해 새로운 형태로 발전할 것이다. 예술가들은 과학 기술을 활용해 몰입감 있는 작품을 창조하고, 과학자들은 예술을 통해 인간 감성과 창의성을 탐구할 수 있다. 이는 인간의 창조성과 기술의 발전이 조화를 이루며, 예술과 과학이 함께 미래 사회의 혁신과 발전을 이끄는 방향으로 나아갈 가능성을 보여준다.

정리해 볼까요?

그룹 생각

기사에 대해서 알아볼까요?

주제: 르네상스 시대 예술과 과학의 융합: 인체 해부학이 예술에 미친 영향
핵심어휘: 르네상스, 인체 해부학, 레오나르도 다빈치, 미켈란젤로, 알브레히트 뒤러, 휴머니즘, 예술과 과학의 융합, 인간의 정체성, 철학적 태도, 현대 의학

1단락 요약: 르네상스 시대 화가들은 인체 해부학 연구를 통해 예술과 과학의 융합을 시도했으며, 이는 단순한 기술적 표현을 넘어 인간의 몸과 존재를 깊이 이해하려는 철학적 배경을 담고 있었다.
2단락 요약: 레오나르도 다빈치와 미켈란젤로는 해부학 연구로 예술과 과학의 경계를 허물었다. 다빈치는 인체 구조를 정교하게 스케치해 사실성과 생동감을 추구했고, 미켈란젤로는 인간의 지성과 창조력을 상징적으로 표현했다.
3단락 요약: 알브레히트 뒤러는 인체 비율을 수학적으로 분석해 예술에 과학적 접근 방식을 적용했다. 르네상스 화가들은 해부학을 통해 인간 존재의 철학적 의미와 예술적 가치를 함께 탐구했다.
4단락 요약: 르네상스 화가들은 휴머니즘에 기반해 인간의 몸을 '자연의 걸작'으로 인식했다. 그들의 작품은 신, 인간, 자연의 위대함을 연결하는 철학적 사상을 반영했다.
5단락 요약: 르네상스의 예술과 과학의 융합은 현대 예술과 의학 발전의 초석이 되었으며, 오늘날에도 두 분야의 상호 보완적 관계에 대한 중요한 교훈을 전하고 있다.

기사의 구조적 접근을 꼭 알아야 해요!

1) 서론: 르네상스 시대: 예술과 과학의 융합이 시작되다
르네상스 시대는 예술과 과학이 융합된 시기로, 인체 해부학은 예술의 중요한 도구가 되었고, 인간의 몸과 존재를 이해하려는 철학적 바탕을 제시했다.

2) 본론: 인체 해부학과 예술적 표현: 르네상스 거장들의 탐구
르네상스 시대 화가들은 인체 해부학 연구를 통해 예술과 과학을 융합하며 작품의 사실성과 철학적 깊이를 강화했다. 다빈치, 미켈란젤로, 뒤러는 각각 해부학적 정확성, 상징성, 과학적 비율 분석을 통해 예술의 새로운 가능성을 열었다.

3) 결론: 예술과 과학의 조화: 현대적 가치와 지속적인 발전 가능성
르네상스 화가들의 예술과 과학의 융합은 현대 예술과 의학의 토대를 마련했으며, 예술과 과학이 서로 보완하며 발전할 가능성을 제시했다. 앞으로도 이러한 융합이 인간의 잠재력을 확장시키는 데 기여할 것이다.

1 다음 중 르네상스 화가들과 해부학 연구에 대한 설명으로 적절하지 않은 것은?

① 레오나르도 다빈치는 인체 해부를 통해 신체 구조와 기능에 대한 스케치를 남 겼다.
② 미켈란젤로의 작품 '아담의 창조'는 인간의 뇌를 형상화한 배경을 특징으로 한다.
③ 알브레히트 뒤러는 신체 비율을 수학적으로 분석하여 예술 작품에 반영했다.
④ 르네상스 화가들은 해부학을 통해 신의 창조물인 인간을 이해하려는 시도를 포기했다.
⑤ 르네상스 화가들의 해부학적 탐구는 현대 의학과 예술 발전에 기여했다.

2 다음 보기를 참고하여 본문에서 추론할 수 있는 내용을 고르시오.

 보기

- 르네상스 화가들은 해부학적 연구를 통해 작품의 사실성을 높였다.
- 예술과 과학의 융합은 현대에도 중요한 영향을 미친다.
- 르네상스 시대의 작품들은 인간 중심의 사고, 즉 휴머니즘을 바탕으로 탄생했다.

① 르네상스 시대의 예술은 과학적 탐구와 별개로 발전하였다.
② 해부학적 탐구는 예술가들이 작품의 미적 요소를 포기하게 했다.
③ 휴머니즘은 르네상스 화가들이 인체를 '자연의 걸작'으로 여기게 한 사상적 배경이다.
④ 레오나르도 다빈치의 해부학적 스케치는 예술적 가치보다 과학적 가치가 낮다.
⑤ 예술과 과학은 상호 보완적일 수 없다는 점이 르네상스 화가들에 의해 증명되었다.

3 르네상스 시대의 화가들은 왜 인체 해부학을 연구했으며, 이러한 연구가 예술과 과학에 미친 영향을 서술하시오.

4 르네상스 시대의 화가들은 인체 해부학을 통해 예술과 과학의 융합을 이루었다. 이를 바탕으로 예술과 과학의 융합이 현대 사회에서도 중요한 이유에 대해 서론, 본론, 결론의 형식으로 서술하시오.

중요

5 르네상스 화가들이 인체 해부학을 연구한 것이 예술에 미친 긍정적 영향과, 이러한 시도가 현대 예술에도 주는 교훈에 대해 서술하시오.

집중

6 다음 '인체 해부학을 활용한 예술적 접근은 필수적인가?'라는 논제를 바탕으로 찬성과 반대의 생각을 서술하시오.

찬성	반대

움직임의 마법
- 키네틱 아트로 만나는 새로운 경험

키네틱 아트(Kinetic Art)는 움직임을 주제로 한 예술 장르로, 물리적 움직임이나 변화하는 요소를 통해 관객과 상호작용하는 작품이다. 이 예술 형태는 20세기 초반에 시작되어, 기술과 예술의 융합을 통해 새로운 표현 방식을 탐구하는 데 중점을 두었다. 키네틱 아트는 주로 조각, 설치융합 미술, 그리고 디지털 아트 등 다양한 매체에서 나타나며, 관객이 작품과의 관계를 통해 새로운 경험을 하도록 유도한다. 이러한 예술적 접근은 관객이 작품에 능동적으로 참여하게 하여, 그들의 감각과 인식을 자극하며, 예술의 경계를 확장하는 데 기여한다. 키네틱 아트는 단순한 관람을 넘어, 상호작용을 통해 보다 깊은 이해와 감동을 이끌어내는 매력적인 예술 장르로 자리잡고 있으며, 관객이 작품을 통해 자신의 감정과 생각을 표현할 수 있는 기회를 제공한다. 이러한 경험들은 예술의 의미를 더욱 풍부하게 만들어준다.

이처럼 키네틱 아트는 관객의 참여를 강조하며, 예술을 감상하는 방식을 혁신적으로 변화시키고 있다. 또한, 이러한 상호작용은 관객에게 단순한 시각적 경험을 넘어, 감정적이고 지적인 반응을 이끌어내는 데 기여한다. 키네틱 아트의 기원은 1910년대와 1920년대의 다다이즘과 미래주의 운동에서 찾을 수 있다. 이 시기 예술가들은 전통적인 예술의 경계를 허물고, 움직임과 변화의 개념을 탐구하기 시작했다. 특히, 이탈리아의 미래주의[1]자들은 속도와 동적인 형태를 강조하며, 기계와 기술의 발전을 예술에 통합하려 했다. 이러한 흐름은 후에 알렉산더 칼더[2](Alexander Calder)와 같은 예술가들에 의해 더욱 발전되었다. 칼더는 모빌(mobile)이라는 개념을 도입하여, 바람이나 손의 움직임에 의해 변화하는 조각을 창조했다. 키네틱 아트는 단순히 물리적인 움직임을 넘어서, 관객의 참여와 상호작용을 중요시한다. 많은 작품들이 관객의 움직임이나 행동에 반응하여 변화를 일으키며, 이는 관객이 작품의 일부가 되는 경험을 제

알렉산더 칼더

공한다. 예를 들어, 제프리 슈르츠(Jeffrey Shaw)의 작품은 관객의 위치와 움직임에 따라 영상이 변화하는 인터랙티브 설치 미술[3]로, 관객이 작품을 직접 경험하고 참여할 수 있도록 한다. 기술의 발전은 키네틱 아트의 새로운 가능성을 열어주었다. 디지털 기술과 프로그래밍의 발전으로, 예술가들은 더욱 복잡하고 정교한 움직임을 구현할 수 있게 되었다. 예를 들어, 로봇 기술을 활용한 작품들은 자동으로 움직이며, 관객과의 상호작용을 통해 예술적 경험을 확장한다. 이러한 작품들은 단순한 시각적 즐거움을 넘어, 기술과 예술의 경계를 허물고 새로운 형태의 창작을 가능하게 한다.

키네틱 아트는 현대 사회에서 중요한 역할을 하고 있다. 빠르게 변화하는 기술 환경 속에서, 예술가들은 이러한 변화를 반영하고, 관객에게 새로운 시각적

꼭 기억하렴

❷ 미래주의: 는 1909년 이탈리아의 시인 필리포 톰마소 마리네티(Filippo Tommaso Marinetti)에 의해서 제창된 예술 운동이다.

❸ 알렉산더 칼더: 미국의 조각가로 움직이는 미술인 '키네틱 아트(Kinetic Art)'의 선구자이다. "몬드리안의 작품을 움직이게 하고 싶다"는 생각으로 '움직이는 조각(mobile)'을 제작함.

❹ 인터랙티브 설치 미술: 예술의 목적을 성취할 수 있도록 관객을 작품에 참여시키는 예술의 한 형태이다.

국어 공신 선생님

경험을 제공한다. 또한, 키네틱 아트는 환경 문제나 사회적 이슈를 다루는 데에도 활용되며, 예술을 통해 메시지를 전달하는 수단으로 자리잡고 있다. 이와 같은 작품들은 관객이 각기 다른 시각에서 사회를 바라보도록 유도하고, 그들의 인식과 감성을 자극하는 매개체가 된다. 예를 들어, 환경을 주제로 한 키네틱 아트 작품들은 자연의 변화와 인간의 영향을 시각적으로 표현하여, 관객에게 깊은 인상을 남기며, 그들로 하여금 지속 가능한 삶에 대한 고민을 하게 만든다. 이러한 예술적 경험은 단순히 시각적인 즐거움뿐만 아니라, 경각심을 불러일으키고, 환경에 대한 책임을 각인시키는 중요한 역할을 한다. 키네틱 아트는 단순히 아름다움을 추구하는 것을 넘어, 사회적 책임을 다하는 예술로 자리매김하고 있다. 그 과정에서 관객은 자신이 겪고 있는 사회적, 환경적 문제에 대해 더 깊이 생각해보게 되고, 개인의 일상 속에서 변화를 일으킬 수 있는 계기를 마련할 수 있다. 그러므로 키네틱 아트는 단순히 미적 경험을 넘어, 관객에게 메시지를 전달하고 참여를 유도하는 중요한 예술 장르로 자리 잡고 있다.

키네틱 아트는 움직임과 상호작용을 통해 관객과의 새로운 관계를 형성하는 예술 장르이다. 기술의 발전과 함께 진화하는 이 예술 형태는, 관객에게 단순한 감상의 차원을 넘어, 참여와 경험의 기회를 제공함으로써, 예술이 개인의 삶과 사회에 미치는 영향을 더욱 깊이 있게 탐구할 수 있도록 한다. 이러한 과정 속에서 관객은 단순한 수용자가 아닌 능동적인 참여자가 되어, 작품에 대한 이해를 더욱 확장하게 된다. 이로 인해 관객은 자신의 감정과 생각을 작품과 연결 짓고, 그로 인해 발생하는 다양한 감각적 경험을 통해 새로운 통찰을 얻게 된다. 키네틱 아트는 이러한 상호작용을 통해 관객이 예술을 통해 자신과 사회를 재조명할 수 있는 기회를 제공하며, 이는 예술이 사회적 변화를 이끌어내는 중요한 도구가 될 수 있음을 보여준다.

한걸음 더 깊이 생각해 보기

• 키네틱 아트가 사회적 문제를 다루는 데 있어 어떤 역할을 할 수 있을까? 그리고 관객의 참여가 이러한 예술 형태에 어떻게 영향을 미칠까?

키네틱 아트는 관객의 참여를 통해 사회적 문제를 효과적으로 드러낼 수 있는 독특한 매체이다. 이 예술 형태는 움직임과 상호작용을 통해 관객이 단순한 관람자가 아닌, 작품의 일부로 참여하게 만든다. 예를 들어, 환경 오염을 주제로 한 키네틱 아트 작품이 관객의 행동에 따라 변화하는 모습을 보여준다면, 관객은 자신의 행동이 환경에 미치는 영향을 직접 체감하게 된다. 이러한 경험은 관객에게 문제의 심각성을 인식시키고, 개인의 책임을 느끼게 할 수 있다. 또한, 키네틱 아트는 기술과 예술의 융합을 통해 새로운 소통 방식을 제공하며, 다양한 사회적 이슈에 대한 대화를 촉진할 수 있다. 결국, 키네틱 아트는 관객이 사회적 문제에 대해 능동적으로 사고하고, 그 해결을 위한 행동으로 이어질 수 있는 기회를 제공하는 중요한 도구가 될 수 있다. 이러한 점에서 키네틱 아트는 단순한 예술적 표현을 넘어, 사회적 변화를 이끌어내는 강력한 매개체로 자리매김할 수 있음을 보여준다.

• 키네틱 아트가 사회적 불평등 문제를 다룰 수 있는 방법은 무엇인가?

키네틱 아트는 움직임과 상호작용을 통해 관객과 소통하는 예술 형태로, 사회적 불평등 문제를 다루는 데 효과적이다. 첫째, 키네틱 아트는 관객의 참여를 유도하여 불평등 문제에 대한 인식을 높인다. 관객이 작품에 직접 참여함으로써, 그들은 문제의 심각성을 체험하고 느낄 수 있다. 둘째, 다양한 매체와 기술을 활용하여 사회적 메시지를 전달할 수 있다. 예를 들어, 데이터 시각화를 통해 불평등 통계를 시각적으로 표현하면, 관객이 문제를 직관적으로 이해할 수 있다. 셋째, 키네틱 아트는 공동체의 목소리를 반영할 수 있는 플랫폼이 된다. 지역 사회의 이야기를 담은 작품은 그들의 경험을 공유하고, 사회적 연대감을 형성하는 데 기여한다. 이러한 방식으로 키네틱 아트는 사회적 불평등 문제를 효과적으로 조명하고, 관객의 행동 변화를 이끌어낼 수 있다.

정리해 볼까요? 그룹 생각

기사에 대해서 알아볼까요?

주제: 키네틱 아트가 가지는 현대 예술에서 중요한 의미
핵심어휘: 키네틱 아트, 현대 예술, 움직임, 상호작용

1단락 요약: 키네틱 아트는 움직임을 주제로 한 예술로, 관객과 상호작용하며 새로운 경험을 유도한다.

2단락 요약: 키네틱 아트는 관객과의 상호작용을 통해 새로운 의미와 감정을 전달하는 예술 장르로, 기술 발전과 함께 지속적으로 진화하며 많은 이들에게 영감을 줄 것이다.

3단락 요약: 키네틱 아트는 현대 사회에서 기술 변화를 반영하고, 환경 및 사회적 이슈를 다루며 관객에게 새로운 경험을 제공하므로 관객과의 관계를 형성하는 중요한 역할을 한다.

4단락 요약: 키네틱 아트는 관객과의 상호작용을 통해 능동적인 참여를 유도하며, 예술이 개인과 사회에 미치는 영향을 깊이 탐구할 기회를 제공한다.

기사의 구조적 접근을 꼭 알아야 해요!

1) 서론: 키네틱 아트의 정의와 중요성에 대한 개요
키네틱 아트는 '움직이는 예술'로, 정적인 형태를 넘어 동적인 요소를 포함한 작품을 말한다. 이 장르는 기계적, 전자적, 자연적 요소를 활용하여 작품이 스스로 움직이거나 관객과 상호작용하며 변하는 방식으로 표현된다.

2) 본론: 키네틱 아트의 발전
키네틱 아트의 발전은 여러 예술가와 운동에 의해 이루어졌다. 알렉산더 칼더는 모빌을 통해 공중에서 움직이는 조각을 선보였으며, 이후 다양한 형태로 발전해 왔다. 현대 기술의 발전과 함께 키네틱 아트는 더욱 다양해지고 있다.

3) 결론: 키네틱 아트의 현대적 의미와 미래 전망
키네틱 아트는 시각적 경험을 넘어 관객과의 상호작용을 통해 새로운 의미와 감정을 전달하는 예술 장르이다. 기술의 발전과 함께 지속적으로 진화하며, 예술과 기술의 경계를 허물고 있다.

비판적 사고 키워 볼까요? +

1 키네틱 아트에 대한 설명으로 가장 적절한 것은?

① 키네틱 아트는 작품의 움직임이 없고, 오직 관객의 참여에 의해만 움직이는 예술이다.

② 많은 키네틱 아트 작품은 관객과 상호작용을 통해 변화하지만, 관객이 가까이 가거나 손을 대면 작품이 반응하여 새로운 형태나 움직임을 만들어내지 않는다.

③ 키네틱 아트는 종종 현대 기술을 활용하여 복잡한 움직임을 구현하려고 애쓰지만 현대 기술의 범위가 적어서 구현에 어려움이 있다.

④ 키네틱 아트는 정적인 예술 작품처럼 시간의 흐름에 따라 변화하지 않으며, 작품의 의미나 형태는 시간이 지남에 따라 달라지지 않는다.

⑤ 키네틱 아트는 시각적, 청각적, 촉각적 요소를 포함해 관객에게 다감각적인 경험을 제공하며, 움직임과 소리가 결합되어 새로운 예술적 경험을 창출한다.

2 <보기>의 내용을 참고하여 '리차드 세라의 키네틱 아트'에 대한 이해가 잘못된 것은 무엇인가?

보기

미국의 키네틱 아티스트인 리차드 세라(Richard Serra)는 대규모 철강 작품으로 유명하다. 그의 작품은 주로 중량감 있는 금속을 사용하여 거대한 구조물을 만들어낸다. 세라는 작품을 통해 관객이 공간을 경험하도록 유도하며, 작품과 관객 간의 상호작용을 중시한다. 그의 키네틱 아트는 물리적 힘을 통해 움직이는 요소를 포함하며, 관객의 감각을 자극한다.

런던에 위치하고 있는 리차드 세라가 만든 코르텐 강철 조각품

① 그의 키네틱 아트는 정적인 형태로만 구성되어 있다.

② 세라의 작품은 관객의 감각을 자극하는 데 중점을 둔다.

③ 그의 작품은 관객이 공간을 경험하도록 유도하는 것을 중시한다.

④ 세라는 물리적 힘을 통해 움직이는 요소를 포함한 작품을 만든다.

⑤ 리차드 세라의 키네틱 아트는 대규모 철강 작품으로 중량감이 있다.

3 키네틱 아트의 정의와 특징, 그리고 발전에 대해 자신의 생각을 서술하시오.

4 '미래의 키네틱 아트는 어떤 새로운 형태로 발전할 수 있을까?'에 대해서 자신의 생각을 서론, 본론, 결론의 형식으로 서술하시오.

5 키네틱 아트장르가 관객과의 상호작용, 기술의 발전, 사회적 메시지 전달 측면에서 어떤 의미를 갖는지 구체적으로 서술하시오.

집중

6 다음 '키네틱 아트는 순수 미술인가?'라는 논제를 바탕으로 찬성과 반대의 생각을 서술하시오.

찬성	반대

06 예술과 인공지능, AI가 그린 그림은 예술일까?

최근 미술 시장에서는 인공지능(AI)이 그린 그림이 등장한다. 몇 년 전, AI가 만든 한 그림이 경매에서 수억 원에 팔려 많은 사람을 놀라게 한다. AI는 수많은 명화를 학습하고, 이를 바탕으로 새로운 그림을 그릴 수 있다. 그렇다면, 이런 AI의 작품도 우리가 흔히 말하는 '예술'이라고 부를 수 있을까? 혹시 AI는 단순히 데이터를 바탕으로 이미 존재하는 스타일을 모방하는 것뿐은 아닐까? 이 질문은 미술뿐만 아니라 음악, 문학 등 여러 분야에서 논쟁이 된다.

예술은 단순히 아름다운 그림을 그리는 것을 넘어, 작가의 생각과 감정을 담아내는 과정이라고 한다. 화가들은 자신만의 철학과 감정을 그림에 담아 사람들에게 감동을 준다. 그러나 AI는 감정을 느끼지 못한다. AI가 그린 그림은 인간이 그린 그림처럼 보일 수 있지만, 스스로 창작 의도를 가지지는 못한다. 그렇다면 AI가 만든 작품은 '창작'인지, 아니면 단순한 데이터조합인지에 대해 논란이 많다. AI가 예술가를 대신할 수 없다는 주장과 AI도 일종의 새로운 도구로 예술의 한 부분이라고 주장이 맞서고 있다.

AI가 그린 그림을 살펴보면, 인간이 만든 그림과 구별하기 어려울 정도로 정교한 작품도 많다. 그러나 AI는 인간처럼 직접 경험하거나 감정을 느끼지 않기 때문에, 단순히 데이터를 분석하고 조합하는 방식으로 그림을 만든다. 이 때문에 AI가 완전히 독립적인 예술가가 되기는 어렵다. 하지만 인간과 AI가 협업하는 방식이라면 이야기가 달라질 수 있다. 예를 들어, 예술가가 AI를 활용하여 창의적인 아이디어를 얻거나, AI의 도움을 받아 새로운 스타일을 개발할 수도 있다. 즉, AI는 예술의 도구로 활용될 수 있고, 인간과 협력하여 새로운 예술을 창조할 수 있는 가능성을 가진다.

이용자의 프롬프트에 따라 미드저니가 창조한 솔라펑크 아트워크의 4가지 버전

AI의 예술이 점점 발전하면서, 사람들은 '과연 AI의 작품을 예술로 인정할 수 있을까?'라는 질문을 던진다. 현재 미술 시장에서는 AI가 만든 작품도 작품으로 인정받고 있으며, 경매에서도 높은 가격에 팔린다. 하지만 여전히 많은 예술가들은 'AI의 그림은 인간의 깊은 감성과 철학이 담겨 있지 않다'며 반대한다. 또한, AI가 만든 그림의 저작권은 누구에게 있는지에 대한 법적 문제도 논의된다. AI가 그린 그림의 소유권[4]이 AI를 개발한 사람에게 있는지, 아니면 AI 자체가 작가로 인정받을 수 있는지에

❶ 인공지능(AI, Artificial Intelligence): 인간의 학습, 추론, 문제 해결 능력을 컴퓨터가 모방하거나 수행할 수 있도록 한 기술을 의미한다. 기계가 데이터를 분석하고 패턴을 학습하여 스스로 결정을 내리는 능력을 가지며, 음성 인식, 이미지 처리, 자율 주행, 예술 창작 등 다양한 분야에서 활용된다.
❷ 경매: 물건이나 권리를 가장 높은 가격을 제시한 사람에게 판매하는 방식의 거래를 의미한다.
❸ 협업: 두 명 이상의 사람이 함께 일하며 목표를 달성하는 과정을 의미한다.
❹ 소유권: 특정한 물건이나 자산에 대한 법적 권리를 의미하며, 해당 자산을 사용하고 처분할 수 있는 권한을 가진다. 부동산, 지적 재산권(특허, 저작권 등), 예술 작품 등 다양한 분야에서 소유권 개념이 적용된다.

꼭 기억하렴

국어 공신 선생님

대한 논쟁이 계속된다.

AI가 발전하면서 예술의 개념도 변화한다. 과거에는 사진이 등장했을 때, 사람들은 '이제 그림이 필요 없을 것'이라고 생각했지만, 오히려 사진이 새로운 예술 장르로 자리 잡는다. AI도 마찬가지일 수 있다. AI가 예술을 대신하는 것이 아니라, 예술가들에게 새로운 영감을 주고 새로운 예술을 창조하는 도구로 활용될 가능성이 크다. 앞으로 AI가 얼마나 발전할지는 알 수 없지만, 인간과 AI가 함께 만들어가는 예술의 세계는 더욱 흥미로워질 것이다. 우리는 AI가 단순한 기술을 넘어 예술의 일부가 될 수 있을지, 그리고 그것을 어떻게 활용할지 고민해야 한다. AI가 그린 그림이 진짜 예술인지 아닌지에 대한 답은 아직 명확하지 않다. 하지만 하나는 분명하다. AI는 이미 예술의 영역에 들어와 있으며, 인간과 함께 새로운 형태의 예술을 만들어간다. 앞으로 우리는 AI와 예술이 어떻게 변화해 나갈지 지켜보아야 한다.

국어 공신 선생님의 감상 꿀팁!

좀 더 깊이 생각해 보기

집중

• AI가 만든 예술 작품이 예술로 인정받을 수 있는 이유는 무엇인가?
AI가 만든 예술 작품은 데이터 학습과 패턴 분석을 기반으로 창작되며, 기존 예술가들이 시도하지 않은 독창적인 조합을 만들어낼 수 있다. 특히, 인간과 협업하여 창의적인 아이디어를 확장할 수 있는 도구로 활용될 가능성이 높다. 예술의 본질이 감동과 창의성을 전달하는 것이라면, AI가 만든 작품도 감상자에게 새로운 경험을 제공할 수 있다. 또한, AI가 만든 그림이 경매에서 높은 가격에 거래되며 예술 시장에서 점차 인정받고 있다는 점도 중요한 근거가 된다.

• AI가 만든 예술 작품이 미술 시장과 경제에 미치는 영향은 무엇인가?

AI 예술의 등장은 미술 시장에서 새로운 가치를 창출하고 있다. 기존의 인간 중심 창작 방식과 달리, AI는 방대한 데이터를 학습하여 빠르게 예술 작품을 생산할 수 있으며, 이는 대량 생산 및 맞춤형 예술 제작의 가능성을 열어준다. 또한, AI 기반 예술 작품이 경매에서 높은 가격에 판매됨에 따라, AI 예술에 대한 투자와 관심이 증가하고 있다. 이는 미술 시장에 새로운 경제적 기회를 제공하며, 디지털 아트 및 NFT(대체불가능토큰)와 같은 신기술과 결합해 더욱 다양한 방식으로 발전할 가능성이 크다.

• AI 예술에서 가장 중요한 요소는 무엇인가?

AI 예술의 핵심 요소는 데이터 학습과 인간과의 협업이다. AI는 스스로 감정을 느끼거나 철학적 의도를 가지지는 않지만, 방대한 데이터 속에서 예술적 패턴을 학습하고 새로운 스타일을 창출할 수 있다. 그러나 단순히 기존 예술을 모방하는 것이 아니라, 인간과 협업하여 창의적인 작품을 만들 수 있도록 설계되는 것이 중요하다. 예술가들은 AI를 활용해 새로운 아이디어를 탐색하고, AI의 분석력을 바탕으로 다양한 표현 방식을 실험할 수 있다. 이를 통해 AI 예술이 독립적인 창작 도구가 아니라, 인간의 창의성을 확장하는 매개체로 기능할 수 있다.

• AI 예술이 미래 예술의 발전에 미칠 영향은 무엇인가?

AI 예술은 미래 예술의 발전에 혁신적인 변화를 가져올 가능성이 크다. AI는 인간이 접근하기 어려운 새로운 창작 방식을 제시하며, 예술가들에게 새로운 영감과 창의적 도구를 제공할 수 있다. 특히, 방대한 데이터 분석과 패턴 인식을 통해 인간의 한계를 넘어서는 독창적인 스타일과 표현 방식을 창출할 수 있다. 또한, 디지털 기술과 결합해 맞춤형 예술 작품 제작, 인터랙티브 아트, 가상현실(VR) 예술 등의 새로운 장르를 발전시킬 수 있다. 이는 예술의 경계를 확장하고, 창작의 새로운 가능성을 열어줄 것이다.

정리해 볼까요?

기사에 대해서 알아볼까요?

주제: AI가 그린 그림의 예술성과 인간과의 협업 가능성
핵심어휘: 인공지능(AI), 예술, 창작, 감정 표현, 데이터 학습, 협업, 경매, 소유권, 미술 시장, 기술 발전

1단락 요약: AI가 그린 그림이 미술 시장에서 주목받고 있으며, 높은 가격에 판매되는 사례도 등장하고 있다. AI는 수많은 명화를 학습하여 새로운 그림을 만들어내지만, 이것이 진정한 '예술'인지에 대한 논란이 존재한다.
2단락 요약: 예술은 단순한 기술이 아니라 감정을 담아 표현하는 과정이다. 그러나 AI는 감정을 느낄 수 없으며, 단순한 데이터 조합일 가능성이 높다는 점에서 '창작'인지에 대한 논쟁이 계속되고 있다.
3단락 요약: AI가 인간과 협업하여 새로운 예술을 창조하는 방식이 주목받고 있다. AI는 단독으로 예술을 창작하기 어려운 한계가 있지만, 예술가들에게 창의적 아이디어를 제공하는 도구로 활용될 가능성이 크다.
4단락 요약: AI 예술이 인정받는 가운데, 미술 시장에서도 AI 작품이 높은 가격에 거래되고 있다. 그러나 AI 창작물의 저작권과 소유권 문제에 대한 법적 논의가 지속되고 있다.
5단락 요약: AI는 예술의 영역에서 점점 중요한 역할을 하며, 인간과 함께 새로운 예술적 가능성을 탐색하고 있다. 앞으로 AI가 예술의 일부가 될지, 그리고 어떻게 활용될지는 계속 논의될 것이다.

기사의 구조적 접근을 꼭 알아야 해요!

1) 서론: AI 예술의 등장과 새로운 논쟁
최근 미술 시장에서는 AI가 그린 그림이 등장하며, 이에 대한 예술적 가치와 의미에 대한 논의가 활발히 이루어지고 있다. AI가 만든 그림이 단순한 기술적 산물인지, 아니면 새로운 형태의 예술인지에 대한 논쟁이 계속되고 있다.

2) 본론: AI 창작의 한계와 인간과의 협업 가능성
AI는 감정을 느끼지 못해 예술 창작에 한계가 있지만, 인간과의 협업을 통해 창의적 작품을 만드는 도구로 활용될 수 있다. 또한, AI 작품의 소유권과 저작권 문제는 법적 논의가 이어지며, 미래 예술에서 AI의 역할이 주목받고 있다.

3) 결론: AI 창작의 대체 가능성과 예술 세계의 다양성
AI 예술이 인간의 창작 활동을 대체할 수 있는지에 대한 논쟁은 계속될 것이다. 그러나 AI는 예술의 도구로 활용될 가능성이 크며, 앞으로 인간과 AI가 함께 만들어갈 예술의 세계는 더욱 다양하게 발전할 것이다.

1 다음 중 AI가 그린 그림에 대한 설명으로 적절하지 않은 것은?

① AI는 수많은 명화를 학습하여 새로운 그림을 그릴 수 있다.

② AI가 만든 그림은 경매에서 높은 가격에 팔릴 만큼 예술적 가치를 인정받고 있다.

③ AI는 감정을 느끼지 못하므로 스스로 창작의도를 가지는데 한계가 있다.

④ 인간과 AI는 협업을 통해 새로운 예술을 창조할 가능성이 있다. 이는 AI예술 작품이 상업적 가치와 예술적 인정을 받을 수 있다는 것을 시사한다.

⑤ AI는 데이터를 기반으로 독창적 예술 작품을 생성할 수 있다. 그러나 이는 예술가의 창의적인 아이디어를 확장시키는 도구로서 의미를 가지지는 못한다.

2 다음 보기를 참고할 때, AI가 만든 예술 작품과 관련된 설명으로 적절하지 않은 것은?

> • AI는 기존의 데이터를 분석하고 패턴을 학습하여 새로운 그림을 창작할 수 있다.
> • AI가 만든 그림은 일부 경매에서 높은 가격에 거래되었으며, 미술 시장에서 점차 인정받고 있다.
> • 인간과 AI는 협업하여 새로운 예술적 표현 방식을 개발할 가능성이 있다.
> • AI가 만든 그림의 소유권과 저작권 문제는 아직 명확하게 해결되지 않았다.

① AI는 데이터를 학습하여 새로운 그림을 창작할 수 있다.

② AI가 만든 그림은 미술 시장에서 점점 더 가치 있는 예술로 인정받고 있다.

③ AI는 감정을 느끼지 못하므로 예술 창작 과정에서 인간과 협업하는 것은 불가능하다.

④ AI가 만든 그림의 소유권 문제는 해결되지 않은 상태다.

⑤ 인간과 AI가 협업하는 방식으로 새로운 예술적 가능성을 모색할 수 있다.

3 AI가 만든 예술 작품이 인간의 작품과 비교될 때 가지는 한계점과 가능성에 대해 서술하시오.

4 'AI가 만든 예술 작품이 예술로 인정받을 수 있는가?'에 대한 자신의 견해를 서론, 본론, 결론의 형식으로 서술하시오.

중요

5 'AI가 만든 그림이 예술로 인정받는 것이 바람직한가?'에 대해 자신의 견해를 서술하시오.

집중

6 다음 'AI가 만든 예술 작품이 인간의 예술과 동등한 가치를 가질 수 있는가?"라는 논제를 바탕으로 찬성과 반대의 생각을 서술하시오.

찬성	반대

07 우륵과 가야금
- 한국 전통 음악의 심장과 영혼

　우륵과 가야금은 한국 전통 음악에서 중요한 위치를 차지하고 있으며, 그들의 의미는 단순한 악기와 인물 이상의 깊은 문화적, 역사적 맥락[1]을 지니고 있다. 우륵은 신라 시대의 유명한 음악가로, 가야금의 창시[2]자로 알려져 있다. 그는 가야금의 발전에 큰 기여를 했으며, 그의 음악적 재능은 당시 사회에서 높이 평가받았다. 우륵의 전설은 한국 전통 음악의 뿌리와 그 발전 과정을 이해하는 데 중요한 역할을 한다. 그는 가야금을 통해 감정을 표현하고, 사람들의 마음을 움직이는 음악을 창조했다. 그의 음악은 단순한 소리의 나열이 아니라, 깊은 감정과 이야기를 담고 있어, 청중에게 강한 감동을 주었다. 이러한 점에서 우륵은 단순한 음악가가 아니라, 한국 전통 음악의 상징적인 인물로 자리 잡고 있다. 그의 업적은 오늘날에도 많은 이들에게 영감을 주며, 가야금의 전통을 이어가는 데 중요한 역할을 하고 있다.

　가야금은 우륵이 창시한 악기로, 한국 전통 음악에서 중요한 역할을 한다. 이 악기는 12개의 줄로 구성되어 있으며, 각 줄은 다양한 음색[3]과 감정을 표현할 수 있는 능력을 가지고 있다. 줄의 길이와 두께에 따라 음의 높이와 강도가 달라지며, 이는 연주자가 전달하고자 하는 감정을 더욱 풍부하게 만든다. 예를 들어, 긴 줄은 깊고 서정적[4]인 음색을, 얇은 줄은 섬세하고 경쾌한 음색을 생성한다. 이러한 특성 덕분에 가야금은 슬픔, 기쁨, 그리움 등 다양한 감정을 효과적으로 표현할 수 있는 악기로 자리잡고 있다. 가야금은 그 자체로도 아름다운 소리를

내며, 한국의 전통적인 음악 장르인 가곡, 판소리, 민속
음악 등에서 널리 사용된다. 가야금의 연주는 단
순한 음의 나열이 아니라, 연주자의 감정과 해석
이 담긴 예술적 표현이다.

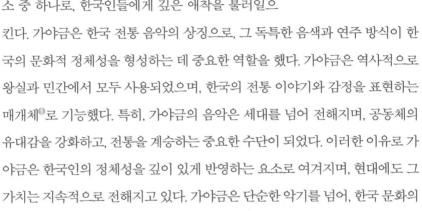

가야금

가야금은 한국의 정체성을 형성하는 중요한 요
소 중 하나로, 한국인들에게 깊은 애착을 불러일으
킨다. 가야금은 한국 전통 음악의 상징으로, 그 독특한 음색과 연주 방식이 한
국의 문화적 정체성을 형성하는 데 중요한 역할을 했다. 가야금은 역사적으로
왕실과 민간에서 모두 사용되었으며, 한국의 전통 이야기와 감정을 표현하는
매개체[5]로 기능했다. 특히, 가야금의 음악은 세대를 넘어 전해지며, 공동체의
유대감을 강화하고, 전통을 계승하는 중요한 수단이 되었다. 이러한 이유로 가
야금은 한국인의 정체성을 깊이 있게 반영하는 요소로 여겨지며, 현대에도 그
가치는 지속적으로 전해지고 있다. 가야금은 단순한 악기를 넘어, 한국 문화의
뿌리를 느끼게 해주는 중요한 존재로 자리 잡고 있다.

우륵과 가야금은 한국 전통 음악의 역사와 문화에서 중요한 상징으로 남아
있다. 그들은 한국의 음악적 전통을 계승하고 발전시키는 데 기여했으며, 오늘
날에도 많은 사람들에게 영감을 주고 있다. 가야금의 아름다운 선율은 한국의
자연과 정서를 담고 있으며, 우륵의 전설은 그 음악의 깊이를 더해준다. 이러한

---

① 맥락: 사물 따위가 서로 이어져 있는 관계나 연관을 의미한다.
② 창시: 어떤 사상이나 학설 따위를 처음으로 시작하거나 내세움을 뜻한다.
③ 음색: 음악 음을 만드는 구성 요소의 차이로 생기는, 소리의 감각적 특색. 소리의 높
낮이, 크기가 같더라도 진동체나 발음체, 진동 방법에 따라 음이 갖는 감각적 성질에
는 차이가 생긴다.
④ 서정적: 정서를 듬뿍 담고 있는 것을 말한다.
⑤ 매개체: 둘 사이에서 어떤 일을 맺어 주는 것을 의미한다.

꼭 기억하렴

국어 공신 선생님

요소들은 한국 전통 음악이 단순한 예술 형식을 넘어, 사람들의 삶과 감정을 연결하는 중요한 매개체임을 보여준다. 우륵과 가야금은 한국 전통 음악에서 단순한 악기와 인물을 넘어, 한국 문화의 정체성과 역사적 맥락을 이해하는 데 필수적인 요소이다. 이들은 세대를 거쳐 전해지는 전통의 상징으로, 한국인의 감성과 정체성을 형성하는 데 기여하고 있다. 또한, 그들의 이야기는 후대 예술가들에게도 지속적인 영감을 주며, 한국 전통 음악의 가치를 더욱 높이고 있다. 이러한 전통은 끊임없이 변화하는 현대 사회 속에서도 그 의미를 지속적으로 재창조하며, 후세에도 전해질 것이다.

국어 공신 선생님의 감상 꿀팁!

 한걸음 더 깊이 생각해 보기

• 가야금의 음악적 가치와 현대적 활용에 대해 어떤 가능성이 엿보인다고 생각하는가?

가야금은 그 독특한 음색과 표현력으로 인해 음악적 가치가 매우 높다. 전통적으로 가야금은 민속 음악, 궁중 음악 등 다양한 장르에서 사용되며, 그 섬세한 음색은 한국 전통 음악의 깊이를 더한다. 현대에 들어서는 가야금이 다양한 장르와 융합되어 새로운 음악적 가능성을 창출하고 있다. 예를 들어, 재즈, 팝, 클래식 등과의 협업을 통해 가야금의 음색이 새로운 해석을 받으며, 이는 젊은 세대에게도 매력적으로 다가간다. 또한, 전자 가야금의 도입은 현대 기술과의 결합을 통해 새로운 연주 방식과 음향을 탐구하게 하여, 가야금의 음악적 가치를 더욱 확장시키고 있다. 이러한 변화는 가야금이 전통을 유지하면서도 현대 음악의 흐름에 적응할 수 있는 가능성을 보여준다.

• 전자 가야금의 도입이 전통 가야금 음악에 미치는 영향을 구체적으로 무엇일까?

전자 가야금의 도입은 전통 가야금 음악에 혁신적인 변화를 가져왔다. 전자 가야금은 전통 악기의 음색을 현대적으로 재해석할 수 있는 가능성을 제공하며, 다양한 음향 효과와 연주 기법을 통해 새로운 음악적 표현을 가능하게 한다. 이는 젊은 세대에게 가야금의 매력을 더욱 높이고, 다양한 장르와의 융합을 촉진하여 가야금 음악의 범위를 확장하는 데 기여한다. 또한, 전자 가야금은 공연의 시각적 요소를 강화하고, 대중과의 소통을 더욱 원활하게 만들어준다. 그러나 이러한 변화가 전통 가야금의 고유한 특성을 훼손할 우려도 존재한다. 따라서 전자 가야금의 도입은 전통과 현대의 조화를 이루는 방향으로 나아가야 하며, 이를 통해 가야금 음악의 지속적인 발전과 보존이 이루어질 수 있을 것이다.

• AI 시대에 전통악기가 가지는 가치와 그 중요성에 대해 근거를 들어 자신의 생각을 서술하시오.

AI 시대에 전통악기는 그 자체로 독특한 가치와 중요성을 지닌다. 첫째, 전통악기는 문화유산으로서의 역할을 한다. 각 악기는 특정 지역의 역사와 정서를 담고 있으며, 이를 통해 우리는 다양한 문화적 배경을 이해하고 존중할 수 있다. AI 기술이 발전하면서 디지털 음악이 대중화되었지만, 전통악기는 그 고유의 음색과 감성을 통해 현대 음악과의 조화를 이루며 여전히 중요한 위치를 차지하고 있다. 둘째, 전통악기는 교육적 측면에서도 큰 가치를 지닌다. 악기를 배우는 과정은 집중력과 인내심을 기르는 데 도움을 주며, 이는 AI 시대에 필요한 창의적 사고와 문제 해결 능력을 배양하는 데 기여할 수 있다. 또한, 전통악기를 통해 협동과 소통의 중요성을 배우고, 다양한 문화적 배경을 이해하는 기회를 제공받을 수 있다. 셋째, 전통악기는 현대 기술과의 융합을 통해 새로운 가능성을 열어준다. AI 기술을 활용하여 전통악기의 연주를 분석하고, 이를 바탕으로 새로운 음악적 표현을 창출할 수 있다. 이러한 융합은 전통악기의 생명력을 유지하고, 더 많은 사람들에게 그 가치를 알리는 데 기여할 것이다.

따라서 AI 시대에 전통악기는 단순한 과거의 유물이 아니라, 현재와 미래를 연결하는 중요한 매개체로서 그 가치를 지니고 있다. 전통악기를 보존하고 발전시키는 노력이 필요하며, 이는 문화의 다양성과 창의성을 증진시키는 데 기여할 것이다.

정리해 볼까요?

기사에 대해서 알아볼까요?

주제: 한국 전통 음악의 역사와 문화의 상징인 우륵과 가야금
핵심어휘: 우륵, 가야금, 한국 전통 음악

1단락 요약: 우륵은 신라 시대의 음악가이자 가야금 창시자로, 한국 전통 음악 발전에 기여했다. 그의 전설은 전통 음악의 뿌리를 이해하는 데 중요한 역할을 한다.

2단락 요약: 우륵의 전설은 전통 음악의 뿌리와 발전을 이해하는 데 중요한 역할을 하며, 감정을 표현하는 상징적인 인물로 자리 잡고 있다.

3단락 요약: 가야금은 한국 전통 음악의 상징으로, 독특한 음색과 연주 방식이 한국의 문화적 정체성을 형성, 유대감을 강화하며 전통을 계승하는 중요한 역할을 한다.

4단락 요약: 우륵과 가야금은 한국 전통 음악의 상징으로, 음악적 전통을 계승하고 발전시키며, 한국의 자연과 정서, 삶과 감정을 연결하는 중요한 매개체로 기능한다.

기사의 구조적 접근을 꼭 알아야 해요!

1) 서론: 우륵과 가야금의 의미
우륵은 가야금의 창시자로, 그의 음악적 업적은 한국 전통 음악의 발전에 큰 영향을 미쳤다. 가야금은 한국을 대표하는 현악기로, 단순한 악기를 넘어 한국 문화의 정체성을 형성하는 중요한 요소이다.

2) 본론: 우륵의 음악과 가야금의 역할
우륵은 신라 시대의 음악가로, 가야금을 통해 다양한 감정을 표현하며 청중에게 깊은 감동을 주었다. 가야금의 각 줄은 다양한 음색을 낼 수 있어 슬픔과 기쁨 등 다양한 감정을 효과적으로 표현한다.

3) 결론: 상징적 가치와 지속성
우륵과 가야금은 한국 전통 음악의 역사와 문화에서 중요한 상징으로 남아 있다. 그들은 한국의 음악적 전통을 계승하고 발전시키며, 후대 예술가들에게도 지속적인 영감을 주고 있다. 이러한 전통은 현대 사회에서도 그 의미를 재창조하며 후세에 전해질 것이다.

비판적 사고 키워 볼까요? ✛

1 위 글을 바탕으로 우륵에 대해 이해할 때 가장 적절한 것은?

① 우륵이 만든 거문고는 다양한 감정을 표현하는 데 적합했다.

② 우륵은 현대적인 음악 기법으로 거문고와 가야금을 연주하여 감정을 풍부하게 표현하고, 청중의 몰입을 유도했다.

③ 우륵의 음악은 즉흥적인 이야기를 담고 있어, 청중이 감정적으로 연결될 기회를 제공한다. 이러한 서사적 요소는 음악을 통해 사람들의 마음을 움직이는 강력한 힘을 지닌다.

④ 우륵은 타인과의 상호 연주로 순간의 감정을 음악에 담아내었다. 이러한 사회성은 음악에 생동감을 주어 청중에게 특별한 경험을 제공했다

⑤ 우륵의 음악은 한국 문화와 정서를 대표하며, 이를 통해 사람들은 자신의 감정을 음악과 연결 짓고, 더 깊은 공감을 느낄 수 있다.

2 <보기>의 내용을 참고하여 위 글을 이해한 내용으로 적절하지 <u>않은</u> 것은?

> 가야 가실왕의 명으로 12곡을 만들어 바쳤던 우륵도 훗날 가야가 쇠락하자 신라 진흥왕에게 가야금을 가지고 의탁한다. 진흥왕은 사람을 보내 우륵의 기예를 전수받게 했다. 전수자들은 12곡을 전수받아 5곡으로 요약하고 진흥왕은 이 5곡을 취하여 신라의 대악으로 삼게 된다.

① 진흥왕이 우륵과 가야금을 받아들인 배경은 가야의 멸망과 우륵의 망명, 그리고 신라의 문화적 통합 정책과 깊은 연관이 있다.

② 가야의 음악가 우륵이 가야가 멸망한 후 신라로 망명하여 진흥왕에게 가야금을 연주하게 된 것은 이후 가야금이 신라의 궁중 음악으로 자리 잡는 계기가 되었다.

③ 우륵이 가야금을 가지고 진흥왕에게 귀순하였고, 진흥왕은 그의 음악적 재능을 높이 평가했기 때문에 5곡을 취하여 신라의 대악으로 삼았다.

④ 진흥왕이 우륵에게 가야금을 가르치도록 신라의 악사를 배치한 것은 신라의 음악적 전통에 가야의 음악을 통합하는 중요한 계기가 되었다.

⑤ 진흥왕의 태도는 신라의 문화와 예술을 고수하고, 신라의 문화적 정체성을 강화하고자 한 것으로 추측할 수 있다.

3 우륵과 가야금은 한국 전통 음악의 역사와 문화에서 어떤 의미를 가지는지 자신의 생각을 서술하시오.

4 '전통과 현대의 융합이 음악 창작에 미치는 긍정적인 영향'에 대해 서론, 본론, 결론의 형식으로 서술하시오.

5 전통 악기와 현대 악기 간의 조화는 어떻게 이루어질까?에 대해 자신의 생각을 300자 이내로 서술하시오.

집중

6 다음 '전통 악기는 현대 음악과의 융합을 통해 새로운 창작의 가능성을 열수 있는가'라는 논제를 바탕으로 찬성과 반대의 생각을 서술하시오.

찬성	반대

08 공공미술과 사회 변화
- 그래피티 예술, 도시를 바꾸다

　공공미술[1]의 한 형태인 그래피티[2] 예술은 현대 도시 환경에서 중요한 변화를 이끈다. 과거에는 불법 낙서로 간주되던 그래피티가 이제는 도시를 아름답게 꾸미고, 지역 주민들의 자부심을 높이는 도구로 자리 잡고 있다. 그래피티 예술은 단순한 그림이 아니라 사람들의 생각을 담고 지역 문화를 반영하는 강력한 메시지가 된다. 세계 여러 도시에서 그래피티 예술을 통해 공간이 변화하고 있으며, 예술과 도시 환경이 조화를 이루는 사례가 늘어나고 있다.

　코트디부아르의 경제 중심지 아비장은 그래피티 예술을 통해 도시의 모습을 새롭게 바꾸고 있다. 한때 부정적으로 여겨졌던 그래피티가 이제는 건물 외벽과 거리를 장식하며, 사람들에게 새로운 예술적 경험을 제공한다. 특히 2024년에 열린 '아이보리 그라프 그래피티 페스티벌'은 큰 화제를 모았다. 이 페스티벌에서 40여 명의 예술가들은 약 300미터의 벽면을 거대한 예술 작품으로 바꾸었다. 이러한 활동은 단순히 거리를 꾸미는 데 그치지 않고, 지역 주민들에게 활기를 주며 도시의 정체성을 정의하는 계기를 마련했다. 프랑스의 작은 도시 라온에서도 비슷한 변화가 일어나고 있다. 국제 도시 예술 페스티벌을 통해 도심 곳곳에 그래피티 작품이 들어섰으며, 주민들은 거리 이름 대신 그래피티 작품 이름으로 위치를 설명하기도 한다. 이는 그래피티 예술이 도시 미관[3]을 개선하는 것을 넘어, 지역 사회의 문화를 풍부하게 하고 주민들의 일상에 자연스럽게 스며들었음을 보여준다.

그래피티 예술이 긍정적인 영향을 미치는 반면, 갈등을 낳기도 한다. 예를 들어, 독일 퀼른에서는 스위스 예술가 하랄드 네겔리의 작품이 실수로 제거되는 사건이 발생했다. 이 사건은 그래피티 예술에 대한 사회적 인식과 보존 노력이 부족함을 보여준다. 일부 사람들은 그래피티를 여전히 낙서로 여기며, 예술적 가치를

독일 퀼른의 성 세실리아 교회에 하랄드 네겔리의 그래피티 작품

인정하지 않는 경우도 있다. 또한, 무분별한 그래피티 낙서는 도시 미관을 해칠 수 있고, 허가받지 않은 벽면에 그려지는 작품들은 법적 문제를 일으킬 수도 있다. 따라서 도시 내에서 그래피티 예술을 체계적으로 관리할 방안이 필요하며, 지역 사회와 협력해 예술적 가치를 높이는 방향으로 나아가야 한다.

그럼에도 불구하고 그래피티는 지역 주민들의 목소리를 담아내고, 사회적 메시지를 전달하는 강력한 도구가 된다. 예술가들은 그래피티를 통해 환경 문제, 인권, 평화 등 다양한 주제를 표현하며, 사람들이 쉽게 다가갈 수 있는 공공 미술로 만든다. 일부 도시는 그래피티 아티스트들에게 공식적으로 공간을 제공해 자유롭게 작품을 그릴 수 있도록 지원하고 있다. 이러한 움직임은 불법 그래피티를 줄이면서도 예술의 자유를 보장하는 효과를 가져온다. 예를 들어, 런

꼭 기억하렴

① 그래피티 (Graffiti): 공공장소나 벽면 등에 그림, 글씨, 기호 등을 그리거나 스프레이 페인트를 이용해 표현하는 거리 예술의 한 형태를 의미한다.
② 미관: 사물이나 공간이 조화롭고 아름다운 상태를 의미하며, 시각적으로 보기 좋은 느낌을 주는 요소를 포함한다.
③ 공공미술: 특정한 공간에서 모든 사람이 감상할 수 있도록 제작된 예술 작품을 의미한다.
③ 오명: 부정적이고 좋지 않은 평가나 평판을 의미한다.

국어 공신 선생님

던의 '리케스트리트'나 베를린의 '이스트 사이드 갤러리'는 그래피티 예술이 합법적으로 보호받는 대표적인 공간이다. 이처럼 공공미술로 자리 잡은 그래피티는 도시의 개성을 살리고, 창의적인 표현의 장을 제공하는 중요한 역할을 한다.

'이스트사이드 갤러리'에 드미트리 브루벨이 그린 레오니트 브레즈네프와 에리히 호네커의 키스를 표현한 그래피티 작품.

그래피티는 단순한 벽화가 아니다. 이는 도시를 변화시키고, 사람들에게 새로운 관점을 제공하는 공공미술이다. 주민들에게는 자부심과 소속감을 심어주고, 외부 방문객들에게는 도시의 독특한 매력을 알리는 역할을 한다. 오늘날 그래피티 예술은 불법이라는 오명❶에서 벗어나 도시를 변화시키는 강력한 예술 형태로 자리 잡고 있다. 앞으로도 더 많은 도시들이 그래피티를 통해 지역의 개성과 문화를 표현하고, 주민들과 소통할 수 있는 공공미술의 새로운 가능성을 모색하기를 기대한다. 그래피티는 단순한 그림이 아닌, 도시를 새롭게 물들이는 변화를 이끄는 강력한 도구가 된다.

국어 공신 선생님의 감상 꿀팁!

 좀 더 깊이 생각해 보기

• 공공미술로서의 그래피티 예술이 한국 사회에 주는 의미는 무엇일까?
그래피티 예술은 도시의 개성을 표현하고 사회적 메시지를 전달하는 중요한 공공미술의 한 형태이다. 한국에서도 그래피티 예술이 점차 주목받고 있으며, 홍

대, 이태원, 성수동과 같은 지역에서는 거리 곳곳에서 개성 넘치는 벽화를 쉽게 찾아볼 수 있다. 이는 단순히 미관을 개선하는 것을 넘어 지역의 정체성을 형성하는 역할을 한다. 또한, 그래피티는 사회적 이슈를 담아내는 도구로 활용될 수 있다. 예를 들어, 2016년 강남역 여성 살해 사건 이후 강남역 10번 출구 벽에는 여성 인권을 지지하는 그래피티가 등장하며 사회적 논의를 촉진한 바 있다. 이러한 사례는 그래피티가 단순한 거리 예술이 아니라 공공의 메시지를 담아내는 힘을 가질 수 있음을 보여준다.

• 한국 사회에서 그래피티를 바라보는 시각이 어떻게 변화해야 할까?

현재 한국에서 그래피티는 여전히 '불법 낙서'라는 오명을 벗어나지 못하고 있다. 하지만 예술성과 사회적 메시지를 고려한다면, 그래피티는 충분히 가치 있는 공공미술로 인정받을 수 있다. 따라서 그래피티를 단순한 낙서로 취급하기보다는 예술적 가치가 있는 작품과 구분하는 인식 변화가 필요하다. 예를 들어, 서울시는 지정된 구역 내에서 그래피티 아티스트들이 활동할 수 있도록 허가제를 도입할 수 있다. 또한, 그래피티 관련 교육과 전시를 통해 대중이 이를 예술의 한 형태로 받아들이도록 유도해야 한다. 이러한 변화는 그래피티를 공공미술의 중요한 일부로 자리 잡게 하는 계기가 될 것이다.

• 공공미술로서 그래피티 예술이 한국의 미래 도시 환경에 미칠 영향은?

그래피티 예술은 한국의 미래 도시 환경을 보다 창의적이고 개성 있게 변화시킬 가능성을 지닌다. 현대 사회에서는 도시 공간이 단순한 생활 공간을 넘어 문화적 가치를 창출하는 장소로 변하고 있다. 그래피티는 이러한 변화를 주도하는 공공미술의 한 형태로 작용할 수 있다. 특히 청년 예술가들에게 창작의 기회를 제공하고, 도시의 미관을 개선하는 역할을 할 수 있다. 앞으로 한국 사회가 그래피티를 공공미술로 적극적으로 수용한다면, 창의적이고 활력 넘치는 도시 환경을 조성할 수 있을 것이다.

정리해 볼까요?

기사에 대해서 알아볼까요?

주제: 공공미술과 사회 변화: 그래피티 예술이 도시를 바꾸는 힘
핵심어휘: 그래피티, 공공미술, 도시 변화, 지역 문화, 사회적 메시지, 예술과 법, 미관 개선, 창의적 표현, 도시 정체성, 합법화

1단락 요약: 그래피티 예술은 현대 도시에서 공공미술로 자리 잡고 있으며, 단순한 낙서가 아닌 지역 문화를 반영하고 도시 환경을 변화시킨다.
2단락 요약: 코트디부아르 아비장과 프랑스 라온 등에서 그래피티 예술이 도시 공간을 활성화하고, 지역 주민들에게 새로운 정체성을 부여하는 사례가 증가하고 있다.
3단락 요약: 그래피티 예술은 긍정적 영향을 주지만, 불법성과 갈등도 발생한다. 독일 쾰른의 작품 제거 사건은 그래피티 예술에 대한 인식과 보존 노력의 필요성을 보여준다.
4단락 요약: 그래피티는 단순한 미술이 아니라 사회적 메시지를 전달하는 도구다. 세계 여러 도시는 합법적인 공간을 제공해 창의적 표현의 장을 마련하고 있다.
5단락 요약: 그래피티 예술은 도시를 변화시키고 주민들의 자부심을 높이는 공공미술이다. 앞으로도 다양한 도시들이 그래피티로 지역 문화와 소통하며 예술적 가치를 확대하기를 기대한다.

기사의 구조적 접근을 꼭 알아야 해요!

1) 서론: 도시를 변화시키는 예술 – 그래피티의 새로운 역할
그래피티 예술이 현대 도시에서 단순한 낙서를 넘어 공공미술의 한 형태로 자리 잡고 있으며, 도시 환경과 지역 사회에 긍정적인 영향을 미치고 있다.

2) 본론: 그래피티 예술의 사회적 영향과 도시 문화의 변화
그래피티 예술은 아비장과 라온 등에서 도시 환경을 변화시키고 지역 주민의 정체성을 강화하는 데 기여하고 있다. 그러나 불법성과 갈등의 문제도 발생하며, 체계적인 관리와 보존 노력이 필요하다. 그럼에도 불구하고 그래피티는 사회적 메시지를 전달하고, 도시의 창의성과 개성을 표현하는 중요한 공공미술로 자리 잡고 있다.

3) 결론: 그래피티의 미래 – 도시 문화와 예술의 융합 가능성
그래피티는 단순한 낙서를 넘어 도시를 변화시키고 사람들에게 새로운 시각을 제공하는 공공미술로 자리 잡고 있다. 앞으로도 도시가 그래피티를 활용해 지역 문화와 소통하고 창의적인 공간을 만들어 나가기를 기대한다.

1 다음 중 그래피티 예술의 특징과 역할에 대한 설명으로 적절하지 <u>않은</u> 것은?

① 그래피티 예술은 도시의 미관을 개선하고 지역 문화를 반영하는 역할을 한다.

② 그래피티는 과거 불법 낙서로 여겨졌지만, 현재는 공공미술의 한 형태로 인정받기도 한다.

③ 그래피티 예술은 주민들에게 자부심을 심어주고 도시의 정체성을 형성하는 데 기여한다.

④ 그래피티는 무조건적으로 법적 허가 없이 도시의 모든 공간에서 자유롭게 그릴 수 있다.

⑤ 일부 도시는 그래피티 예술가들에게 합법적인 공간을 제공하며 창의적인 표현을 장려한다

2 다음 <보기>를 참고할 때, 그래피티 예술이 공공미술로 인정받기 위한 조건으로 적절하지 <u>않은</u> 것은?

보기

- 그래피티 예술은 도시 미관을 개선하고 지역 정체성을 강화하는 역할을 한다.
- 공공미술로 인정받기 위해서는 지역 사회와의 협력이 필요하다.
- 일부 도시에서는 공식적인 공간을 제공하여 합법적인 그래피티 예술을 장려한다.
- 그래피티 예술은 개인의 창의성을 표현하는 수단이지만, 도시 환경과 무관하게 활용될 수도 있다.

① 그래피티 예술은 도시의 미관을 개선하는 역할을 한다.

② 공공미술로 인정받으려면 지역 사회와 협력이 필요하다.

③ 도시 환경과 관계없이 그래피티 예술은 어디에서든 자유롭게 표현될 수 있다.

④ 일부 도시는 그래피티 예술가들에게 공식적인 공간을 제공한다.

⑤ 그래피티는 지역 정체성을 형성하는 데 기여할 수 있다.

3 그래피티 예술이 도시 환경과 주민들에게 미치는 영향을 서술하시오.

4 공공미술로서의 그래피티 예술이 가지는 의미와 가치에 대해 서론, 본론, 결론의 형식으로 서술하시오.

5 그래피티 예술이 공공미술로 인정받기 위해 고려해야 할 점에 대해 서술하시오.

6 다음 '그래피티 예술을 공공미술로 보호해야 하는가?'라는 논제를 바탕으로 찬성과 반대의 생각을 서술하시오.

찬성	반대

09 신발이 걸린 나무
- 슈즈트리의 이야기

슈즈트리(Shoes Tree)는 신발을 나무에 걸어두는 독특한 문화적 현상으로, 예술과 사회적 의미를 동시에 지니고 있다. 이 현상은 주로 미국과 같은 서구 국가에서 발견되지만, 전 세계적으로 다양한 형태로 존재한다. 슈즈트리는 단순한 장식물 이상의 의미를 가지며, 그 자체로 예술적 표현의 한 형태로 볼 수 있다. 특정 장소에 걸린 신발들은 그 지역의 정

오리건 주 유진 도심의 '신발 나무'

체성을 형성하고, 지역 주민들에게는 특별한 의미를 지닌다.

슈즈트리의 기원은 명확하지 않지만, 여러 가지 설이 존재한다. 일부는 이를 젊은이들이 친구와의 추억을 기념하기 위해 신발을 걸어두는 행위로 설명한다. 이러한 행위는 친구들과의 우정이나 특별한 순간을 기억하기 위한 방법으로 여겨지며, 신발은 그 기억을 상징하는 물체가 된다. 다른 이들은 슈즈트리가 특정 지역의 상징으로 자리 잡으면서, 그 지역의 문화적 아이덴티티[1]를 형성하는 데 기여한다고 주장한다. 예를 들어, 어떤 마을의 슈즈트리는 그 마을의 역사나 전통을 반영할 수 있으며, 방문객들에게는 지역 문화를 소개하는 역할을 하기도 한다. 이러한 맥락에서 슈즈트리는 단순한 물체가 아니라, 사람들의 기억과 감정을 담고 있는 예술적 오브제[2]로 해석될 수 있다. 슈즈트리는 그 자체로

시각적 요소를 가지고 있다. 다양한 색상과 디자인의 신발들이 나무에 걸려 있는 모습은 시각적으로 매력적이며, 지나가는 이들에게 호기심을 불러일으킨다. 이러한 시각적 요소는 관람객에게 감정적 반응을 유도하며, 각 신발이 가진 이야기를 상상하게 만든다. 예를 들어, 어떤 신발은 여행의 추억을, 또 다른 신발은 사랑의 기억을 담고 있을 수 있다. 각 신발은 그 주인의 이야기를 담고 있어, 이를 통해 사람들은 자신의 경험과 연결될 수 있는 기회를 가지게 된다. 슈즈트리는 개인의 이야기를 시각적으로 표현하는 매개체로 기능하며, 이를 통해 사람들은 서로의 삶을 이해하고 공감하게 된다. 이러한 개인적 차원에서의 의미는 슈즈트리가 단순한 장식물 이상의 역할을 한다는 점을 강조한다. 신발은 사람의 발을 보호하는 기능을 넘어서, 그 사람의 삶의 여러 측면을 상징하는 존재로 자리 잡는다. 슈즈트리에 걸린 신발들은 그 주인의 추억과 감정을 간직하고 있으며, 이를 통해 우리는 다른 사람들의 경험을 간접적으로 느낄 수 있다. 이러한 연결은 예술이 개인의 삶과 어떻게 깊이 연결될 수 있는지를 보여준다.

　슈즈트리는 사회적 메시지를 전달하는 수단으로도 작용한다. 신발을 나무에 걸어두는 행위는 종종 사회적 저항이나 반항의 상징으로 해석되기도 한다. 예를 들어, 특정 지역에서의 사회적 불만이나 정치적 메시지를 전달하기 위해 신발을 걸어두는 경우가 있다. 이러한 맥락에서 슈즈트리는 단순한 장식이 아니라, 사회적 이슈에 대한 경각심을 일깨우는 예술적 표현으로 볼 수 있다. 이는

❶ 문화적 아이덴티티: 문화적 아이덴티티는 개인이나 집단이 특정 문화에 속함을 인식하고, 그 문화의 가치, 전통, 언어 등을 통해 형성되는 정체성을 뜻한다.
❷ 예술적 오브제: 예술적 오브제는 예술 작품에서 사용되는 물체나 형상을 의미하며, 그 자체로 의미를 지니거나 감정을 전달합니다. 이는 관객과의 상호작용을 통해 새로운 해석과 경험을 창출하는 중요한 요소로 작용함을 의미한다.
❹ 유대감: 유대감은 사람들 간의 정서적 연결이나 친밀감을 의미한다. 서로의 경험, 감정, 가치관을 공유하며 형성되며, 신뢰와 지지를 바탕으로 관계를 강화함을 나타낸다.

꼭 기억하렴

국어 공신 선생님

시각적으로 사람들에게 강한 인상을 주며, 사회적 변화를 촉구하는 메시지를 전달할 수 있는 힘을 가진다. 또한 슈즈트리는 지역 사회의 공동체 의식을 강화하는 역할을 한다. 사람들이 함께 모여 신발을 걸어두고, 그 과정에서 서로의 이야기를 나누는 것은 공동체의 유대감[3]을 형성하는 데 기여한다. 이러한 행위는 지역 사회의 문화적 정체성을 강화하고, 사람들 간의 연결을 촉진하는 예술적 활동으로 해석될 수 있다. 특히, 슈즈트리를 통해 사람들은 서로의 이야기를 공유하고, 공감대를 형성하며, 지역 사회의 일원으로서의 소속감을 느낄 수 있다.

슈즈트리는 단순한 신발의 집합체가 아니라, 예술적 표현의 한 형태로서 다양한 의미를 지니고 있다. 개인의 기억과 감정을 담고 있는 동시에, 사회적 메시지를 전달하며, 공동체의 유대감을 형성하는 역할을 한다. 이러한 이유로 슈즈트리는 예술로서의 가치를 지니며, 현대 사회에서 중요한 문화적 현상으로 자리 잡고 있다. 슈즈트리를 통해 우리는 예술이란 무엇인지, 그리고 그것이 어떻게 우리의 삶과 연결될 수 있는지를 다시 한 번 생각해 봐야 하지 않을까? 슈즈트리는 단순한 물체가 아닌, 사람들의 삶을 연결하는 중요한 매개체로서, 앞으로도 그 의미와 가치를 더욱 확장해 나갈 것이다.

한걸음 더 깊이 생각해 보기

• 슈즈트리 활동이 청소년들에게 미치는 긍정적인 영향은 무엇일까?

슈즈트리 활동은 청소년들에게 여러 긍정적인 영향을 미친다. 첫째, 창의력과 자기 표현 능력을 향상시킨다. 청소년들은 다양한 디자인과 스타일을 통해 자신의 개성을 표현할 수 있다. 둘째, 협동심과 사회성을 기를 수 있다. 팀 프로젝트를 통해 다른 사람들과 협력하고 소통하는 경험을 쌓게 된다. 셋째, 문제 해결 능력을 배양한다. 디자인 과정에서 발생하는 다양한 문제를 해결하는 과정에서 비판적 사고가 발전한다. 넷째, 자존감을 높이는 데 기여한다. 자신이 만든 작품이 다른 사람에게 긍정적인 반응을 얻을 때, 자신에 대한 긍정적인 인식을 갖게된다. 마지막으로, 스트레스 해소와 정서적 안정에도 도움을 준다. 창의적인 활동은 청소년들이 일상에서 느끼는 스트레스를 줄이고, 정서적으로 안정된 상태를 유지하는 데 기여한다. 이러한 요소들은 청소년들이 건강하게 성장하는 데 중요한 역할을 한다.

• 슈즈트리 활동에 있어 배울 수 있는 점과 고려되어야 하는 점은 무엇일까?

슈즈트리 활동을 통해 배울 수 있는 점은 다양하다. 첫째, 창의적 사고와 디자인 능력을 기를 수 있다. 다양한 재료와 기법을 활용하여 독창적인 작품을 만드는 과정에서 창의성이 발휘된다. 둘째, 협동과 소통의 중요성을 배운다. 팀원들과의 협업을 통해 의견을 조율하고, 서로의 아이디어를 존중하는 법을 익힐 수 있다. 셋째, 시간 관리와 계획 수립 능력을 향상시킬 수 있다. 프로젝트를 진행하면서 일정과 목표를 설정하고 이를 달성하기 위한 노력을 하게 된다.

그러나 고려해야 할 점도 있다. 첫째, 안전 문제이다. 작업 중 발생할 수 있는 사고를 예방하기 위해 안전 장비와 절차를 준수해야 한다. 둘째, 자원 관리이다. 재료와 도구의 효율적인 사용을 통해 낭비를 줄이고 지속 가능한 활동을 지향해야 한다. 셋째, 개인의 차이를 존중하는 태도가 필요하다. 각자의 능력과 스타일이 다르므로, 이를 인정하고 포용하는 환경을 조성하는 것이 중요하다. 이러한 점들을 고려하여 활동을 진행하면 더욱 의미 있는 경험이 될 것이다.

정리해 볼까요?

그룹 생각

기사에 대해서 알아볼까요?

집중!

> **주제:** 단순한 패션 아이템을 넘어, 사회에 중요한 영향을 미치는 문화적 현상인 슈즈트리
>
> **핵심어휘:** 슈즈트리, 패션, 문화, 상징

> **1단락 요약:** 슈즈트리는 신발을 나무에 걸어두는 문화적 현상으로, 예술적 표현과 사회적 의미를 지닌다. 기원은 다양하지만, 친구와의 추억을 기념하거나 지역 아이덴티티를 형성하는 역할을 한다.
>
> **2단락 요약:** 슈즈트리는 다양한 색상과 디자인의 신발을 통해 시각적 요소를 제공하며, 신발이 담고 있는 개인의 이야기를 통해 사람들 간의 공감을 이끌어낸다.
>
> **3단락 요약:** 슈즈트리는 사회적 저항과 메시지를 전달하는 수단으로 작용하며, 지역 사회의 공동체 의식을 강화하고 사람들 간의 유대감을 형성하는 역할을 한다.
>
> **4단락 요약:** 슈즈트리는 단순한 신발의 집합체가 아니라, 개인의 기억과 감정을 담고 사회적 메시지를 전달하는 중요한 예술적 표현이다.

기사의 구조적 접근을 꼭 알아야 해요!

꼭 기억하렴!

> **1) 서론: 슈즈트리의 문화적 의미와 기원**
> 슈즈트리는 신발을 나무에 걸어두는 독특한 문화적 현상으로, 예술적 표현과 사회적 의미를 동시에 지닌다. 주로 서구 국가에서 발견되지만, 전 세계적으로 다양한 형태로 존재하며, 특정 장소에 걸린 신발들은 그 지역의 정체성을 형성하는 데 기여한다. 이러한 슈즈트리는 단순한 장식물이 아닌, 사람들의 기억과 감정을 담고 있는 예술적 오브제로 해석될 수 있다.
>
> **2) 본론: 개인의 이야기와 사회적 메시지**
> 슈즈트리는 다양한 색상과 디자인의 신발들이 걸려 있어 시각적으로 매력적이다. 각 신발은 주인의 이야기를 담고 있어, 개인의 경험과 연결될 기회를 제공한다. 또한, 슈즈트리는 사회적 저항이나 메시지를 전달하는 수단으로 작용하며, 지역 사회의 공동체 의식을 강화하는 역할도 한다. 사람들이 함께 신발을 걸어두고 이야기를 나누는 과정은 공동체의 유대감을 형성하는 데 기여한다.
>
> **3) 결론: 슈즈트리의 예술적 가치와 미래**
> 결론적으로, 슈즈트리는 단순한 신발의 집합체가 아니라, 개인의 기억과 감정을 담고 사회적 메시지를 전달하는 중요한 예술적 표현이다. 현대 사회에서 슈즈트리는 중요한 문화적 현상으로 자리 잡고 있으며, 사람들의 삶을 연결하는 매개체로서 그 의미와 가치를 계속 확장해 나갈 것이다.

비판적 사고 키워 볼까요? ✚

1 슈즈트리에 대한 설명으로 적절하지 않은 것은?

① 슈즈트리는 단순한 장식물로서의 의미만 가지며, 그 자체로 예술적 표현의 한 형태로 볼 수 있다.

② 슈즈트리는 사람들의 기억과 감정을 담고 있는 예술적 의미로 해석될 수 있다.

③ 슈즈트리는 사회적 인식을 높이는 데 중요한 역할을 한다.

④ 슈즈트리는 또한 지역 사회의 공동체 의식을 강화하는 역할을 한다.

⑤ 슈즈트리는 대중에게 강한 인상을 남기며, 사회적 이슈에 대한 논의를 촉진하는 데 기여한다.

2 <보기>를 바탕으로 슈즈트리 설치에 대한 의미를 이해한 시각이 다른 것은 ?

서울역 슈즈트리 설치 (2017)

2017년 서울역 고가 역사에서 설치된 슈즈트리는 약 3만 켤레의 신발로 구성된 대형 조형물이다. 설치된 슈즈트리는 사회적 메시지를 담고 있는 예술 작품으로, 주로 실종자와 희생자에 대한 기억을 상징한다.

① 이 작품은 사회적 이슈에 대한 공론화를 촉진했다. 많은 사람들이 작품을 통해 자신의 의견을 표현하고, 사회적 책임에 대해 논의하는 장이 마련되었다.

② 서울역이라는 공공장소에 설치됨으로써, 많은 사람들이 이 작품을 통해 사회적 이슈에 대한 인식을 높이고, 잊혀져서는 안 될 사건들을 다시금 되새기게 하는 계기를 제공했다.

③ 많은 시민들이 슈즈트리를 방문하고, 그 앞에서 묵념하거나 메시지를 남기면서 사회적 연대와 공감의 장이 형성되었다.

④ 이 작품은 예술이 사회적 이슈를 어떻게 다룰 수 있는지를 보여준다. 예술이 단순한 미적 경험을 넘어 사회적 대화와 변화를 이끌어낼 수 있는 힘을 가지고 있음을 강조했다.

⑤ 슈즈트리의 설치가 정치적 의도를 가지고 있다 보며 예술 작품이 특정 사건이나 이슈에 대해 어떤 입장을 취하는 것이 적절한지에 대한 논란이 있었다.

3 슈즈트리는 예술로 볼 수 있는지 자신의 생각을 서술하시오.

4 '슈즈트리는 사회적 저항이나 반항의 상징으로 해석 가능한가'에 대한 자신의 생각을 서론, 본론, 결론의 형식으로 서술하시오.

중요

5 '슈즈트리를 흉물로 보는 이유는 무엇일까'에 대해 자신의 생각을 서술하시오.

집중

6 다음 '슈즈트리는 예술인가 흉물인가?'라는 논제를 바탕으로 찬성과 반대의 생각을 서술하시오.

찬성	반대

세계가 주목하는 K-예술

　최근 전 세계적으로 한국 예술이 뜨거운 관심을 받고 있다. K-팝의 인기가 확산되면서 한국의 미술, 영화, 공연 예술도 국제 무대에서 강한 영향력을 발휘하고 있다. 한국 예술은 전통과 현대가 조화를 이루며 독창적인 표현 방식과 감각적인 연출로 세계인의 이목●을 사로잡고 있다. 과거에는 주로 한국의 전통 문화가 주목받았지만, 이제는 다양한 장르에서 한국 예술가들이 창의적인 작품을 선보이며 국제적으로 인정받고 있다. 한국 예술은 어떻게 세계적인 주목을 받게 되었으며, 앞으로 어떤 방향으로 발전할 것인가?

　한국 현대 미술은 독창적인 감각과 실험적인 기법으로 국제 미술계에서 주목받고 있다. 설치미술가 이불은 세계 유수의 갤러리에서 활발한 활동을 펼치며 한국 미술의 위상❷을 높였다. 김환기의 추상화는 글로벌 경매 시장에서 높은 가치를 인정받으며 한국 미술의 정체성을 세계에 널리 알리고 있다. 이러한 현대 미술의 성장은 한국 예술가들이 점점 더 세계 무대에서 중요한 역할을 할 수 있도록 만들었다. 또한, 디지털 아트와 같은 새로운 미술 장르에서도 한국 작가들이 창의적인 실험을 진행하며 국제적인 인정을 받고 있다. 미술 시장에서 한국 예술가들의 작품이 점차 중요한 위치를 차지하고 있다는 점에서 K-예술의 가능성은 더욱 확장되고 있다.

　한국 영화와 드라마 역시 세계적으로 큰 영향을 미치고 있다. 봉준호 감독의 영화 '기생충'은 미국 아카데미상을 수상하며 한국 영화의 수준을 전 세계적으로 인정받게 했다. 넷플릭스를 통해 방영된 '오징어 게임'은 전 세계적으로 폭발적인 인기를 끌며 K-콘텐츠의 새로운 가능성을 열었다. 이처럼 한국 영화와 드라마는 독창적인 스토리텔링과 감각적인 연출을 통해 글로벌 시장에서 주목받고 있다. 한국 드라마의 성공은 단순한 유행을 넘어서, 세계적인 문화 현상으로 자리 잡고 있다. 또한, 다양한 장르와 주제를 다루는 작품들이 점차 증가하면서 K-콘텐츠는 더욱 다양해지고 있으며, 한국 영화와 드라마의 영향력은 계속 확대되고 있다.

기생충 포스터　　　©cj엔터테인먼트

　한국의 전통 예술과 현대적 요소를 결합한 공연 예술 역시 세계적으로 각광받고 있다. 국악 그룹 '이날치'는 전통 판소리를 현대적인 비트와 결합하여 색다른 음악적 경험을 선사하며 해외에서도 큰 인기를 얻고 있다. 국립무용단은 전통 춤과 현대적 안무를 융합한 공연을 선보이며 세계적인 무대에서 극찬을 받고 있다. 이러한 공연

오징어게임2　　　©넷플릭스

꼭 기억하렴

❶ 이목: 어떤 사안이나 대상이 사람들의 주목과 관심을 끄는 것을 의미한다.
❷ 위상: 특정한 대상이 사회적, 문화적, 정치적, 경제적 맥락에서 차지하는 위치나 중요도를 뜻한다.
❸ 트렌드: 특정한 시기나 사회에서 유행하는 경향이나 흐름을 의미한다. 패션, 음악, 미술, 기술 등 다양한 분야에서 변화하는 스타일이나 선호도를 나타낼 때 사용된다.
❹ 전망: 현재 상황을 분석하여 앞으로의 변화를 예측하는 것을 의미한다.

국어 공신 선생님

예술은 K-예술의 독창성을 극대화하며 글로벌 시장에서 새로운 트렌드❸를 만들어가고 있다. 또한, 한국 전통 악기와 서양 음악을 결합한 창작 활동도 증가하며, 한국 예술의 다양한 모습이 세계적으로 더욱 널리 알려지고 있다. 이러한 시도들은 한국의 전통 문화를 현대적 감각으로 재해석하며 글로벌 시장에서 경쟁력을 높이고 있다.

K-예술은 지속적으로 발전하며 세계 문화 시장에서 더욱 강력한 영향을 미칠 것으로 전망❹된다. 디지털 기술과 인공지능(AI)과 결합한 새로운 예술 형식이 등장하면서 한국 예술가들은 더욱 창의적인 방식으로 세계 무대에 도전하고 있다. 한국 정부와 다양한 민간 단체들은 문화 교류 프로그램을 확대하여 K-예술이 글로벌 문화로 자리 잡을 수 있도록 지원하고 있다. 전통과 현대를 아우르는 K-예술은 앞으로도 세계 예술계를 이끌어가는 중요한 흐름으로 자리할 것이다. 이를 통해 한국 예술은 단순한 유행을 넘어 지속 가능한 문화 콘텐츠로 자리 잡으며, 더욱 다양한 방식으로 세계인의 사랑을 받을 것이다.

국어 공신 선생님의 감상 꿀팁!

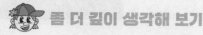
좀 더 깊이 생각해 보기

집중!

• 예술적 관점에서 K-예술이 세계적으로 주목받는 이유는 무엇일까?
K-예술은 독창적인 스토리텔링과 표현 방식을 통해 세계적인 인기를 얻고 있다. 한국 영화와 드라마는 감각적인 연출과 서사를 바탕으로 글로벌 시장에서 강한 영향력을 발휘하고 있으며, 전통과 현대를 융합한 공연 예술 또한 국제적으로 주목받고 있다. K-예술의 성공은 예술적 감각뿐만 아니라, 시대의 흐름을 반영하는 창의적인 접근 방식에서도 찾을 수 있다.

• K-예술이 과학과 기술을 활용하는 방식에는 어떤 것들이 있을까?

현대 K-예술은 디지털 기술을 활용하여 새로운 예술적 표현을 시도하고 있다. 예를 들어, 디지털 아트는 전통적인 회화 기법과 결합하여 새로운 시각적 경험을 제공하고 있으며, 미디어 아트는 기술과 예술의 경계를 허물며 예술의 형태를 확장하고 있다. 인공지능(AI)과 가상현실(VR) 기술을 활용한 인터랙티브 전시는 관객에게 새로운 경험을 선사하며, 예술이 단순한 감상의 대상에서 체험의 대상으로 변화하고 있음을 보여준다.

• K-예술의 유산이 현대 예술에 주는 교훈은 무엇일까?

K-예술은 전통과 현대를 조화롭게 융합하며, 시대적 흐름 속에서 새로운 가치를 창출하는 예술의 가능성을 보여준다. 한국의 전통 예술이 현대적 감각과 결합하여 세계적인 인정을 받았듯이, 예술은 변화하는 사회와 문화적 맥락 속에서 끊임없이 진화해야 한다. 앞으로도 K-예술이 글로벌 예술 시장에서 지속적인 영향을 미치기 위해서는 창의성과 혁신을 바탕으로 새로운 흐름을 만들어가야 할 것이다.

• K-예술이 지속적으로 세계적인 영향력을 유지하기 위해 필요한 전략은 무엇일까?

K-예술이 세계적 영향력을 유지하려면 창의성과 혁신, 문화적 다양성을 존중하는 전략이 필요하다. 첫째, AI, VR, AR 등 디지털 기술을 활용한 창작으로 경쟁력을 높여야 한다. 둘째, 해외 아티스트와 협업하여 다양한 문화적 배경을 반영한 작품을 선보이며 국제적 공감을 얻어야 한다. 셋째, 전통과 현대를 조화롭게 결합해 단기 유행을 넘어 지속 가능한 콘텐츠를 개발해야 한다. 마지막으로, 유튜브, 넷플릭스, 소셜미디어 등 글로벌 플랫폼을 활용해 접근성을 높이고 지속적인 관심을 유도해야 한다.

정리해 볼까요?

그룹 생각

기사에 대해서 알아볼까요?

집중!

주제: 세계적으로 주목받는 K-예술과 그 발전 방향
핵심어휘: K-예술, 이목, 위상, 트렌드, 전망, 현대 미술, 영화, 드라마, 공연 예술, 전통과 현대의 융합, 글로벌 시장, 창의성

1단락 요약: K-팝의 인기를 바탕으로 미술, 영화, 공연 예술이 국제적으로 영향력을 발휘하며, 전통과 현대의 조화로 한국 예술가들의 창작 활동이 세계적으로 인정받고 있다.
2단락 요약: 이불과 김환기 등 한국 현대 미술가들이 국제 무대에서 주목받고 있으며, 디지털 아트 등 새로운 장르에서도 창의성을 발휘하며 영향력을 확대하고 있다.
3단락 요약: '기생충'과 '오징어 게임' 등 한국 영화와 드라마가 독창적 스토리텔링과 연출로 세계적인 관심을 받으며, 다양한 장르로 그 영향력이 계속 확장되고 있다.
4단락 요약: 이날치와 국립무용단 등 K-공연 예술이 전통과 현대적 요소를 결합해 세계적으로 주목받으며, 창의적인 시도로 글로벌 시장에서 경쟁력을 강화하고 있다.
5단락 요약: K-예술은 디지털 기술과 AI 활용이 증가하며 지속적으로 발전하고, 정부와 민간 지원이 확대되면서 세계 예술계에서 중요한 흐름을 형성할 것이다.

기사의 구조적 접근을 꼭 알아야 해요!

꼭 기억하렴!

1) 서론: K-예술, 세계적 영향력 확대의 배경
K-팝의 인기가 확산되면서 한국의 미술, 영화, 공연 예술이 국제적인 영향력을 발휘하고 있음.
2) 본론: 현대 미술, K-콘텐츠, 공연 예술의 글로벌 성장
한국 현대 미술은 이불, 김환기 등 예술가들이 국제 무대에서 주목받으며, 디지털 아트 등 새로운 장르에서도 창의성을 인정받고 있다. 또한, '기생충', '오징어 게임' 등 한국 영화와 드라마는 독창적인 스토리텔링과 연출로 글로벌 시장에서 영향력을 확대하고 있다. 공연 예술 역시 전통과 현대를 접목한 창작 활동으로 주목받으며, K-예술은 다양한 장르에서 지속적으로 성장하고 있다.
3) 결론: K-예술의 지속적 발전과 미래 전망
K-예술은 디지털 기술과 AI 결합으로 더욱 창의적으로 발전하며, 정부와 민간의 지원 속에서 지속 가능한 글로벌 문화로 자리 잡을 것이다.

1 다음 중 본문에서 설명하는 K-예술의 특징으로 적절하지 않은 것은?

① K-예술은 전통과 현대적 요소가 결합된 형태로 세계적으로 주목받고 있다.

② 한국 현대 미술은 독창적인 감각과 실험적인 기법으로 국제 미술계에서 인정을 받고 있다.

③ 한국 영화와 드라마는 글로벌 시장에서 주목받고 있으며, 다양한 장르로 확장되고 있다.

④ 한국 전통 예술은 현대적 변화를 거부하고, 오로지 원형 그대로의 형태를 유지하고 있다.

⑤ K-예술은 디지털 기술과 결합하여 창의적인 방식으로 발전하고 있다.

2 다음 중 <보기>의 내용을 바탕으로 본문에서 추론할 수 있는 내용으로 적절하지 않은 것은?

보기

- 문화 콘텐츠는 글로벌 시장에서 성공하기 위해 대중성과 독창성을 함께 갖추어야 한다.
- 디지털 기술의 발전은 예술의 형태를 변화시키며, 새로운 예술적 표현 방식을 가능하게 한다.
- 전통과 현대의 조화는 특정 국가의 예술을 세계적으로 차별화하는 중요한 요소가 될 수 있다.

① K-예술이 세계적으로 주목받는 이유는 전통과 현대의 융합을 통해 독창적인 콘텐츠를 창조하기 때문이다.

② 디지털 기술과 인공지능(AI)의 발전은 K-예술이 새로운 방식으로 세계 무대에서 영향력을 확장하는 데 기여하고 있다.

③ K-예술은 글로벌 시장에서 단순한 유행을 넘어 지속 가능한 문화 콘텐츠로 자리잡아가고 있다.

④ 한국 전통 예술이 현대적 변화를 거부하고 원형 그대로만 유지되면서 세계적인 성공을 거두고 있다.

⑤ 한국 영화와 드라마는 독창적인 스토리텔링과 감각적인 연출을 통해 글로벌 시장에서 경쟁력을 갖추었다.

3 K-예술이 세계적으로 주목받는 이유 중 하나는 전통과 현대의 융합이다. K-예술이 전통을 현대적으로 재해석하여 세계적인 경쟁력을 갖춘 구체적인 사례를 2가지 이상 들어 서술하시오..

4 K-예술이 세계적으로 성공한 이유와 앞으로의 발전 방향에 대해 서론, 본론, 결론의 형식으로 서술하시오.

중요

5 'K-예술이 세계적으로 성공할 수 있었던 가장 중요한 요인은 무엇이라고 생각하는가?'에 대해서 본인의 견해를 구체적인 사례를 들어 서술하시오.

집중

6 다음 'K-예술이 지속 가능한 글로벌 문화 콘텐츠로 자리 잡을 것인가?'라는 논제를 바탕으로 생각을 서술하시오.

있다	없다

11 아악의 선율, 이왕직 아악부의 문화유산

아악부는 한국 전통 음악의 중요한 한 축을 이루는 기관으로, 조선시대 왕실 음악을 전승하고 발전시키는 역할을 해왔다. 이왕직 아악부는 1895년 설립되어, 왕실의 의식과 행사에서 연주되는 아악을 전문적으로 다루는 부서였다. 아악은 고대 중국에서 유래한 음악 양식으로, 주로 궁중의 제사나 연회에서 연주되었으며, 그 선율은 고귀함과 품격을 상징한다. 아악부는 전통 음악의 보존과 전파를 위해 다양한 노력을 기울였다. 아악의 연주는 엄격한 규칙과 형식을 따르며, 이를 통해 음악의 정수를 전달하고자 하였다. 아악부의 음악은 단순히 음의 나열이 아니라, 각 악기와 목소리가 조화를 이루어 깊은 감동을 주는 예술 작품이다. 이곳에서 연주되는 음악은 종종 민속 음악과 결합되어 현대적인 감각으로 재해석[1]되기도 한다.

아악부의 주된 악기는 가야금, 해금, 피리, 대금 등으로, 이들은 각각 독특한 음색과 특성을 지니고 있다. 가야금의 부드러운 선율은 아악의 정서를 한층 더 깊게 만들어 주며, 해금의 애절한 음색은 듣는 이의 마음을 울린다. 피리와 대금은 각각 고유의 음색을 통해 아악의 선율을 더욱 풍부하게 만들어준다. 이러한 악기들은 아악부의 연주뿐만 아니라, 다양한 전통 음악 행사에서도 중요한 역할을 한다. 이왕직 아악부는 단순히 음악을 연주하는 기관에 그치지 않고, 아악의 이론과 교육에도 힘썼다. 아악부의 음악가들은 후학에게 아악의 이론과 연주 기법을 전수[2]하며, 아악이 단절되지 않도록 노력하였다. 이러한 교육은 아악의 맥을 이어주는 중요한 역할을 하였으며, 현재에도 그 전통은 계속되고 있다. 아악부의 문화유산은 단순한 음악적 가치에 그치지 않는다. 아악은 한국의 역사와 문화, 철학을 반영하고 있으며, 그 안에는 조상들의 지혜와 삶의 방식이 담겨 있다. 아악부에서 연주되는 음

이왕직 아악부의 오선악보

악은 단순히 듣는 즐거움을 넘어, 청중에게 깊은 사유와 감정을 불러일으킨다. 이러한 점에서 아악부는 한국 전통 음악의 보존과 발전을 위한 중요한 기여를 하고 있다.

　오늘날에도 아악부는 다양한 공연과 행사에 참여하여 그 전통을 이어가고 있다. 현대적인 감각으로 재해석된 아악은 많은 사람들에게 새로운 감동을 주며, 젊은 세대와의 소통을 통해 그 가치를 더욱 확장하고 있다. 아악부의 음악은 단순히 과거의 유물이 아닌, 현재와 미래를 아우르는 살아있는 문화유산으로 자리매김하고 있다. 아악부의 존재는 한국 전통 음악의 소중한 유산을 지키는 것뿐만 아니라, 그 가치를 널리 알리는 데도 큰 역할을 한다. 아악의 선율은 이제 더 이상 왕실의 전유물이 아닌, 모든 이가 누릴 수 있는 문화유산으로 발전해 나가고 있다. 이러한 아악부의 노력은 앞으로도 계속될 것이며, 한국 전통 음악의 아름다움과 깊이를 더욱 많은 이들에게 전파할 것이다. 아악의 선율은 그렇게 한국의 문화유산으로서, 시대를 초월한 감동을 선사하고 있다. 아악부는 또한 다양한 현대적 시도와 협업을 통해 아악의 매력을 널리 알리고 있다. 예를 들

꼭 기억하렴

① 재해석: 옛것을 새로운 관점에서 다시 해석함.
② 전수: 기술이나 지식 따위를 전하여 받음.
③ 정체성: 변하지 아니하는 존재의 본질을 깨닫는 성질 또는 그 성질을 가진 독립적 존재.

국어 공신 선생님

어, 아악부는 현대 음악가들과의 협업을 통해 새로운 곡을 창작하거나, 기존의 아악 곡을 현대적인 편곡으로 재해석하여 공연하고 있다. 이러한 시도는 아악의 전통을 유지하면서도 현대적인 감각을 더해, 더 많은 사람들에게 아악의 매력을 전달하는 데 기여하고 있다. 아악부의 공연은 단순한 음악적 경험을 넘어, 관객들에게 한국의 전통과 현대가 조화를 이루는 모습을 보여준다. 이처럼 아악부는 전통 음악의 보존뿐만 아니라, 그 발전과 확장을 위해 끊임없이 노력하고 있으며, 앞으로도 한국 전통 음악의 아름다움을 세계에 알리는 데 중요한 역할을 할 것이다. 아악부의 이러한 노력은 한국 전통 음악이 단순한 과거의 유산이 아니라, 현재와 미래에도 여전히 중요한 문화적 자산으로 자리잡을 수 있도록 하는 데 기여하고 있다. 아악의 선율은 그 자체로 한국의 정체성[3]을 담고 있으며, 이를 통해 많은 이들이 한국의 전통과 문화를 이해하고 경험할 수 있는 기회를 제공하고 있다.

국어 공신 선생님의 감상 꿀팁!

한걸음 더 깊이 생각해 보기

집중

• 아악을 현대적으로 재해석한 사례는 무엇이 있을까?

아악을 현대적으로 재해석한 사례로는 여러 가지가 있다. 첫째, 현대 음악가들이 아악의 전통적인 요소를 샘플링하여 새로운 곡을 만드는 경우가 많다. 예를 들어, 전통 아악의 멜로디를 현대적인 비트와 결합하여 대중 음악으로 재탄생시키는 작업이 이루어진다. 둘째, 아악을 주제로 한 현대 무용 공연이 증가하고 있다. 전통적인 아악의 리듬과 움직임을 현대 무용의 언어로 풀어내어 관객에게 새로운 감동을 주는 사례가 많다. 셋째, 아악의 악기와 음색을 활용한 전자 음악의 발전도 주목할 만하다. 전통 악기를 디지털화하여 다양한 장르와 결합함으로써 아악의 매력을 현대적으로 표현하는 시도가 이루어진다.

• <보기>를 바탕으로 생각 할 때, 뮤지컬 '명성황후'에서 아악의 요소가 어떻게 통합되어 나타났을까?

보기

> 뮤지컬 '명성황후'는 조선시대의 역사적 사건과 인물, 특히 명성황후의 삶과 고난을 다룬다. 아악은 궁중에서 연주되던 전통 한국 음악으로, 조선의 문화와 예술을 대표한다. '명성황후'에서 아악은 전통적인 한국의 정서를 표현하는 데 중요한 역할을 하며, 극의 감정을 고조시키고 역사적 배경을 깊이 있게 전달한다. 따라서 '명성황후'와 아악은 한국의 전통 문화와 역사적 맥락을 연결하는 중요한 상관성을 지닌다.

뮤지컬 '명성황후'에서는 아악의 전통적인 음악적 요소가 현대적인 뮤지컬 형식과 결합되어 깊은 감동을 준다. 이 작품에서는 아악의 선율과 리듬이 주요 장면에서 사용되어, 캐릭터의 감정을 더욱 풍부하게 표현한다. 또한, 아악의 의상과 무대 장치가 뮤지컬의 시각적 요소와 조화를 이루어 전통적인 한국 문화를 현대적으로 재해석한다. 이러한 통합은 관객에게 익숙한 아악의 멜로디를 통해 친숙함을 느끼게 하며, 동시에 뮤지컬의 역동적인 요소와 결합하여 새로운 감정적 경험을 창출한다. 이처럼 뮤지컬과 아악의 융합은 단순한 장르의 혼합을 넘어, 문화적 정체성을 재조명하고, 다양한 세대가 함께 공감할 수 있는 예술적 가치를 만들어낸다.

정리해 볼까요?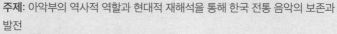

기사에 대해서 알아볼까요?

주제: 아악부의 역사적 역할과 현대적 재해석을 통해 한국 전통 음악의 보존과 발전

핵심어휘: 궁중 음악, 전통적인 기보법, 전통 음악

1단락 요약: 아악부는 조선시대 왕실 음악을 전승하고 발전시키는 기관으로, 아악의 고귀함과 품격을 전달하며 전통 음악의 보존과 교육에 힘쓰고 있다.

2단락 요약: 아악부의 주된 악기인 가야금, 해금, 피리, 대금은 독특한 음색을 지니며 아악의 정서를 깊게 만들고 후학에게 이론과 기법을 전수하여 전통 음악을 보존하고 발전시키는 중요한 역할을 한다.

3단락 요약: 오늘날 아악부는 다양한 공연과 행사에 참여하여 현대적으로 재해석된 아악을 통해 전통 음악의 가치를 확장하고, 모든 이가 누릴 수 있는 문화유산으로 자리매김하고 있다.

기사의 구조적 접근을 꼭 알아야 해요!

1) 서론: 아악부의 역사적 배경과 역할

아악부는 한국 전통 음악의 중요한 기둥으로, 조선시대 왕실 음악을 전승하고 발전시키는 역할을 해왔다. 1895년 설립된 이왕직 아악부는 왕실 의식과 행사에서 아악을 전문적으로 다루며, 고대 중국에서 유래한 아악의 고귀함과 품격을 상징적으로 전달하고 있다.

2) 본론: 아악부의 음악적 특성과 교육적 기여

아악부의 주된 악기인 가야금, 해금, 피리, 대금은 각각 독특한 음색을 지니며 아악의 정서를 깊게 만든다. 아악부는 음악 연주뿐만 아니라, 아악의 이론과 교육에도 힘쓰며 후학에게 기법과 이론을 전수하여 전통의 단절을 방지하는 중요한 역할을 한다.

3) 결론: 아악부의 현대적 의미와 지속적 가치

오늘날 아악부는 다양한 공연에 참여하며 현대적인 감각으로 재해석된 아악을 통해 새로운 감동을 전한다. 아악의 선율은 과거의 유물이 아닌 현재와 미래를 아우르는 살아있는 문화유산으로 자리매김하고, 앞으로도 그 가치는 더욱 확장될 것이다.

1 이왕직 아악부에 대한 설명으로 가장 적절한 것은?

① 이왕직 아악부는 단순한 악보의 의미를 지니며, 중국의 역사와 문화, 그리고 중국 전통 음악의 정체성을 이해하는 데 필수적인 자료이다.

② 이왕직아악부의 악보는 조선시대 궁중 음악의 전통을 계승하고 있지만, 궁중 의식과 행사에서 연주되는 음악은 포함하지 않는다.

③ 이왕직아악부의 악보는 한국 전통 음악의 중요한 유산으로, 그 역사적, 음악적, 교육적 가치가 매우 높다.

④ 이왕직아악부는 조선시대의 음악적 관습으로 이어져, 당시 중국의 사회와 조선의 전통 문화에 대한 귀중한 정보를 제공한다.

⑤ 아악은 자연, 인간, 신에 대한 경외심을 표현하는 음악으로, 그 곡조는 경쾌하고 빠른 리듬을 특징으로 한다.

2 <보기>를 바탕으로 한국 전통 음악의 계승과 발전에 대한 의미를 이해한 시각이 다른 것은?

> 이왕직아악부는 궁중 음악의 연주, 전통 음악의 보존, 교육 및 훈련, 그리고 문화적 정체성 유지를 위한 중요한 도구로 사용되었다. 이러한 목적들은 한국 전통 음악의 발전과 보존에 큰 기여를 했다.

① 이왕직아악부는 궁중 음악의 연주와 교육을 담당하며 전통 음악을 계승하는 역할을 했다.

② 이왕직아악부는 한국 전통 음악을 보존하면서도 서양 음악을 중심으로 교육을 확산했다.

③ 이왕직아악부는 전통 음악의 정체성을 유지하고 전승하기 위해 엄격한 교육 및 훈련을 진행했다.

④ 이왕직아악부는 전통 음악과 문화를 계승하고, 전통의 정체성을 후대에 전달하는 중요한 역할을 했다.

⑤ 이왕직아악부는 궁중 음악뿐만 아니라 민속 음악의 발전에도 기여하며 전통 음악의 범위를 확장했다.

3 본문을 바탕으로 할 때, 이왕진 아악부는 한국 전통 음악의 보존과 계승에 어떻게 중요한
역할을 했는지 서술하시오.

4 이왕진 아악부의 전통음악 계승에 대한 생각을 서론, 본론, 결론의 형식으로 서술하시오.

중요

5 본문을 참고하여 이왕진 아악부가 궁중음악으로 선택된 이유를 3가지로 간단히 서술하시오.

6 다음 '이왕진 아악부의 활동은 전통 음악이 현재와 미래에도 중요한 문화적 자산으로 자리잡을 수 있도록 하는 데 필수적인가?'라는 논제를 바탕으로 찬성과 반대의 생각을 서술하시오.

집중

찬성	반대

12 문학은 종합예술이다

    문학은 다양한 예술 형태와 밀접하게 연계되며 종합 예술로 불린다. 문학 작품은 영화, 음악, 미술 등 여러 예술 분야와 상호작용하며 서로의 경계를 넘나든다. 언어로 이야기를 전달하는 문학은 다른 예술과 결합하면서 더욱 풍부한 감성을 전달하고, 이를 통해 새로운 형태로 변화하기도 한다. 이러한 융합은 예술의 다양성을 확장하고, 문학이 단순한 글 이상의 가치를 지니게 만든다.

    문학과 영화는 서사❶를 전달하는 공통점을 지닌다. 문학이 언어를 통해 이야기를 전한다면, 영화는 시각적 이미지를 통해 서사를 표현한다. 이러한 특성으로 인해 많은 문학 작품이 영화로 각색되어 새로운 예술 작품으로 탄생한다. 셰익스피어의 작품은 수많은 영화로 제작되며 다양한 해석과 표현을 보여준다. 문학과 음악도 긴밀한 관계를 형성한다. 중세 시대에는 시와 음악이 하나로 결합되어 전해졌으며, 현대에도 시는 노래의 가사로 사용되어 음악과의 융합을 보여준다. 멘델스존의 '한여름밤의 꿈'은 문학이 음악에 영감을 주는 대표적인 예시이다. 문학과 미술 역시 서로의 경계를 넘나든다. 문학 작품의 표지는 독자의 첫인상을 결정짓는 중요한 요소로, 미술과의 협업을 통해 작품의 분위기와 주제를 시각적으로 표현한다. 문학 속 묘사는 화가들에게 영감을 주어 그림으로

멘델스존

재해석되기도 한다.

　문학과 연극은 긴밀한 관계를 가진다. 연극은 문학 작품, 특히 희곡을 기반으로 무대에서 표현되는 예술 형태이다. 셰익스피어의 희곡은 연극 무대에서 수 세기 동안 공연되며 문학과 연극의 밀접한 관계를 보여준다. 배우의 연기와 무대 연출을 통해 문학 작품은 더욱 생생하게 전달된다. 또한, 문학과 무용도 융합된다. 시나 소설의 서사를 춤으로 표현하는 무용 작품은 문학의 감정을 신체의 움직임으로 전달한다. 이러한 융합은 관객에게 새로운 감동을 선사하며 문학과 무용의 경계를 허문다. 문학과 건축도 서로 영향을 주고받는다. 문학 속 공간 묘사는 건축가들에게 영감을 주어 실제 건축물로 구현[2]되기도 하고, 건축물은 문학 작품의 배경이 되어 이야기에 현실감을 부여한다.

　문학과 패션은 시대의 문화를 반영하는 예술 형태로서 서로에게 영감을 준다. 문학 속 인물의 의상 묘사는 패션 디자이너에게 창의적인 아이디어를 제공하며, 패션은 문학 작품의 분위기와 시대적 배경을 시각적으로 표현한다. 또한, 문학과 영화는 상호보완적 관계를 유지한다. 문학 작품의 깊이 있는 서사는 영화에 풍부한 스토리를 제공하며, 영화는 문학 작품을 시각적으로 재해석하여 새로운 감동을 선사한다.[3] 이러한 상호작용은 문학과 영화가 함께 발전하는 데 중요한 역할을 한다.

꼭 기억하렴

❶ 서사: 사건이나 이야기를 일정한 흐름과 구조를 가지고 전달하는 방식으로, 문학, 영화, 연극 등 다양한 예술 장르에서 사용된다.
❷ 구현: 추상적인 개념이나 아이디어를 구체적인 형태나 실체로 나타내는 것을 의미한다.
❸ 선사하다: 가치 있는 것, 의미 있는 경험을 다른 사람에게 제공하거나 전하는 것을 의미한다.
❹ 형상화: 추상적인 개념이나 감정을 구체적인 형태로 표현하거나 묘사하는 것을 의미한다.

국어 공신 선생님

문학은 다양한 예술과 융합하며 종합 예술로서의 가치를 지닌다. 영화, 음악, 미술, 연극, 무용, 건축, 패션 등 여러 예술 분야와의 상호작용을 통해 문학은 단순한 글을 넘어 다채로운 감각과 표현을 담아낼 수 있다. 이러한 융합은 문학의 표현 범위를 확장시키고, 예술의 경계를 허물며 새로운 창작의 가능성을 열어 준다. 문학이 다른 예술과 결합할 때, 감정의 깊이는 더욱 풍부해지고 예술적 감동은 극대화된다. 영화는 문학의 서사를 시각적으로 구현하며, 음악은 문학이 지닌 감성을 더욱 강렬하게 전달한다. 또한, 미술은 문학 속 장면을 형상화[1]하고, 연극과 무용은 문학을 동적인 예술로 변환하여 새로운 경험을 선사한다. 건축과 패션 또한 문학 속 배경과 시대적 분위기를 시각적으로 구현하며, 작품의 의미를 더욱 깊이 있게 만든다. 이처럼 문학과 예술의 융합은 예술적 다양성과 창의성을 증진시키며, 문학이 시대를 초월한 예술로 남을 수 있도록 한다. 앞으로도 문학은 다양한 예술과의 결합을 통해 더욱 발전하며, 인간의 감정을 더욱 풍부하게 표현하는 종합 예술로서의 역할을 지속할 것이다.

국어 공신 선생님의 감상 꿀팁!

🧢 좀 더 깊이 생각해 보기

집중!

• 문학과 영화가 서로 영향을 주고받는 방식은 어떻게 다를까?

문학과 영화는 서사를 전달하는 공통점을 지니지만, 각각의 방식은 다르다. 문학은 언어를 통해 독자의 상상력을 자극하며, 감정과 서사를 세밀하게 표현할 수 있다. 반면, 영화는 시각적 이미지와 소리를 활용하여 직관적으로 서사를 전달하며, 화면 구성과 배우의 연기를 통해 감정을 즉각적으로 전달할 수 있다. 문학 작품이 영화로 각색될 때, 원작의 서사를 유지하면서도 영화적 기법을 통해 재해석되기도 한다. 예를 들어, 톨킨의 『반지의 제왕』은 영화화되면서 원작의 방대한 서사를 압축하고, CG 기술을 활용해 환상적 세계를 구현했다. 또한, 문학이 영화에 영향을 주는 것뿐만 아니라, 영화가 문학에 영향을 미치기도 한다. 특정 영화의 성공은 유사한 스타일의 문학 작품 창작을 유도하며, 영화 속 서사는 소설화되어 출판되기도 한다. 이러한 상호작용은 문학과 영화가 함께 발전하는 데 중요한 역할을 한다.

• 문학과 음악이 융합될 때 감성적 표현은 어떻게 변화하는가?

문학과 음악이 융합될 때 감성적 표현은 더욱 풍부해진다. 문학은 언어를 통해 감정을 섬세하게 전달하는 반면, 음악은 멜로디와 리듬을 통해 감정을 직관적으로 느끼게 한다. 이러한 결합은 문학이 지닌 서정성과 음악의 감성적 요소를 결합하여 더욱 강렬한 감동을 선사한다. 예를 들어, 시는 노랫말(가사)로 변환되어 음악과 결합되며, 가사는 단순한 서사 전달을 넘어 청중의 감정을 직접적으로 자극하는 역할을 한다. 대표적으로, 중세 시대에는 음유시인들이 시를 노래로 전달하며 감정을 효과적으로 표현했다. 현대에서도 문학과 음악의 융합은 활발히 이루어지고 있으며, 오페라나 뮤지컬은 서사를 음악으로 표현하는 대표적인 예다. 또한, 영화 OST나 배경 음악은 특정 장면과 결합하여 감정을 극대화하는 역할을 한다. 이처럼 문학과 음악이 결합하면 감성적 표현의 깊이가 확장되고, 예술적 감동이 배가된다.

• 문학과 건축이 상호작용할 때 공간적 표현이 예술적으로 확장되는 방식은?

문학과 건축은 서로 영향을 주고받으며, 공간적 표현을 예술적으로 확장시킨다. 문학 속 공간 묘사는 독자의 상상력을 자극하며, 이러한 공간적 상상은 실제 건축물로 구현될 수 있다. 예를 들어, 과거 문학 작품 속 이상적인 건축 공간은 후대 건축가들에게 영감을 주어 현실 세계에 구현되기도 했다. 반대로, 건축물은 문학 작품의 배경이 되어 이야기에 현실감을 더한다. 『위대한 개츠비』에서 묘사된 대저택은 1920년대 미국 사회의 화려함과 허무함을 반영하며, 실제 건축 디자인에도 영향을 미쳤다. 또한, 문학 작품의 서사가 건축 설계의 철학과 맞닿아 있는 경우도 있다. 예를 들어, 프란츠 카프카의 『성』은 인간 존재의 불확실성과 관료주의를 상징하는 건축적 요소를 포함하며, 이러한 모티프는 현대 건축에서도 반복적으로 등장한다. 문학과 건축의 융합은 공간을 단순한 배경이 아닌 예술적 표현의 한 요소로 활용하게 하며, 감각적인 경험을 확장하는 데 기여한다.

정리해 볼까요?

기사에 대해서 알아볼까요?

주제: 문학은 다양한 예술과 융합하여 종합 예술로서의 가치를 지닌다.
핵심어휘: 문학, 종합 예술, 융합, 서사, 형상화, 영화, 음악, 미술, 연극, 무용, 건축, 패션, 감성 전달, 창작, 예술적 경계

1단락 요약: 문학은 영화, 음악, 미술 등 다양한 예술과 융합하며 감성을 풍부하게 전달하는 종합 예술로 발전해왔다. 이러한 융합은 예술의 경계를 허물고 새로운 형태의 창작을 가능하게 한다.
2단락 요약: 문학과 영화는 서사를 공유하며, 문학 작품이 영화로 각색되기도 한다. 또한, 음악과 미술은 시와 가사, 삽화와 표지를 통해 문학과 긴밀히 연결된다.
3단락 요약: 연극과 무용은 문학의 서사를 무대와 신체 표현으로 생생히 전달한다. 건축은 문학 속 공간 묘사에서 영감을 받아 현실에서 구현되기도 한다.
4단락 요약: 패션은 문학 속 인물의 의상에서 영감을 얻어 시대적 분위기를 시각적으로 표현한다. 영화는 문학의 서사를 시각적으로 재해석해 감동을 강화한다.
5단락 요약: 문학은 다양한 예술과 융합해 감정의 깊이와 창작 가능성을 확장한다. 이러한 융합은 문학이 시대를 초월한 예술로 발전하는 데 중요한 역할을 한다.

기사의 구조적 접근을 꼭 알아야 해요!

1) 서론: 문학과 예술의 융합: 감성의 확장과 창의성의 발전
문학은 다양한 예술과 긴밀하게 연계되며 종합 예술로 불린다. 문학은 언어로 이야기를 전달하지만, 다른 예술과 융합하면서 더욱 깊은 감성을 표현하고, 예술의 경계를 허물며 창조성을 확장시킨다.

2) 본론: 문학과 다양한 예술의 상호작용과 영향력
문학은 영화, 음악, 미술과 융합해 서사와 감성을 풍부하게 전달한다. 또한, 연극, 무용, 건축과 결합해 문학의 서사와 감정을 시각적, 공간적으로 확장한다. 패션과 영화와의 상호작용을 통해 시대적 배경과 감동을 시각적으로 재해석하며 예술적 다양성을 강화한다.

3) 결론: 종합 예술로서의 문학: 예술적 융합의 미래
문학은 다양한 예술과 융합하며 종합 예술로서의 가치를 지닌다. 문학과 예술의 융합은 감정의 깊이를 더욱 풍부하게 하고, 예술적 다양성과 창의성을 증진시킨다. 문학은 시대를 초월한 예술로 지속될 것이며, 앞으로도 다양한 예술과 결합하여 더욱 발전할 것이다.

1 다음 중 본문에서 설명하는 문학이 종합 예술로 불리는 이유로 적절하지 <u>않은</u> 것은?

① 문학은 영화, 음악, 미술 등 다양한 예술과 결합하여 새로운 형태로 변화할 수 있다.
② 문학 작품은 시대적 분위기를 반영하며 건축과 패션에도 영향을 미친다.
③ 문학은 감성을 전달하는 언어 예술로서만 존재하며, 다른 예술과 융합되지 않는다.
④ 문학과 연극은 희곡을 기반으로 상호작용하며, 배우의 연기를 통해 문학적 감동을 증폭시킨다.
⑤ 문학과 음악은 가사와 서사의 형태로 결합하여 새로운 감각적 경험을 제공할 수 있다.

2 다음 <보기>의 내용을 참고할 때, 문학과 건축의 관계에 대한 설명으로 적절하지 <u>않은</u> 것은?

> 보기
>
> • 문학 속 공간 묘사는 건축가에게 영감을 주어 실제 건축물로 구현될 수 있다.
> • 건축은 단순한 구조물이 아니라, 시대적 배경과 문학적 서사를 반영할 수 있는 예술의 한 형태로 해석될 수 있다.
> • 문학 작품의 공간적 배경은 현실 건축과 유사한 방식으로 설계되며, 시대적 분위기와 역사성을 반영할 수 있다.
> • 문학과 건축은 예술적 감각과 상상력을 통해 서로의 영역을 확장하는 특징을 가진다.

① 문학과 건축은 시대적 분위기와 역사성을 반영하는 공통점을 가지고 있다.
② 문학 속 공간 묘사는 주로 상징적 의미를 가지며, 실제 건축 설계에 직접적인 영향을 미치지 않는다.
③ 문학과 건축의 관계는 공간적 해석을 통해 서로의 예술적 가치를 더욱 높이는 역할을 한다.
④ 문학 작품에서 등장하는 공간적 배경이 현실 건축에 반영될 수 있으며, 이를 통해 작품의 서사가 더욱 입체적으로 해석될 수 있다.
⑤ 문학과 건축의 융합은 예술의 경계를 확장하는 데 기여하며, 공간적 상상력을 자극하는 요소로 작용할 수 있다.

3 문학과 다양한 예술의 융합이 창작의 가능성을 확장한다고 본문에서 설명하였다. 문학이 다른 예술과 결합함으로써 창작의 표현 방식이 확장된 사례를 구체적으로 서술하시오.

4 문학과 예술의 융합이 창작의 확장에 미치는 영향을 주제로 서론, 본론, 결론의 형식으로 서술하시오.

5 본문에서는 문학이 다양한 예술과 융합하며 창작의 표현을 확장한다고 설명하였다. 그러나 일부에서는 문학이 다른 예술과 결합할 때 본래의 정체성이 흐려질 수 있다고 주장하기도 한다. 문학이 다른 예술과 결합하는 과정에서 본질을 유지하는 것이 가능한지에 대해 자신의 생각을 서술하시오.

집중

6 다음 '문학이 다른 예술과 결합하는 것이 필연적인 발전 방향인가?'라는 논제를 바탕으로 찬성과 반대의 생각을 서술하시오.

찬성	반대

빛나는 피라미드
- 고대 이집트의 우주와 영혼을 담은 신성함

이집트 대피라미드는 고대 이집트 문명의 상징으로, 그 건축적 미학❶은 단순한 구조물 이상의 의미를 지니고 있다. 대피라미드는 고대 이집트의 종교적 신념, 수학적 지식, 그리고 자연과의 조화를 반영하는 복합적인 미학 원리를 통해 그 가치를 드러낸다. 대피라미드는 정교한 비율과 대칭성을 가지고 있다. 피라미드의 각 면은 정사각형으로 이루어져 있으며, 경사각❷은 약 51도 50분으로 설계되었다. 이러한 비율은 안정감과 조화로움을 제공하며, 고대 이집트인들이 수학과 기하학에 대한 깊은 이해를 가지고 있었음을 보여준다. 대칭은 미적 아름다움의 중요한 요소로, 피라미드의 구조가 자연과 우주와의 조화를 이루고자 했던 고대 이집트인의 철학을 반영한다.또한, 대피라미드는 태양과의 관계에서도 중요한 의미를 지닌다. 피라미드는 태양신 라❸와의 연결을 상징하며, 고대 이집트인들은 피라미드가 죽은 왕의 영혼이 하늘로 올라가 태양신과 합일하는 통로라고 믿었다. 이러한 종교적 신념은 피라미드의 건축에 있어 중요한 동기가 되었으며, 이는 단순한 무덤 이상의 신성한 공간으로서의 역할을 부여한다. 따라서 대피라미드는 고대 이집트의 문화와 철학을 집약한 상징물로, 그 건축적 미학은 단순한 수치적 비율을 넘어서는 깊은 의미를 지닌다.

대피라미드는 단순한 건축물 이상의 상징적 의미를 지니고 있다. 피라미드는 사후 세계와의 연결을 상징하며, 왕의 영혼이 하늘로 올라가 태양신 라와 합일할 수 있도록 돕는 역할을 했다. 피라미드의 형태는 태양 광선이 땅에 닿는 모습을 상징적으로 나타내며, 이는 고대 이집트의 종교적 신념과 밀접한 관련이 있다. 이러한 상징성은 피라미드를 단순한 무덤이 아니라, 영혼의 여정을 위한 신성한 공간으로 여겨지게 한다. 대피라미드는 주로 석회암과 화강암으로 건축되었으며, 이러한 재료는 내구성이 뛰어나고 시간이 지나도 잘 보존되었다. 외부의 석회암 블록은 원래 매끄럽고 반짝이는 표면을 가지고 있었으며, 이는 태양빛을 반사하여 피라미드가 빛나는 듯한 효과를 주었다. 이러한 질감과 색상은 피라미드의 신성한 장소로서의 위엄을 더해준다. 또한, 재료의 선택은 고대 이집트인들이 자연에서 얻은 자원을 어떻게 활용했는지를 보여주는 중요한 요소이다. 대피라미드는 내부 공간의 구성에서도 미학적 요소를 보여준다. 피라미드 내부에는 왕의 방, 여왕의 방, 그리고 여러 통로가 복잡하게 연결되어 있다. 이러한 공간 구성은 고대 이집트의 건축 기술과 예술적 감각을 반영하며, 사후 세계에 대한 신념을 바탕으로 설계되었다. 내부 공간의 배치는 신성한 의식과 관련이 있으며, 이는 고대 이집트의 종교적 관습을 반영한다. 피라미드 내부의 복잡한 구조는 또한 고대 이집트인들이 사후 세계에 대한 깊이 이해하고 준비를 하고 있었음을 나타낸다.

대피라미드는 주변 환경과의 조화도 고려하여 건축되었다. 피라미드는 나일강과 가까운 곳에 위치해 있으며, 이는 고대 이집트인들이 자연과의 관계를 중시했음을 나타낸다. 피라미드의 위치와 방향은 천문학적 요소와도 관련이 있

❶ 미학: 자연이나 인생 및 예술 따위에 담긴 미의 본질과 구조를 해명하는 학문.
❷ 경사각: 어떤 직선이나 평면이 수평면과 이룬 각도.
❸ 태양신 라: 태양신 라(Ra)는 고대 이집트에서 창조와 생명의 신으로 숭배되었으며, 태양을 운반하며 낮과 밤을 순환시키는 역할을 했다. 그는 파라오의 보호자로 여겨졌으며, 저승을 여행하며 악의 세력과 싸우는 신화 속 이야기로도 유명하다.
❺ 정수: 사물의 중심이 되는 글자 또는 요점.

꼭 기억하렴

국어 공신 선생님

으며, 이는 고대 이집트의 우주관을 반영한다. 이러한 자연과의 조화는 피라미드가 단순한 건축물이 아닌, 우주와의 연결을 상징하는 신성한 장소로 여겨지게 한다. 이집트 대피라미드는 비율, 대칭, 상징성, 재료, 공간 구성, 자연과의 조화 등 다양한 미학 원리를 통해 고대 이집트 문명의 정수[4]를 나타내는 중요한 유산이다. 이러한 원리들은 오늘날에도 많은 사람들에게 경외감을 불러일으키며, 인류의 역사와 문화에 대한 깊은 통찰을 제공한다. 대피라미드는 단순한 건축물이 아니라, 고대 이집트인의 세계관과 철학을 담고 있는 살아있는 유산으로, 인류의 문화적 자산으로서 그 가치를 지니고 있다. 또한, 대피라미드는 고대 이집트의 정치적 권력과 사회적 구조를 반영하는 상징적 존재로, 왕의 권위를 강화하고 그들의 영혼이 영원히 존재할 수 있도록 돕는 역할을 했다. 이러한 점에서 대피라미드는 단순한 무덤 이상의 의미를 지니며, 고대 이집트 문명의 복잡한 사회적, 종교적 맥락을 이해하는 데 중요한 열쇠가 된다.

국어 공신 선생님의 감상 꿀팁!

 한걸음 더 깊이 생각해 보기 집중!

• 피라미드 건축이 고대 이집트의 정치적 권력 구조에 미친 역할은 무엇인가?
피라미드는 고대 이집트의 정치적 권력을 상징하는 중요한 요소였다. 왕은 피라미드를 통해 자신의 권위를 시각적으로 표현하고, 사후 세계에서의 영원한 존재를 보장받고자 했다. 이러한 건축물은 왕의 신성성을 강조하며, 일반 대중에게 왕의 권력을 인식시키는 역할을 했다. 피라미드 건축은 또한 중앙집권적 정치 체제를 강화하는 데 기여했다. 왕은 대규모 건축 프로젝트를 통해 국가 자원을 통제하고, 노동력을 조직하여 정치적 통합을 이루었다. 이로 인해 피라미드는 단순한 무덤이 아닌, 정치적 권력의 상징으로 기능하며, 왕의 통치가 신의 뜻에 의해 정당화되는 구조를 형성했다. 이러한 정치적 맥락에서 피라미드는 고대 이집트의 정치적 정체성을 확립하는 데 중요한 역할을 했다.

• 미래의 피라미드 건축이 국제적인 협력과 이해를 증진하는 데 어떻게 기여할까?

미래의 피라미드 건축은 국제적인 협력과 이해를 증진하는 데 여러 가지 방법으로 기여할 수 있다. 첫째, 이러한 구조물은 다양한 문화와 전통을 반영하여 글로벌 상징으로 자리잡을 수 있다. 예를 들어, 각국의 건축가와 예술가들이 협력하여 독특한 디자인을 창출함으로써 문화 교류를 촉진할 수 있다. 둘째, 피라미드는 지속 가능한 건축 기술과 친환경적인 자원 사용을 통해 국제 사회의 환경 문제 해결에 기여할 수 있다. 셋째, 국제적인 건축 프로젝트는 다양한 국가의 전문가들이 협력하여 지식과 기술을 공유하는 기회를 제공하며, 이는 상호 이해와 신뢰를 구축하는 데 중요한 역할을 한다. 마지막으로, 피라미드가 관광 명소로 발전함에 따라, 다양한 국가의 사람들이 모여 문화적 경험을 나누고, 이를 통해 글로벌 커뮤니티의 형성을 촉진할 수 있다.

• 고대 이집트 사회에서 피라미드 건축이 가지는 의미와 그로 인해 발생한 사회적 변화는 무엇인가?

고대 이집트에서 피라미드는 단순한 무덤 이상의 사회적 상징으로 기능했다. 피라미드 건축은 왕의 권위를 강화하고, 왕과 신의 관계를 명확히 하여 사회적 계층 구조를 확립하는 데 기여했다. 이러한 대규모 건축 프로젝트는 수천 명의 노동자를 필요로 했으며, 이는 고대 이집트 사회의 조직력과 협동을 보여준다. 피라미드 건축은 또한 농업과 세금 시스템의 발전을 촉진하여 경제적 기반을 강화했다. 이로 인해 고대 이집트는 안정된 사회 구조를 유지할 수 있었고, 피라미드는 국가 정체성과 문화적 자부심의 상징으로 자리 잡았다. 결국, 피라미드는 고대 이집트 사회의 복잡한 구조와 그들이 추구한 영원성을 반영하는 중요한 요소가 되었다.

정리해 볼까요?

기사에 대해서 알아볼까요?

주제: 이집트 대피라미드의 미학
핵심어휘: 대피라미드, 고대 이집트 문명

1단락 요약: 이집트 대피라미드는 고대 이집트 문명의 상징으로, 종교적 신념과 수학적 지식을 반영하며, 정교한 비율과 대칭성을 통해 자연과 조화를 이루는 복합적인 미학을 지닌다.

2단락 요약: 대피라미드는 사후 세계와의 연결을 상징하며, 왕의 영혼이 태양신 라와 합일하도록 돕는 신성한 공간으로, 내구성 있는 재료와 복잡한 구조로 고대 이집트의 건축 기술을 보여준다.

3단락 요약: 대피라미드는 비율, 대칭, 상징성, 재료, 공간 구성, 자연과의 조화를 통해 고대 이집트 문명의 정수를 나타내며, 이로써 고대 이집트인의 세계관과 철학을 담고 있는 중요한 문화유산으로 여겨진다.

기사의 구조적 접근을 꼭 알아야 해요!

1) 서론: 이집트 대피라미드의 건축적 미학
이집트 대피라미드는 고대 이집트 문명의 상징으로, 그 건축적 미학은 단순한 구조물 이상의 의미를 지닌다. 종교적 신념과 수학적 지식을 반영하며, 정교한 비율과 대칭성을 통해 자연과 조화를 이루는 복합적인 미학을 표현한다.

2) 본론: 대피라미드의 상징성과 구조
대피라미드는 사후 세계와의 연결을 상징하며, 왕의 영혼이 태양신 라와 합일하도록 돕는 신성한 공간으로 여겨졌다. 내구성 있는 석회암과 화강암으로 건축되었으며, 복잡한 내부 구조가 고대 이집트의 종교적 신념과 건축 기술을 잘 보여준다.

3) 결론: 대피라미드의 문화유산으로서의 의미
대피라미드는 주변 환경과의 조화를 고려하여 건축되었으며, 고대 이집트 문명의 정수를 나타내는 중요한 유산으로 여겨진다. 이는 인류의 역사와 문화에 대한 깊은 통찰을 제공하며, 오늘날에도 많은 사람들에게 경외감을 불러일으키는 살아있는 자산이다.

비판적 사고 키워 볼까요? +

1 위 글에 대한 설명으로 가장 적절한 것은?

① 대피라미드는 고대 이집트의 종교적 신념과 자연과의 조화만을 고려해 반영한 미학 원리를 통해 만들었다.

② 피라미드의 경사각은 약 51도 50분으로 고대 이집트인들이 과학에 대한 깊은 이해를 가지고 있었음을 보여준다.

③ 대피라미드는 주로 석회암과 화강암으로 건축되었으며, 내구성이 약하고, 시간이 오래 흘러 군데군데 훼손되었다.

④ 피라미드는 나일강과 가까운 곳에 위치해 있으며, 이는 고대 이집트인들이 농경 사회를 중시했음을 추측할 수 있다.

⑤ 대피라미드는 단순한 건축물이 아니라, 고대 이집트인의 세계관과 철학을 담고 있는 살아있는 유산으로, 인류의 문화적 자산으로서 그 가치를 지닌다.

2 대피라미드를 포함한 피라미드 건축은 고대 이집트 문화에 여러 가지 중요한 영향을 미쳤다. <보기>가 말하는 고대 이집트 문화에 중요한 영향에 해당하는 것은?

보기

피라미드 건축은 고대 이집트 사회의 계층 구조를 반영한다. 대규모 건축 프로젝트는 파라오의 권력을 강화하고, 국가의 통합을 촉진했다. 이를 위해 많은 노동자와 자원을 동원해야 했으며, 이는 국가의 중앙집권적 통치 체제를 강화하는 데 기여했다

대피라미드

① 피라미드 건축은 고대 이집트의 종교적 상징성을 강화했다.

② 피라미드는 사회적 구조와 권력을 반영하며, 파라오의 위상을 높였다.

③ 이러한 건축은 기술과 과학의 발전을 촉진했다.

④ 대피라미드는 고대 이집트의 문화적 유산으로 남았다.

⑤ 피라미드는 예술과 문학에도 큰 영향을 미쳤다.

3 '피라미드는 고대 이집트에서 죽음과 사후 세계에 대한 믿음을 반영한다' 라고 보는 이유를 서술하시오.

4 대피라미드는 주변 환경과의 조화로운 관계를 가지고 있다. 피라미드가 위치한 기후와 지형, 그리고 나일강과의 관계를 고려할 때, 이 구조물이 어떻게 자연과 상호작용하며 미적 가치를 창출하는지 서론, 본론, 결론의 형식으로 서술하시오.

중요

5 '고대 이집트에서 피라미드는 왜 신성한 장소로 여겨졌을까?'에 대해 3가지 이유를 들어 서술하시오.

6 다음 '피라미드 건설에 사용된 막대한 자원과 인력은 다른 사회적 필요(예를 들어 농업이나 교육에 사용될 수 있었던)자원으로 이를 낭비한 것'라는 논제를 바탕으로 찬성과 반대의 생각을 서술하시오.

집중

찬성	반대

14 유미주의

문학과 예술은 시대의 변화에 따라 다양한 사조❶와 철학을 반영하며 발전해 왔다. 그중에서도 유미주의❷(唯美主義)는 예술의 목적이 사회적 메시지나 도덕적 가치에 있는 것이 아니라, 순수한 아름다움을 창조하는 데 있다고 주장하는 사조이다. 유미주의는 19세기 후반 유럽에서 시작되었으며, 문학과 미술을 비롯한 다양한 예술 분야에 영향을 미쳤다. 특히 프랑스의 테오필 고티에와 영국의 오스카 와일드는 유미주의 사상을 대표하는 인물로, 이들은 예술이 사회적 역할을 수행해야 한다는 기존의 관념에서 벗어나 독립적인 가치를 가져야 한다고 강조했다. 이러한 유미주의는 예술의 자율성을 중시하며, 형식과 스타일의 세련됨을 강조하는 경향을 보인다. 또한, 예술이 특정한 계층만의 전유물이 아니라,

오스카 와일드

일상생활에서도 아름다움을 구현할 수 있어야 한다는 점에서 실용적 예술과도 연결된다.

　유미주의는 문학과 미술뿐만 아니라, 건축과 디자인에도 큰 영향을 미쳤다. 유미주의적 예술가들은 작품의 내용보다는 형식과 색감, 질감 등을 더욱 중요하게 여기며 감각적인 표현을 추구했다. 예를 들어, 제임스 애벗 맥닐 휘슬러의 회화 작품들은 감정적인 요소보다는 색채와 구도의 조화를 중시하며, 보는 이

에게 순수한 미적 경험을 제공하는 데 초점을 맞추었다. 문학에서도 오스카 와일드의 『도리언 그레이의 초상』은 미와 젊음을 영원히 유지하려는 인간의 욕망을 극대화[3]하여 유미주의적 가치를 극명하게 드러낸다. 또한, 유미주의는 19세기 말과 20세기 초 아르누보 운동과도 연결되며, 실내 장식과 가구 디자인에서 곡선미와 장식적인 요소를 강조하는 방향으로 발전했다. 이처럼 유미주의는 예술의 경계를 확장시키며, 미적 가치를 다양한 방식으로 탐구하는 계기가 되었다.

　그러나 유미주의에 대한 비판도 존재한다. 유미주의가 예술의 순수성을 강조하면서 사회적 책임이나 도덕적 가치를 경시한다는 점에서 현실과 유리된 예술관을 지향한다는 지적이 제기된다. 예술이 단순히 미적인 요소만을 추구하게 되면, 사회적 문제를 반영하는 역할을 할 수 없으며, 특정 계층만을 위한 예술로 한정될 수 있다는 우려가 있다. 또한, 유미주의는 예술을 일종의 현실 도피 수단으로 여기는 경향이 있어, 실제 사회적 변화나 혁신을 저해할 수 있다는 비판도 있다. 예를 들어, 사회적 불평등이나 정치적 갈등을 외면하고 오직 아름다움만을 추구하는 것은 예술의 역할을 축소하는 결과를 가져올 수 있다. 그럼에도 불구하고, 유미주의는 예술이 특정한 목적을 가져야 한다는 기존의 관념을 깨고, 순수한 미적 가치를 인정받을 수 있도록 하는 데 기여했다.

　현대 예술에서도 유미주의의 영향을 찾아볼 수 있다. 현대 건축과 인테리어 디자인에서는 기능성과 조화를 이루면서도 미적인 요소를 강조하는 경향이 두

꼭 기억하렴

❶ 사조: 특정한 시대나 사회에서 지배적인 사상적 흐름이나 경향을 의미한다.
❷ 유미주의 (唯美主義): '예술을 위한 예술(Art for Art's Sake)'을 강조하는 사조로, 예술이 도덕적·사회적 목적에서 벗어나 순수한 아름다움을 추구해야 한다고 주장한다.
❸ 극대화: 어떤 사물이나 개념을 최대한으로 확대하거나 강화하는 것을 의미한다.
❹ 전락: 높은 위치나 상태에서 낮은 수준으로 떨어지는 것을 의미한다.

국어 공신 선생님

드러지며, 디지털 아트나 미디어 아트에서도 감각적인 표현을 중시하는 작품들이 증가하고 있다. 또한, 미니멀리즘을 포함한 현대 디자인 흐름에서도 유미주의의 철학이 반영되며, 시각적으로 간결하면서도 미적 조화를 이루는 형식을 추구한다. 패션과 제품 디자인에서도 형태와 색감, 소재의 질감 등을 강조하며, 실용성을 넘어서 미적 감각을 자극하는 방식으로 발전하고 있다. 디지털 기술과 결합한 예술 작품에서도 사회적 메시지를 전달하는 대신, 감각적이고 몰입적인 경험을 제공하는 작품이 많아지고 있어 유미주의의 철학이 현대적인 방식으로 계승되고 있음을 알 수 있다.

유미주의는 예술이 사회적 의미를 전달해야 한다는 기존의 관념에서 벗어나, 그 자체로 하나의 독립적인 가치를 가질 수 있음을 보여주었다. 그러나 유미주의가 지나치게 미적 요소에 집중할 경우, 현실과 동떨어진 예술로 전락할 수 있다는 한계도 존재한다. 따라서 예술이 추구해야 할 가치는 단순한 미적 감각뿐만 아니라, 사회적 맥락과도 균형을 이루는 것이 중요하다. 유미주의는 예술의 본질과 가치를 고민하는 데 중요한 질문을 던지며, 오늘날에도 예술의 역할과 의미를 깊이 탐구하는 계기를 제공하고 있다.

국어 공신 선생님의 감상 꿀팁!

 좀 더 깊이 생각해 보기

• 예술적 관점에서 유미주의가 가진 의미는 무엇일까?
유미주의는 예술적 관점에서 순수한 미적 가치의 추구를 강조하는 사조로, 예술을 사회적 역할이나 도덕적 가르침과 분리하여 독립적인 가치로 바라보았다. 19세기 후반 오스카 와일드와 제임스 애벗 맥닐 휘슬러 같은 예술가들은 형식

중등 신문 읽기

과 색채의 조화를 극대화하며, 감각적 아름다움을 중시했다. 이는 예술이 단순한 미적 표현을 넘어 개인의 감성적 경험을 풍부하게 하는 요소로 작용할 수 있음을 보여주었다. 또한, 유미주의는 문학과 미술뿐만 아니라 건축과 디자인에도 영향을 미치며, 아름다움이 일상 속에서도 구현될 수 있음을 강조했다.

• 유미주의적 요소는 어떻게 활용되었고, 어떤 방식으로 발전했는가?

현대 예술은 다양한 방식으로 유미주의적 요소를 활용하고 있다. 예를 들어, 디지털 아트와 미디어 아트에서는 색채와 조형미를 극대화하여 감각적 몰입을 제공하는 작품이 증가하고 있다. 또한, 현대 건축에서는 미적 균형을 유지하면서도 기능성과 조화를 이루는 방향으로 발전하며, 미니멀리즘과 유미주의의 철학이 결합되고 있다. 패션 디자인에서도 유미주의의 영향이 뚜렷하게 나타나며, 형태와 질감을 강조한 작품이 소비자들에게 강한 시각적 인상을 주고 있다. 이러한 요소들은 유미주의가 단순한 미적 가치의 추구에서 벗어나, 현대적 기술과 결합하여 새로운 형태로 발전하고 있음을 보여준다.

• 유미주의의 유산은 어떻게 계승되었고, 왜 순수한 미적 경험의 가치를 강조하는가?

유미주의의 유산은 현대 예술에서 순수한 미적 경험의 가치를 다시금 강조할 필요가 있음을 시사한다. 현대 예술은 사회적 메시지를 전달하는 데 집중하는 경향이 있지만, 예술이 단순한 도구로 전락하지 않기 위해서는 감각적 아름다움의 중요성을 간과해서는 안 된다. 유미주의 예술가들이 형식미와 색채 조화를 극대화하여 예술 자체의 가치를 강조한 것처럼, 현대 예술에서도 기술과 과학을 활용하면서도 인간의 감성을 자극하는 표현 방식이 유지되어야 한다. 디지털 아트, 미디어 아트, 건축 디자인 등에서 유미주의적 요소가 계승되는 것은 예술이 시대적 변화 속에서도 미적 가치의 본질을 지속적으로 탐구해야 한다는 점을 보여준다.

정리해 볼까요?

기사에 대해서 알아볼까요?

주제: 유미주의(예술의 독립성과 미적 가치의 탐구)
핵심어휘: 유미주의, 예술적 자율성, 형식과 스타일, 미적 가치, 극대화, 문학과 미술, 아르누보, 현실 도피, 사회적 맥락, 현대 예술

1단락 요약: 유미주의는 19세기 후반 유럽에서 시작된 예술 사조로, 예술의 목적이 순수한 아름다움 창조에 있다고 주장하며 예술의 자율성과 형식미를 강조한다.
2단락 요약: 유미주의는 문학, 미술, 건축, 디자인 등 다양한 예술에 영향을 미쳤으며, 감각적 표현과 형식미를 중시했다. 아르누보 운동에도 영향을 주었다.
3단락 요약: 유미주의는 사회적 책임을 경시, 특정 계층의 전유물로 전락 등의 비판을 받았지만 예술의 독립성과 미적 가치의 자율성을 강조하며 예술에 대한 기존 고정관념을 깨는 데 기여했다.
4단락 요약: 현대 예술에도 유미주의의 영향은 이어지며 건축, 인테리어, 디지털 아트에서 미적 요소가 강조된다. 미니멀리즘과 현대 디자인도 유미주의 철학을 반영해 실용성과 아름다움을 추구한다.
5단락 요약: 유미주의는 예술의 독립적 가치를 강조하지만, 미적 요소에만 집중할 경우 현실과 동떨어질 수 있다. 예술은 미적 감각과 사회적 의미의 균형이 중요, 유미주의는 예술 본질 탐구의 기회를 제공한다.

기사의 구조적 접근을 꼭 알아야 해요!

1) 서론: 유미주의의 정의와 역사적 배경
유미주의는 예술이 도덕적 가치나 사회적 역할에서 독립되어 순수한 아름다움을 창조하는 것에 초점을 맞추는 사조이다.
2) 본론: 유미주의의 특징, 비판, 그리고 현대 예술에서의 영향
유미주의는 예술이 사회적 메시지나 도덕적 책임에서 독립되어 순수한 아름다움을 추구해야 한다는 사조로, 문학, 미술, 건축 등 다양한 예술 분야에 영향을 미쳤다. 그러나 현실과 유리될 위험성으로 인해 사회적 책임을 경시한다는 비판도 받았다. 그럼에도 유미주의는 예술의 독립성과 자율성을 강조하며 현대 예술에서도 여전히 영향을 미치고 있다.
3) 결론: 유미주의의 의의와 한계, 그리고 현대 예술에서의 지속적 탐구
유미주의는 예술이 독립적인 가치를 가질 수 있음을 보여주었으나, 현실과 유리될 경우 예술이 본래의 의미를 잃을 수 있다는 한계도 존재한다. 예술은 단순히 미적 감각을 추구하는 것이 아니라, 사회적 맥락과도 균형을 이루어야 한다.

1 다음 중 유미주의에 대한 설명으로 적절하지 않은 것은?

① 유미주의는 예술이 사회적 역할을 수행해야 한다는 기존 관념을 거부하며, 순수한 미적 가치를 추구한다.

② 유미주의는 문학, 미술뿐만 아니라 건축과 디자인에도 영향을 미쳤으며, 실내 장식과 가구 디자인에서도 반영되었다.

③ 유미주의 예술가들은 감정적인 표현보다 색감과 구도의 조화를 더욱 중시하는 경향이 있다.

④ 유미주의는 사회적 문제를 강조하며, 예술이 현실을 반영해야 한다는 점을 강조한다.

⑤ 현대 디자인과 디지털 아트에서도 유미주의의 철학이 반영된 사례를 찾아볼 수 있다.

2 <보기>의 내용을 참고할 때, 본문에서 설명한 유미주의와 현대 예술의 관계에 대한 설명으로 적절하지 않은 것은?

보기

> • 예술은 시대적 흐름과 밀접하게 연결되며, 특정 사조가 등장하는 배경에는 사회적 변화가 반영된다.
> • 어떤 예술 운동이든, 그것이 추구하는 가치에 따라 사회적 역할에 대한 다양한 견해가 존재할 수 있다.
> • 현대 예술에서는 감각적 표현뿐만 아니라, 디지털 기술과 결합하여 새로운 형태의 창작이 이루어지고 있다.

① 유미주의는 사회적 역할보다 순수한 미적 가치를 중시하며, 이는 현대 디지털 아트와 미디어 아트에도 반영될 수 있다.

② 유미주의의 형식미와 색채 조화를 중시하는 특징은 현대 디자인과 건축에서도 나타나고 있다.

③ 현대 예술은 과거와 달리 사회적 메시지를 강조하는 경향이 강하며, 유미주의의 미적 강조와는 전혀 무관하다.

④ 유미주의는 예술이 특정한 목적을 가지지 않아도 된다고 주장하며, 이러한 철학은 현대 예술에서도 자유로운 창작의 기반이 된다.

⑤ 감각적 경험을 극대화하는 현대 미디어 아트는 유미주의의 미적 가치 강조와 유사한 흐름을 보인다.

3 유미주의가 예술의 경계를 확장했다고 본문에서 설명하였다. 유미주의가 예술의 표현 방식을 어떻게 변화시켰는지 구체적인 사례를 들어 서술하시오.

4 '유미주의가 현대 예술에서 어떻게 계승되고 있는가?'를 주제로 서론, 본론, 결론의 형식으로 서술하시오.

중요

5 본문에서는 유미주의가 예술의 독립적 가치를 강조한다고 설명하였다. 그러나 일부에서는 유미주의가 현실과 유리된 예술관을 조장한다고 비판한다. 유미주의가 현대 사회에서 긍정적인 영향을 미칠 수 있다고 생각하는가? 본인의 견해를 서술하시오.

집중

6 다음 '유미주의는 예술의 본질을 유지하기 위해 필수적인 요소인가?'라는 논제를 바탕으로 찬성과 반대의 생각을 서술하시오.

찬성	반대

15 파블로 피카소의 '게르니카'를 아십니까?

파블로 피카소의 '게르니카'는 1937년에 완성된 대형 유화로, 스페인 내전 중의 폭력과 고통을 상징적으로 표현한 작품이다. 이 작품은 피카소의 정치적 입장을 드러내며, 전쟁의 참상과 인류의 고통을 강렬하게 전달한다. ⓐ '게르니카'는 스페인 북부의 작은 마을 게르니카에서 발생한 독일 공군의 폭격 사건을 배경으로 하고 있다. 이 폭격은 스페인 내전의 한 장면으로, 민간인들이 무차별적으로 공격받는 모습을 보여주었다. 피카소는 이 사건에 깊은 충격을 받았고, 이를 통해 전쟁이 가져오는 고통을 전 세계에 알리고자 했다. 작품은 강렬한 흑백 색조와 왜곡된 형태로 구성되어 있으며, 이는 전쟁의 혼란과 비극을 더욱 부각시킨다. '게르니카'의 중앙에는 고통받는 말과 비명 지르는 여성, 그리고 불타는 집들이 그려져 있어, 전쟁의 참혹함을 생생하게 전달한다. 피카소는 이 작품을 통해 전쟁의 비인간성을 고발하고, 인류가 겪는 고통을 시각적으로 표현함으로써 관객에게 강한 감정을 불러일으킨다. '게르니카'는 단순한 전쟁의 기록이 아니라, 인간의 고통과 절망을 전달하는 강력한 메시지를 담고 있는 작품이다. 이로 인해 '게르니카'는 전 세계적으로 평화와 인권을 상징하는 아이콘으로 자리 잡았다.

피카소는 이 사건에 깊은 충격을 받았고, 이를 통해 전쟁의 비극을 세계에 알리고자 했다. '게르니카'는 단순한 전쟁의 기록이 아니라, 인간 존재의 고통과 절망을 표현한 상징적인 작품이다. 작품은 흑백으로 그려져 있으며, 이는 전쟁

268 ～～～～～～

중등 신문 읽기

의 음울한❶ 분위기를 강조한다. 피카소는 다양한 형태와 기하학적❷ 요소를 사용하여 인물과 사물들을 왜곡시켰고❸, 이를 통해 감정의 격렬함을 전달하고자 했다. 작품의 중앙에는 고통받는 말이 그려져 있으며, 이는 전쟁의 희생자를 상징한다. 말의 비명은 전쟁의 참상❹을 대변하며, 그 주위에는 다양한 인물들이 절망과 고통에 찬 표정으로 그려져 있다. 특히 여성과 아이의 모습은 전쟁의 피해자들을 상징하며, 그들의 고통은 관객에게 강한 감정을 불러일으킨다. 특히 한 여성이 아이를 안고 울부짖는 모습은 전쟁의 비극을 극적으로 표현하고 있다. 이러한 요소들은 관람객에게 전쟁의 잔혹함과 무의미함을 느끼게 하며, 그들의 마음속 깊은 곳에 잔상을 남긴다. '게르니카'는 여러 차례 전시되었고, 각국의 전쟁과 폭력에 대한 반대의 아이콘으로 사용되었다. 이 작품은 단순히 미술작품으로서의 가치만이 아니라, 사회적, 정치적 메시지를 전달하는 강력한 도구로서의 중요성을 지닌다. 피카소는 '게르니카'를 통해 예술이 사회적 불의에 대한 반응으로 작용할 수 있음을 보여주었다. 이 작품은 전쟁의 비극을 고발하며, 인류가 마주한 고통의 현실을 직시하게 한다. 피카소의 '게르니카'는 단순한 미술 작품이 아니라, 전쟁의 비극과 인류의 고통을 상징하는 강력한 메시지를 담고 있는 작품이다. 이 작품은 오늘날에도 여전히 많은 사람들에게 감동을 주며, 전쟁의 참상에 대한 경각심을 일깨우는 중요한 역할을 하고 있다. '게르니카'는 예술이 사회에 미치는 영향과 그 힘을 잘 보여주는 사례로, 피카소의 예술적 유산 중에서도 가장 중요한 작품 중 하나로 평가받고 있다. 이처럼 '게르니카'는 단순한 미술적 표현을 넘어, 인간의 고통과 희망을 이끌어내는 강력한 힘

꼭 기억하렴

❶ 음울한: 기분이나 분위기 따위가 음침하고 우울함을 말한다.
❷ 왜곡시키다: 그릇되거나 사실과 다르게 만듦을 일컫는다.
❸ 기하학: 도형 및 공간의 성질에 대하여 연구하는 학문이다.
❹ 참상: 비참하고 끔찍한 상태나 상황을 뜻한다.

국어 공신 선생님

을 지닌 작품으로 남아 있다.

피카소의 '게르니카'는 전 세계적으로 전시되며, 전쟁과 폭력에 대한 강력한 반대의 상징으로 자리 잡았다. 이 작품은 관객에게 깊은 감정을 불러일으키고, 전쟁의 참상을 기억하게 하며, 더 나아가 평화의 중요성을 일깨우는 데 기여하고 있다. 피카소는 예술을 통해 사회적 메시지를 전달할 수 있는 힘을 보여주었으며, 그의 작품은 여전히 현대 사회에서 중요한 의미를 지닌다. '게르니카'는 단순한 그림이 아니라, 인류의 상처와 회복을 이야기하는 역사의 한 부분으로 남아 있을 것이다. 이 작품은 전쟁의 비극을 고발하며, 인류가 평화와 화합의 길을 찾도록 촉구하는 역할을 한다. 따라서 '게르니카'는 예술이 사회 변화에 기여할 수 있는 방법을 보여주는 중요한 사례로 평가받고 있으며, 그 메시지는 시대를 초월해 여전히 유효하다. 피카소는 이 작품을 통해 전쟁의 잔혹함과 인간의 고통을 생생하게 표현하며, 관객이 그 감정을 느끼고 반성할 수 있도록 유도한다. '게르니카'는 단순한 미술작품을 넘어, 인류가 직면한 도전과 그에 대한 반응을 상기시키는 중요한 문화유산으로 남아 있다.

국어 공신 선생님의 감상 꿀팁!

 한걸음 더 깊이 생각해 보기

• 정치적 관점에서 피카소의 '게르니카'는 어떤 상징성을 가질까?
피카소의 '게르니카'는 정치적 관점에서 전쟁의 참상과 인간의 고통을 강렬하게 표현한 작품이다. 이 작품은 1937년 스페인 내전 중 독일 공군의 게르니카 폭격 사건을 반영하며, 전쟁의 비극과 그로 인한 고통을 시각적으로 전달한다. 피카소는 왜곡된 인물과 동물의 형상을 통해 전쟁의 혼란과 절망을 상징적으로 나타내며, 관객에게 강한 감정을 불러일으킨다. 특히, 작품 속의 검은색과 흰색의 대비는 전쟁의 잔혹함과 비극성을 강조한다. '게르니카'는 단순한 전쟁의 기록이 아니라, 인류에 대한 경고이자 평화의 메시지를 담고 있다. 이 작품은 정치적 억압과 폭력에 대한 반대의 목소리를 내며, 예술이 사회적 문제에 어떻게 영향을 미칠 수 있는지를 보여준다. 즉 '게르니카'는 단순한 미술작품을 넘어, 전쟁과 평화에 대한 깊은 성찰을 제공하는 정치적 상징으로 자리잡고 있다.

• 피카소의 '게르니카'에서 사용된 색채와 형태가 전달하는 감정은 무엇인가?
피카소의 '게르니카'는 주로 흑백으로 구성되어 있으며, 이는 전쟁의 비극성과 절망감을 강조한다. 검은색은 고통과 죽음을 상징하고, 흰색은 순수함과 희망의 상실을 나타낸다. 이러한 색채는 전쟁의 참상을 더욱 부각시키며, 관객에게 강한 감정을 불러일으킨다. 왜곡된 인물과 동물의 형태는 전쟁의 혼란과 비인간성을 표현하고, 이로 인해 관객은 전쟁의 참혹함을 직접적으로 느끼게 된다. 피카소는 이러한 요소를 통해 전쟁의 잔혹함을 강하게 비판하고, 인류에 대한 경고의 메시지를 전달하고자 했다. '게르니카'는 단순한 미술작품이 아니라, 전쟁의 비극을 시각적으로 전달하는 강력한 상징으로 기능하며, 관객이 느끼는 고통과 슬픔을 극대화한다. 이 작품은 전쟁의 참상에 대한 깊은 성찰을 요구하며, 평화의 중요성을 일깨우는 역할을 한다.

• '게르니카'가 현대 사회에 주는 교훈은 무엇인가?
'게르니카'가 현대 사회에 주는 교훈은 전쟁의 비극성과 그로 인한 고통을 잊지 말라는 것이다. 피카소는 이 작품을 통해 전쟁이 개인과 사회에 미치는 심각한 영향을 시각적으로 표현하였다. 현대 사회에서도 전쟁과 갈등은 여전히 존재하며, 그로 인해 많은 이들이 고통받고 있다. '게르니카'는 이러한 현실을 상기시키며, 평화의 중요성을 강조한다. 또한, 이 작품은 인간의 비인간화와 폭력의 순환을 경고하며, 이를 방지하기 위한 노력이 필요하다는 메시지를 전달한다. 현대 사회는 다양한 갈등과 위기에 직면해 있으며, '게르니카'는 그러한 상황에서 인류가 선택해야 할 길에 대한 깊은 성찰을 요구한다. 결국, 이 작품은 전쟁의 참상을 통해 인류가 평화와 공존을 위해 노력해야 한다는 교훈을 남긴다. 피카소의 '게르니카'는 단순한 미술작품을 넘어, 인류의 미래를 위한 중요한 메시지를 담고 있다.

정리해 볼까요?

기사에 대해서 알아볼까요?

주제: '게르니카'의 역사적 배경과 작품의 중요성
핵심어휘: 게르니카, 파블로 피카소

1단락 요약: 파블로 피카소의 '게르니카'는 1937년에 완성된 대형 유화로, 스페인 내전 중 독일 공군의 게르니카 폭격 사건을 배경으로 전쟁의 폭력과 인류의 고통을 강렬하게 표현한다.
2단락 요약: 피카소의 '게르니카'는 전쟁의 비극과 인간의 고통을 흑백으로 표현하며 음울한 분위기를 강조한다. 중앙의 고통받는 말과 절망한 인물들은 희생자를 상징하고, 여성이 아이를 안고 울부짖는 모습이 비극을 나타낸다.
3단락 요약: 피카소의 '게르니카'는 전쟁의 비극과 인류의 고통을 상징하는 강력한 메시지를 담고 있다.

기사의 구조적 접근을 꼭 알아야 해요!

1) 서론: 전쟁의 고통과 인류의 상징
파블로 피카소의 '게르니카'는 1937년에 완성된 대형 유화로, 스페인 내전 중 독일 공군의 폭격 사건을 배경으로 전쟁의 폭력과 고통을 상징적으로 표현한다. 강렬한 흑백 색조와 왜곡된 형태로 인류의 고통과 비인간성을 고발하며, 평화와 인권의 상징으로 자리 잡았다.

2) 본론: 전쟁의 비극과 인류의 고통의 표현
피카소의 '게르니카'는 전쟁의 비극을 고발하며, 고통받는 말과 절망에 찬 인물들을 통해 인류의 고통을 상징적으로 표현한 작품으로, 사회적 메시지를 전달하는 강력한 도구로 자리 잡았다.

3) 결론: 게르니카의 평화의 메시지
피카소의 "게르니카"는 전쟁과 폭력에 대한 강력한 반대의 상징으로, 관객에게 깊은 감정을 불러일으키며 평화의 중요성을 일깨우는 중요한 문화유산으로 남아 있다.

1 ⓐ에 대한 설명으로 적절한 것은?

① ⓐ는 피카소의 정치적 입장을 드러내지 않는다..

② ⓐ는 스페인 내전 중 게르니카에서 바라본 근처 마을의 폭격을 주제로 하고 있다.

③ ⓐ는 예술이 사회적 이슈를 반영하는 것에 대한 한계와, 이에대한 경각심을 보여준다.

④ ⓐ는 왜곡된 인물과 어두운 색조를 사용하여 전쟁의 공포를 극대화하기 한 작품이며 이러한 표현은 관객이 전쟁의 참상을 직접 느끼게 한다.

⑤ ⓐ는 예술이 정치적 메시지를 전달하는 수단이 되지는 못하는 한계를 보인다.

2 <보기>는 피카소의 '게르니카'이다. 피카소가 이 그림을 그린 이유에 대해 본문을 바탕으로 이해할 때 적절하지 <u>않은</u> 것은?

보기

① '게르니카'는 1937년 스페인 내전 중 독일 공군의 공습으로 파괴된 게르니카 마을을 주제로 하고 있다.

② 피카소는 이 작품을 통해 전쟁의 잔혹함과 그로 인한 고통을 세상에 알리고자 했다.

③ 피카소는 '게르니카'를 통해 전쟁이 가져오는 고통과 파괴를 시각적으로 표현하며, 인류가 이러한 비극을 반복하지 않기를 바라는 메시지를 전달하고자 했다.

④ 피카소는 스페인 출신으로서 자신의 고향과 가족이 전쟁의 영향을 받는 것을 보며 깊은 슬픔과 분노를 느꼈지만 작품에 고스란히 담지는 않았다.

⑤ 피카소의 '게르니카'는 단순한 예술작품을 넘어, 전쟁과 폭력에 대한 깊은 성찰을 제공하는 중요한 상징으로 남아 있다.

3 "게르니카'가 가지는 역사적 의미는 무엇일까?'에 대해서 자신의 견해를 서술하시오

4 '예술을 통해 사회 문제를 어떻게 더 잘 알릴 수 있을까?'에 대해서 서론, 본론, 결론의 형식으로 서술하시오.

중요

5 '예술은 모든 분야에서 적용이 가능할까'에 대해서 자신의 생각을 서술하시오.

6 다음 '예술이 정치적 메시지를 전달하는 수단이 되는가'라는 논제를 바탕으로 찬성과 반대의 생각을 서술하시오

찬성	반대

16 전통예술의 현대적 변화
- 판소리와 힙합의 조화

우리나라 전통 예술인 판소리가 현대 음악 장르인 힙합[1]과 만나며 새로운 변화를 만들어내고 있다. 과거에는 판소리가 어렵고 지루하다는 인식이 있었지만, 최근에는 힙합과의 결합을 통해 젊은 세대에게 친숙하게 다가가고 있다. 이러한 시도는 전통과 현대의 조화를 이루며, 우리 문화의 새로운 가능성을 보여준다. 국악의 현대적 변신이 어떻게 이루어지고 있으며, 어떤 의미를 가지는지 살펴볼 필요가 있다. 또한, 이를 통해 전통 음악이 현대적 감각을 더해 새롭게 변모[2]하는 과정을 이해할 수 있다.

판소리와 힙합의 만남은 다양한 방식으로 이루어지고 있다. 예를 들어, 국악 퓨전 밴드 이날치는 래퍼 릴보이와 협업하여 판소리와 힙합을 접목한 신선한 곡을 선보였다. 또한, 소리꾼 박유민은 판소리 흥보가의 '밥타령'을 트랩 비트와 결합하여 현대적인 느낌을 가미한 곡을 만들었다. 이러한 사례들은 전통 음악과 현대 음악이 자연스럽게 어우러질 수 있음을 보여준다. 국악과 힙

릴보이

합의 결합은 단순한 음악적 실험이 아니라, 우리 전통을 세계적으로 알릴 수 있는 중요한 시도다. 해외에서도 퓨전[3] 국악에 대한 관심이 커지고 있으며, 다양한 방식으로 전통 음악이 현대적으로 재해석되고 있다.

이러한 변화는 전통 예술의 대중화에도 큰 역할을 하고 있다. 과거에는 국악이 지루하고 어렵다는 인식이 많았지만, 힙합과의 결합을 통해 젊은 세대에게 친숙하게 다가가고 있다. 예를 들어, 국악 크로스오버 오디션 프로그램 풍류대장은 전통 음악과 현대 음악의 결합을 선보이며 많은 관심을 받고 있다. 이 프로그램은 국악이 현대적 감각과 만날 때 얼마나 매력적인 음악이 될 수 있는지를 보여주며, 전통 음악

풍류대장 © jtbc

이 시대의 흐름 속에서 자연스럽게 변화하는 과정을 담고 있다. 또한, SNS를 통해 전통 음악을 현대적으로 편곡한 영상이 큰 인기를 끌며, 국악을 색다른 시선으로 접할 기회가 늘어나고 있다.

그러나 이러한 시도에 대한 우려[4]의 목소리도 있다. 일부 사람들은 전통 예술이 현대 음악과 결합하면서 본래의 가치를 잃을 수 있다고 걱정한다. 전통이란 원래의 형태를 보존하는 것이 중요하다는 의견도 있다. 하지만 많은 전문가들은 이러한 결합이 전통 예술의 새로운 발전 방향을 제시하며, 전통과 현대의

---

❶ 힙합 (Hip-hop): 1970년대 미국에서 탄생한 음악 장르이자 문화 운동으로, 랩, 디제잉, 비보잉, 그래피티 아트 등 다양한 요소로 구성된다. 강한 비트와 리듬, 사회적 메시지를 담은 가사가 특징이며, 개인의 개성과 자유로운 표현을 중시한다.

❷ 변모: 형태나 성격이 변화하여 새로운 모습으로 바뀌는 것을 의미한다.

❸ 퓨전(Fusion): 서로 다른 요소나 장르가 결합하여 새로운 형태를 만들어내는 것을 의미한다. 음악에서는 전통과 현대적 요소가 결합하는 경우를 퓨전 음악이라고 하며, 국악과 힙합, 클래식과 재즈 등이 대표적인 사례이다.

❸ 우려: 어떤 일이 바람직하지 않은 방향으로 흘러갈 가능성에 대해 걱정하거나 염려하는 것을 의미한다.

꼭 기억하렴

국어 공신 선생님

조화를 통해 더 풍부한 문화를 만들어낼 수 있다고 평가한다. 중요한 것은 전통의 본질을 유지하면서도 시대에 맞게 변화를 추구하는 것이다. 전통을 고집하는 것만이 답이 아니며, 현대적 감각을 더해 더 많은 사람들에게 사랑받는 것이 더욱 중요하다.

우리나라의 전통 예술인 판소리와 현대 음악인 힙합의 만남은 문화의 새로운 가능성을 보여준다. 이러한 시도는 전통과 현대의 조화를 이루며, 우리 문화의 다양성과 풍부함을 더해준다. 앞으로도 이러한 노력이 계속되어 전통 예술이 더욱 발전하고, 많은 사람들에게 사랑받기를 기대한다. 전통을 고집하기보다는 현대적인 감각과 조화를 이루며 새롭게 해석하는 것이 전통을 더욱 가치 있게 만드는 길일 것이다. 현대 사회에서 전통이 살아남기 위해서는 변화와 혁신이 필수적이며, 국악과 힙합의 만남은 그 대표적인 예라고 할 수 있다.

 국어 공신 선생님의 감상 꿀팁!

 좀 더 깊이 생각해 보기

• 예술적 관점에서 판소리와 힙합의 결합이 가지는 의미는 무엇일까?
판소리와 힙합의 결합은 전통 예술이 현대적 감각을 통해 변화하고 대중화되는 과정의 대표적인 사례다. 과거 판소리는 긴 서사와 독특한 발성을 특징으로 하며, 오랜 역사와 문화를 담아왔다. 반면, 힙합은 빠른 리듬과 강한 메시지를 전달하는 현대적인 음악 장르로, 자유로운 표현이 중심이 된다. 두 장르는 즉흥성과 이야기 전달이라는 공통점을 가지고 있어 자연스럽게 융합될 수 있었다. 이러한 결합을 통해 판소리는 더 많은 청중에게 다가갈 수 있는 기회를 얻었으며,

전통 음악이 변화 속에서도 본질을 유지하며 현대적 감각을 더할 수 있음을 보여준다.

• 현대 예술이 기술과 대중문화를 활용하는 방식에는 어떤 것들이 있을까?
현대 예술은 기술과 대중문화를 적극적으로 활용하며 다양한 방식으로 진화하고 있다. 예를 들어, 데이터 시각화 기술을 활용하여 정보를 예술적으로 표현하는 방식이 있으며, 이는 복잡한 데이터를 쉽게 전달하는 역할을 한다. 미디어 아트는 디지털 기술과 결합하여 인터랙티브한 예술을 창조하며, 관객과의 소통을 강화한다. 또한, SNS와 유튜브 같은 대중매체는 전통 예술을 현대적 감각으로 재해석하는 데 중요한 역할을 한다. 국악 퓨전 음악이 온라인 플랫폼에서 인기를 끄는 것은 전통 예술이 기술을 통해 더욱 접근성을 높이고 있음을 보여준다.

• 판소리와 힙합의 결합이 전통 예술의 미래에 주는 교훈은 무엇일까?
판소리와 힙합의 결합은 전통 예술이 지속 가능성을 가지기 위해 변화해야 한다는 교훈을 준다. 과거 판소리는 긴 호흡과 독창적인 창법으로 표현되었지만, 현대 대중문화의 흐름에서는 보다 빠르고 친숙한 리듬과 결합해야 대중에게 다가가기 쉬워진다. 이러한 변화는 전통의 본질을 유지하면서도 새로운 요소를 가미하여 발전하는 과정으로 볼 수 있다. 힙합과 결합한 국악이 젊은 세대에게 자연스럽게 받아들여지고 있으며, 이는 전통이 단순히 과거의 유산이 아니라 현재와 미래에도 계속해서 존재할 수 있는 문화적 요소가 될 수 있음을 보여준다. 전통과 현대의 균형을 맞추면서 새로운 방식으로 표현하는 것이 전통 예술을 더욱 가치 있게 만드는 핵심 요소이다.

정리해 볼까요?

그룹 생각

기사에 대해서 알아볼까요?

집중!

주제: 전통예술의 현대적 변화: 판소리와 힙합의 만남, 전통의 현대적 변신
핵심어휘: 판소리, 힙합, 변모, 퓨전, 전통예술, 현대음악, 대중화, 문화 융합, 혁신, 본질 유지

1단락 요약: 판소리와 힙합의 결합은 전통과 현대의 조화를 통해 젊은 세대에게 친숙하게 다가가며 새로운 문화적 가능성을 보여준다.
2단락 요약: 이날치와 릴보이의 협업, 박유민의 트랩 비트 결합은 전통과 현대 음악의 자연스러운 융합을 보여주며, 국악의 세계적 확장 가능성을 제시한다.
3단락 요약: '풍류대장'과 SNS 콘텐츠 확산은 국악의 현대적 변화를 촉진하며, 전통 음악의 대중화와 새로운 변화를 이끌고 있다.
4단락 요약: 일부는 전통이 본래 가치를 잃을 것을 우려하지만, 전문가들은 전통과 현대의 조화를 통해 더 풍부한 문화를 창조할 수 있다고 본다.
5단락 요약: 판소리와 힙합의 융합은 전통 예술의 새로운 가능성을 제시하며, 현대적 재해석이 전통의 가치를 더욱 높이는 길이 될 것이다.

기사의 구조적 접근을 꼭 알아야 해요!

꼭 기억하렴!

1) 서론: 전통과 현대의 만남: 판소리와 힙합의 새로운 융합
판소리와 힙합의 결합이 전통 예술의 현대적 변화를 이끌며, 대중화와 문화 융합의 가능성을 보여주고 있다.

2) 본론: 퓨전 국악의 사례와 대중화, 그리고 전통성 논쟁
판소리와 힙합의 결합은 이날치와 릴보이의 협업, 박유민의 현대적 재해석 등으로 국악의 세계적 확장 가능성을 보여준다. 국악 오디션 프로그램 풍류대장과 SNS를 통한 콘텐츠 확산은 전통 음악의 대중화에 기여하고 있다. 전통의 본질 훼손에 대한 우려도 있지만, 전문가들은 전통과 현대의 균형 속에서 새로운 가치를 창출할 수 있다고 본다.

3) 결론: 전통 예술의 현대적 재해석과 지속 가능한 발전 가능성
판소리와 힙합의 결합은 전통 예술이 현대적 감각을 통해 더욱 발전할 가능성을 보여준다. 변화와 혁신을 통해 전통을 더욱 가치 있게 만들고, 더 많은 사람들에게 사랑받는 방향으로 나아가야 한다.

비판적 사고 키워 볼까요? +

1 판소리와 힙합의 결합에 대한 설명으로 적절하지 <u>않은</u> 것은?

① 판소리는 과거에 어렵고 지루하다는 인식이 있었지만, 힙합과의 결합을 통해 젊은 세대에게 더 친숙해지고 있다.

② 국악 퓨전 밴드 이날치는 래퍼 릴보이와 협업하여 전통과 현대 음악의 결합을 시도하였다.

③ 판소리와 힙합의 융합은 국악의 세계적 확산과 대중화에 긍정적인 영향을 미치고 있다.

④ 국악 크로스오버 오디션 프로그램 풍류대장은 전통 음악을 원형 그대로 보존하는 데 초점을 맞추고 있다.

⑤ 일부 사람들은 전통 예술이 현대 음악과 결합하면서 본래의 가치를 잃을 수 있다는 우려를 가지고 있다.

2 다음 <보기>의 내용을 참고할 때, 판소리와 힙합의 융합에 대한 설명으로 적절하지 <u>않</u>은 것은?

보기

- 판소리는 전통적으로 긴 호흡과 서사적인 구성을 가지고 있으며, 가사와 멜로디가 즉흥적으로 변형될 수 있는 특징이 있다.
- 힙합은 리듬과 비트를 기반으로 하여 강한 메시지를 전달하는 음악 장르로, 즉흥적인 랩이 중요한 요소 중 하나이다.
- 최근에는 판소리와 힙합이 결합된 퓨전 음악이 등장하여 국악이 현대적 감각을 더해 새롭게 변모하고 있다.

① 판소리와 힙합은 즉흥성과 이야기 전달이라는 공통점을 가지고 있어 자연스럽게 결합될 수 있다.

② 국악 퓨전 음악은 전통적인 판소리의 형식을 그대로 유지하면서 힙합 리듬만을 추가한 형태로 발전하고 있다.

③ 소리꾼 박유민은 판소리 흥보가의 '밥타령'을 트랩 비트와 결합하여 현대적인 느낌을 더한 곡을 선보였다.

④ 판소리와 힙합의 결합은 전통 예술을 세계적으로 알리는 데 기여할 가능성이 있다.

⑤ 일부 전통 예술 전문가들은 이러한 변화를 두고 전통의 본질이 변형될 수 있다는 우려를 제기하고 있다.

3 판소리와 힙합의 결합이 전통 음악의 대중화에 미치는 영향을 서술하시오.

4 판소리와 힙합의 융합이 전통 음악의 발전에 미치는 영향을 주제로 서론, 본론, 결론의 형식으로 서술하시오.

중요

5 전통 음악과 현대 음악의 융합이 지속 가능하기 위해 고려해야 할 요소는 무엇인지 서술하시오.

집중

6 다음 '전통 음악이 현대적으로 변화하는 것이 바람직한가?'라는 논제를 바탕으로 찬성과 반대의 생각을 서술하시오.

찬성	반대

탈의 마법
- 한국 전통의 춤과 이야기

　탈춤은 한국의 전통적인 무용으로, 주로 탈을 쓰고 공연하는 춤을 의미한다. 이 무용은 한국의 고유한 문화유산으로, 그 기원은 고려시대와 조선시대에 뿌리를 두고 있다. 탈춤은 단순한 춤을 넘어 사회적, 정치적 메시지를 전달하는 중요한 예술 형식으로 자리 잡았다. 탈춤의 기원은 고려시대의 '무속'과 깊은 연관이 있다. 이 시기에는 신을 모시는 의식에서 춤과 음악이 중요한 역할을 했으며, 특히 농사와 관련된 제의에서 탈을 쓰고 춤을 추는 풍습이 있었다. 이러한 전통은 후에 탈춤으로 발전하게 되었으며, 사람들은 탈을 통해 신성한 존재와 소통하려 하였다. 조선시대에 들어서면서 탈춤은 더욱 발전하였고, 다양한 형태의 탈춤이 등장하게 되었다. 조선시대의 탈춤은 주로 양반과 서민의 삶을 풍자하는 내용으로 구성되어 있다. 이 시기의 대표적인 탈춤으로는 '흥부놀부', '춘향전', '별주부전' 등이 있다. 이러한 이야기들은 사회의 부조리와 모순을 비판하며, 관객들에게 웃음을 주는 동시에 깊은 메시지를 전달했다. 탈춤은 또한 다양한 캐릭터와 그에 맞는 탈을 통해 각기 다른 인물의 성격과 특징을 표현한다. 각 탈은 그 캐릭터의 정체성을 드러내는 중요한 요소로 작용하며, 이를 통해 관객은 쉽게 이야기에 몰입할 수 있다. 탈춤은 단순히 춤을 추는 것에 그치지 않고, 그 안에 담긴 이야기와 사회적 맥락을 이해하는 데 중요한 역할을 한다.

　탈춤의 가장 유명한 형태 중 하나는 '강릉단오제'와 '안동하회탈춤'이다. 강릉단오제는 매년 단오에 열리는 축제로, 탈춤이 중요한 부분을 차지한다. 이 축제에서는 다양한 탈춤 공연이 이루어지며, 지역 주민들이 함께 참여하여 전통을 계승한다. 이러한 참여는 지역 사회의 결속력을 강화하고, 전통문화의 지속적인 발전을 도모하는 데 기여한다. 안동하회탈춤은 그 지역의 대표적인 탈춤으로, 2010년

하회별신굿탈놀이

에는 유네스코 인류무형문화유산으로 등재되었다. 이 탈춤은 특히 그 독창적인 탈과 뛰어난 연기력으로 유명하다. 이러한 인정은 탈춤이 국제적으로도 그 가치를 인정받고 있음을 보여준다. 탈춤은 단순한 공연 예술에 그치지 않고, 한국의 전통문화와 정체성을 담고 있다. 탈춤을 통해 사람들은 과거의 역사와 문화를 배우고, 이를 현대에 맞게 재해석하여 계승하고 있다. 탈춤은 또한 한국의 다양한 축제와 행사에서 중요한 역할을 하며, 지역 사회의 결속력을 강화하는데 기여하고 있다. 현대에 들어서 탈춤은 전통을 유지하면서도 현대적인 요소를 접목하여 새로운 형태로 발전하고 있다. 다양한 공연 예술과의 융합을 통해 탈춤은 더욱 다채로운 모습으로 관객을 만나고 있다. 이러한 변화는 탈춤이 단순한 과거의 유물이 아니라, 현재와 미래에도 계속해서 사랑받는 예술 형식임을 보여준다.

탈춤은 한국의 전통문화와 사회적 메시지를 담고 있는 중요한 예술이다. 그

꼭 기억하렴

❶ 제의: 의견이나 의논, 의안을 내놓음. 또는 그 의견이나 의논, 의안 등을 말한다.
❷ 계승: 상의 전통이나 문화유산, 업적 따위를 물려받아 이어 나가다.
❸ 등재: 서적이나 잡지 따위에 싣다.
❹ 창구: 사무실이나 영업소 따위에서, 손님과 문서 · 돈 · 물건 따위를 주고받을 수 있게 조그마하게 창을 내거나 대(臺)를 마련하여 놓은 곳이다.

국어 공신 선생님

역사와 발전 과정을 통해 탈춤은 한국인의 정체성을 형성하는 데 큰 역할을 해왔으며, 앞으로도 계속해서 그 가치를 이어갈 것이다. 탈춤은 단순한 춤이 아니라, 한국의 역사와 문화를 이해하는 중요한 창구로서의 역할을 하고 있다. 현대사회에서 탈춤은 전통을 계승하면서도 새로운 형태로 발전하여, 한국 문화의 다양성과 풍부함을 더욱 부각시키고 있다. 이러한 탈춤의 지속적인 발전은 한국 문화의 정체성을 강화하고, 세계에 한국의 전통을 알리는 중요한 역할을 할 것이다. 탈춤은 그 자체로 많은 사람들에게 감동과 교훈을 주며, 한국의 문화적 자산으로서 지속적으로 발전해 나갈 것이다. 특히, 젊은 세대와의 소통을 통해 탈춤은 현대적인 해석을 더하며, 다양한 예술 장르와의 융합을 통해 새로운 창작물로서의 가능성도 보여주고 있다. 이러한 변화는 탈춤이 과거의 유산을 넘어 현재와 미래에도 의미 있는 예술 형식으로 자리 잡도록 기여하고 있다. 탈춤은 한국의 전통문화와 현대 사회의 연결고리 역할을 하며, 그 안에 담긴 메시지와 이야기를 통해 관객과 소통하는 중요한 예술 형식으로 자리매김하고 있다. 탈춤의 지속적인 발전과 변형은 한국 문화의 다양성을 더욱 풍부하게 하고, 세계 무대에서 한국의 전통을 알리는 데 기여할 것이다.

국어 공신 선생님의 감상 꿀팁!

 한걸음 더 깊이 생각해 보기

• 탈춤이 한국 사회에서 어떤 역할을 하고 있는가?
탈춤은 한국 사회에서 전통 문화의 상징으로 자리 잡고 있으며, 사회적 메시지를 전달하는 중요한 매체로 기능한다. 탈춤은 주로 농민과 서민의 삶을 반영하며, 그들의 고난과 희망을 표현한다. 예를 들어, 탈춤의 다양한 캐릭터들은 사회의 다양한 계층을 상징하며, 이를 통해 사회적 불평등과 부조리를 비판한다. 또한, 탈춤은 공동체의 결속을 강화하는 역할을 하며, 지역 축제나 행사에서 사람들을 하나로 모으는 중요한 요소로 작용한다. 이러한 사회적 기능은 탈춤이 단순한 공연 예술을 넘어, 한국인의 정체성과 문화유산을 지키는 데 기여하고 있음을 보여준다.

• 탈춤이 정치적 메시지를 전달하는 방식은 무엇인가?

탈춤은 정치적 메시지를 전달하는 방식으로 풍자와 비판을 활용한다. 역사적으로 조선시대에는 권력자에 대한 조롱과 사회의 부조리를 드러내는 수단으로 사용되었다. 탈춤의 캐릭터들은 종종 권력자나 부유한 계층을 비웃으며, 이를 통해 사회의 불합리함을 폭로한다. 현대에 들어서도 탈춤은 정치적 메시지를 전달하는 중요한 매체로 자리 잡고 있다. 최근의 탈춤 공연에서는 현대 사회의 문제를 다루며, 관객들에게 사회적 참여를 촉구하는 메시지를 전달한다. 이러한 방식으로 탈춤은 정치적 비판의 장으로 기능하며, 사회 변화에 대한 의식을 고취시키는 역할을 한다.

• 탈춤에서 사용되는 탈의 상징성과 그 사회적 의미는 무엇일까?

탈춤에서 사용되는 탈은 단순한 의상 이상의 의미를 지닌다. 각 탈은 특정한 캐릭터를 나타내며, 그 캐릭터는 사회적 계층, 성격, 또는 특정한 사회적 이슈를 상징한다. 예를 들어, 양반 탈은 권력과 부를 상징하며, 이를 통해 당시 사회의 불평등을 비판하는 역할을 한다. 반면, 서민이나 농민의 탈은 일반 대중의 목소리를 대변하며, 그들의 고난과 희망을 표현한다. 이러한 탈의 상징성은 관객에게 강한 메시지를 전달하며, 사회적 비판의 도구로 기능한다. 탈춤은 역사적으로 정치적 저항의 상징으로 여겨져 왔으며, 현대에도 여전히 그 역할을 수행하고 있다. 탈을 통해 관객은 권력자에 대한 풍자와 사회의 부조리를 인식하게 된다. 또한, 탈춤은 관객과의 상호작용을 통해 사회적 참여를 유도하며, 관객이 자신의 목소리를 내도록 격려한다. 따라서 탈은 단순한 장식이 아니라, 사회적 메시지를 전달하는 중요한 매개체로 작용하며, 탈춤의 본질을 형성하는 핵심 요소라 할 수 있다.

정리해 볼까요?

기사에 대해서 알아볼까요?

주제: 한국의 역사와 문화를 이해하는 중요한 창구인 탈춤
핵심어휘: 탈춤, 한국의 전통문화, 한국의 역사

1단락 요약: 탈춤은 한국의 전통 무용으로, 고려시대의 무속에서 기원하여 조선시대에 사회적 메시지를 전달하는 중요한 예술 형식으로 발전했다.

2단락 요약: 탈춤의 유명한 형태인 '강릉단오제'와 '안동하회탈춤'은 전통문화의 계승과 지역 사회의 결속력을 강화하며, 현대적인 요소를 접목해 새로운 형태로 발전하고 있다.

3단락 요약: 탈춤은 한국의 전통문화와 사회적 메시지를 담고 있으며, 한국인의 정체성 형성에 기여한다. 현대에 접목되어 지속적으로 발전하며, 한국 문화를 세계에 알리는 중요한 역할을 한다.

기사의 구조적 접근을 꼭 알아야 해요!

1) 서론: 탈춤의 중요성과 기원
탈춤은 한국의 전통적인 무용으로, 탈을 쓰고 공연하는 독특한 예술 형식이다. 고려시대와 조선시대에 뿌리를 두고 있으며, 단순한 춤을 넘어 사회적, 정치적 메시지를 전달한다. 그 기원은 고려시대의 무속과 깊은 연관이 있으며, 신을 모시는 의식에서 춤과 음악이 중요한 역할을 했다.

2) 본론: 탈춤의 발전과 현대적 의미
조선시대에 탈춤은 다양한 형태로 발전하였고, 양반과 서민의 삶을 풍자하는 작품들이 등장했다. 현대에는 강릉단오제와 안동하회탈춤을 통해 지역 사회의 결속력을 강화하고, 전통문화의 지속적인 발전을 이룩하고 있다.

3) 결론: 탈춤의 지속성과 미래
탈춤은 한국의 전통문화와 사회적 메시지를 담고 있는 중요한 예술로, 한국인의 정체성을 형성하는 데 기여해왔다. 앞으로도 탈춤은 그 가치를 이어가며 많은 사람들에게 감동과 교훈을 줄 것이다. 현대 사회에서 탈춤은 전통을 계승하면서도 새로운 형태로 발전할 것이다.

비판적 사고 키워 볼까요? +

1 탈춤에 대한 설명으로 적절한 것은?

① 탈춤은 고려시대와 조선시대에 뿌리를 두고 만들어져 중국에서 유래했다.

② 현대에 들어서 탈춤은 전통적인 부분을 탈피하고, 현대적인 요소를 접목하여 새로운 형태로 발전하고 있다.

③ 탈춤을 통해 사람들은 과거의 역사와 문화를 배우고, 그대로 계승한다.

④ 탈춤의 가면은 각기 다른 캐릭터를 나타내며, 이를 통해 관객은 다양한 인물의 감정과 상황을 느낄 수 있다.

⑤ 탈춤은 또한 한국의 다양한 축제와 행사에서 중요한 역할을 하지만, 지역 사회의 결속력에는 기여하지 못하고 있는 실정이다.

2 <보기>를 바탕으로 탈에 대한 의미를 이해한 것으로 가장 적절한 것은?

보기

> 탈춤에서 '탈'은 전통적으로 사용되는 가면을 의미한다. 탈은 보통 나무, 종이, 천 등 다양한 재료로 만들어지며, 그 형태와 디자인은 특정 인물이나 사회적 역할을 상징한다.
> 탈의 의미는 단순히 외형적인 장식에 그치지 않고, 그 안에 담긴 상징성과 메시지에도 깊은 의미가 있다. 예를 들어, 탈은 특정 사회적 계층이나 인물의 특징을 강조하여 풍자하거나 비판하는 역할을 하기도 한다. 또한, 탈을 쓰는 무용수는 가면을 통해 자신의 정체성을 숨기고, 다양한 인물로 변신하여 관객과 소통한다.

① 탈춤에서 탈은 단순한 소품이 아니라, 문화적 맥락과 사회적 의미를 담고 있는 중요한 요소이다.

② 탈춤에서 사용되는 탈은 특정 탈이 가지는 의미가 일관되지 않거나, 관객에 따라 다르게 해석될 수 있으므로 장면에서 큰 의미를 두진 못한다.

③ 탈은 종종 상징적인 요소를 포함하고 있지만, 그 상징성이 명확하지 않거나 모호하다.

④ 탈은 단순히 특정 인물이나 성격을 나타내는 것이 아니라, 공연의 흐름과 분위기를 조성하는 기능적 요소로 작용하는 것이다.

⑤ 현대의 탈춤은 전통적인 의미와 상징성을 잃고, 새로운 형태로 변형되거나 재창조되어 의미의 지속성이 없다.

3 탈춤의 전통 예술로서의 보존과 현대화의 필요성에 대해 생각을 서술하시오.

4 '탈춤은 한국의 정체성을 이해하는 데 필수적인 요소로 자리 잡고 있는가'에 대해 자신의 생각을 서론, 본론, 결론의 형식으로 서술하시오.

중요

5 한국 전통 공연 예술 중 다른 어떤 것들이 탈춤과 비슷한 역할을 했는지 파악하여 서술하시오.

6 다음 '탈춤이 한국의 전통적인 공동체 문화를 유지하고 발전시키는 데 기여하는가?'라는 논제를 바탕으로 찬성과 반대의 생각을 서술하시오.

찬성	반대

집중

현대 미술이 난해한 이유

현대미술은 종종 난해하고 이해하기 어렵다는 평가를 받는다. 전통적인 예술 작품과 달리, 현대미술은 추상적이고 실험적인 표현을 통해 관객에게 혼란을 주기도 한다. 이에 따라 많은 사람들이 현대미술을 어렵게 느끼며, 작품이 주는 의미를 파악하기 어려워한다. 그렇다면 현대미술이 난해하게❶ 보이는 이유는 무엇이며, 어떻게 감상하면 더 잘 이해할 수 있을까?

첫째, 현대미술은 전통적인 재현 방식을 탈피하여 작가의 아이디어와 개념을 중시한다. 1917년 마르셀 뒤샹의 작품 '샘(Fountain)'은 기성품인 소변기에 서명을 하고 이를 예술 작품으로 제시하여 큰 충격을 준다. 기존의 미술이 사실적인 재현을 중심으로 발전해 왔다면, 현대미술은 오히려 개념을 강조하며 예술의 의미 자체를 탐구

마르셀 뒤샹의 '샘'

하는 방향으로 나아간다. 이러한 '레디메이드' 작품은 예술의 범위❷를 확장시키며 관객에게 새로운 시각적 경험을 제공하지만, 관객이 작가의 의도와 개념을 이해하지 못하면 작품을 난해하게 느낄 수밖에 없다. 따라서 현대미술을 감상할 때는 작품이 단순한 시각적 요소를 넘어 개념적인 의미를 포함하고 있음을 고려할 필요가 있다.

둘째, 현대미술은 다양한 재료와 기법을 활용하여 표현의 범위를 넓힌다. 전

통적인 회화와 조각뿐만 아
니라, 설치미술, 퍼포먼스 아
트, 디지털 아트 등 다양한 방
식이 등장하며 예술의 형식
이 더욱 확장된다. 예를 들어,
조셉 코수스의 '하나이면서
셋인 의자(One and Three Chairs)'
는 실제 의자, 의자의 사진, 그

조셉 코수스의 '하나이면서 셋인 의자'

리고 사전적 정의를 함께 전시하며 '의자'라는 개념을 탐구한다. 이처럼 현대미
술은 관객에게 철학적 질문을 던지며, 단순한 시각적 즐거움을 넘어선 사고를
요구한다. 또한, 최근에는 인공지능(AI)과 가상현실(VR)을 활용한 예술 작품이
등장하면서 작품을 감상하는 방식도 변화하고 있다. 이러한 새로운 기법과 형
식은 예술의 가능성을 확장하지만, 관객이 익숙하지 않은 방식일 경우 이해하
는 데 어려움을 겪을 수 있다.

셋째, 현대미술은 사회적, 정치적 이슈를 다루며 관객의 적극적인 참여와 해
석을 유도한다. 작품이 담고 있는 메시지나 비판의식을 이해하기 위해서는 해
당 작품이 만들어진 시대적 배경과 작가의 의도를 파악해야 한다. 예를 들어, 게
르하르트 리히터의 작품은 역사적 사건을 회화적으로 재해석하며 관객에게 중

꼭 기억하렴

① 난해하다: 어떤 개념이나 표현이 쉽게 이해되지 않고 복잡하거나 모호한 상태를 의
미한다.
② 범위: 특정한 개념이나 활동이 미치는 한계를 뜻하며, 물리적·개념적·사회적 측면
에서 사용된다.
③ 자본주의: 경제 활동이 시장 원리에 의해 운영되며, 생산 수단이 개인이나 기업에 의
해 소유되는 경제 체제를 의미한다.

국어 공신 선생님

요한 질문을 던진다. 또한, 뱅크시(Banksy)의 거리 미술은 자본주의[3]와 권력에 대한 날카로운 비판을 담고 있다. 그러나 이러한 정보 없이 작품을 접하면 그 의미를 온전히 이해하기 어려워 난해하게 느껴질 수 있다. 따라서 현대미술을 감상할 때는 작품이 만들어진 시대적, 사회적 배경을 함께 고려하는 것이 중요하다.

뱅크시의 '브릭레인'

그렇다면 현대미술을 어떻게 감상하면 좋을까? 전문가들은 '아는 것'보다 '느끼는 것'이 중요하다고 조언한다. 작품을 감상할 때 배경 지식이 없어도 감정적으로 반응하고, 직관적으로 받아들이는 것이 의미 있는 경험이 될 수 있다. 또한, 작품에 담긴 작가의 의도를 스스로 해석해 보고, 그 후에도 의문이 풀리지 않는다면 작품 해설이나 전문가의 설명을 참고하는 것이 좋다. 현대미술은 하나의 정해진 해석을 강요하지 않으며, 관객의 다양한 해석을 존중하는 경향이 있다. 따라서 작품을 보면서 자신만의 해석을 시도하는 것이 현대미술을 더욱 깊이 이해하는 방법이 될 수 있다.

결론적으로, 현대미술의 난해함은 전통적인 예술 개념을 넘어서는 표현 방식과 다양한 재료의 사용, 그리고 사회적 메시지의 전달 등에서 기인한다. 이러한 특징을 이해하고, 작품과의 개인적인 감정을 중시하는 감상 태도를 통해 현대미술을 더욱 풍부하게 즐길 수 있다. 예술은 반드시 논리적으로 이해해야 하는 것이 아니라, 감각적으로 경험하고 받아들이는 것이 더 중요할 수도 있다. 따라서 현대미술을 접할 때는 작품의 형식과 개념을 열린 마음으로 받아들이고, 자신만의 방식으로 감상하는 태도가 필요하다. 이를 통해 관객들은 난해하게 보이는 현대미술 속에서도 자신만의 의미를 찾고, 새로운 예술적 경험을 할 수 있을 것이다.

국어 공신 선생님의 감상 꿀팁!

집중!

좀 더 깊이 생각해 보기

• 현대미술의 난해함이 예술적 발전에 미치는 영향은 무엇일까?

현대미술의 난해함은 기존의 예술 형식을 확장하고 새로운 표현 방식을 탐구하는 데 기여한다. 전통적인 예술이 현실을 사실적으로 재현하는 것에 집중했다면, 현대미술은 개념과 메시지를 중심으로 작품을 구성한다. 이러한 변화는 예술이 단순한 시각적 감상을 넘어 사회적, 철학적 의미를 탐색하는 도구로 기능하도록 만든다. 하지만 난해한 작품은 관객과의 소통을 어렵게 할 수도 있다. 일부 관객들은 작품이 주는 메시지를 이해하기 어렵다고 느끼며, 현대미술이 소수만을 위한 예술로 인식될 위험이 있다. 따라서 현대미술의 난해함을 긍정적으로 활용하려면 작품 해설을 제공하고, 대중이 쉽게 접근할 수 있도록 교육 프로그램을 확대하는 등의 노력이 필요하다.

• 현대미술의 난해함을 극복하는 감상 방법은 무엇일까?

현대미술을 더 깊이 이해하고 감상하기 위해서는 몇 가지 접근 방식이 필요하다. 첫째, 작품을 감상할 때 정해진 해석을 찾기보다는 자신의 감정을 먼저 느끼는 것이 중요하다. 현대미술은 정답이 없는 예술이며, 다양한 해석이 가능하기 때문이다. 둘째, 작품의 시대적 배경과 작가의 의도를 이해하는 것이 도움이 될 수 있다. 미술관에서 제공하는 해설을 참고하거나, 작품과 관련된 설명을 찾아보는 것도 감상을 풍부하게 만들 수 있다. 셋째, 현대미술은 철학적인 질문을 던지는 경우가 많으므로, 열린 마음으로 감상하는 태도가 필요하다. 작품을 보면서 '이 작품이 무엇을 말하려는 것일까?'라는 질문을 던지고 스스로 답을 찾아가는 과정이 현대미술을 즐기는 방법이 될 수 있다.

예술, 시대를 말하다 - 감성과 창조의 세계

정리해 볼까요?

기사에 대해서 알아볼까요?

주제: 현대미술이 난해하게 보이는 이유와 효과적인 감상 방법
핵심어휘: 난해하다, 재현, 레디메이드, 범위, 형식, 자본주의, 추상, 개념미술, 비판적 사고

1단락 요약: 현대미술은 전통적인 예술과 달리 추상적이고 실험적인 표현을 중시하며, 관객이 의미를 파악하기 어려운 경우가 많다.
2단락 요약: 현대미술은 재현보다 개념과 아이디어를 강조하며, 마르셀 뒤샹의 '샘' 같은 작품이 예술의 개념을 새롭게 정의하면서 난해함이 발생한다.
3단락 요약: 현대미술은 다양한 재료와 기법을 활용하며 철학적 사고를 요구하는 작품이 늘어나, 조셉 코수스의 '하나이면서 셋인 의자'처럼 개념 중심 작품이 등장한다.
4단락 요약: 현대미술은 사회적, 정치적 메시지를 담고 있어 시대적 맥락을 이해하지 못하면 난해할 수 있으며, 뱅크시와 게르하르트 리히터의 작품이 이를 보여준다.
5단락 요약: 현대미술 감상 시 직관적 반응을 중시하고, 작품 해설과 다양한 해석을 시도하는 태도가 현대미술을 즐기는 데 도움이 된다.

기사의 구조적 접근을 꼭 알아야 해요!

1) 서론: 현대미술이 난해하게 느껴지는 이유
현대미술은 종종 난해하고 이해하기 어렵다는 평가를 받으며, 전통적인 예술과 달리 추상적이고 실험적인 표현을 통해 관객에게 혼란을 주기도 한다는 점에서 전통적인 예술과 현대미술의 차이가 나타난다.
2) 본론: 개념 중심 표현, 형식적 확장, 사회적 역할
현대미술은 전통적 재현에서 벗어나 개념과 아이디어를 강조하며, 레디메이드와 개념미술로 예술의 범위를 확장했다. 디지털 아트, 퍼포먼스 아트, 설치미술 등 다양한 형식이 등장하며 기존 감상 방식과 차이가 커져 난해하게 느껴질 수 있다. 또한, 사회적·정치적 메시지를 담아 관객의 적극적인 참여와 해석이 필요하며, 열린 태도로 감상하는 것이 중요하다.
3) 결론: 열린 감상 태도와 다양한 해석의 중요성
현대미술의 난해함은 개념적 접근과 형식적 확장 때문에 감정을 중시하고 열린 마음으로 감상하는 것이 중요하다. 또한, 다양한 해석을 시도하는 태도가 현대미술을 즐기는 방법 중 하나이다.

 비판적 사고 키워 볼까요? +

1 다음 중 현대미술이 난해하게 느껴지는 이유로 적절하지 않은 것은?

① 현대미술은 전통적인 재현 방식을 벗어나 개념을 강조하기 때문이다.

② 현대미술은 다양한 재료와 기법을 활용하여 예술의 표현 범위를 확장하기 때문이다.

③ 현대미술은 관객이 한 가지 정해진 해석을 따라야만 하기 때문이다.

④ 현대미술은 사회적, 정치적 이슈를 다루며 관객의 해석을 요구하기 때문이다.

⑤ 현대미술은 기존의 미술 형식을 넘어 새로운 시도를 통해 감상의 방식까지 변화시키고 있기 때문이다.

2 <보기>를 참고하여 본문에서 설명하는 현대미술의 특징을 추론할 수 있는 설명을 고르시오.

보기

• 예술은 시대의 변화에 따라 새로운 형태로 발전하며, 기존의 개념을 확장할 수 있다.

• 작품이 반드시 하나의 정답을 가지지 않으며, 관객의 다양한 해석을 유도할 수 있다.

• 기술 발전은 예술의 표현 방식을 변화시키고, 감상자의 경험을 새롭게 만든다.

① 현대미술은 작품의 형식보다 특정한 감상 방법을 강조하는 경향이 있다. 또한 감상자가 정해진 방식으로 작품을 이해하도록 유도한다.

② 현대미술은 시대 변화에 따라 새로운 기법과 개념을 도입하며 발전해 왔다. 또한 전통적 재현에서 벗어나 다양한 표현 방식을 시도한다.

③ 현대미술은 특정한 사회 계층만이 이해할 수 있도록 구성된다는 특징이 있다. 또한 작품이 대중보다는 제한된 그룹을 위한 것으로 여겨지기도 한다.

④ 현대미술은 기존 방식을 유지하며 과거의 예술 개념을 그대로 따른다. 또한 전통적인 기법과 주제를 변화 없이 지속하는 경향이 있다.

⑤ 현대미술은 작품의 시각적 아름다움을 가장 중요한 요소로 여긴다. 또한 작품의 조형적 요소나 미적 기준이 핵심적인 평가 요소가 된다.

3 현대미술은 기존의 미술 개념을 확장하고 다양한 형식을 실험하는 특징을 가진다. 그렇다면 현대미술이 관객들에게 더욱 쉽게 다가가기 위해 어떤 노력이 필요할지 서술하시오.

4 '현대미술의 난해함, 장점인가 단점인가?'를 주제로 서론, 본론, 결론의 형식으로 서술하시오.

중요

5 본문에서는 현대미술이 정해진 해석이 없으며, 관객의 자유로운 해석을 존중한다고 설명하고 있다. 그렇다면 모든 예술 작품은 반드시 명확한 메시지를 전달해야 할까? 이에 대한 자신의 견해를 서술하시오.

집중

6 다음 '현대미술은 난해할수록 가치가 있는가?'라는 논제를 바탕으로 찬성과 반대의 생각을 서술하시오.

찬성	반대

1. 한옥의 특징과 현대적 가치

◆ 비판적 사고 키워볼까요?

1. **정답: ④ 해설:** 한옥의 현대적 활용은 주거 공간뿐만 아니라 카페, 갤러리, 숙박 시설 등 다양한 용도로 확장되며, 특히 관광 산업에서 중요한 역할을 하고 있다.

2. **정답: ④ 해설:** 한옥은 전통적 주거 양식이지만, 현대 사회에서도 실용성과 경제성을 인정받고 있다. 카페, 갤러리, 숙박 시설 등으로 활용되며 관광 산업에 기여하고, 친환경적 건축으로서도 주목받는다.

3. **예시 답안:** 한옥은 자연과 조화를 이루는 건축물로, 목재, 흙, 돌 등 자연 재료를 사용하여 친환경적이며, 남향 배치와 처마 설계를 통해 계절별 실내 온도를 조절하는 특징을 갖고 있다. 온돌과 마루를 통해 겨울에는 따뜻하고 여름에는 시원한 환경을 제공하여 에너지 효율성을 높인다. 현대적 한옥은 전통미를 유지하면서 유리문과 유리창을 활용해 채광과 공간 활용성을 높였으며, 카페, 갤러리, 숙박 시설 등으로 다양하게 활용되고 있다. 이를 통해 한옥은 전통 보존과 현대적 기능성을 모두 실현하며 문화적 가치와 지속 가능성을 제시하고 있다.

4. **예시 답안: <서론>** 한옥은 한국의 전통 건축 양식으로, 자연 친화적 설계와 효율적인 공간 활용을 특징으로 한다. 현대 사회에서는 이러한 전통적 가치를 계승하며, 현대인의 생활 방식에 맞춘 변화를 통해 다양한 활용 방안을 모색하고 있다. 전통과 현대의 조화는 한옥이 지속 가능한 건축의 모델로 자리 잡는 데 핵심적인 역할을 한다.

<본론> 한옥은 목재, 흙, 돌 등 자연 재료를 사용하여 친환경적이며, 남향 배치와 처마 설계를 통해 계절별 온도 조절이 가능하다. 온돌과 마루는 겨울에는 따뜻함을, 여름에는 시원함을 제공하며 에너지 효율성을 극대화한다. 현대적 한옥은 이러한 전통적 요소를 유지하면서도, 유리창과 유리문을 활용해 채광과 공간 개방감을 극대화한 사례로 발전하고 있다. 대표적으로 서울 북촌 한옥마을의 '설화수의 집'은 전통미와 현대적 기능성을 결합한 성공적인 사례로 평가받는다. 또한, 한옥은 주거 공간을 넘어 카페, 갤러리, 숙박 시설 등으로 다양하게 활용되며, 전통 건축의 아름다움을 현대적 편의와 결합해 관광 산업에서도 중요한 역할을 하고 있다.

<결론> 한옥은 전통 보존과 현대적 활용이라는 두 가지 과제를 성공적으로 해결하며, 건축 문화에 새로운 가치를 더하고 있다. 전통과 현대의 조화는 단순히 과거를 보존하는 것을 넘어 미래를 위한 지속 가능한 건축 모델로서의 가능성을 보여준다. 앞으로도 창의적 활용 방안을 통해 한옥은 전통과 현대를 연결하는 중요한 문화적 유산으로 남을 것이다.

5. **예시 답안:** 한옥의 현대적 변모 과정에서 전통적 요소를 유지하는 것은 단순히 과거를 보존하는 차원을 넘어 미래 세대에게 한국 고유의 건축 철학과 문화를 계승하는 데 핵심적이다. 전통적 요소를 통해 한옥은 자연과의 조화와 친환경적 가치를 유지하며, 이는 지속 가능한 건축의 모델로서 중요한 의미를 가진다. 또한, 현대적 편리함과 결합할 때 전통적 미학이 더 큰 가치를 창출하며, 국내외적으로 한국 전통 건축의 문화적 위상을 높이는 데 기여한다.

6. **예시 답안: <찬성**(전통적 요소 중시)**>** 전통적 요소는 한옥의 정체성을 유지하는 핵심이다. 현대적 기능성은 시간에 따라 변화할 수 있지만, 전통적 요소는 문화적 유산으로서 지속적으로 보존해야 할 가치가 있다. 이를 통해 한국 전통 건축의 고유성과 독창성을 국내외적으로 알릴 수 있으며, 전통을 기반으로 한 지속 가능한 건축 모델로 활용 가능하다.

<반대(현대적 요소 중시)**>** 현대적 기능성은 전통적 요소와 조화를 이루면서도 실제 사용자의 편의와 실용성을 높이는 데 필수적이다. 현대 사회의 생활 패턴과 요구에 맞추지 않는다면 한옥은 단지 과거의 유물로 남을 위험이 있다. 전통적 가치를 기반으로 현대적 기술을 적극 도입하여 실용성을 높이는 것이 한옥의 생명력을 유지하는 방법이다.

2. 맥주, 문명의 물결을 일으킨 황금 액체

◆ 비판적 사고 키워볼까요?

1. **정답: ③ 해설:** 메소포타미아 문명에서의 맥주는 단순한 음료가 아니라, 사회적, 경제적, 종교적 측면에서 중요한 역할을 했다.

2. **정답: ⑤ 해설:** '길가메시 서사시'는 맥주를 마신 엔키두가 문명화되는 장면을 통해 맥주가 사회적 상징으로 여겨졌음을 보여준다. 맥주는 단순한 음료 이상의 의미를 가지고, 사회적 유대감을 형성하는 도구로 기능했다.

3. 예시 답안 메소포타미아에서 맥주는 단순한 음료가 아니라 영양 공급원, 사회적 결속의 매개체, 종교적 상징, 경제적 자원으로 기능했다. 맥주는 공동체의 결속을 강화하고, 의식과 축제에서 중요한 역할을 하며, 상업 거래에서도 사용되었다.

4. 예시 답안: **<서론>** 맥주는 인류 역사에서 중요한 역할을 해온 음료 중 하나이다. 고대 문명에서부터 현대 사회에 이르기까지 맥주는 단순한 음료 이상의 의미를 지니며, 사회적, 경제적, 문화적 측면에서 다양한 영향을 미쳤다. 특히, 맥주는 단순한 음료로서의 기능을 넘어, 인간의 삶과 문화에 깊이 뿌리내린 상징적인 존재로 자리 잡았다. 고대 문명에서는 맥주가 종교적 의식이나 축제에서 중요한 역할을 하였으며, 이는 공동체의 정체성을 형성하는 데 기여하였다. 또한, 맥주는 상업적 거래의 중요한 요소로 작용하여, 경제적 발전에도 기여하였다.

<본론> 맥주는 고대 메소포타미아와 이집트에서부터 시작하여, 농업과 정착 생활의 발전과 밀접한 관련이 있다. 곡물의 발효를 통해 생산된 맥주는 식량 저장의 한 형태로 기능하며, 사람들에게 영양을 공급하였다. 또한, 맥주는 사회적 상호작용의 매개체로 작용하여, 공동체의 결속력을 강화하는 데 기여하였다. 예를 들어, 고대 이집트에서는 맥주가 노동자들에게 지급되어 건축 프로젝트에 참여하는 이들의 사기를 높였다. 그러나 맥주는 부정적인 영향도 미쳤다. 과도한 음주로 인한 건강 문제와 사회적 갈등은 맥주 소비의 부작용으로 나타날 수 있다. 역사적으로도 맥주와 관련된 폭력 사건이나 중독 문제는 여러 사회에서 심각한 문제로 대두되었다. 이러한 부정적인 측면은 맥주가 문명 발전에 기여한 긍정적인 영향과 상충하는 부분이 있다.

<결론> 맥주는 인류 문명에 긍정적인 기여를 한 동시에 부정적인 영향을 미친 복합적인 존재이다. 맥주가 사회적 결속과 경제적 발전에 기여한 점은 부인할 수 없지만, 그로 인해 발생할 수 있는 건강 문제와 사회적 갈등 또한 간과할 수 없다. 따라서 맥주 소비에 대한 균형 잡힌 접근이 필요하며, 문명 발전에 기여하기 위해서는 책임 있는 음주 문화가 정착되어야 한다.

5. 예시 답안: 맥주는 오랜 역사 속에서 사회적 모임과 커뮤니티 형성에 중요한 역할을 해왔다. 사람들은 맥주를 함께 나누며 자연스럽게 대화를 시작하고, 서로의 이야기를 듣는 기회를 가진다. 이러한 상호작용은 개인 간의 유대감을 강화하고, 공동체 의식을 형성하는 데 기여한다. 특히, 맥주집이나 펍은 지역 사회의 소통 공간으로 기능하며, 다양한 배경을 가진 사람들이 모여 의견을 교환하고 친목을 다지는 장소가 된다. 이러한 공간에서는 일상적인 스트레스를 해소하고, 서로의 삶을 공유하는 기회를 제공한다. 또한, 맥주는 축제나 기념일과 같은 특별한 행사에서도 중요한 역할을 한다. 많은 문화권에서 맥주가 포함된 축제는 사람들을 모으고, 공동체의 전통을 기념하는 기회를 제공한다. 이러한 행사들은 사람들 간의 연결을 강화하고, 지역 사회의 정체성을 확립하는 데 기여한다. 따라서 맥주는 단순한 음료 이상의 의미를 지니며, 사람들을 하나로 묶는 매개체로 작용한다. 이를 통해 사회적 결속력을 높이고, 다양한 문화적 배경을 가진 사람들이 서로를 이해하고 존중하는 기회를 제공한다. 이러한 과정은 건강한 커뮤니티 형성에 필수적이며, 사회적 연대감을 증진시키는 데 중요한 역할을 한다.

6. 예시 답안: **<찬성>** ①사회적 상호작용 촉진: 맥주는 사람들이 모여서 대화하고 교류할 수 있는 기회를 제공한다. 연구에 따르면, 맥주를 함께 마시는 것은 사람들 간의 유대감을 강화하는 데 긍정적인 영향을 미친다고 한다. ②문화적 요소: 많은 문화에서 맥주는 축제나 모임의 중심에 위치해 있으며, 이는 공동체 의식을 강화하는 데 기여한다. ③스트레스 해소: 맥주는 스트레스를 해소하고 긴장을 풀어주는 효과가 있어, 사람들 간의 대화를 더 원활하게 만들어 준다. 이는 사회적 유대감을 더욱 강화하는 요소로 작용할 수 있다.

<반대> ①과도한 음주 문제: 맥주 소비가 과도해질 경우, 이는 개인의 건강과 사회적 관계에 부정적인 영향을 미칠 수 있다. 음주로 인한 갈등이나 폭력 사건이 발생할 수 있고, 이는 사회적 유대감을 해친다. ②사회적 고립: 일부 연구에서는 맥주와 같은 알코올 음료가 사회적 고립을 초래할 수 있다고 경고한다. 특히, 지나친 음주는 개인의 사회적 상호작용을 방해한다. ③부정적 이미지: 맥주가 사회적 유대감을 강화하는 것과는 반대로, 음주가 부정적인 사회적 이미지를 초래할 수 있다. 즉 특정 집단에서의 음주 문화가 사회적 유대감을 약화시킬 수 있다.

3. 독서가 뇌과학에 미치는 영향

◆ 비판적 사고 키워볼까요?

1. 정답: ② 해설: 본문에서는 독서가 뇌의 구조 변화를 일으키고 정서적 안정에 긍정적인 영향을 미친다고 명확하게 설명하고 있다. 따라서 2번이 적절하지 않은 선택지이다.

2. 정답: ⑤ 해설: 본문에서는 청소년기에 형성된 독서 습관이 평생에 걸쳐 지속적인 긍정적 영향을 미친다고 설명하고 있다. 따라서 청소년기에 형성된 독서 습관은 성인기까지 지속적으로 긍정적 영향을 미치지 않는다는 내용은 본문과 일치하지 않는다.

3. 예시답안: 독서는 뇌의 신경가소성을 강화하여 새로운 정보의 통합과 저장을 촉진한다. 이를 통해 기억력과 학습 능력이 향상되고, 창의적 사고를 위한 기반이 마련된다. 예를 들어, 소설을 읽은 참가자들의 뇌 연결성이 증가한 에모리 대학의 연구는 독서가 뇌를 더욱 유연하게 만들어 새로운 아이디어를 창출하는 능력을 높인다는 사실을 뒷받침한다.

4. 예시답안: <서론> 우리는 일상에서 다양한 정보를 얻고 새로운 지식을 쌓기 위해 책을 읽는다. 하지만 독서가 단순히 지식을 쌓는 것 이상의 효과가 있다는 사실을 알고 있을까? 독서는 뇌의 구조를 변화시키고, 우리의 정서에도 긍정적인 영향을 미친다. 이러한 이유로 많은 전문가들은 꾸준한 독서가 중요한 습관이라고 말한다. 그렇다면 독서가 뇌와 마음에 구체적으로 어떤 영향을 미치는지 알아보자.

<본론> 첫째, 독서는 뇌의 인지 기능을 향상시킨다. 책을 읽을 때 우리는 단어를 해석하고 문장을 이해하는 과정을 반복한다. 이 과정에서 뇌의 신경 세포들이 활발히 연결되며, 언어를 처리하는 능력이 향상된다. 또한 복잡한 이야기를 이해하려고 할 때 논리적 사고와 문제 해결 능력도 함께 발달하게 된다.

둘째, 독서는 상상력과 창의력을 키운다. 책 속에 나오는 다양한 인물과 상황을 떠올리며 머릿속에서 새로운 장면을 만들어내는 경험은 뇌의 시각적 상상 영역을 자극한다. 이러한 상상 활동은 창의적인 사고를 길러 주어 새로운 아이디어를 떠올리거나 문제를 색다르게 해결할 수 있는 능력을 키운다.

셋째, 독서는 정서적 안정에 도움을 준다. 책을 읽을 때 우리는 다양한 감정을 경험한다. 슬픔, 기쁨, 두려움 같은 감정을 느끼며 다른 사람의 입장에서 생각하는 공감 능력을 기를 수 있다. 또한 흥미로운 책에 몰입하면 스트레스가 줄어들고 마음이 편안해지는 효과도 있다. 이런 이유로 독서는 정서적으로 힘들 때 도움을 줄 수 있는 좋은 방법이다.

<결론> 독서는 뇌의 인지 기능을 강화하고, 상상력과 창의력을 키우며, 정서적 안정을 돕는 중요한 활동이다. 책을 꾸준히 읽으면 지식뿐만 아니라 뇌의 구조와 정서적인 측면에서도 긍정적인 변화를 얻을 수 있다. 그러므로 바쁜 일상 속에서도 독서를 생활화하는 습관을 들이는 것이 매우 중요하다. 앞으로 더 많은 사람들이 독서의 가치를 알고 실천하기를 바란다.

5. 예시 답안: '독서와 뇌과학'이라는 제목은 매우 적절하다. 본문에서 독서가 뇌의 신경가소성을 강화하고 학습 능력, 창의적 사고, 정서적 안정, 공감 능력에 긍정적인 영향을 준다고 설명하고 있기 때문이다. 또한, 독서가 단순한 여가 활동을 넘어 뇌의 구조적·기능적 변화를 이끌어낸다는 점을 강조하고 있어, 독서와 뇌과학의 관계를 잘 나타내는 제목이다.

6. 예시 답안: <찬성> 독서 습관은 학습 능력 향상에 중요한 역할을 한다. 본문에서도 언급된 것처럼 독서는 뇌의 신경가소성을 높여 새로운 정보를 효과적으로 저장하고 활용하게 해준다. 또한 정서적 안정에 도움을 주고, 공감 능력을 기르며 스트레스를 완화하는 효과가 있어 전반적인 삶의 질을 향상시킨다. 따라서 독서 습관 형성은 학습과 정서적 성장을 위해 필수적이다.

<반대> 독서 습관이 학습 능력과 정서적 안정에 도움이 될 수는 있지만, 반드시 필요하다고 할 수는 없다. 현대 사회에서는 독서 외에도 다양한 매체와 학습 도구가 존재하며, 이러한 도구들도 창의적 사고와 정서적 안정에 기여할 수 있다. 따라서 독서 습관만이 학습 능력과 정서적 안정을 위한 유일한 방법은 아니다.

4. 스니커즈 - 운동화에서 문화 아이콘으로, 발끝에서 시작된 세상 정복기!

◆ 비판적 사고 키워볼까요?

1. 정답: ② 해설: 스니커즈 컬렉션이나 희귀 모델에 대한 경쟁은 팬들 간의 유대감을 형성할 수 있고, 서로의 컬렉션을 자랑하거나, 희귀한 스니커즈를 찾기 위해 협력하는 과정에서 유대감이 오히려 강화된다. 스니커즈는 힙합 팬들 간의 유대감을 형성하는 중요한 매개체로 작용하며, 이를 통해 팬들은 서로의 경험과 취향을 공유하고, 더 깊은 관계를 형성할 수 있다.

2. 정답: ⑤ 스니커즈의 인기로 인해 전통적인 패션아

이템이 줄어들거나 클래식한 구두나 정장의 수요가 줄어든 것은 본문의 내용에서 유추할 수 없는 내용이다.

3. 예시답안: 스니커즈는 힙합 문화의 상징으로 자리 잡으며, 아티스트와 팬들 사이에서 개성과 스타일을 표현하는 중요한 요소가 되었다. 특히, 유명 브랜드와의 협업을 통해 힙합 아티스트들이 스니커즈를 패션 아이템으로 승화시키고, 거리 문화와의 연결고리를 강화했다.

4. 예시답안: <서론> 스니커즈는 단순한 신발을 넘어 현대 사회에서 중요한 패션 아이템으로 자리 잡았다. 사람들은 스니커즈에 열광하게 되었고, 이는 여러 가지 이유에서 비롯된다. 스니커즈는 편안함과 스타일을 동시에 제공하며, 다양한 문화와의 연결고리를 통해 개인의 정체성을 표현할 수 있는 수단이 되었다. 이러한 요소들이 결합하여 스니커즈는 전 세계적으로 사랑받는 아이템으로 자리매김하게 되었다.

<본론> 첫째, 스니커즈는 편안함을 제공한다. 전통적인 구두와 달리 스니커즈는 부드러운 소재와 유연한 밑창으로 제작되어 일상적인 활동에 적합하다. 이러한 편안함은 특히 바쁜 현대인들에게 큰 매력으로 작용한다. 둘째, 스니커즈는 다양한 스타일과 디자인으로 소비자들의 취향을 만족시킨다. 브랜드마다 독특한 컬렉션을 선보이며, 한정판이나 협업 제품은 소비자들에게 특별한 가치를 부여한다. 이는 스니커즈를 단순한 신발이 아닌, 수집의 대상으로 만들었다.

셋째, 스니커즈는 문화적 상징으로 자리 잡았다. 힙합, 스케이트보드, 스포츠 등 다양한 문화와 연결되어 있으며, 유명 인사들이 착용함으로써 그 인기가 더욱 높아졌다. 이러한 문화적 배경은 소비자들에게 스니커즈를 통해 자신을 표현할 수 있는 기회를 제공한다. 마지막으로, 지속 가능한 패션에 대한 관심이 높아지면서 친환경 소재로 제작된 스니커즈도 주목받고 있다. 이는 소비자들이 단순히 스타일을 추구하는 것을 넘어, 사회적 책임을 다하는 소비를 지향하게 만든다.

<결론> 결론적으로, 스니커즈에 대한 사람들의 열광은 편안함, 다양한 스타일, 문화적 상징성, 그리고 지속 가능한 패션에 대한 관심 등 여러 요소가 결합된 결과이다. 스니커즈는 이제 단순한 신발이 아닌, 개인의 정체성을 표현하고, 문화와 연결되는 중요한 아이템으로 자리 잡았다. 앞으로도 스니커즈는 패션과 문화의 중심에서 계속해서 진화하며, 사람들의 사랑을 받을 것으로 기대된다.

5. 예시답안: ①스니커즈 문화는 청년층의 자아 정체성 형성에 큰 영향을 미친다. ②스니커즈는 단순한 신발을 넘어 개인의 스타일과 취향을 표현하는 수단이 되며, 소속감과 개성을 강조한다. ③다양한 브랜드와 한정판 제품은 청년들에게 소유욕과 경쟁심을 자극하고, 이를 통해 자신만의 정체성을 구축하게 한다. 또한, 소셜 미디어를 통해 스니커즈 관련 콘텐츠가 공유되면서, 청년들은 서로의 스타일을 비교하고 영감을 얻으며, 문화적 교류가 이루어진다.

6. 예시답안: <찬성> ①문화적 표현: 패션은 특정 문화의 가치관, 신념, 그리고 정체성을 반영한다. 예를 들어, 전통 의상은 그 지역의 역사와 문화를 담고 있으며, 현대 패션은 글로벌화와 다문화 사회의 영향을 받는다. 이러한 점에서 패션은 문화의 역사적 맥락을 이해하는 중요한 요소가 된다. ②사회적 변화의 반영: 패션은 시대의 흐름과 사회적 변화를 반영한다. 예를 들어, 1960년대의 반문화 운동은 자유롭고 개성 있는 패션으로 표현되었고, 이는 당시 사회의 정치적, 사회적 변화와 밀접하게 연결되어 있다. 따라서 패션은 역사적 사건과 사회적 변화를 이해하는 데 중요한 역할을 한다. ③경제적 요인: 패션 산업은 경제와도 깊은 연관이 있다. 특정 시대의 경제적 상황은 패션 트렌드에 영향을 미치며, 이는 소비자 행동과 시장의 변화를 반영한다. 예를 들어, 경제 불황기에는 실용적이고 저렴한 패션이 인기를 끌 수 있다.

<반대> ①개인적 선택: 패션은 개인의 취향과 선택에 따라 달라지며, 모든 사람에게 동일한 문화적 의미를 지니지 않는다. 따라서 패션을 문화의 역사로 한정짓는 것은 개인의 다양성과 개성을 무시하는 것일 수 있다. ②상업화: 현대 패션은 상업적 요소가 강하게 작용하고 있다. 브랜드와 마케팅 전략이 패션 트렌드를 주도하며, 이는 문화적 맥락보다 소비자에게 더 큰 영향을 미친다. 따라서 패션을 문화의 역사로 볼 수 있는지에 대한 의문이 제기된다. ③일시적 트렌드: 패션은 빠르게 변화하는 경향이 있으며, 특정 트렌드는 짧은 시간 안에 사라질 수 있다. 이러한 일시적인 특성 때문에 패션을 문화의 역사로 고정짓는 것은 무리가 있을 수 있다.

5. 고전문학의 현대적 재해석

• 비판적 사고 키워볼까요?

1. 정답: ① 해설: 본문에서는 고전문학이 현대적 시각으로 재해석될 때 새로운 의미와 가치를 가진다고 설명하고 있다. 따라서 ①번은 부적절한 내용이다.

2. 정답: ⑤ 해설: 본문에서는 '흥부전'이 빈부 격차 문제 해결에 필요한 교훈을 줄 수 있다고 설명했으나, 실질적 정책을 제시한다고 하지는 않았다. 따라서 ⑤번은 부적절한 내용이다.

3. 예시 답안: 고전문학은 인간 본성과 사회적 문제를 다루며 시대를 초월한 가치를 지닌다. 이를 현대적 시각으로 재해석할 때 새로운 의미를 가지며, 사회적 메시지를 통해 현대 사회 문제 해결에 중요한 통찰을 제공한다. 또한 고전문학은 현대 창작물에 영감을 주며, 다양한 콘텐츠로 재탄생하여 과거와 현재를 연결하는 역할을 한다. 고전 속 등장인물들이 표현하는 감정은 오늘날 사람들에게 깊은 공감을 주어 사회적 소통과 이해를 돕는다. 이처럼 고전문학은 개인과 사회 모두에 긍정적인 영향을 미치는 중요한 유산이다.

4. 예시 답안: <서론> 고전문학은 과거의 유산으로 오랜 세월 동안 인류의 지혜와 가치를 전달해왔다. 그러나 단순히 과거에 머물러 있는 것이 아니라, 현대적 시각으로 재해석될 때 새로운 의미를 지니며, 개인과 사회에 중요한 교훈을 제공할 수 있다. 수백 년 전에 쓰인 작품들이지만, 그 안에 담긴 인간 본성, 사회적 메시지는 오늘날에도 많은 이들에게 공감을 불러일으키며, 현대 사회의 문제를 해결하는 데 중요한 통찰을 준다.

<본론> 첫째, 고전문학은 인간 본성과 사회적 문제를 다루며 시대를 초월한 가치를 지닌다. 예를 들어, '심청전'은 효라는 전통적 가치로만 이해되던 작품이지만, 현대적 시각으로 보면 심청의 희생 정신과 가족 간의 유대감을 새롭게 조명할 수 있다. 또한 심청의 상황을 사회적 약자와 연결 지어 해석할 때, 공감과 연대라는 중요한 현대적 가치를 깨달을 수 있다.

둘째, 고전문학은 현대 창작물에 영감을 주는 중요한 원천이 된다. 많은 영화, 드라마, 애니메이션이 고전문학을 바탕으로 만들어지며, 이를 통해 과거와 현재를 잇는 다리 역할을 한다. 예를 들어, '춘향전'을 현대적 감각으로 각색한 드라마는 청소년들에게 고전을 친숙하게 만들어 주며, 사랑과 정의, 저항 정신 같은 보편적 가치를 자연스럽게 전달한다.

셋째, 고전문학 속 사회적 메시지는 현대 사회 문제 해결에 중요한 통찰을 제공한다. '흥부전'은 사회적 불평등과 나눔의 가치를 다루며, 오늘날 심화되는 빈부 격차 문제 해결에 필요한 교훈을 준다. 고전 속 지혜는 오늘날에도 유효하며, 이를 현대적으로 해석할 때 더 나은 사회를 만드는 데 기여할 수 있다.

<결론> 따라서 고전문학을 현대적 시각으로 재해석하는 것은 단순한 과거 이야기의 이해를 넘어 현대 사회에 긍정적인 영향을 미친다. 이를 통해 우리는 개인의 정서적 성장뿐 아니라 사회적 문제 해결에 필요한 통찰을 얻을 수 있으며, 이는 더 나은 미래로 나아갈 수 있는 발판을 마련할 수 있다. 고전문학은 과거와 현재를 잇는 다리로서 우리의 삶을 더욱 풍요롭게 만들어 줄 것이다.

5. 예시 답안: "고전문학의 현대적 재해석: 옛 작품들이 현대에 주는 교훈"이라는 제목은 매우 적절하다. 본문은 고전문학이 현대 사회에 여전히 중요한 가치를 지니며, 이를 현대적 시각으로 재해석할 때 새로운 교훈을 줄 수 있다고 설명한다. 또한, 고전문학은 인간 본성과 사회적 문제를 다루며 시대를 초월한 메시지를 전달한다. 현대 창작물에 영감을 주고, 사회적 문제 해결에 통찰을 제공하는 역할을 한다는 점에서 이 제목은 본문의 핵심 내용을 잘 반영하고 있다.

6. 예시 답안: <찬성> 고전문학은 현대적 시각으로 재해석될 때 새로운 의미와 가치를 가진다. 과거에 쓰인 작품이지만 인간 본성과 사회적 문제를 다루기 때문에 현대에도 여전히 유효하다. 예를 들어, '심청전'은 희생과 효의 가치를 넘어 사회적 약자에 대한 공감과 연대를 일깨운다. 또한, 다양한 창작물에 영감을 주어 현대 문화 콘텐츠로 재탄생할 수 있다. 이를 통해 고전문학은 과거와 현재를 잇는 다리 역할을 하며, 현대 사회 문제 해결에 필요한 교훈을 제공할 수 있다.

<반대> 고전문학은 시대적 배경과 문화를 반영하기 때문에 현대적 시각으로 재해석하는 데 한계가 있다. 과거 사회에서 통용되던 가치관이나 윤리는 현대와 다를 수 있으며, 이를 억지로 현대에 맞추어 해석하는 것은 왜곡의 위험이 있다. 또한 고전문학 본연의 가치를 제대로 이해하지 못하고 현대적 해석에만 초점을 맞출 경우 원작이 담고 있는 본질을 잃을 수 있다. 따라서 고전문학은 당시의 맥락 속에서 이해하는 것이 더 중요하다.

6. 새로운 균형을 찾아서 - 피아제와 아동 인지의 비밀

◆ 비판적 사고 키워볼까요?

1. **정답: ③ 해설:** 피아제는 아동의 발달이 단계적으로 이루어진다고 주장했지만, 모든 아동에게 동일하게 적용된다는 것은 옳지 않다. 실제로 아동 발달은 개인차가 크고 유연하게 이루어질 수 있다.

2. **정답: ④ 해설:** 동화와 조절은 서로 독립적인 과정이 아니라, 아동의 인지 발달에 밀접하게 관련된 상호작용 과정이다. 동화는 새로운 정보를 기존 스키마에 통합하는 반면, 조절은 기존 스키마를 수정하거나 새로운 스키마를 형성하는 과정이다. 따라서 "서로 독립적인 과정"이라는 주장은 적절하지 않다.

3. **예시 답안:** 아동이 경험을 통해 사고 방식이 어떻게 변화하는지를 강조하며, 인지 발달의 단계적 접근을 통해 아동의 학습과 성장에 대한 통찰을 제공한다. 이러한 이론은 교육 및 심리학 분야에서 아동의 발달을 이해하고 지원하는 데 필수적인 틀을 제공하여, 아동의 인지적 능력과 문제 해결 능력을 향상시키는 데 기여한다.

4. **예시 답안: <서론>** 장 피아제(Jean Piaget)의 인지 발달 이론은 아동의 사고 방식과 학습 과정을 이해하는 데 중요한 기초를 제공했지만, 그의 이론은 여러 비판에 직면해 있다. 피아제는 아동의 인지 발달을 네 가지 단계로 나누어 설명했으며, 각 단계가 연령에 따라 순차적으로 진행된다고 주장했다. 그러나 이러한 이론은 아동의 발달이 개인적, 문화적, 사회적 요인에 따라 다르게 나타날 수 있다는 점에서 한계를 지닌다.

<본론> 첫째, 피아제의 단계 이론은 발달의 연령 기준이 지나치게 엄격하다는 비판을 받고 있다. 피아제는 각 단계가 특정 연령대에 도달해야만 나타난다고 주장했지만, 연구에 따르면 아동의 인지 발달은 개인차가 크고, 문화적 배경에 따라 다르게 나타날 수 있다. 예를 들어, 일부 아동은 전조작기 단계에서도 논리적 사고를 보일 수 있으며, 이는 피아제의 이론이 모든 아동에게 일관되게 적용되지 않음을 시사한다.

둘째, 피아제는 아동의 사고가 성숙해짐에 따라 점진적으로 발전한다고 보았으나, 최근 연구들은 아동이 특정 상황에서 비약적인 사고 변화를 경험할 수 있음을 보여준다. 예를 들어, 아동은 특정 문제를 해결하기 위해 다양한 전략을 사용할 수 있으며, 이는 피아제가 제시한 단계적 접근과는 상반되는 결과이다. 이러한 점에서 피아제의 이론은 아동의 사고가 복잡하고 유동적임을 간과하고 있다는 비판을 받는다.

셋째, 피아제의 이론은 사회적 상호작용의 중요성을 충분히 반영하지 못한다는 비판도 있다. 비고츠키(Vygotsky)와 같은 다른 이론가들은 아동의 인지 발달이 사회적 상호작용과 문화적 맥락에서 이루어진다고 강조했다. 비고츠키는 '근접 발달 영역' 개념을 통해 아동이 성인이나 또래와의 상호작용을 통해 더 높은 수준의 사고에 도달할 수 있다고 주장했다. 이는 피아제가 아동의 인지 발달을 개인의 내부적 과정으로 한정지은 것과 대조적이다.

<결론> 피아제의 인지 발달 이론은 아동의 사고 방식과 학습 과정을 이해하는 데 중요한 기초를 제공했지만, 여러 비판에 직면해 있다. 그의 단계 이론은 발달의 개인차와 문화적 요인을 충분히 반영하지 못하며, 아동의 사고가 복잡하고 유동적임을 간과하고 있다는 점에서 한계를 지닌다. 또한, 사회적 상호작용의 중요성을 간과한 점은 현대 아동 발달 연구에서 중요한 논의의 주제가 되고 있다. 이러한 비판에도 불구하고 피아제의 이론은 여전히 교육학과 심리학 분야에서 중요한 참고자료로 활용되고 있으며, 아동 발달에 대한 이해를 심화시키는 데 기여하고 있다. 앞으로의 연구는 피아제의 이론을 보완하고, 아동의 인지 발달을 보다 포괄적으로 이해할 수 있는 방향으로 나아가야 할 것이다.

5. **예시 답안:** 피아제의 발달 단계 이론은 아동의 인지 발달을 이해하는 데 중요한 기초를 제공하기 때문에 현재까지도 중요하게 여겨진다. 이 이론은 아동이 어떻게 사고하고 학습하는지를 설명하며, 교육 현장에서 아동의 발달 수준에 맞춘 교수법을 개발하는 데 기여한다. 또한, 피아제는 아동이 능동적으로 지식을 구성한다는 점을 강조하여, 학습자의 주체성을 중시하는 현대 교육의 기초를 마련했다.

6. **예시 답안: <찬성>** ①피아제는 아동의 인지 발달을 네 가지 단계(감각운동기, 전조작기, 구체적 조작기, 형식적 조작기)로 나누어 설명했다. 이러한 단계적 접근은 아동의 발달 과정을 이해하는 데 유용하며, 각 단계에서의 인지적 특성을 명확히 구분할 수 있다. ②피아제는 아동이 능동적으로 환경과 상호작용하며 지식을 구성한다고 주장한다. 이는 아동의 자기 주도적 학습을 강조하며, 교육적 접근에서도 아동 중심의 학습 방법을 지지하는 근거가 된다. ③피아제의 이론은 다양한 문화와 환경에서 아동 발달의 보편적인 패턴을

제시한다. 이는 아동 발달 연구에 있어 중요한 기초 자료로 활용될 수 있으며, 아동의 인지적 성장에 대한 이해를 돕는다.

<반대> ①피아제의 이론은 아동 발달을 단계적으로 설명하지만, 실제 아동들은 각기 다른 속도로 발달한다. 이론이 모든 아동에게 적용되지 않을 수 있으며, 개별적인 차이를 충분히 반영하지 못했다. ②피아제는 아동의 인지 발달을 주로 개인의 탐구와 경험에 초점을 맞추었으나, 사회적 상호작용과 문화적 맥락이 인지 발달에 미치는 영향을 충분히 고려하지 않았다. ③피아제의 이론은 인지적 측면에 집중하고 있어 아동의 정서적, 사회적 발달을 간과하는 경향이 있다.

7. 동서양 철학의 만남과 융합

◆ 비판적 사고 키워볼까요?

1. 정답: ③ 해설: 본문에서는 동서양 철학의 융합이 현대 사회의 문제를 해결하는 데 새로운 접근법을 제공한다고 명확히 설명하고 있다. 따라서 "융합은 현대 사회 문제 해결에 한계를 보인다"는 내용은 본문과 일치하지 않는다.

2. 정답: ① 해설: 본문에서는 동서양 철학의 융합이 기업 경영, 교육, 의료 등 다양한 분야에서 창의적이고 효과적인 해결책을 제시한다고 설명하고 있다. 따라서 "현대 기업 경영에서 전혀 응용되지 않는다"는 내용은 부적절하다.

3. 예시 답안: 동양 철학의 조화와 서양 철학의 논리적 사고는 서로 보완적으로 작용하여 현대 사회의 복잡한 문제를 해결하는 데 기여한다. 예를 들어, 동양 철학의 명상과 서양 심리학의 결합은 정신 건강과 정서적 안정 증진에 도움을 준다. 또한, 서양의 과학적 방법론과 동양의 직관적 통찰이 융합된 연구는 지속 가능한 발전과 환경 문제 해결에 기여한다. 이처럼 동서양 철학의 융합은 다양한 분야에서 창의적이고 실질적인 해결책을 제공한다.

4. 예시 답안: <서론> 동서양 철학은 각각 독특한 역사와 전통 속에서 발전하여, 인간과 세상을 이해하려는 다양한 관점을 제시해왔다. 동양 철학은 조화와 균형, 공동체를 중시하는 사고를, 서양 철학은 논리적 분석과 개별적 자유를 강조하는 관점을 발전시켰다. 오늘날의 세계는 기술의 발전과 함께 복잡해진 사회적, 환경적 문제를 해결하기 위해 새로운 사고방식과 통합적 접근이 요구되고 있다. 이에 따라 동서양 철학의 융합은 다양한 문제 해결 방안을 모색하고 현대 사회의 지속 가능한 발전을 이끄는 중요한 열쇠로 주목받고 있다.

<본론> 첫째, 동양 철학은 조화와 균형을 강조하며 인간 내면의 성찰과 공동체적 유대를 중시한다. 예를 들어, 유교의 인(仁)과 도교의 무위(無爲)는 개인의 내면적 성장과 타인과의 조화로운 관계를 강조한다. 이러한 관점은 현대 사회에서 스트레스와 고립감에 시달리는 개인들에게 심리적 안정과 공동체적 연대를 회복하는 데 중요한 역할을 할 수 있다.

둘째, 서양 철학은 논리적 사고와 실증적 방법론을 통해 현대 과학과 기술의 토대를 마련했다. 데카르트의 합리주의와 칸트의 이성 중심 철학은 복잡한 문제를 분석하고 체계적으로 해결할 수 있는 틀을 제공한다. 이러한 서양 철학의 논리적 접근은 현대 사회의 기술적 발전과 실질적인 문제 해결에 중요한 기여를 한다.

셋째, 동서양 철학의 융합은 환경 문제, 정신 건강 문제와 같은 글로벌 이슈를 해결하는 데 새로운 통찰을 제공한다. 동양 철학의 자연과 인간의 조화를 중시하는 관점은 환경 보존과 지속 가능성을 촉진하며, 서양 철학의 인권과 개별적 자유를 중시하는 사고는 현대적 가치에 부합하는 실천적 방안을 제시할 수 있다. 예컨대, 동양의 순환적 사고와 서양의 과학적 분석을 결합하면 기후 위기와 같은 복잡한 문제에 통합적이고 효과적인 접근을 할 수 있다.

<결론> 결론적으로, 동서양 철학의 융합은 단순한 학문적 교류를 넘어 현대 사회의 복잡한 문제를 해결하는 데 중요한 접근법으로 자리 잡고 있다. 동양 철학의 내면적 통찰과 서양 철학의 체계적 분석은 상호 보완적 관계를 이루며, 인간과 세계를 더 깊이 이해하는 데 기여한다. 이를 통해 현대 사회는 조화와 지속 가능성을 추구하며, 더 나은 미래를 위한 창의적이고 통합적인 해결책을 모색할 수 있을 것이다.

5. 예시답안: "동서양 철학의 융합"이라는 제목은 매우 적절하다. 본문에서는 동양 철학의 조화와 서양 철학의 논리적 사고가 상호 보완적으로 작용하여 현대 사회 문제 해결에 기여한다고 설명하고 있다. 특히, 철학적 융합이 기업 경영, 교육, 의료 등 다양한 분야에서 창의적이고 효과적인 결과를 가져온다는 점에서 제목이 본문의 내용을 잘 반영한다.

6. 예시 답안: <찬성> 동서양 철학의 융합은 현대 사회의 복잡한 문제를 해결하는 데 필수적이다. 동양 철

학의 조화와 서양 철학의 논리적 사고는 상호 보완적으로 작용하여 창의적이고 실질적인 해결책을 제공한다. 예를 들어, 정신 건강 문제는 동양 철학의 명상과 서양 심리학의 결합으로 개선될 수 있으며, 환경 문제는 서양의 과학적 방법론과 동양의 직관적 통찰을 통해 해결 가능하다. 따라서 철학적 융합은 필수적이다.

<반대> 동서양 철학의 융합이 현대 사회 문제 해결에 도움이 될 수는 있지만, 필수적이라고 보기는 어렵다. 현대 사회의 문제들은 기술적, 과학적 접근을 통해서도 충분히 해결할 수 있으며, 동서양 철학 이외에도 다양한 학문적 시각이 존재한다. 따라서 철학적 융합만을 문제 해결의 필수적인 방법으로 간주하는 것은 다소 제한적일 수 있다.

8. 파라다이스와 지옥 사이 - 도파민 중독의 역설
◆ 비판적 사고 키워볼까요?

1. 정답: ① 해설: 최근 도파민 중독이 사회적 이슈이며, 2문단에 도파민 자극에 대한 의존성이 커져 부정적 인식을 초래했다고 소개하고 있다.

2. 정답:④ 해설: 친구나 가족과의 대화, 사회적 활동은 도파민을 자극할 수 있지만, 이는 긍정적인 정서적 유대감을 형성하는 데 기여한다. 이러한 활동은 중독이 아닌 건강한 사회적 행동으로 간주된다.

3. 예시 답안: 도파민은 신경전달물질로, 뇌에서 여러 중요한 기능을 수행한다. 긍정적인 측면으로는 보상 시스템에 관여하여 쾌감과 동기를 부여한다. 이는 학습, 기억, 운동 조절 등 다양한 인지 기능에 필수적이다. 도파민 수치가 적절할 때, 사람은 즐거움을 느끼고 목표를 향해 나아가는 동기를 가지게 된다. 반면, 도파민의 과잉은 부정적인 영향을 미칠 수 있다. 예를 들어, 도파민이 과도하게 분비되면 중독, 조현병, 기분 장애와 같은 정신적 문제를 유발할 수 있다. 또한, 도파민의 불균형은 파킨슨병과 같은 신경퇴행성 질환과 관련이 있다. 따라서 도파민은 뇌의 건강과 기능에 있어 매우 중요한 역할을 하지만, 그 균형이 깨질 경우 심각한 문제를 초래할 수 있다.

4. 예시 답안: <서론> 도파민은 뇌에서 쾌감과 보상을 느끼게 하는 중요한 신경전달물질로, 우리의 행동과 감정에 큰 영향을 미친다. 그러나 현대 사회에서는 스마트폰, 소셜 미디어, 게임 등 다양한 자극이 도파민 분비를 과도하게 유도하여 중독 현상을 초래할 수 있

다. 이러한 도파민 중독은 집중력 저하, 우울증, 불안감 등을 유발하며, 개인의 삶의 질을 저하시킬 수 있다. 따라서 도파민 중독을 극복하기 위한 방법을 모색하는 것은 매우 중요하다.

<본론> 도파민 중독을 극복하기 위한 첫 번째 방법은 자극을 줄이는 것이다. 스마트폰 사용 시간을 제한하고, 소셜 미디어를 일정 시간 동안 사용하지 않는 '디지털 디톡스'를 시도해 볼 수 있다. 이러한 방법은 뇌가 자연스럽게 도파민 수치를 조절할 수 있도록 도와준다. 두 번째로, 규칙적인 운동이 효과적이다. 운동은 자연스럽게 도파민을 분비하면서도, 과도한 자극에 대한 의존도를 낮추는 데 기여한다. 특히 유산소 운동은 스트레스를 줄이고 기분을 개선하는 데 도움을 준다.

세 번째 방법은 명상이다. 이 기법은 현재 순간에 집중하게 하여 불필요한 자극에 대한 갈망을 줄이는 데 효과적이다. 명상은 뇌의 구조를 변화시켜 도파민 수용체의 민감도를 높이는 데 도움을 줄 수 있다. 마지막으로, 건강한 식습관을 유지하는 것도 중요하다. 오메가-3 지방산, 비타민 D, 아미노산 등이 풍부한 음식을 섭취하면 뇌의 건강을 증진시키고 도파민의 균형을 유지하는 데 기여할 수 있다.

<결론> 도파민 중독은 현대 사회에서 점점 더 많은 사람들이 겪고 있는 문제로, 이를 극복하기 위해서는 의식적인 노력이 필요하다. 자극을 줄이고, 규칙적인 운동, 건강한 식습관을 통해 도파민 수치를 조절하고 중독에서 벗어날 수 있다. 이러한 방법들은 단순히 도파민 중독을 극복하는 데 그치지 않고, 전반적인 삶의 질을 향상시키는 데도 기여할 것이다. 따라서 개인의 노력과 함께 사회적 인식 개선이 필요하며, 이를 통해 건강한 삶을 영위할 수 있는 환경을 조성해야 한다.

5. 예시답안: 도파민 중독은 일반적으로 부정적인 영향을 미칠 수 있다. 도파민은 쾌감과 보상을 느끼게 하는 신경전달물질로, 과도한 자극에 노출되면 뇌가 정상적인 보상 시스템을 왜곡하게 된다. 이로 인해 일상적인 활동에서 즐거움을 느끼기 어려워지고, 중독적인 행동(예: 스마트폰 사용, 게임 등)에 의존하게 된다. 결과적으로 사회적 관계, 생산성, 정신 건강에 부정적인 영향을 미칠 수 있다. 따라서 도파민 중독을 예방하고 관리하는 것이 중요하며, 균형 잡힌 삶을 유지하는 것이 필요하다.

6. 예시 답안: <찬성> ① 도파민 중독을 경험하는 사람들은 집중력 저하, 의욕 저하, 불면증 등의 증상을 호소한다. 특히, 짧고 자극적인 콘텐츠(예: SNS, 유튜브 등)의 소비가 증가하면서 이러한 증상이 더욱 두드러져 도파민은 중독은 심각해질 경우, 치료가 필요할 수 있는 정신 건강의 문제이다. ② 도파민 중독은 개인의 문제로 볼 것이 아니라 사회 전체의 문제로 인식되어야 하며, 이를 해결하기 위한 정책적 접근이 필요하다. ③도파민 중독의 주요 원인은 자극적인 콘텐츠의 과도한 소비와 관련이 있다. 현대 사회에서는 즉각적인 만족을 추구하는 경향이 강해져, 이는 사회문제로 연결된다.

<반대> ①도파민은 뇌의 보상 시스템과 관련된 신경전달물질로, 쾌감과 보상을 느끼게 하는 정상적인 호르몬이다. ②개인이 자신의 행동을 조절할 수 있는 능력이 있다면 중독을 피할 수 있다. ③도파민은 긍정적인 감정과 동기를 부여하는 중요한 역할을 하는 호르몬이므로 도파민을 완전히 배제하는 것은 비현실적이며, 오히려 건강한 방식으로 도파민을 활용하는 방법을 모색해야 한다.

9. 심리적 탄력성 - 실패와 스트레스를 다루는 능력
◆ 비판적 사고 키워볼까요?
1. 정답: ④ 해설: 본문에서는 심리적 탄력성이 높은 사람들은 긍정적인 마음가짐을 유지하고 적극적으로 행동한다고 설명하고 있다. 그러나 자신감이 너무 커서 일을 그르치거나 범법행위를 저지른다는 내용은 없다. 따라서 4번의 내용은 본문과 일치하지 않는다.
2. 정답: ② 해설: 본문에서는 심리적 탄력성이 타고난 능력이 아니라 노력과 학습을 통해 키울 수 있다고 설명하고 있으므로, 2번은 부적절한 내용이다.
3. 예시 답안: 심리적 탄력성은 개인의 정신적 안정과 신체 건강에 긍정적인 영향을 미친다. 심리적 탄력성이 높은 사람들은 스트레스 상황에서도 무너지지 않고 긍정적인 태도로 문제를 해결하며 성장할 수 있다. 또한, 주변 사람들과 건강한 관계를 유지하고 공동체 내에서 유대감을 강화 할 수 있다. 반면, 심리적 탄력성이 부족할 경우 우울증, 불안 장애 등의 정신 건강 문제가 발생할 수 있으며, 작은 실패에도 무력감을 느끼고 쉽게 좌절하게 된다. 따라서 개인과 사회의 전반적인 안정을 위해 심리적 탄력성을 키우는 것이 중요하다.

4. 예시 답안: <서론> 현대 사회는 급변하는 환경과 치열한 경쟁 속에서 많은 사람들이 학업, 직장, 대인관계 등 다양한 문제로 인해 스트레스를 경험한다. 이로 인해 우울증, 불안 장애와 같은 정신 건강 문제가 증가하고 있으며, 이러한 문제를 극복하는 능력이 중요한 과제로 떠오르고 있다. 이때 필요한 것이 바로 '심리적 탄력성'이다. 심리적 탄력성은 실패와 스트레스를 효과적으로 극복하고 더 나은 삶을 영위하게 하는 핵심적인 능력으로, 현대 사회에서 그 중요성이 더욱 커지고 있다.

<본론> 첫째, 심리적 탄력성은 개인의 정신적 건강을 증진시킨다. 심리적 탄력성이 높은 사람은 스트레스를 경험하더라도 무너지지 않고 긍정적인 태도로 문제를 해결할 수 있다. 이를 통해 우울증이나 불안과 같은 정신 건강 문제를 예방하고 더 나은 삶의 질을 유지할 수 있다.

둘째, 심리적 탄력성은 사회적 유대감을 강화하는 데 기여한다. 현대 사회에서는 대인관계에서 오는 스트레스가 큰 비중을 차지하기 때문에 건강한 관계 유지가 필수적이다. 심리적 탄력성이 높은 사람은 타인과의 관계에서 긍정적인 태도를 유지하고, 갈등 상황에서도 협력적인 해결 방식을 찾을 수 있다. 이를 통해 공동체 내에서 더 나은 유대감을 형성할 수 있다.

셋째, 심리적 탄력성은 창의성과 지속 가능성을 높이는 데 도움을 준다. 스트레스를 극복하고 문제 해결에 집중할 수 있는 심리적 탄력성은 새로운 아이디어를 떠올리고 이를 실천하는 데 중요한 역할을 한다. 또한, 개인의 지속적인 성장을 가능하게 하며, 변화하는 환경 속에서도 유연하게 대처할 수 있는 능력을 키운다.

<결론> 따라서 심리적 탄력성을 키우는 것은 개인과 사회 모두에 긍정적인 영향을 미치는 중요한 요소이다. 이를 통해 개인은 정신적 안정을 유지하고, 건강한 사회적 관계를 형성하며, 창의적인 문제 해결 능력을 갖출 수 있다. 심리적 탄력성을 키우기 위해서는 긍정적인 사고방식과 건강한 생활습관을 실천하는 노력이 필요하며, 이러한 노력은 결국 더 행복하고 풍요로운 삶을 만드는 밑바탕이 될 것이다.
5. 예시 답안: "심리적 탄력성: 실패와 스트레스를 다루는 능력"이라는 제목은 매우 적절하다. 본문에서 심리적 탄력성은 실패와 스트레스를 극복하고 더 나은 삶을 살기 위한 핵심 능력으로 설명되고 있다. 심

리적 탄력성은 개인의 정신적, 신체적 건강뿐만 아니라 사회적 관계에도 긍정적인 영향을 미친다. 또한, 스트레스를 기회로 삼아 성장할 수 있는 힘으로 작용하기 때문에 이 제목이 본문 내용을 잘 반영하고 있다.

6. 예시 답안: <찬성> 심리적 탄력성은 타고난 능력이 아니라 후천적으로 키울 수 있는 능력이다. 본문에서도 심리적 탄력성은 긍정적인 사고방식과 건강한 생활습관을 통해 향상될 수 있다고 설명한다. 심리학자들은 노력과 학습을 통해 심리적 탄력성을 높일 수 있으며, 실제로 심리적 탄력성을 키우기 위한 다양한 심리적 훈련과 프로그램이 존재한다. 규칙적인 운동, 자신만의 스트레스 해소법을 찾는 것 또한 이를 높이는 방법이다. 따라서 심리적 탄력성은 후천적인 노력을 통해 충분히 강화될 수 있는 능력이다.

<반대> 심리적 탄력성은 타고난 기질에 의해 큰 영향을 받는 능력이다. 일부 사람들은 어릴 때부터 낙관적이고 긍정적인 태도를 가지며 스트레스를 상대적으로 잘 극복하는 반면, 그렇지 못한 사람들도 있다. 이는 타고난 성향과 환경적 요인이 심리적 탄력성 형성에 중요한 역할을 한다는 것을 보여준다. 또한 심리적 탄력성을 높이기 위한 노력은 어느 정도 한계가 있을 수 있으며, 모든 사람이 같은 수준으로 이를 키울 수 있는 것은 아니다. 따라서 심리적 탄력성은 타고난 기질에 의해 크게 좌우된다고 볼 수 있다.

10. 역사는 우리의 뿌리이자 미래를 비추는 거울
◆ 비판적 사고 키워볼까요?

1. 정답: ④ 해설: 본문에서는 3·1운동이 단순히 독립선언서를 발표한 사건으로 기억되어서는 안 된다고 강조하며, 조상들의 희생과 희망을 잊지 않는 것이 중요하다고 언급한다.

2. 정답: ③ 해설: 3·1운동은 본문에서 희생과 투쟁이 강조되었으며, 이는 역사 왜곡의 사례가 아니다. 다른 보기들은 모두 역사 왜곡과 관련된 설명으로 본문에서 다루어졌다.

3. 예시 답안: 역사 왜곡은 청소년들에게 편향된 역사관을 심어줄 수 있다. 청소년들은 비판적 사고력을 키워가는 시기에 있으며, 잘못된 역사 서술에 쉽게 영향을 받을 수 있다. 예를 들어, 일본이 독도 영유권을 주장하며 역사적 사실을 왜곡하는 사례는 청소년에게 잘못된 정보를 제공해 편협한 시각을 갖게 할 위

험이 있다. 이는 세대를 넘어 사회적 갈등을 심화시킬 수 있으며, 미래 세대 간 불신을 낳는 요인이 된다. 따라서 청소년들에게 올바른 역사 교육을 제공해 역사 왜곡의 문제를 바로잡는 것이 중요하다.

4. 예시 답안: <서론> 역사 왜곡은 진실을 왜곡하고 사회적 갈등을 초래하는 심각한 문제다. 특히, 청소년들이 편향된 역사관을 가지지 않도록 올바른 역사 인식을 형성하는 것이 중요하다.

<본론> 역사 왜곡을 바로잡기 위해 첫째, 다양한 자료를 활용한 역사 교육이 필요하다. 청소년들에게 교과서뿐만 아니라, 다큐멘터리, 논문 등 다양한 관점을 제공해 비판적 사고력을 키울 수 있다. 둘째, 국제 협력을 통해 역사 왜곡을 바로잡는 노력이 필요하다. 예를 들어, 일본 교과서 왜곡 문제는 국제 사회의 비판과 관심을 통해 개선이 가능하다. 셋째, 국가 간 역사 대화를 통해 과거의 갈등을 해결하고 상호 이해를 증진해야 한다.

<결론> 역사 왜곡은 단순히 과거의 문제를 넘어, 현재와 미래 세대의 갈등으로 이어질 수 있다. 올바른 역사 인식을 형성하기 위해 비판적 사고와 공정한 교육이 필수적이며, 이를 통해 사회적 화합과 발전을 이룰 수 있을 것이다.

5. 예시 답안: "역사는 우리의 나침반이다"라는 제목은 매우 적절하다. 본문에서 역사는 단순히 과거를 기록한 자료가 아니라, 정체성을 형성하고 미래를 설계하는 데 중요한 역할을 한다고 설명된다. 특히, 역사는 민족의 뿌리와 방향성을 제시하며, 과거의 교훈을 통해 더 나은 사회를 만들 수 있는 나침반으로 비유된다. 따라서 이 제목은 본문의 주제를 효과적으로 전달하고 있다.

6. 예시 답안: <찬성> 역사 왜곡은 국가 간 갈등의 주요 원인이다. 일본의 전쟁 범죄 축소와 독도 영유권 주장 사례는 역사 왜곡이 갈등을 어떻게 심화시키는지를 잘 보여준다. 이러한 왜곡은 피해국 국민들에게 깊은 상처를 남기고, 미래 세대에 편향된 역사관을 심어준다. 국가 간 신뢰를 훼손하고, 협력보다는 대립을 조장하며, 이를 해결하기 위한 정치적·외교적 노력을 필요로 한다. 따라서 역사 왜곡은 국가 간 갈등의 핵심적인 원인 중 하나다.

<반대> 역사 왜곡이 국가 간 갈등의 유일한 원인이라고 보기는 어렵다. 국가 간 갈등은 정치적, 경제적, 군사적 요인 등 다양한 원인에서 비롯된다. 역사 왜곡이

갈등을 심화시킬 수는 있지만, 모든 갈등의 주요 원인으로 치부하는 것은 지나친 일반화다. 또한, 국가 간 갈등은 종종 현재의 정치적 이해관계나 경제적 문제에서 기인하기 때문에 역사 왜곡을 갈등의 본질적 원인으로 보기에는 한계가 있다.

11. 죽음이 가르쳐주는 삶의 진정한 가치

◆ 비판적 사고 키워볼까요?

1. **정답:** ③ **해설:** 본문에서는 죽음을 피하려는 태도가 삶의 가치를 이해하는 데 한계를 만든다고 설명하고 있다. 따라서 ③번의 내용은 본문과 일치하지 않는다.

2. **정답:** ③ **해설:** 본문에서는 죽음에 대한 성찰이 사회적 조화를 이루고 배려를 촉진한다고 설명하고 있다. 반면, ③번의 내용은 본문의 논지와 상반된다.

3. **예시 답안:** 죽음에 대한 성찰은 인간관계와 사회적 조화에 긍정적인 영향을 미친다. 죽음을 통해 모든 인간이 평등하다는 진리를 깨달으면, 갈등과 오해를 해소하고 화해하려는 태도를 갖게 된다. 또한, 죽음은 다른 사람을 이해하고 배려하는 마음을 키우며, 공동체의 유대감을 강화하는 데 도움을 준다. 현대 사회에서 개인주의와 경쟁이 심화되는 가운데, 죽음에 대한 성찰은 배려와 협력의 가치를 되찾는 데 중요한 역할을 한다.

4. **예시 답안:** **<서론>** 죽음은 누구나 피할 수 없는 숙명이며, 이를 성찰하는 과정은 현대 사회에서 매우 중요한 의미를 가진다. 스트레스와 경쟁이 만연한 현대 사회에서 죽음에 대한 성찰은 개인과 사회 모두에 긍정적인 변화를 가져올 수 있다.

<본론> 첫째, 죽음을 성찰하면 삶의 소중함과 유한성을 깨닫게 되어 현재를 충실히 살게 한다. 사랑하는 사람들과의 시간을 더 소중히 여기고, 자신의 목표와 가치를 우선순위로 삼아 행동하게 된다.

둘째, 죽음은 인간관계의 갈등을 해소하는 계기가 된다. 죽음이라는 평등한 숙명을 인식할 때, 우리는 갈등을 화해로 전환하고 배려와 협력을 실천할 수 있다. 셋째, 죽음에 대한 성찰은 사회적 조화를 이루는 데 기여한다. 현대의 개인주의적 문화에서 죽음은 공동체의 중요성과 협력의 가치를 상기시킨다.

<결론> 따라서 죽음을 단순히 두려움으로 여길 것이 아니라, 이를 통해 현재의 삶을 풍요롭게 하고 더 나은 사회를 만드는 계기로 삼아야 한다.

5. **예시 답안:** "죽음에 대한 성찰: 삶의 나침반"이라는 제목은 매우 적절하다. 본문에서 죽음은 단순한 끝이 아니라, 삶의 의미와 가치를 재발견하게 하는 계기로 설명되고 있다. 죽음에 대한 성찰은 개인의 삶을 풍요롭고 의미 있게 만들며, 인간관계와 사회적 조화를 이루는 데 기여한다. 또한, 죽음을 통해 자신의 목표와 가치를 되새기고, 현재를 충실히 살아가게 하는 동기를 제공하기 때문에 제목이 본문 내용을 잘 반영하고 있다.

6. **예시 답안:** **<찬성>** 죽음은 두려움의 대상이 아니라 삶을 풍요롭게 만드는 계기다. 본문에서도 죽음에 대한 성찰이 삶의 유한성을 깨닫게 하여 현재를 충실히 살게 한다고 설명하고 있다. 죽음을 의식하면 사랑하는 사람들과의 시간을 더 소중히 여기고, 자신의 목표와 가치를 실천하게 된다. 또한, 죽음은 갈등을 화해로 전환하고, 인간관계를 개선하며, 사회적 조화를 이루는 데 중요한 역할을 한다. 따라서 죽음은 두려움이 아닌 삶의 방향을 제시하는 나침반 역할을 한다.

<반대> 죽음은 여전히 두려움의 대상일 수밖에 없다. 인간은 본능적으로 자신의 존재가 사라지는 것에 대한 두려움을 느낀다. 죽음은 모든 것을 잃게 되는 과정으로 인식되며, 이를 받아들이기는 쉽지 않다. 죽음에 대한 성찰이 삶에 긍정적인 영향을 줄 수 있지만, 많은 사람들에게 죽음은 여전히 불안과 고통의 원인이다. 따라서 죽음을 단순히 삶을 풍요롭게 만드는 계기로 보기는 어렵다.

12. 돌봄의 예술 - 사랑으로 엮는 사회의 연결고리

◆ 비판적 사고 키워볼까요?

1. **정답:** ③ **해설:** 돌봄의 네 가지 단계는 돌봄의 인식(누군가의 필요를 인식하는 단계), 돌봄의 책임(그 필요를 충족시킬 책임을 느끼는 단계), 돌봄의 행동(실제로 필요한 돌봄을 제공하는 단계), 돌봄의 반성(제공된 돌봄의 결과를 평가하고 반성하는 단계)이다.

2. **정답:** ⑤ **해설:** 저출생, 초고령화, 비혼화와 만혼화, 핵가족화 등 불가피한 인구 구조 변화는 돌봄에 영향을 미친다. 가족수는 곧 돌봄의 인력과 연결이 된다. '돌봄이직(개호이직, 나이든 부모를 간병하면서 직장생활 등을 병행하기 힘들어 일을 그만두는 현상)'이 중요한 사회 문제로 언급될 만큼 공적인 문제로 볼 수 있다.

3. **예시 답안:** 조안 트론토는 돌봄을 "타인을 돌보는 행위"로 정의하며, 이는 단순한 개인적 행위를 넘어

사회적이고 정치적인 맥락에서도 중요하다고 강조한다. 돌봄을 네 가지 요소로 나누어 돌봄의 필요성, 돌봄의 책임, 돌봄의 행위, 그리고 돌봄의 결과로 설명하며 이러한 정의는 현대 사회에서 돌봄이 개인의 삶에 미치는 영향뿐만 아니라, 사회 구조와 정책에도 깊은 연관이 있음을 정의한다.

4. 예시 답안: **<서론>** 조안 트론토는 돌봄의 중요성을 강조하며, 돌봄이 사회의 모든 구성원에게 필수적인 책임이라는 주장을 했다. 그녀의 이론은 현대 사회에서 돌봄이 단순한 개인의 의무가 아니라, 공동체 전체의 지속 가능성과 복지를 위한 필수 요소임을 보여준다. 본 글에서는 트론토의 돌봄 이론을 바탕으로 돌봄의 사회적 책임에 대해 논의하고자 한다.

<본론> 트론토는 돌봄을 단순한 개인적 행위가 아니라 사회적 관계의 맥락에서 이해해야 한다고 주장한다. 돌봄은 가족, 친구, 이웃 등 다양한 관계망 속에서 이루어지며, 이는 사회의 기본적인 구조를 형성한다. 첫째, 돌봄은 인간의 기본적인 필요를 충족시키는 데 필수적이다. 모든 사람은 신체적, 정서적, 사회적 돌봄을 필요로 하며, 이러한 필요가 충족되지 않을 경우 개인의 삶의 질이 저하되고, 나아가 사회 전체의 안정성이 위협받는다.

둘째, 돌봄은 사회적 연대감을 형성하는 중요한 요소이다. 서로 돌보는 관계는 공동체의 결속력을 강화하고, 사회적 자본을 증대시킨다. 예를 들어, 이웃 간의 돌봄은 지역 사회의 안전망을 구축하며, 이는 범죄 예방과 사회적 고립을 줄이는 데 기여한다. 따라서 돌봄은 개인의 책임을 넘어 사회적 책임으로 확장되어야 한다.

셋째, 현대 사회의 복잡성과 다양성 속에서 돌봄의 필요성은 더욱 커지고 있다. 고령화 사회, 가족 구조의 변화, 경제적 불평등 등 다양한 요인이 돌봄의 필요성을 증가시키고 있다. 이러한 상황에서 돌봄의 책임을 특정 개인이나 집단에만 맡기는 것은 불공정하며, 모든 사회 구성원이 함께 참여해야 한다는 인식이 필요하다.

<결론> 결론적으로, 조안 트론토의 돌봄 이론은 돌봄이 단순한 개인의 선택이 아니라 사회의 모든 구성원이 필수적으로 책임져야 할 의무임을 강조한다. 돌봄은 개인의 기본적인 필요를 충족시키고, 사회적 연대감을 형성하며, 현대 사회의 복잡한 문제를 해결하는 데 기여한다. 따라서 모든 구성원이 돌봄의 책임을 인

식하고 실천하는 것이 건강하고 지속 가능한 사회를 만드는 데 필수적이다. 이러한 인식이 확산될 때, 우리는 보다 포용적이고 협력적인 사회를 구축할 수 있을 것이다.

5. 예시답안: '좋은 돌봄'이란 하나의 개념과 이상이 아닌 돌봄 책임과 자원의 분배를 둘러싼 민주정치적 실천의 과정이다. 돌봄을 필요로 하는 시민, 돌봄 노동을 수행하는 시민 등 돌봄의 사회적 조직화 방식으로부터 직접적으로 영향을 받는 시민들이 돌봄 정책을 결정하는 과정에 참여하여 목소리를 반영할 수 있는 기회가 체계적으로 제공되는 것이 좋은 돌봄이다.

6. 예시 답안: **<찬성>** ①트론토는 돌봄이 단순한 개인의 책임이 아니라 사회 전체의 책임이라고 주장한다. 모든 구성원이 돌봄의 과정에 참여해야 하며, 이를 통해 민주적이고 평등한 사회를 구축할 수 있다고 강조한다. ②트론토는 사회경제적으로 취약한 계층이 돌봄을 주로 담당하게 되는 구조적 문제를 지적한다. 이들은 상대적으로 열악한 지위에 놓여 있으며, 정치적 평등을 갖추지 못해 자신의 돌봄 위상을 개선할 기회를 잃게 된다. ③트론토는 돌봄이 단순한 개인적 행위가 아니라 사회적 연대의 표현이라고 강조한다. 돌봄의 책임을 모든 구성원이 나누어 가질 때, 사회는 더욱 건강하고 지속 가능한 형태로 발전할 수 있다.

<반대> ① 트론토는 돌봄이 사회적 불평등을 반영한다고 주장한다. 즉, 돌봄의 책임이 특정 성별이나 계층에 집중되는 경향이 있으며, 이는 사회 구조의 불평등을 심화시킬 수 있다. ②트론토는 돌봄이 개인의 선택에 따라 다르게 이루어질 수 있다고 강조한다. 모든 사람이 돌봄의 책임을 져야 한다는 주장은 개인의 상황이나 능력, 자원에 따라 달라질 수 있는 돌봄의 다양성을 간과하는 것이다. 따라서, 돌봄은 강제적인 의무가 아니라, 각 개인의 선택과 상황에 따라 이루어져야 한다고 주장한다. ③트론토는 돌봄이 단순한 개인적 책임이 아니라 정치적 맥락에서 이해되어야 한다고 주장한다. 따라서, 모든 개인이 돌봄의 책임을 져야 한다는 주장은 사회적, 정치적 맥락을 무시하는 것이라고 볼 수 있다.

13. 사고의 틀을 확장하는 언어
• 비판적 사고 키워볼까요?

1. 정답: ④ **해설:** 본문에서는 언어가 사고를 형성하고 발전시키는 도구로 설명되었다. 언어는 새로운 사고

와 개념을 확장하며, 인간의 인지 발달과 사고력 강화에 기여한다. 따라서 ④번의 내용은 본문의 핵심 주장과 일치하지 않는다.

2. 정답: ④ 해설: 본문에서는 언어와 사고가 독립적으로 작동하기보다는 서로 영향을 주고받는 관계임을 강조했다. 따라서 ④번은 본문의 논지와 상반된다.

3. 정답: ④ 해설: 언어와 사고는 서로 영향을 주고받는 상호작용적 관계를 가진다. 언어는 사고를 형성하고 발전시키는 도구로 작용하며, 비고츠키의 이론에 따르면 언어는 사회적 상호작용을 통해 학습과 성장을 이끈다. 또한, 특정 언어적 구조는 시간 개념이나 색 인식과 같은 사고 방식을 형성하는 데 영향을 미친다. 반대로 사고는 새로운 아이디어를 만들어내고, 이를 언어로 표현하면서 언어를 풍부하게 한다. 과학 기술의 발전 과정에서 새로운 개념을 설명하기 위해 만들어진 단어들이 그 예이다.

4. 예시 답안: <서론> 언어와 사고는 현대 사회에서 다양한 방식으로 중요한 역할을 한다. 언어는 사고를 형성하고 구체화하며, 사고는 언어를 풍부하게 발전시킨다. 이 상호작용은 현대 사회의 발전과 혁신을 이끄는 중요한 원동력이 된다.

<본론> 첫째, 언어는 지식과 정보를 전달하는 도구로, 사고의 발달을 돕는다. 비고츠키의 이론에 따르면, 아이들은 언어를 배우는 과정을 통해 사고력과 문제 해결 능력을 키운다. 이는 현대 사회에서 창의적이고 비판적인 사고를 기르는 데 필수적이다.

둘째, 언어는 다양한 문화를 이해하고 소통하는 데 중요한 역할을 한다. 언어를 통해 사고 방식을 이해하면, 다른 문화권의 사람들과 더 깊이 공감하고 협력할 수 있다.

셋째, 사고는 언어를 발전시키며, 과학과 기술의 발전에 기여한다. 새로운 개념을 설명하기 위해 만들어진 단어들은 사고와 언어의 상호작용을 보여주는 좋은 사례다.

<결론> 따라서 언어와 사고의 상호작용은 현대 사회에서 인간의 지적, 사회적, 문화적 발전을 이끄는 중요한 요소이며, 이를 이해하고 활용하는 것이 필요하다.

5. 예시 답안: "언어와 사고: 상호작용의 힘"이라는 제목은 매우 적절하다. 본문은 언어가 사고를 형성하고, 사고가 언어를 풍부하게 발전시키는 상호작용적 관계를 설명하고 있다. 예를 들어, 비고츠키의 이론은 언어가 사회적 상호작용을 통해 사고 발달을 돕는

다는 점을 강조하며, 과학 기술 발전 과정에서 사고와 언어가 서로를 보완하며 발전한 사례를 다룬다. 이러한 내용은 제목이 본문의 핵심 주제를 잘 반영하고 있음을 보여준다.

6. 예시 답안: <찬성> 언어는 여전히 사고를 형성하는 데 중요한 역할을 한다. 비고츠키의 이론에 따르면, 언어는 사회적 상호작용을 통해 사고와 문제 해결 능력을 발달시킨다. 또한, 언어적 구조는 시간 개념이나 색 인식과 같은 사고 방식을 형성하는 데 영향을 미친다. 현대 사회에서도 다양한 언어를 학습하는 과정에서 사고의 유연성과 창의성이 증대된다는 연구 결과가 이를 뒷받침한다. 따라서 언어가 사고를 형성한다는 주장은 현대 사회에서도 유효하다.

<반대> 언어가 사고를 형성한다는 주장은 현대 사회에서 완전히 유효하다고 보기 어렵다. 사고는 언어 없이도 작동할 수 있으며, 예술이나 음악과 같은 비언어적 표현이 창의적 사고를 자극하는 사례가 있다. 또한, 언어적 표현은 사고를 제한하거나 특정 방식으로 고정시키는 역할을 할 수 있다. 따라서 사고는 언어와 독립적으로 존재하며, 언어가 사고를 형성한다는 주장은 모든 경우에 적용되지는 않는다.

14. 브리타니의 선택 - 존엄한 작별을 위한 자유의 길
• 비판적 사고 키워볼까요?

1. 정답: ① 해설: 브리타니 메이나드의 결정은 안락사에 대한 사회적 논의를 활발하게 만들었지만, 안락사를 종교적 논의에서 완전히 배제한 것은 아니다. 오히려 그녀의 선택은 윤리적, 종교적 측면에서 생명의 존엄성과 자율성 사이의 논쟁을 더 활발하게 만들었다. 안락사는 여전히 종교적, 도덕적 논쟁의 중심에 있는 주제로 남아있다.

2. 정답: ③ 해설: 안락사를 반대하는 사람들은 연명 치료가 반드시 환자의 고통을 줄여준다고 주장하는 것이 아니라, 생명의 존엄성을 유지해야 한다고 주장한다. 연명 치료는 때로 환자의 고통을 연장할 수 있기 때문에, 이는 안락사 논쟁의 중요한 쟁점이다. 고통 경감보다는 생명 유지의 원칙을 중시하는 입장이 반대자들의 핵심 주장이다.

3. 예시 답안: 브리타니 메이나드는 말기 뇌종양으로 인한 극심한 고통 속에서 자신의 마지막을 스스로 결정하고 싶어 안락사를 선택했다. 그녀는 고통 없이 평화롭게 생을 마감하기 위해 존엄사를 지지했고, 이를

위해 가족과 함께 안락사가 허용된 오리건 주로 이주했다. 그녀의 결정은 안락사에 대한 사회적 관심을 높였으며, 많은 사람들이 안락사에 대해 자신의 생각을 나누게 되는 계기가 되었다. 브리타니의 이야기를 통해 안락사는 단순한 죽음이 아니라 개인의 선택과 존엄성을 지키기 위한 권리라는 인식을 사회에 확산되었다.

4. 예시 답안: **<서론>** 안락사는 말기 환자가 스스로 삶의 마지막을 결정할 수 있는 권리와 관련이 깊다. 이를 통해 극심한 고통에서 벗어나고자 하는 사람들은 안락사를 하나의 선택지로 생각하지만, 반대하는 사람들은 생명의 신성함을 강조하며 이를 우려한다. 따라서 안락사는 개인의 자율성과 생명의 존엄성이라는 두 가지 가치가 충돌하는 복잡한 문제이다. 우리는 이 두 가지 가치가 어떻게 균형을 맞출 수 있을지 고민할 필요가 있다.

<본론> 먼저, 개인의 자율성은 자신이 어떤 삶을 살지, 또 마지막을 어떻게 맞이할지를 스스로 결정할 수 있는 권리를 의미한다. 말기 환자들은 극심한 고통과 삶의 질 저하를 겪으며 자신의 마지막을 평화롭게 마무리하고 싶어 한다. 예를 들어, 브리타니 메이나드는 말기 뇌종양으로 인해 점점 악화되는 고통 속에서 자신의 생을 스스로 결정하고자 했다. 그녀의 선택은 단지 죽음을 택하는 것이 아니라, 고통을 줄이고 존엄을 지키기 위한 결정이었다. 이러한 선택은 사람들에게 자율성을 보장하는 중요한 의미를 가진다.

하지만 반대로, 생명의 존엄성은 인간의 생명이 그 자체로 가치 있고 신성하다는 관점에서 안락사를 반대하는 입장과 연결된다. 생명은 인간이 함부로 끝낼 수 없는 소중한 가치이기 때문에, 이를 마음대로 결정하는 것은 생명의 존엄성을 훼손할 수 있다는 의견이 있다. 특히 종교적 관점에서는 생명은 신의 영역에 속하며, 인간은 이를 간섭해서는 안 된다는 주장이 강하다. 이러한 관점에서 보면, 안락사는 생명에 대한 존중을 약화시킬 수 있다는 우려를 낳는다.

<결론> 결국, 안락사 문제는 개인의 자율성과 생명의 존엄성 사이에서 균형을 찾는 것이 중요하다. 안락사를 허용하더라도 무조건 허용하는 것이 아니라, 신중하고 엄격한 기준을 마련해 말기 환자에게만 제한적으로 허용하는 방법이 있을 수 있다. 이렇게 함으로써 개인의 고통을 줄이는 동시에 생명의 존엄성을 지킬 수 있는 방법을 찾을 수 있다. 안락사는 우리 사회

가 생명을 얼마나 소중히 여기고, 개인의 선택을 얼마나 존중하는지에 대한 고민을 필요로 한다. 이를 통해 우리는 생명과 자율성을 균형 있게 고려하는 방향으로 나아갈 수 있을 것이다.

5. 예시 답안: 안락사에 대한 윤리적, 종교적 논의에서 가장 큰 쟁점은 생명의 존엄성과 개인의 자율성 사이의 갈등이다. 윤리적 측면에서는 안락사가 고통을 줄이고 인간의 존엄성을 지킬 수 있는 선택이라 주장하지만, 생명을 스스로 끝내는 것이 과연 옳은지 의문을 제기한다. 종교적 관점에서는 생명은 신의 영역에 속한다고 보고, 인간이 이를 임의로 결정하는 것은 신성 모독이라 여긴다. 따라서 안락사는 생명을 소중히 여기는 가치와 개인의 선택을 존중해야 한다는 가치가 충돌하는 중요한 문제로 다루어진다.

6. 예시 답안: **<찬성>** ① 삶의 마지막 순간을 스스로 결정할 권리는 인간의 기본적 권리 중 하나이다. 브리타니 메이나드의 사례처럼, 고통 속에서 죽음을 맞이하기보다는 존엄하게 죽을 수 있는 권리를 선택할 자유가 중요하다. ② 말기 환자가 극심한 고통 속에서 생존을 강요받기보다는 고통 없이 삶을 마감하는 것이 더 인간적이다. 안락사는 고통 속에서 더 이상 삶의 질을 유지할 수 없는 환자들에게 더 나은 선택을 제공한다. ③ 환자가 원하지 않는 치료를 받음으로써 발생하는 경제적, 정서적 부담을 덜 수 있다. 연명 치료는 의료비 부담을 증가시키며, 가족들에게 심리적, 경제적 부담을 가중시킨다.

<반대> ① 인간 생명은 존엄하기 때문에 개인이 스스로 생을 마감하는 것은 도덕적으로 부당하다. 생명은 신성한 것이며, 인간이 이를 자의적으로 종결하는 것은 윤리적으로 받아들여질 수 없다. ② 안락사 허용 시, 법적 허점으로 인해 안락사가 남용될 가능성이 있다. 경제적 이유나 의료 부담을 이유로 안락사가 남용될 가능성이 존재한다. ③ 윤리적 혼란: 안락사는 사회적으로 생명 존중의 가치를 약화시키며, 법적으로도 도덕적 혼란을 초래할 수 있다. 안락사 허용은 사회적 가치 체계를 약화시키고, 생명의 존엄성에 대한 혼란을 일으킬 수 있다.

15. 인간과 자연의 상호의존성
◆ 비판적 사고 키워볼까요?

1. 정답: ④ **해설: 해설:** 본문에서는 현대 환경철학이 자연을 인간의 도구로 보는 관점을 비판하며, 자연을 존

중하고 공존을 추구해야 한다고 강조했다. 따라서 4번은 본문의 내용과 상반된다.

2. 정답: ② **해설:** 본문에서는 화학비료 사용과 산림 파괴가 인간과 자연의 상호의존적 관계를 깨뜨리는 행위로 설명되었다. 따라서 ②번은 산림 보존이 아닌 산림 파괴로 설명이 되어야 한다.

3. 예시 답안: 생태 중심주의는 모든 생명체가 상호 연결되어 있다는 인식을 바탕으로 인간이 자연을 존중하고 보전해야 한다고 강조한다. 공생의 철학은 인간과 자연이 협력하고 조화를 이루며 지속 가능한 공존을 추구하는 원칙을 제시한다. 이러한 철학적 관점은 기후 변화, 생물 다양성 감소와 같은 환경 문제를 해결하기 위한 방향성을 제공한다. 예를 들어, 재생 가능 에너지 사용과 생물 다양성 보전을 위한 노력은 공생의 철학을 실천하는 사례로, 인간과 자연이 함께 조화를 이루는 지속 가능한 미래를 가능하게 한다.

4. 예시 답안: **<서론>** 현대 사회는 기후 변화, 생물 다양성 감소, 자원 고갈과 같은 심각한 환경 문제에 직면해 있다. 이러한 문제를 해결하기 위해서는 인간과 자연이 조화를 이루는 공생의 철학이 필수적이다.

<본론> 첫째, 공생의 철학은 자연을 존중하며 지속 가능한 자원 활용을 가능하게 한다. 예를 들어, 재생 가능 에너지는 자연을 과도하게 소비하지 않으면서도 인간의 필요를 충족시킨다.

둘째, 공생의 철학은 생태계를 보전하는 데 기여한다. 숲과 같은 생태계는 단순한 자원이 아니라 다양한 생물이 서식하는 공간으로, 이를 보전하는 것은 인간의 삶에도 긍정적인 영향을 미친다.

셋째, 공생의 철학은 인간의 삶의 질을 높인다. 환경 보호와 생태계 보전 활동은 지역사회의 유대감을 강화하고, 인간이 자연과 조화를 이루며 살아갈 수 있는 기반을 제공한다.

<결론> 공생의 철학은 단순한 이론을 넘어, 현대 사회의 환경 문제를 해결하는 실질적인 방향성을 제시한다. 인간과 자연이 상호의존적 관계를 이해하고 이를 기반으로 협력할 때, 지속 가능한 미래를 만들어갈 수 있다.

5. 예시 답안: "인간과 자연: 공생의 철학"이라는 제목은 매우 적절하다. 본문에서는 인간과 자연이 상호의존적 관계를 이루고 있으며, 공생의 철학이 지속 가능한 미래를 위한 방향성을 제시한다고 설명했다. 특히, 공생의 철학이 기후 변화, 생물 다양성 감소 등 환경 문제 해결에 기여한다는 점에서 제목이 본문의 핵심 주제를 잘 반영하고 있다.

6. 예시 답안: **<찬성>** 공생의 철학은 인간과 자연의 관계를 재정립하는 데 필수적이다. 현대 사회에서 기후 변화와 생태계 파괴는 인간 중심적 사고의 결과로 발생했다. 공생의 철학은 인간과 자연이 대등한 관계를 유지하며, 생태계를 보전하고 지속 가능한 미래를 만드는 방향성을 제공한다. 예를 들어, 재생 가능 에너지의 사용과 생물 다양성 보전을 위한 노력은 공생의 철학을 실천하는 사례로, 자연과 인간이 함께 조화를 이루는 기반을 마련한다.

<반대> 공생의 철학이 중요할 수는 있지만, 인간과 자연의 관계를 재정립하는 데 필수적인 요소라고 단정할 수는 없다. 현대 기술과 과학적 접근 또한 환경 문제를 해결하는 데 중요한 역할을 한다. 예를 들어, 기후 변화에 대응하기 위한 탄소 포집 기술과 같은 과학적 해결책은 공생의 철학을 넘어서 실질적인 문제 해결책을 제공한다. 따라서 공생의 철학만으로 인간과 자연의 관계를 완전히 재정립하기에는 한계가 있다.

16. 기억의 마법 - 첫인상과 마지막 인상이 남기는 흔적

◆ 비판적 사고 키워볼까요?

1. 정답: ④ **해설:** ①,②,③,⑤는 모두 최신효과와 관련이 된 내용들이다. 정보의 기억 및 인상 형성에서 나중에 제시된 정보들보다 더 잘 기억된다는 개념이 우선효과이다. 초기 정보가 반복적으로 회상되거나 주의가 집중되기 때문에 초기 정보는 단기 기억을 넘어 장기 기억으로 잘 전이될 수 있다. 우선 효과는 정보의 기억과 처리 방식에서 중요한 역할을 하며, 정보가 어떻게 제시되는지가 기억의 정확성에 영향을 미친다.

2. 정답: ① **해설:** <보기>의 사례는 제품의 첫 인상을 강렬하게 좌우하는 요소 중 하나는 바로 제품의 겉면을 한눈에 시각적으로 들어오게 제작했다. 따라서 익숙함을 활용하는 전략이라기 보다 대중들에게 참신한 첫 인상을 주고자 노력한 사례로 볼 수 있다.

3. 예시 답안: 우선효과는 특정 정보가 먼저 제시될 때 그 정보가 판단에 더 큰 영향을 미치는 현상이다. 반면, 최신효과는 최근에 제시된 정보가 더 큰 영향을 미치는 현상으로, 두 효과는 정보 처리에서의 순서 효과를 설명한다.

4. 예시 답안: **<서론>** 우선효과와 최신효과는 심리학 및 교육학에서 중요한 개념으로, 정보 처리와 기억 형성에 미치는 영향을 설명한다. 우선효과는 목록의 처음에 위치한 항목들이 더 잘 기억되는 경향을 의미하며, 최신효과는 목록의 마지막 항목들이 더 잘 기억되는 경향을 나타낸다. 이 두 효과는 정보의 배열과 기억의 메커니즘을 이해하는 데 중요한 역할을 한다. **<본론>** 우선효과는 주로 장기 기억과 관련이 있다. 처음에 제시된 정보는 주의 집중을 받으며, 반복적으로 회상될 가능성이 높아진다. 반면, 최신효과는 단기 기억과 밀접한 관련이 있다. 마지막에 제시된 정보는 최근에 처리된 정보로, 즉각적인 회상에 유리하다. 연구에 따르면, 우선효과와 최신효과는 서로 상반된 경향을 보이지만, 특정 조건에서는 동시에 나타날 수 있다. 예를 들어, 짧은 시간 내에 정보를 제시할 경우, 두 효과가 모두 관찰될 수 있으며, 이는 정보의 배열이 기억에 미치는 복합적인 영향을 보여준다.

또한, 우선효과와 최신효과는 학습 전략에도 적용될 수 있다. 학생들이 정보를 효과적으로 기억하기 위해서는 중요한 내용을 처음과 마지막에 배치하는 것이 유리하다. 이러한 전략은 시험 준비나 발표 자료 작성 시 유용하게 활용될 수 있다.

<결론> 우선효과와 최신효과는 기억의 형성과 정보 처리에서 중요한 역할을 한다. 이 두 효과는 서로 다른 기억 시스템에 기반하고 있으며, 정보의 배열에 따라 기억의 효율성을 높일 수 있는 방법을 제시한다. 따라서 교육 및 심리학 분야에서 이 두 효과를 이해하고 활용하는 것은 학습과 기억의 질을 향상시키는 데 기여할 수 있다. 이러한 연구는 앞으로도 기억 연구와 교육 방법론에 중요한 통찰을 제공할 것이다.

5. 예시 답안: 우선효과에 따른 과장된 광고에 대한 찬반 의견은 광고의 효과와 소비자 인식에 큰 영향을 미친다. 과장된 광고는 소비자에게 잘못된 정보를 제공할 수 있으며, 이는 신뢰도와 브랜드 이미지에 부정적인 영향을 미칠 수 있다. 반면, 이러한 광고는 소비자의 주목을 끌고 판매를 촉진할 수 있는 장점도 있다.

6. 예시 답안: **<찬성>** ①효과적인 마케팅: 우선성의 법칙을 활용하면 소비자에게 강력한 인상을 남길 수 있다. ②브랜드 인지도와 판매량을 높임: 유명 브랜드가 광고에서 첫 번째로 노출되는 경우 소비자에게 더 긍정적인 인식을 줄 수 있다. ③정보의 간소화: 소비자는 정보 과부하에 시달리기 때문에, 우선성의 법칙을

통해 간단하고 명확한 메시지를 전달받는 것이 유리하다.

<반대> ①윤리적 문제: 우선성의 법칙을 남용할 경우 소비자가 잘못된 정보에 기반하여 결정을 내릴 수 있다. ②소비자에게 불리한 결과를 초래할 수 있으며, 광고의 신뢰성을 떨어뜨릴 수 있다. ③소비자 선택의 제한: 광고가 특정 제품이나 브랜드에 대한 우선적인 노출을 통해 소비자의 선택을 제한할 수 있다.

17. 자조의 힘 - 스스로 돕는 자들이 만든 근대 한국의 이야기

◆ 비판적 사고 키워볼까요?

1. **정답:** ③ **해설:** 지식과 기술을 통해 개인과 사회가 자립할 수 있다고 믿었으며, 이를 위해 교육기관 및 인재 양성에 많은 노력을 기울인 인물은 이용익이라고 본문에서 확인할 수 있다.

2. **정답:** ④ **해설:** ①유길준의 사상은 한국의 근대화 과정에서 노동자들의 권리와 자립을 강조하는 중요한 이정표로 남아 있다. ②유길준의 사상은 한국의 노동자들이 자립적으로 문제를 해결하고 사회를 발전시키는 데 큰 영향을 미쳤다. ③유길준의 자조론은 영국의 자본주의와 메이지 유신에서 영향을 받았다. ⑤ 자조론을 번역하고 보급하여, 청년층에게 자조의 중요성을 알린 내용은 나와있지 않으며, 유길준이 아니라 최남선의 업적이다.

3. **예시 답안:** 자조론은 개인의 성장과 발전을 강조하며, 스스로의 노력과 의지를 통해 성공을 이룰 수 있다는 메시지를 전달하기 때문이다.

4. **예시 답안:** **<서론>** 자조론은 개인이 자신의 문제를 스스로 해결하고, 자립적인 삶을 영위하는 것을 강조하는 철학적 개념이다. 이 개념은 단순히 개인의 발전에 그치지 않고, 사회 전반의 발전에도 기여하는 중요한 덕목으로 여겨진다. 자조론은 개인의 책임감과 자율성을 강조하며, 이를 통해 사회적 연대와 협력의 기반을 마련한다. 본 글에서는 자조론이 개인과 사회 발전에 미치는 긍정적인 영향을 살펴보고, 그 중요성을 논의하고자 한다.

<본론> 첫째, 자조론은 개인의 성장과 발전을 촉진한다. 개인이 자신의 문제를 스스로 해결하려는 노력은 자기 효능감을 높이고, 문제 해결 능력을 배양하는 데 기여한다. 이러한 과정은 개인이 직면한 다양한 도전 과제를 극복하는 데 도움을 주며, 결과적으로 개

인의 삶의 질을 향상시킨다. 예를 들어, 자조 모임이나 지원 그룹은 개인이 서로의 경험을 공유하고, 서로의 문제를 이해하며, 함께 해결책을 모색하는 장을 제공한다.

둘째, 자조론은 사회적 연대와 협력을 증진시킨다. 개인이 자조를 통해 자신의 문제를 해결하는 과정에서, 다른 사람들과의 상호작용은 필수적이다. 이러한 상호작용은 공동체 의식을 강화하고, 사회적 유대감을 형성하는 데 기여한다. 자조론은 개인이 자신의 문제를 해결하는 동시에, 다른 사람의 문제에도 관심을 가지게 하여, 사회적 책임감을 느끼게 만든다. 이는 결국 사회 전체의 발전으로 이어진다.

셋째, 자조론은 사회적 자원의 효율적인 활용을 촉진한다. 개인이 자조를 통해 문제를 해결함으로써, 사회적 자원과 지원을 보다 효율적으로 사용할 수 있다. 예를 들어, 자조를 통해 개인이 자립적인 삶을 영위하게 되면, 사회복지 시스템에 대한 의존도가 줄어들고, 자원의 낭비를 최소화할 수 있다. 이는 사회 전체의 지속 가능한 발전에 기여하는 중요한 요소가 된다.

<결론> 자조론은 개인의 성장과 사회의 발전에 있어 필수적인 덕목으로 자리잡고 있다. 개인이 자조를 통해 문제를 해결하고, 사회적 연대와 협력을 증진시키며, 자원의 효율적인 활용을 촉진하는 과정은 모두 상호 연결되어 있다. 따라서 자조론은 개인의 자립적인 삶을 넘어, 사회 전반의 발전을 이루는 데 중요한 역할을 한다. 이러한 이유로 자조론은 현대 사회에서 더욱 강조되어야 할 가치로 여겨진다.

5. 예시 답안: 자조론은 개인의 자율성과 책임을 강조하는 긍정적인 측면이 있지만, 사회 문제의 복잡성과 개인의 한계를 간과할 경우, 효과적인 해결책이 되기 어렵다. 따라서 개인의 노력과 함께 사회적 지원과 구조적 변화가 함께 이루어져야 진정한 문제 해결이 가능하다고 생각한다.

6. 예시 답안: <찬성> ①자조론은 개인이 자신의 삶에 대한 책임을 지고, 스스로의 선택과 행동을 통해 문제를 해결하게 한다. 이는 개인의 자율성을 높이고, 스스로의 능력을 개발하는 데 기여한다. 따라서 자조론은 자기 책임을 인식함으로써 사람들은 더 적극적으로 자신의 목표를 추구하게 한다. ②스스로의 힘으로 어려움을 극복하는 경험은 자신감을 키우고, 미래의 도전에 대한 준비성을 높이는 데 도움이 된다. 자조론은 개인이 스스로 문제를 해결하는 과정에서 경

험을 쌓고, 문제 해결 능력을 향상시킬 수 있도록 한다. ③ 자조론은 개인이 스스로의 힘으로 문제를 해결함으로써 사회적 의존도를 줄이는 데 기여한다. 이는 개인이 더 독립적이고 자립적인 삶을 살 수 있도록 하며, 사회 전체적으로도 개인의 능력과 자원을 최대한 활용할 수 있는 환경을 조성한다.

<반대> ①개인의 노력만으로는 해결할 수 없는 사회적, 경제적 구조적 문제들이 존재한다. 예를 들어, 교육 기회, 경제적 자원, 사회적 네트워크 등은 개인의 노력과는 별개로 주어지는 경우가 많다. 이러한 불평등은 개인이 자조를 통해 극복하기 어려운 장벽이 될 수 있다. ②개인의 심리적 상태나 정신 건강은 자조론의 성공에 큰 영향을 미친다. 우울증, 불안장애 등과 같은 정신적 문제는 개인이 스스로 문제를 해결하는 데 큰 장애가 될 수 있으므로 전문적인 도움이나 지원이 필요하다. ③개인의 상황이나 환경은 자조의 가능성을 제한할 수 있다. 예를 들어, 경제적 위기, 자연 재해, 전염병 등과 같은 외부 요인은 개인의 노력과 상관없이 그들의 삶에 큰 영향을 미칠 수 있다. 이러한 상황에서는 개인의 자조 노력만으로는 문제를 해결하기 어려운 경우가 많다.

18. 초저출산 시대, 우리 미래는 어떻게 될까?

◆ 비판적 사고 키워볼까요?

1. 정답: ② 해설: 한국사회가 현재는 부부가 함께 양육을 하는 모습을 보이는 사회로 변화하고 있지만, 양육 및 출산에 대한 부담을 가장 많이 느끼는 것이 남성이라고 본문에 제시되어 있지 않다. 다만 한국사외에서는 여성의 육아 부담이 여전히 크고, 경력 단절 문제 또한 심각하다고 나와 있어 남성으로 답을 한정할 수 없다.

2. 정답: ④ 해설: 문제의 핵심은 고령화가 아니라 출산 장려이다. 출산을 장려하기 위한 방법을 찾는 문제이므로 ④의 내용은 질문에 대한 대답으로의 적절성이 없다.

3. 예시 답안: 미래의 인구문제가 심각해지는 이유는 저출산과 고령화가 주요 원인이다. 많은 국가에서 출산율이 감소하고 있으며, 이는 경제적 부담, 양육 지원 부족, 일과 가정의 양립 어려움 등으로 이어진다. 또한, 고령 인구의 증가로 인해 노동력 부족과 사회 복지 비용 증가가 우려된다.

우리나라는 이러한 문제를 해결하기 위해 출산 장려

정책을 강화하고, 육아 지원 시스템을 개선해야 한다. 또한, 고령 인구의 사회 참여를 촉진하고, 이들이 경제에 기여할 수 있는 환경을 조성해야 한다. 더불어, 이민 정책을 통해 노동력을 보충하고, 다양한 인구 구조를 수용하는 포용적인 사회를 만들어야 한다.

4. 예시 답안: <서론> 우리나라의 고령화 문제는 이제 단순한 사회적 이슈를 넘어 국가의 지속 가능한 발전에 중대한 영향을 미치는 중요한 과제가 되었다. 2020년 통계청의 자료에 따르면, 65세 이상 인구 비율이 15.7%에 달하며, 이는 2040년에는 24.3%로 증가할 것으로 예상된다. 이러한 고령화는 경제, 사회, 문화 전반에 걸쳐 다양한 도전과제를 제기하고 있으며, 이에 대한 체계적이고 종합적인 대비가 필요하다.

<본론> 고령화에 대한 대비는 여러 측면에서 접근해야 한다. 첫째, 경제적 측면에서 고령 인구의 증가로 인해 노동력 부족과 사회 복지 비용의 증가가 우려된다. 이를 해결하기 위해서는 고령층의 재취업과 사회 참여를 촉진하는 정책이 필요하다. 예를 들어, 고령자 맞춤형 일자리 창출과 직업 교육 프로그램을 통해 이들이 경제 활동에 적극 참여할 수 있도록 지원해야 한다.

둘째, 사회적 측면에서 고령화는 가족 구조의 변화와 함께 노인 돌봄 문제를 야기한다. 전통적으로 가족이 노인을 돌보는 역할을 해왔지만, 현대 사회에서는 핵가족화가 진행되면서 이러한 역할이 약화되고 있다. 따라서 정부는 노인 돌봄 서비스와 시설을 확충하고, 지역 사회에서의 노인 지원 프로그램을 강화해야 한다. 또한, 세대 간의 소통과 이해를 증진시키는 다양한 프로그램을 통해 사회적 연대감을 높이는 것도 중요하다.

셋째, 건강 관리 측면에서도 고령화에 대비해야 한다. 노인 인구의 증가에 따라 만성 질환과 같은 건강 문제가 증가할 것으로 예상되므로, 예방 중심의 건강 관리 시스템을 구축해야 한다. 정기적인 건강 검진과 건강 교육 프로그램을 통해 노인의 건강을 유지하고, 의료 서비스 접근성을 높이는 것이 필요하다.

<결론> 우리나라의 고령화 문제는 단순한 인구 통계의 변화가 아니라, 사회 전반에 걸쳐 깊은 영향을 미치는 복합적인 문제이다. 이를 해결하기 위해서는 경제, 사회, 건강 관리 등 다양한 측면에서의 종합적인 접근이 필요하다. 정부와 사회가 협력하여 고령화에 대한 체계적이고 지속 가능한 대응 방안을 마련한다

면, 고령 사회에서도 모든 세대가 함께 살아갈 수 있는 건강하고 행복한 사회를 구축할 수 있을 것이다.

5. 예시 답안: 한국의 초저출산 문제 해결을 위해서는 종합적인 접근이 필요하다. 첫째, 경제적 지원을 강화해야 한다. 육아휴직과 출산 장려금의 확대, 보육 시설의 질 향상 등을 통해 부모의 경제적 부담을 줄여야 한다. 둘째, 일과 가정의 양립을 위한 정책이 필요하다. 유연근무제와 재택근무를 활성화하여 부모가 일과 육아를 병행할 수 있도록 지원해야 한다. 셋째, 사회적 인식 개선이 중요하다. 출산과 육아에 대한 긍정적인 인식을 확산시키고, 남성의 육아 참여를 장려하는 캠페인을 통해 가족의 역할을 재정립해야 한다. 이러한 노력이 결합된다면, 초저출산 문제를 효과적으로 해결할 수 있을 것이다.

6. 예시 답안: <찬성> ①경제 성장과 노동력 확보: 출산율이 낮아지면 장기적으로 노동력 부족과 경제 성장 둔화가 우려된다. 젊은 인구가 줄어들면 소비와 생산이 감소하여 경제에 부정적인 영향을 미칠 수 있다. ②사회적 안정성: 인구 감소는 고령화 사회를 가속화하고, 이는 연금 및 의료 시스템에 부담을 줄 수 있다. 출산율을 높이는 것은 이러한 사회적 문제를 완화하는 데 기여할 수 있다. ③문화와 전통의 지속: 출산율을 높이는 것은 특정 문화와 전통을 유지하는 데 중요한 역할을 할 수 있다. 인구가 줄어들면 문화적 다양성과 전통이 사라질 위험이 있다.

<반대> ①개인의 선택 존중: 출산은 개인의 선택이며, 강제적인 출산 장려 정책은 개인의 자유를 침해할 수 있다. 많은 사람들이 개인의 삶의 질을 중시하며, 출산을 선택하지 않는 경우도 많다. ②정책의 실효성 문제: 과거의 출산 장려 정책들이 효과를 보지 못한 사례가 많다. 단기적인 지원이 아닌, 장기적인 사회 구조 변화가 필요하다는 주장이 있다. ③사회적 압박과 스트레스: 출산을 장려하는 사회적 분위기가 오히려 출산을 원하지 않는 사람들에게 압박으로 작용할 수 있다. 이는 개인의 정신적, 정서적 건강에 부정적인 영향을 미칠 수 있다.

정답 및 해설 **예술편**

1.거울 속으로 - 베르사유 궁전의 역사와 아름다움
◆ 비판적 사고 키워볼까요?
1. 정답: ② 해설: 베르사유 궁전의 거울의 방이 왕과 귀

족들이 모여 사교 활동을 하던 장소이다.

2. 정답: ① **해설:** 베르사유 궁전은 프랑스 역사와 문화에서 중요한 위치를 차지하고 있는 이유는 프랑스 절대왕정의 상징으로, 프랑스 고전주의의 정수를 보여주며, 역사적 사건의 배경이 되기 때문이다.

3. 예시 답안: 베르사유 궁전은 프랑스의 상징적인 건축물로 불리는 이유는 여러 가지가 있다. 첫째, 이 궁전은 루이 14세에 의해 17세기 중반에 건설되어 프랑스 절대왕정의 권력을 상징한다. 궁전의 화려한 건축과 정원은 당시의 예술과 문화의 정수를 보여준다. 둘째, 베르사유는 프랑스 혁명 이전의 정치적 중심지로, 왕권의 상징으로 여겨졌다. 셋째, 1919년 베르사유 조약이 체결된 장소로, 이는 제1차 세계대전의 종결을 의미하며 국제 정치사에서도 중요한 역할을 했다. 마지막으로, 베르사유 궁전은 유네스코 세계 문화유산으로 등재되어 있어 그 역사적 가치와 아름다움이 세계적으로 인정받고 있다.

4. 예시 답안: <서론> 베르사유 궁전은 프랑스의 상징적인 건축물로, 단순한 궁전 이상의 의미를 지니고 있다. 17세기 루이 14세에 의해 건설된 이 궁전은 프랑스 절대왕정의 권력을 상징하며, 정치적, 문화적, 역사적 맥락에서 중요한 역할을 해왔다. 베르사유 궁전은 단순한 거주 공간이 아니라, 프랑스의 역사와 문화, 그리고 유럽의 정치적 변화를 이해하는 데 필수적인 요소로 자리 잡고 있다.

<본론> 첫째, 베르사유 궁전은 절대왕정의 상징으로서의 의미를 지닌다. 루이 14세는 "태양왕"으로 불리며, 자신의 권력을 과시하기 위해 궁전을 건설하였다. 궁전의 화려한 건축과 정원은 왕의 권위와 위엄을 드러내며, 귀족들을 궁전으로 불러들여 그들의 권력을 제한하고 왕권을 강화하는 수단으로 활용되었다. 이러한 정치적 기능은 베르사유가 단순한 건축물이 아닌, 권력의 상징으로 자리매김하게 했다.

둘째, 베르사유 궁전은 문화적 중심지로서의 역할을 했다. 궁전은 예술과 문화의 발전을 촉진하는 공간으로, 많은 예술가와 작가들이 이곳에서 활동하였다. 특히, 베르사유의 정원과 궁전 내부는 프랑스 바로크 예술의 정수를 보여주며, 이는 유럽 전역에 영향을 미쳤다. 또한, 베르사유에서 열린 다양한 연회와 행사들은 프랑스 문화의 발전에 기여하였고, 이는 오늘날에도 여전히 많은 이들에게 영감을 주고 있다.

셋째, 베르사유 궁전은 역사적 사건의 무대가 되었다.

1789년 프랑스 혁명 이전, 베르사유는 왕과 귀족들의 사치스러운 생활을 상징하는 장소로 여겨졌다. 혁명 이후, 이곳은 새로운 정치 체제의 상징으로 변모하였고, 1919년에는 베르사유 조약이 체결되어 제1차 세계대전의 종결을 알리는 역사적 사건이 발생하였다. 이러한 사건들은 베르사유가 단순한 건축물 이상의 역사적 의미를 지니게 만든다.

<결론> 베르사유 궁전은 그 자체로 단순한 건축물이 아닌, 프랑스의 정치적 권력, 문화적 발전, 역사적 사건들이 얽힌 복합적인 의미를 지닌 장소이다. 이 궁전은 절대왕정의 상징으로서의 역할을 수행하며, 문화적 중심지로서의 기능을 다하고, 역사적 사건의 무대로서 중요한 위치를 차지하고 있다. 따라서 베르사유 궁전은 단순한 건축물 이상의 의미를 지니며, 오늘날에도 여전히 많은 이들에게 깊은 인상을 남기고 있다.

5. 예시 답안: 건축물은 국가의 상징으로서 그 나라의 역사와 문화를 반영하는 중요한 요소이다. 각국의 대표적인 건축물은 그 나라의 정체성을 형성하고, 국민들에게 자부심을 불어넣는다. 예를 들어, 이집트의 피라미드는 고대 문명의 위엄을 상징하며, 프랑스의 에펠탑은 혁신과 예술성을 나타낸다. 이러한 건축물들은 외국인에게도 그 나라를 대표하는 이미지로 작용하여, 관광과 경제에 긍정적인 영향을 미친다.

6. 예시 답안: <찬성> ① 특정 건축물은 그 국가의 역사, 전통, 가치관을 상징적으로 표현할 수 있다. 예를 들어, 프랑스의 에펠탑은 프랑스의 혁신과 예술성을 상징하며, 일본의 기온 신사는 일본의 전통과 종교적 신념을 나타낸다. ② 대표적인 건축물은 관광 산업에 큰 영향을 미치며, 국가의 경제에 기여한다. 많은 관광객이 특정 건축물을 보기 위해 해당 국가를 방문하기 때문에, 이는 국가의 문화적 정체성을 세계에 알리는 역할을 한다. ③특정 건축물은 그 국가의 문화유산으로서 보호받아야 할 가치가 있다. 이러한 건축물은 세대 간의 문화적 연속성을 유지하는 데 중요한 역할을 한다.

<반대> ①특정 건축물이 국가의 문화적 정체성을 대표한다고 주장할 경우, 그 국가 내의 다양한 문화와 전통이 간과될 수 있다. 예를 들어, 다민족 국가에서는 특정 건축물이 모든 문화적 정체성을 포괄하지 못할 수 있다. ②대표적인 건축물이 관광지로 상업화되면서 원래의 문화적 의미가 퇴색될 수 있다. 상업적 목적이 우선시되면, 그 건축물의 진정한 문화적 가치

가 손상될 위험이 있다. ③국가의 문화적 정체성은 시간이 지남에 따라 변화할 수 있다. 특정 건축물이 과거의 정체성을 대표하더라도, 현재의 문화적 맥락에서는 그 의미가 달라질 수 있다.

2. BTS와 국악의 콜라보, 전통과 현대의 조화
◆ 비판적 사고 키워볼까요?

1. 정답: ③ 해설: BTS는 MMA 공연과 '대취타' 외에도 여러 공연과 음악에서 국악을 활용한 사례가 있다. 단순히 두 가지 사례에 국한되는 것이 아니라, 지속적으로 전통 문화와 현대 음악을 융합하는 노력을 해오고 있다.

2. 정답: ⑤ 해설: 국악과 현대 음악의 결합은 전통을 훼손하는 것이 아니라, 오히려 전통을 현대적으로 재해석하고 대중적으로 확산하는 데 기여하는 중요한 과정이다. BTS는 국악을 현대인적인 방식으로 재해석함으로써 국악의 가치를 새롭게 조명했다.

3. 예시 답안: BTS는 국악을 활용하여 한국 전통 문화를 대중화하는 데 중요한 역할을 했다. 2018년 MMA 공연에서 삼고무, 부채춤, 봉산탈춤과 같은 전통 공연 요소를 결합한 무대를 선보였으며, 2020년 슈가의 '대취타'는 전통 군악을 현대적 힙합과 결합하여 국악의 매력을 글로벌 무대에 알렸다. 과거 국악은 어렵고 낯설다는 인식이 강했지만, BTS의 음악을 통해 젊은 세대와 해외 팬들이 국악을 친숙하게 접할 수 있게 되었다. 특히 '대취타'는 빌보드 차트에 오르며 국악의 대중화 가능성을 보여주었다. 이는 단순한 실험이 아니라, 전통을 현대적으로 해석하고 발전시키는 중요한 과정이다. BTS의 사례는 전통과 현대가 조화를 이루며 새로운 문화를 창출할 수 있음을 보여주며, 국악이 글로벌 무대에서도 충분한 경쟁력을 가질 수 있음을 입증했다.

4. 예시 답안: <서론> 전통과 현대의 조화는 문화 발전의 중요한 요소 중 하나이다. 음악에서도 전통적인 요소를 현대적 스타일과 결합하는 시도가 계속되고 있으며, 이는 문화적 정체성을 유지하면서도 세계적인 경쟁력을 확보하는 방법이 된다. BTS는 국악을 현대적 음악과 융합하여 한국 전통 문화를 전 세계에 알리는 데 기여했다.

<본론> BTS는 2018년 MMA에서 삼고무, 부채춤, 봉산탈춤 등의 전통 요소를 활용한 퍼포먼스를 선보였으며, 2020년 '대취타'는 조선시대 군악을 현대적 힙합과 결합하여 국악의 매력을 세계에 알렸다. 이러한 사례는 전통과 현대가 조화를 이루며 새로운 가치를 창출할 수 있음을 보여준다. 국악은 어렵고 낯설다는 인식이 강했지만, K-팝과 결합하면서 대중들이 더욱 쉽게 접근할 수 있는 장르로 변화하고 있다.

<결론> BTS의 국악 활용은 전통을 보존하면서도 현대적으로 재해석하는 과정이다. 전통과 현대의 융합은 문화적 정체성을 유지하면서도 시대적 변화에 적응하는 중요한 방법이며, 앞으로도 다양한 시도를 통해 새로운 음악적 가치가 창출될 것으로 기대된다.

5. 예시 답안: BTS가 국악을 활용한 것은 한국 전통 문화를 현대적으로 계승하는 성공적인 사례라고 생각한다. 국악은 오랜 역사를 가진 문화유산이지만, 현대 사회에서는 대중들에게 친숙하지 않은 장르로 여겨져 왔다. 그러나 BTS는 MMA 공연과 '대취타'를 통해 전통 요소를 현대적인 음악과 결합하여 국악을 대중적으로 확산시켰다. 특히 '대취타'는 국악이 글로벌 무대에서도 충분한 경쟁력을 가질 수 있음을 입증한 사례다. 전통을 단순히 보존하는 것이 아니라, 현대적인 방식으로 재해석하고 널리 알리는 것이야말로 문화 계승의 중요한 방법이라고 생각한다.

6. 예시 답안: <찬성> 국악과 대중음악의 결합은 전통을 보존하면서도 대중에게 더욱 친숙하게 다가갈 수 있는 효과적인 방법이다. BTS의 사례에서도 보듯이, 전통 음악이 현대적 스타일과 결합할 때 더욱 많은 사람들에게 영향을 미칠 수 있다. 또한, 국악이 글로벌 시장에서 경쟁력을 갖추기 위해서는 현대적인 해석이 필수적이며, 다양한 음악적 시도를 통해 새로운 문화적 가치를 창출할 수 있다.

<반대> 국악과 대중음악의 결합이 전통 음악의 본질을 훼손할 우려가 있다. 전통 음악은 오랜 역사와 고유한 형식을 가지고 있으며, 이를 현대적으로 변형하는 과정에서 본래의 가치가 변질될 가능성이 있다. 또한, 대중음악과 결합하는 과정에서 전통 음악이 단순한 장식 요소로 활용될 가능성이 있으며, 이는 국악의 진정한 정체성을 유지하는 데 방해가 될 수 있다.

3. 스기모토 히로시 - 시간과 존재를 포착한 사진 예술의 경계
◆ 비판적 사고 키워볼까요?

1. 정답: ③ 해설: 그는 사진을 단순한 기록의 도구로 보지 않고, 감정과 사유를 전달하는 매체로 인식했다.

그의 작품은 종종 자연의 아름다움과 인간의 존재를 연결짓는 주제를 다루며, 관객에게 깊은 사유를 유도한다.

2. 정답: ④ 해설: 스키모토 히로시의 작품은 자연의 아름다움과 인간의 존재를 연결짓는 주제를 다루며, 관객에게 깊은 사유를 유도한다.

3. 예시 답안: 스키모토 히로시의 사진 예술은 단순한 시각적 경험을 넘어, 관객에게 깊은 사유와 감정을 불러일으키는 여러 요소를 지니고 있다. 그의 작품은 일상적인 풍경이나 사물을 독특한 시각으로 재구성하여, 관객이 익숙한 것에서 새로운 의미를 발견하도록 유도한다. 또한, 스키모토는 빛과 그림자의 조화를 통해 감정적인 깊이를 더하며, 관객이 사진 속에 담긴 이야기를 상상하게 만든다. 이러한 접근은 관객이 단순히 이미지를 소비하는 것이 아니라, 그 안에서 자신의 경험과 감정을 투영하게 하여, 보다 깊은 공감과 사유를 이끌어낸다.

4. 예시 답안: <서론> 스키모토 히로시는 일본의 현대미술가로, 그의 작품은 익숙한 것에서 새로운 의미를 발견하도록 유도하는 독특한 접근 방식으로 주목받고 있다. 그는 일상적인 사물이나 풍경을 통해 관객이 미처 생각하지 못했던 새로운 시각을 제시하며, 이를 통해 관객의 인식과 감성을 자극한다. 본 글에서는 스키모토의 작품이 어떻게 익숙한 것에서 새로운 의미를 발견하게 하는지를 살펴보고, 그로 인해 우리가 얻는 통찰에 대해 논의하고자 한다.

<본론> 스키모토의 작품은 주로 일상적인 사물이나 풍경을 소재로 한다. 그는 이러한 익숙한 대상을 통해 관객이 놓치기 쉬운 세부 사항이나 감정을 포착하게 만든다. 예를 들어, 그의 사진 작품에서는 평범한 거리 풍경이나 사물들이 독특한 각도와 조명으로 촬영되어, 관객에게 새로운 시각적 경험을 제공한다. 이러한 방식은 관객이 일상에서 쉽게 지나칠 수 있는 것들에 대해 다시 생각하게 만들며, 그 속에 숨겨진 의미를 발견하도록 유도한다.

스키모토는 또한 반복적인 패턴과 형태를 활용하여 관객의 시선을 집중시킨다. 그의 작품에서 반복되는 요소들은 익숙함을 느끼게 하면서도, 그 안에 숨겨진 다양성과 복잡성을 드러낸다. 이러한 접근은 관객이 단순히 시각적으로 즐기는 것을 넘어, 작품에 대한 깊은 사유를 하게 만든다. 예를 들어, 특정한 패턴이 반복되는 작품을 통해 관객은 그 패턴이 지닌 의미와 그로 인해 발생하는 감정의 변화를 탐구하게 된다.

스키모토의 작업은 단순히 시각적 경험을 넘어, 관객의 내면적인 탐구를 촉진한다. 익숙한 것에서 새로운 의미를 발견하는 과정은 관객이 자신의 경험과 감정을 재조명하게 하며, 이는 개인적인 통찰로 이어진다. 이러한 경험은 관객이 일상에서 느끼는 감정과 생각을 더욱 풍부하게 만들어 주며, 예술이 지닌 힘을 다시금 일깨워 준다.

<결론> 스키모토 히로시의 작품은 익숙한 것에서 새로운 의미를 발견하도록 유도하는 독창적인 접근 방식을 통해 관객에게 깊은 감동과 통찰을 제공한다. 그의 작품은 일상적인 사물과 풍경을 새로운 시각으로 바라보게 하며, 관객이 자신의 경험을 재조명하도록 이끈다. 이러한 과정은 예술이 단순한 시각적 즐거움을 넘어, 인간의 내면을 탐구하고 감정을 풍부하게 만드는 중요한 역할을 한다는 것을 보여준다. 스키모토의 작업은 우리에게 익숙한 것의 새로운 의미를 발견하는 기회를 제공하며, 이는 예술의 본질적인 가치 중 하나라 할 수 있다.

5. 예시 답안: 관객의 감정을 자극하는 예술작품은 여러 가지 특징을 가지고 있다. 이러한 작품들은 주로 감정적 연결을 통해 관객과 소통하며, 그 과정에서 깊은 인상을 남긴다. 첫째, 강렬한 주제와 메시지를 담고 있다. 예술작품이 다루는 주제가 관객의 개인적 경험이나 사회적 이슈와 연결될 때, 관객은 작품에 더 깊이 몰입하게 된다. 예를 들어, 사랑, 상실, 고통, 희망과 같은 보편적인 감정은 많은 사람들에게 공감될 수 있는 요소이다.

둘째, 감각적 요소가 중요하다. 색상, 형태, 소리, 질감 등 다양한 감각적 요소는 관객의 감정을 자극하는 데 큰 역할을 한다. 예를 들어, 강렬한 색채는 긴장감을 조성하거나 기쁨을 표현할 수 있으며, 부드러운 선은 평화롭고 안정된 느낌을 줄 수 있다. 이러한 감각적 경험은 관객이 작품에 몰입하게 하고, 감정을 더욱 깊이 느끼게 한다.

셋째, 이야기의 구성도 중요한 요소이다. 서사적 요소가 포함된 작품은 관객이 이야기에 감정적으로 투자하게 만든다. 예술작품이 전하는 이야기가 관객의 상상력을 자극하고, 그들의 감정을 이끌어내는 방식은 매우 효과적이다. 예를 들어, 영화나 연극에서는 캐릭터의 갈등과 성장 과정을 통해 관객이 감정적으로 연결될 수 있는 기회를 제공한다.

마지막으로, 예술가의 진정성과 개인적 경험이 작품에 녹아들어 있을 때, 관객은 그 감정을 더욱 깊이 느낄 수 있다. 예술가는 자신의 경험과 감정을 작품에 담아내며, 이를 통해 관객에게 진정한 감동을 전달할 수 있다. 이러한 진정성은 관객이 작품을 통해 느끼는 감정의 깊이를 더해준다.

결론적으로, 관객의 감정을 자극하는 예술작품은 강렬한 주제, 감각적 요소, 서사적 구성, 그리고 예술가의 진정성을 통해 관객과 깊은 연결을 형성한다. 이러한 요소들이 조화를 이루어 관객에게 강한 감정적 경험을 제공하며, 예술의 본질적인 힘을 발휘하게 된다.

6. 예시 답안: <찬성> ①예술은 감정과 생각을 전달하는 중요한 수단이다. 관객에게 영감과 메시지를 주는 것은 예술의 본질적인 목적 중 하나로, 이를 통해 사회적, 문화적 이슈에 대한 인식을 높일 수 있다. ②예술은 관객과의 정서적 연결을 형성한다. 관객이 작품에서 영감을 받거나 메시지를 이해할 때, 그들은 작품과 더 깊은 관계를 맺게 되며, 이는 예술의 힘을 강화한다. ③예술은 사회적 변화를 촉진할 수 있는 도구이다. 강력한 메시지를 전달하는 예술 작품은 관객에게 행동을 촉구하거나 새로운 시각을 제공하여 긍정적인 변화를 이끌어낼 수 있다.

<반대> ①예술은 각 개인의 경험과 해석에 따라 다르게 받아들여질 수 있다. 모든 예술 작품이 관객에게 영감이나 메시지를 주어야 한다는 것은 예술의 다양성과 개인적 해석을 제한할 수 있다. ②예술은 반드시 메시지를 전달할 필요가 없으며, 단순히 미적 경험을 제공하는 것만으로도 충분할 수 있다. 관객이 작품을 감상하며 느끼는 감정이나 아름다움 자체가 중요한 가치가 될 수 있다. ③예술은 창작자의 자유로운 표현이어야 하며, 관객의 기대에 부응할 필요는 없다. 예술가가 전달하고자 하는 메시지가 없거나, 관객이 이해하지 못하는 경우에도 그 작품은 여전히 가치가 있을 수 있다.

4. 인체 해부학과 르네상스 화가들 - 예술과 과학의 융합

◆ 비판적 사고 키워볼까요?

1. 정답: ④ 해설: 르네상스 화가들은 신의 창조물로서 인간을 이해하려는 철학적 태도를 유지하며 해부학 연구를 진행했다. 이는 인간의 위대함과 신의 창조물을 탐구하려는 노력의 일환이었다.

2. 정답: ③ 해설: 르네상스 화가들은 인간 중심의 사고인 휴머니즘을 바탕으로 인간의 몸을 '자연의 걸작'으로 여기며 이를 예술 작품에 담아냈다.

3. 예시 답안: 르네상스 화가들은 인체를 정확히 표현하고 작품에 생동감을 더하기 위해 해부학을 연구했다. 대표적으로 레오나르도 다빈치는 신체 구조를 상세히 기록하여 예술과 과학의 융합을 시도했다. 이러한 연구는 단순한 미적 표현을 넘어 인간의 존재와 신의 창조물을 탐구하려는 철학적 목적을 담았다. 더불어 이들은 인체를 '자연의 걸작'으로 바라보며, 휴머니즘 사상을 예술에 반영했다. 이러한 시도는 현대 의학과 예술 발전의 초석이 되었다.

4. 예시 답안: <서론> 르네상스 시대의 화가들은 인체 해부학을 통해 예술의 사실성을 높이고, 과학적 탐구와 예술적 창조를 융합시켰다. 이는 오늘날 예술과 과학이 함께 발전할 수 있음을 보여주는 중요한 사례이다. <본론> 르네상스 화가들은 해부학적 연구를 통해 인간의 신체를 사실적으로 묘사했으며, 이를 통해 인간 중심의 철학적 사상을 예술에 담았다. 현대 사회에서도 예술과 과학의 융합은 다양한 분야에서 중요한 역할을 한다. 예를 들어, 의학 일러스트레이션은 예술적 감각과 과학적 정보가 결합되어 의료 교육에 활용되고 있다. 또한, 디지털 기술을 활용한 미디어 아트는 과학적 도구를 통해 새로운 예술적 경험을 창출한다. <결론> 예술과 과학의 융합은 단순히 학문적 경계를 허무는 것이 아니라, 인간의 창의성과 학문적 호기심을 동시에 확장시키는 역할을 한다. 르네상스 시대의 유산은 이러한 가능성을 보여주는 첫 번째 사례로, 현대에도 중요한 교훈을 제공한다.

5. 예시 답안: 르네상스 화가들의 해부학 연구는 예술에 사실성과 생동감을 더하며, 인간의 몸을 신의 창조물로 표현하려는 철학적 가치를 담았다. 이는 예술과 과학의 융합 가능성을 보여준 중요한 사례로, 현대 예술에도 창의적 통찰을 제공한다. 오늘날 예술은 과학기술과 결합하여 새로운 경험을 창출하며, 르네상스 시대의 시도가 현대 창작 활동의 기반이 되고 있다.

6. 예시 답안: <찬성> 인체 해부학은 예술 작품에 사실성과 생동감을 더하며, 인간의 신체적 아름다움을 정확히 표현할 수 있도록 돕는다. 르네상스 화가들은 해부학을 통해 예술과 과학을 융합하여 작품에 깊이를 더했다. 오늘날에도 의학 일러스트레이션이나 영화 CG 같은 분야에서 인체 해부학은 필수적이다. 이

는 예술적 창작에 과학적 기반을 제공하는 중요한 도구다.

<반대> 예술은 반드시 과학적 사실성에 의존하지 않아도 된다. 추상 미술이나 현대 예술은 인체의 정확한 묘사보다 창작자의 철학과 감정을 담는 데 초점을 맞춘다. 또한, 해부학적 접근이 모든 예술 창작 과정에서 필요한 것은 아니며, 이는 특정 장르에 국한된 도구일 뿐이다. 예술은 자유로운 표현의 영역이며, 과학적 기반이 반드시 필수적인 것은 아니다.

5. 움직임의 마법 - 키네틱 아트로 만나는 새로운 경험
♦ 비판적 사고 키워볼까요?

1. 정답: ⑤ 해설: 키네틱 아트는 시각적, 청각적, 촉각적 요소를 포함하여 관객에게 다감각인 경험을 제공한다. 움직임과 소리가 결합되어 새로운 예술적 경험을 창출하는 점이 키네틱 아트의 핵심 특징이다. 다른 선택지는 키네틱 아트의 본질을 정확히 설명하지 않거나 제한적인 관점을 제시하고 있다.

2. 정답: ① 해설: <보기>에 따르면 세라의 키네틱 아트는 물리적 힘을 통해 움직이는 요소를 포함하므로, 정적인 형태로만 구성되지 않는다.

3. 예시 답안: 키네틱 아트는 '움직이는 예술'로, 동적인 요소를 포함한 작품을 특징으로 한다. 기계적, 전자적, 자연적 요소를 활용해 작품이 스스로 움직이거나 관객과 상호작용하며 변한다. 알렉산더 칼더와 같은 예술가들이 모빌을 통해 발전시켰으며, 현대 기술과의 융합으로 더욱 다양해지고 있다. 키네틱 아트는 관객에게 새로운 경험을 제공하고, 예술과 기술의 경계를 허물어 예술의 가능성을 확장하는 중요한 역할을 한다.

4. 예시 답안: <서론> 키네틱 아트는 움직임을 통해 관객과 상호작용하는 예술의 한 형태로, 기술의 발전과 함께 지속적으로 진화해왔다. 과거에는 기계적 장치나 물리적 요소를 통해 움직임을 표현했지만, 현재는 디지털 기술과 결합하여 새로운 가능성을 열고 있다. 미래의 키네틱 아트는 이러한 기술적 발전을 바탕으로 더욱 혁신적이고 다채로운 형태로 발전할 것으로 예상된다.

<본론> 미래의 키네틱 아트는 여러 가지 방향으로 발전할 수 있다. 첫째, 인공지능(AI)과의 융합이다. AI 기술이 발전함에 따라, 예술가들은 AI를 활용하여 관객의 반응에 따라 변화하는 작품을 창조할 수 있다. 예

를 들어, 관객의 감정이나 행동을 분석하여 그에 맞춰 작품의 형태나 색상을 변화시키는 인터랙티브한 설치 미술이 가능해질 것이다.

둘째, 가상현실(VR)과 증강현실(AR)의 활용이다. 이러한 기술들은 관객이 작품 속으로 들어가거나, 현실 세계에 디지털 요소를 추가하는 방식으로 새로운 경험을 제공할 수 있다. 예를 들어, AR 기술을 통해 실제 공간에 가상의 움직이는 조형물을 배치하거나, VR 환경에서 관객이 직접 작품을 조작할 수 있는 경험을 제공할 수 있다.

셋째, 지속 가능성과 환경 문제에 대한 인식이 높아짐에 따라, 자연 요소와의 융합도 중요한 발전 방향이 될 것이다. 예를 들어, 태양광이나 바람을 이용한 에너지로 움직이는 설치 미술은 환경 친화적인 키네틱 아트를 구현할 수 있는 방법이 될 것이다. 이러한 작품들은 관객에게 자연과의 조화를 느끼게 하고, 환경 문제에 대한 경각심을 일깨울 수 있다.

<결론> 미래의 키네틱 아트는 기술의 발전과 사회적 요구에 따라 더욱 다양하고 혁신적인 형태로 발전할 것이다. AI, VR/AR, 그리고 지속 가능한 디자인의 융합은 관객과의 상호작용을 극대화하고, 새로운 경험을 제공하는 데 기여할 것이다. 이러한 변화는 단순한 시각적 즐거움을 넘어, 관객이 작품과 깊이 있는 관계를 형성하고, 사회적 메시지를 전달하는 중요한 매개체로 자리 잡을 것으로 기대된다. 키네틱 아트의 미래는 예술의 경계를 허물고, 새로운 가능성을 탐구하는 여정이 될 것이다.

5. 예시 답안: 키네틱 아트는 관객과의 상호작용을 중시하는 예술 장르로, 관객이 작품에 참여함으로써 새로운 경험을 창출한다. 이러한 상호작용은 관객이 단순한 감상자를 넘어 작품의 일부가 되도록 하여, 감정적이고 지적인 반응을 이끌어낸다. 기술의 발전은 키네틱 아트의 방향성을 더욱 확장시키는데, 디지털 기술과 로봇을 활용한 작품들은 복잡한 움직임과 변화를 가능하게 하여 관객의 참여를 유도한다. 또한, 키네틱 아트는 환경 문제와 사회적 이슈를 다루며, 예술을 통해 메시지를 전달하는 역할을 수행한다. 이러한 관점에서 키네틱 아트는 단순한 시각적 즐거움을 넘어, 현대 사회의 문제를 반영하고 관객에게 깊은 사유를 촉진하는 중요한 예술 형태로 자리 잡고 있다.

6. 예시 답안: <찬성> ①키네틱 아트는 움직임을 통해 새로운 형태의 예술적 표현을 가능하게 한다. 이는 전

통적인 미술의 경계를 넘어서는 혁신적인 접근으로, 예술의 본질인 창의성과 표현력을 강조한다. ②키네틱 아트는 관객의 참여를 유도하며, 관객이 작품과 상호작용할 수 있는 기회를 제공한다. 이러한 상호작용은 예술 경험을 더욱 풍부하게 만들며, 예술의 본질적인 목적 중 하나인 소통을 강화한다. ③현대 사회에서 기술은 예술의 중요한 요소가 되었다. 키네틱 아트는 기술을 활용하여 새로운 형태의 미적 경험을 창출하며, 이는 현대 미술의 발전을 반영하는 중요한 예시로 볼 수 있다.

<반대> ①일부 키네틱 아트 작품은 상업적 목적이나 기능성을 가지고 제작된다. 이러한 요소는 순수미술의 개념과는 거리가 멀다고 볼 수 있다. 순수미술은 주로 미적 가치와 감정적 표현에 중점을 두기 때문이다. ②키네틱 아트는 종종 복잡한 기계나 전자 장치에 의존한다. 이러한 기술적 요소는 예술의 본질적인 특성인 인간의 감정이나 창의성보다 기계적이고 비인간적인 요소를 강조할 수 있다. ③키네틱 아트는 전통적인 회화나 조각과는 다른 방식으로 존재한다. 이러한 차별성은 순수미술의 정의에 포함되지 않을 수 있으며, 따라서 키네틱 아트를 순수미술로 간주하기 어려운 이유가 될 수 있다.

6. 예술과 인공지능, 시가 그린 그림은 예술일까?
♦ 비판적 사고 키워볼까요?

1. 정답: ⑤ **해설:** AI는 감정을 느끼지 못하지만, 이를 바탕으로 한 창작이 반드시 불가능한 것은 아니다. AI는 데이터를 학습하여 패턴을 분석하고 새로운 형태의 예술을 생성할 수 있으며, 인간과 협업하여 예술적 가치를 창출하는 데 사용될 가능성이 크다. 이는 예술가의 창의적 아이디어를 확장시키는 도구로서의 의미도 갖는다.

2. 정답: ③ **해설:** AI는 감정을 느끼지 못하지만, 인간과 협업하여 창작하는 도구로 활용될 가능성이 크다. 예술가들은 AI를 사용하여 창의적인 아이디어를 얻고, 새로운 스타일을 개발하며, AI의 분석 기술을 활용해 예술을 확장할 수 있다.

3. 예시 답안: AI가 만든 예술 작품은 인간이 만든 작품과 비교할 때 몇 가지 한계를 가진다. 먼저, AI는 감정을 느끼거나 경험을 기반으로 창작하지 못한다. 이는 인간 예술가들에 비해 창작 동기와 작품의 감성적 깊이가 부족할 가능성이 크다는 점을 의미한다. 또한,

AI는 기존 데이터를 바탕으로 학습하기 때문에 완전히 새로운 스타일을 창조하는 것이 어려울 수 있다. 반면, AI가 가진 가능성도 크다. 방대한 데이터를 분석하여 인간이 생각하지 못한 창의적 조합을 만들어낼 수 있으며, 예술가들이 창작 과정에서 새로운 아이디어를 얻는 데 도움을 줄 수 있다. 앞으로 AI와 인간이 협력하여 새로운 형태의 예술을 창조하는 방향으로 발전할 가능성이 높다.

4. 예시 답안: <서론> AI 기술이 발전하면서 AI가 그린 그림이 미술 시장에서 거래되는 사례가 등장했다. AI 작품이 예술로 인정받을 수 있는지에 대한 논쟁이 이어지고 있으며, AI의 창작 과정과 인간 예술가의 창작 과정의 차이가 중요한 논점으로 떠오르고 있다.

<본론> AI가 만든 예술 작품을 예술로 인정할 수 있는 이유는 창의적인 결과물을 생성할 수 있다는 점에 있다. AI는 기존의 작품들을 학습하여 새로운 스타일을 만들거나 인간 예술가가 시도하지 않았던 조합을 시각적으로 표현할 수 있다. 또한, AI는 인간 예술가와 협업하여 창작 과정을 보조하는 도구로 활용될 수도 있다. 반면, AI는 감정을 느끼지 못하고 철학적 의도를 담아낼 수 없다는 점에서 예술의 본질과 거리가 있다는 반대 의견도 존재한다.

<결론> AI가 만든 작품이 전통적인 의미에서 예술인지에 대한 논의는 계속될 것이다. 하지만 인간과 AI가 협업하여 새로운 예술을 창조하는 방식이 발전하면서, AI 예술의 개념이 점차 확장될 가능성이 크다. 앞으로 AI가 예술의 영역에서 어떤 방식으로 활용될지 주목할 필요가 있다.

5. 예시 답안: AI가 만든 그림이 예술로 인정받는 것은 현대 기술 발전의 흐름 속에서 자연스러운 일이다. AI가 인간처럼 감정을 느낄 수 없다고 해도, 기존의 작품을 분석하고 새로운 창작물을 만들어낼 수 있다면 그것도 예술로 인정할 수 있다. 그러나 AI의 작품이 인간 예술가들의 창작 활동을 위협하지 않도록 적절한 경계가 필요하다. 예를 들어, AI가 단독으로 만든 작품과 인간이 AI를 활용하여 협업한 작품을 명확하게 구분해야 한다. AI 예술을 하나의 창작 방식으로 인정하면서도, 인간의 창의성과 감성이 존중받을 수 있는 균형점을 찾아야 한다.

6. 예시 답안: <찬성> AI는 방대한 데이터를 학습하여 인간이 예상하지 못한 창의적 결과물을 만들어낼 수 있다. 이미 AI가 창작한 작품이 경매에서 높은 가격

에 팔리는 사례가 있으며, 이는 대중이 AI 예술의 가치를 인정하고 있음을 보여준다. 또한, 예술의 본질은 감동을 주고 새로운 시각을 제공하는 데 있으며, 반드시 인간의 감정을 바탕으로 해야 하는 것은 아니다. 따라서 AI가 만든 예술도 인간이 만든 예술과 동등한 가치를 가질 수 있다.

<반대> 예술은 단순히 시각적으로 아름다운 작품을 만드는 것이 아니라, 창작자의 철학과 감정이 담겨야 한다. 그러나 AI는 감정을 느끼지 못하고, 기존 데이터를 학습하여 새로운 패턴을 조합할 뿐이다. 이는 창의성의 근본적인 차이이며, 인간이 가지는 예술적 영감과 깊이를 대체할 수 없다. 또한, AI가 만든 작품이 무분별하게 인정될 경우, 인간 예술가들의 창작 활동이 위축될 위험이 있다. 따라서 AI 예술은 인간 예술과 동등한 가치를 가질 수 없다.

7. 우륵과 가야금 - 한국 전통 음악의 심장과 영혼
• 비판적 사고 키워볼까요?

1. 정답: ③ 해설: ① 이왕직 아악부는 단순한 악보 이상의 의미를 지니며, 한국의 역사와 문화, 그리고 전통 음악의 정체성을 이해하는 데 필수적인 자료이다. ② 이왕직 아악부의 악보는 조선시대 궁중 음악의 전통을 계승하고 있으며, 궁중 의식과 행사에서 연주되는 음악을 포함하고 있다. ④ 이왕직 아악부는 조선시대의 음악적 관습과 이론을 반영하고 있어, 당시 사회와 문화에 대한 귀중한 정보를 제공한다. ⑤ 아악은 자연, 인간, 신에 대한 경외심을 표현하는 음악으로, 그 곡조는 우아하고 느린 리듬을 특징으로 한다.

2. 정답: ③ 해설: 이왕직아악부는 전통 음악의 보존과 계승을 위한 기관으로, 서양 음악 중심의 교육을 확산하는 역할을 하지 않았다.

3. 예시 답안: 이왕직 아악부는 한국 전통 음악의 보존과 계승에 중요한 역할을 했다. 일제강점기 동안 전통 음악을 체계적으로 보존하고 교육 프로그램을 통해 후세에 전파했다. 또한, 서양 음악의 요소를 수용하여 전통 음악의 현대화를 이끌고, 다양한 장르의 발전을 촉진했다. 이왕직 아악부는 민족 정체성을 강화하고 문화적 저항의 상징으로 기능하며, 현재의 전통 음악 교육과 공연 문화에 큰 영향을 미쳤다. 이러한 노력은 한국 전통 음악이 현대 사회에서도 여전히 중요한 예술 형태로 자리 잡는 데 기여했다.

4. 예시 답안: <서론> 이왕진 아악부는 한국 전통 음악의 중요한 계승자로서, 조선시대 궁중 음악의 정수를 현대에 전달하는 역할을 하고 있다. 아악부는 전통적인 음악 형식과 악기를 사용하여 한국의 고유한 음악 문화를 보존하고 있으며, 그 과정에서 전통과 현대의 조화를 이루고 있다.

<본론> 이왕진 아악부는 조선시대 궁중 음악의 전통을 계승하는 데 중점을 두고 있다. 아악부의 음악은 궁중에서의 의식과 행사에 적합한 곡들로 구성되어 있으며, 이러한 곡들은 한국의 역사와 문화를 반영하고 있다. 아악부는 전통 악기인 가야금, 해금, 피리 등을 사용하여 고유의 음색과 리듬을 유지하고 있으며, 이는 한국 전통 음악의 정체성을 강화하는 데 기여하고 있다. 또한, 이왕진 아악부는 전통 음악의 교육과 보급에도 힘쓰고 있다. 아악부는 다양한 공연과 교육 프로그램을 통해 젊은 세대에게 전통 음악의 매력을 알리고 있으며, 이를 통해 전통 음악의 계승과 발전을 도모하고 있다. 이러한 노력은 전통 음악이 단순한 과거의 유물이 아니라, 현재와 미래에도 중요한 문화 자산으로 자리잡을 수 있도록 하는 데 기여하고 있다. 더불어, 이왕진 아악부는 현대적인 해석을 통해 전통 음악의 새로운 가능성을 모색하고 있다. 전통 음악을 현대적인 감각으로 재구성하여 다양한 장르와의 융합을 시도함으로써, 전통 음악이 시대의 변화에 적응할 수 있도록 하고 있다. 이러한 접근은 전통 음악의 생명력을 유지하고, 더 많은 사람들에게 다가갈 수 있는 기회를 제공한다.

<결론> 이왕진 아악부는 한국 전통 음악의 계승과 발전에 있어 중요한 역할을 하고 있다. 전통 음악의 보존뿐만 아니라, 현대적인 해석과 교육을 통해 전통 음악의 가치를 널리 알리고 있다. 이러한 노력은 한국의 문화유산을 지키고, 다음 세대에게 전통 음악의 소중함을 전달하는 데 기여하고 있다. 이왕진 아악부의 활동은 전통 음악이 단순히 과거의 유산이 아니라, 현재와 미래에도 중요한 문화적 자산으로 자리잡을 수 있도록 하는 데 필수적이다.

5. 예시 답안: 첫째, 아악부는 조선시대 궁중에서 공식적으로 연주되던 음악을 계승하고 있어, 그 전통성과 역사적 가치가 높다. 둘째, 아악부의 음악은 궁중의 품격과 위엄을 잘 표현하며, 의식과 행사에 적합한 곡들이 많다. 셋째, 아악부는 전통 악기와 연주 기법을 철저히 지켜, 궁중 음악의 정수를 전달하는 데 중요한 역할을 한다.

6. 예시 답안: <찬성> ①이왕진 아악부는 한국 전통 음악의 정수를 보존하고 계승하는 데 중점을 두고 있다. 아악부의 공연과 교육 프로그램은 전통 음악의 기초를 다지고, 젊은 세대에게 그 가치를 전달하는 중요한 역할을 한다. 이를 통해 전통 음악이 단순한 과거의 유산이 아니라, 현재에도 여전히 중요한 문화적 자산으로 인식될 수 있다. ②이왕진 아악부는 전통 음악을 현대적인 감각으로 재구성하고 다양한 장르와의 융합을 시도하고 있다. 이러한 접근은 전통 음악이 시대의 변화에 적응할 수 있도록 하며, 더 많은 사람들에게 다가갈 수 있는 기회를 제공한다. 이는 전통 음악이 지속적으로 발전할 수 있는 기반이 된다. ③전통 음악은 한국의 문화적 정체성을 형성하는 중요한 요소이다. 이왕진 아악부의 활동은 한국의 전통 음악을 세계에 알리는 데 기여하며, 이를 통해 한국 문화의 다양성과 깊이를 세계에 전파할 수 있다. 이는 한국의 문화적 자산을 더욱 풍부하게 만드는 데 기여한다.

<반대> ① 이왕진 아악부의 활동이 전통 음악을 현대적으로 재구성하는 과정에서 상업화의 위험이 존재한다. 전통 음악이 대중의 취향에 맞추어 변형되면, 그 본래의 의미와 가치를 잃을 수 있다. 이는 전통 음악의 순수성을 해칠 수 있는 요소로 작용할 수 있다. ② 현대적인 해석과 융합이 항상 긍정적인 결과를 가져오는 것은 아니다. 전통 음악의 요소가 현대적 감각에 맞추어 변형되면, 원래의 전통이 왜곡될 수 있다. 이는 전통 음악의 본질을 이해하고 계승하는 데 방해가 될 수 있다. ③ 전통 음악의 계승은 단순히 공연과 교육을 통해 이루어지는 것이 아니다. 세대 간의 문화적 단절이 발생할 경우, 전통 음악의 계승이 어려워질 수 있다. 이왕진 아악부의 활동이 젊은 세대에게 전통 음악의 매력을 전달하지 못한다면, 전통 음악은 결국 잊혀질 위험에 처할 수 있다.

8. 공공미술과 사회 변화 - 그래피티 예술, 도시를 바꾸다

◆ 비판적 사고 키워볼까요?

1. 정답: ④ 해설: 그래피티 예술은 공공미술로 인정받는 경우가 많지만, 법적 허가 없이 모든 공간에서 자유롭게 그릴 수 있는 것은 아니다. 일부 도시는 공식적으로 허가된 공간에서 그래피티 예술을 장려하지만, 허가되지 않은 장소에서의 그래피티는 여전히 법적인 문제가 될 수 있다.

2. 정답: ③ 해설: 그래피티 예술은 개인의 창의성을 표현하는 중요한 방식이지만, 공공미술로 인정받기 위해서는 도시 환경과의 조화가 중요하다. 도시 미관과 무관하게 어디에서나 자유롭게 표현될 수 있다는 설명은 공공미술로서의 그래피티의 본질과 맞지 않는다.

3. 예시 답안: 그래피티 예술은 도시 환경과 지역 주민들에게 다양한 영향을 미친다. 우선, 그래피티는 도시 미관을 개선하고 건물과 거리의 분위기를 변화시켜 문화적인 가치를 높이는 역할을 한다. 특히, 예술적인 그래피티는 주민들에게 자부심을 심어주고, 지역 정체성을 형성하는 데 기여한다. 또한, 그래피티는 사회적 메시지를 전달하는 중요한 도구가 된다. 환경 문제, 인권, 평화 등의 주제를 다루며 대중이 쉽게 접근할 수 있는 예술적 매체로 작용한다. 그러나 무분별한 그래피티는 도시 미관을 해치고 법적 문제를 유발할 수 있어, 이를 체계적으로 관리하고 지역 사회와 협력하는 방안이 필요하다.

4. 예시 답안: <서론> 그래피티 예술은 과거 불법 낙서로 여겨졌지만, 오늘날에는 도시 환경을 변화시키는 중요한 공공미술의 형태로 자리 잡고 있다. 도시 미관을 개선하고 지역 주민들의 정체성을 형성하는 데 기여하며, 사회적 메시지를 전달하는 역할을 한다.

<본론> 그래피티 예술은 도심 건물과 거리를 장식하며 예술적인 가치뿐만 아니라 지역 사회의 문화적 특징을 반영한다. 프랑스 라온이나 코트디부아르 아비장처럼, 그래피티를 통해 지역 정체성을 강화하는 사례도 늘어나고 있다. 그러나 무분별한 그래피티는 도시 미관을 해칠 수 있고 법적 문제가 발생할 수 있다. 이를 해결하기 위해 일부 도시는 합법적인 그래피티 공간을 제공하며 예술과 도시 환경이 조화를 이루도록 지원하고 있다.

<결론> 그래피티 예술은 단순한 낙서가 아니라 도시를 변화시키는 공공미술로 발전하고 있다. 앞으로도 지역 사회와 협력하여 그래피티를 체계적으로 관리하고, 창의적인 표현의 장으로 활용하는 노력이 필요하다.

5. 예시 답안: 그래피티 예술이 공공미술로 인정받기 위해서는 몇 가지 중요한 요소가 필요하다. 우선, 지역 사회와 협력하여 도시 환경과 조화를 이루는 방향으로 발전해야 한다. 무분별한 그래피티는 미관을 해칠 수 있으므로, 합법적인 공간을 제공하여 체계적으

로 관리하는 것이 중요하다. 또한, 그래피티가 단순한 낙서가 아니라 사회적 메시지를 전달하는 공공미술로 자리 잡기 위해서는 예술적 가치를 높이고 대중이 쉽게 접근할 수 있도록 해야 한다. 마지막으로, 도시 행정과 협력하여 그래피티 예술이 문화적으로 긍정적인 영향을 미칠 수 있도록 제도적 지원이 필요하다.

6. 예시 답안: <찬성> 그래피티 예술은 단순한 낙서가 아니라, 도시 환경을 변화시키고 사회적 메시지를 전달하는 중요한 공공미술의 한 형태이다. 일부 도시는 합법적인 그래피티 공간을 제공함으로써 창의적 표현을 장려하고 있으며, 이는 불법 그래피티를 줄이는 효과도 있다. 또한, 그래피티 예술은 지역 주민들에게 자부심을 심어주고 도시 정체성을 강화하는 데 기여할 수 있다. 따라서 그래피티를 공공미술로 보호하고 관리하는 제도적 노력이 필요하다.

<반대> 그래피티는 본질적으로 자유로운 표현의 방식이기 때문에, 이를 공공미술로 지정하고 보호하려는 시도는 창작의 자유를 제한할 수 있다. 또한, 일부 그래피티는 도시 미관을 해치거나 법적 분쟁을 유발할 가능성이 있다. 특히, 허가 없이 이루어지는 그래피티는 재산권 침해 문제가 발생할 수도 있다. 공공미술로서 보호하기보다는 개인의 창작 자유와 도시 환경 보호 사이에서 균형을 맞추는 것이 중요하다.

9. 신발이 걸린 나무 - 슈즈트리의 이야기
◆ 비판적 사고 키워볼까요?

1. 정답: ① 해설: 슈즈트리는 전 세계적으로 다양한 형태로 존재한다. 슈즈트리는 단순한 장식물 이상의 의미를 가지며, 그 자체로 예술적 표현의 한 형태로 볼 수 있다.

2. 정답: ⑤ 해설: 슈즈트리는 사회적 인식을 높이고, 공론화를 촉진하며, 예술과 정치의 경계를 허물었다. 연대감과 공감을 확산시키고, 사회적 변화의 필요성을 강조하며, 교육적 역할을 통해 역사와 이슈를 알리는 데 기여했다. ⑤는 슈즈트리의 부정적인 시각으로 ①,②,③,④에 나타난 긍정적인 부분과 반대의 시각이다.

3. 예시 답안: 슈즈트리는 예술로 볼 수 있다. 신발이 나무에 걸려 있는 모습은 시각적으로 매력적이며, 각 신발이 담고 있는 개인의 이야기와 감정을 전달하기 때문이다. 또한, 슈즈트리는 사회적 메시지를 담고 있어, 특정 이슈에 대한 저항이나 반항의 상징으로 작

용하기도 한다. 이러한 요소들은 슈즈트리를 단순한 장식이 아닌, 예술적 표현으로 만들어준다. 더불어, 지역 사회의 공동체 의식을 강화하는 역할도 하여, 사람들 간의 연결을 촉진하는 예술적 활동으로 해석될 수 있다.

4. 예시 답안: <서론> 슈즈트리는 최근 몇 년간 도시 공간에서 주목받는 예술적 표현으로, 단순한 오브제를 넘어 사회적 저항이나 반항의 상징으로 해석될 수 있는 가능성을 지니고 있다. 이러한 해석은 슈즈트리가 단순히 신발의 집합체가 아니라, 개인의 경험과 사회적 맥락을 반영하는 복합적인 의미를 내포하고 있기 때문이다. 본 글에서는 슈즈트리가 어떻게 사회적 저항의 상징으로 기능할 수 있는지를 살펴보고, 그 과정에서 나타나는 다양한 사회적 메시지와 상징성을 분석할 것이다.

<본론> 첫째, 슈즈트리는 개인의 이야기를 담고 있는 매개체로서, 사회적 저항의 상징으로 해석될 수 있다. 많은 경우, 슈즈는 특정 개인의 발자취를 상징하며, 그들이 겪은 고난과 투쟁을 나타낸다. 예를 들어, 거리에서 발견된 신발들은 종종 그 주인의 삶의 이야기를 담고 있으며, 이는 사회적 불평등이나 인권 문제에 대한 저항의 목소리로 해석될 수 있다. 이러한 맥락에서 슈즈트리는 단순한 물건이 아니라, 사회적 불만과 저항의 상징으로 자리 잡을 수 있다.

둘째, 슈즈트리는 공공 공간에서의 시각적 충격을 통해 사회적 반항의 메시지를 전달한다. 예술가들은 슈즈를 통해 기존의 사회적 규범이나 가치에 도전하는 작품을 만들어내며, 이는 관객에게 강한 인상을 남긴다. 예를 들어, 대규모로 설치된 슈즈트리는 지나가는 사람들에게 강렬한 시각적 경험을 제공하며, 그로 인해 사회적 이슈에 대한 관심을 불러일으킬 수 있다. 이러한 방식은 예술이 단순한 미적 경험을 넘어 사회적 대화의 장을 여는 역할을 한다는 점에서 중요한 의미를 가진다.

셋째, 슈즈트리는 집단적 저항의 상징으로도 기능할 수 있다. 특정 사회적 이슈에 대한 집단의 반응이나 저항을 나타내는 방식으로 슈즈가 사용될 때, 이는 공동체의 연대감을 강화하고, 사회적 변화를 촉구하는 도구로 작용할 수 있다. 예를 들어, 환경 문제나 인권 문제에 대한 집단적 저항의 상징으로서 슈즈가 사용될 때, 이는 단순한 개인의 이야기를 넘어 집단의 목소리를 대변하는 역할을 하게 된다.

<결론> 슈즈트리는 사회적 저항이나 반항의 상징으로 해석될 수 있는 여러 가지 요소를 지니고 있다. 개인의 경험을 담고 있는 매개체로서, 공공 공간에서의 시각적 충격을 통해 사회적 메시지를 전달하며, 집단적 저항의 상징으로 기능할 수 있는 가능성을 가지고 있다.

5. 예시 답안: 슈즈트리를 흉물로 보는 이유는 주로 그 형태와 설치 방식에서 기인한다. 많은 사람들은 슈즈트리가 무질서하게 걸린 신발들로 구성되어 있어, 도시 환경의 미관을 해치는 요소로 인식할 수 있다. 또한, 슈즈트리가 종종 사회적 문제나 슬픔을 상징하는 장소에 설치되기 때문에, 그 자체로 부정적인 감정을 불러일으킬 수 있다.

이와 함께, 슈즈트리가 특정한 메시지를 전달하기보다는 단순히 지나치기 쉬운 거리의 장식물로 여겨질 때, 그 의미가 퇴색하고 흉물로 간주될 가능성이 높아진다. 결국, 슈즈트리는 그 존재 방식과 사회적 맥락에 따라 긍정적이거나 부정적인 시각을 동시에 가질 수 있으며, 이는 개인의 경험과 가치관에 따라 달라질 수 있다.

6. 예시 답안: <찬성> ①슈즈트리는 환경 문제나 사회적 이슈에 대한 강력한 메시지를 전달하는 수단으로 사용된다. 예를 들어, 서울역에 설치된 슈즈트리는 시민들의 다양한 이야기를 담고 있으며, 공공미술로서의 역할을 수행했다. ② 예술은 다양한 형태로 표현될 수 있으며, 슈즈트리는 그 중 하나로, 관객에게 새로운 시각을 제공했다. 예술가들은 신발을 통해 개인의 발자취와 사회적 이슈를 연결짓는 창의적인 방식을 사용하고 있다. ③ 슈즈트리는 공공 공간을 재구성하고, 사람들에게 새로운 경험을 제공한다. 이는 예술이 단순한 미적 요소를 넘어서 사회적 참여를 유도하는 방식으로 작용할 수 있음을 보여준다.

<반대> ① 일부 비평가들은 슈즈트리가 미적 가치가 부족하고, 도시 경관을 해친다고 주장한다. 이들은 슈즈트리가 단순히 쓰레기처럼 보일 수 있으며, 예술적 가치가 결여되어 있다고 지적한다. ② 슈즈트리는 때때로 사회적 혼란을 초래할 수 있다. 예를 들어, 특정 지역에 설치된 슈즈트리가 지나가는 사람들에게 불쾌감을 주거나, 부정적인 이미지를 남길 수 있다는 우려가 있다. ③ 슈즈트리 설치에 드는 비용과 자원이 낭비된다는 비판도 있다. 일부 사람들은 이러한 예술 프로젝트가 공공 자원을 비효율적으로 사용하고 있

다고 주장하며, 더 실용적인 프로젝트에 투자해야 한다고 강조한다.

10. 세계가 주목하는 K-예술

• 비판적 사고 키워볼까요?

1. 정답: ④ 해설: 본문에서는 한국 전통 예술이 현대적 요소와 결합하여 새로운 형태로 발전하고 있다고 설명하였다. 국악 그룹 '이날치'와 국립무용단의 사례처럼 전통과 현대의 융합이 강조되고 있으므로, "전통 예술이 현대적 변화를 거부하고 원형 그대로를 유지한다"는 설명은 본문의 내용과 맞지 않는다.

2. 정답: ④ 해설: <보기>에서는 전통과 현대의 조화가 글로벌 시장에서 중요한 요소가 될 수 있다고 설명하고 있다. 본문에서도 한국의 전통 예술이 현대적 요소와 결합하면서 더욱 주목받고 있다고 강조하므로, "전통 예술이 현대적 변화를 거부하면서 세계적인 성공을 거두었다"는 설명은 부적절하다.

3. 예시 답안: K-예술은 전통적인 요소를 현대적으로 재해석하여 글로벌 시장에서 경쟁력을 갖추었다. 예를 들어, 국악 그룹 '이날치'는 전통 판소리에 현대적인 비트와 리듬을 결합하여 대중성과 독창성을 동시에 확보하였다. 이들의 음악은 SNS와 유튜브를 통해 빠르게 확산되었으며, 해외에서도 큰 주목을 받았다. 이처럼 K-예술은 전통과 현대의 조화를 통해 새로운 예술적 가치를 창출하며 글로벌 시장에서 더욱 성장하고 있다.

4. 예시 답안: <서론> K-예술이 전 세계적으로 주목받고 있다. K-팝의 성공을 시작으로, 한국의 미술, 영화, 공연 예술 등 다양한 예술 분야가 국제적으로 큰 영향을 미치고 있다. K-예술이 단순한 유행이 아닌 세계적인 문화 현상으로 자리 잡을 수 있었던 이유는 전통과 현대의 융합, 독창적인 스토리텔링, 그리고 디지털 기술과의 결합에 있다. 한국 예술은 고유한 전통을 현대적인 감각으로 재해석하며, 글로벌 시장에서 경쟁력을 갖추고 있다. 그렇다면 K-예술이 세계적으로 성공한 이유는 무엇이며, 앞으로 지속 가능한 문화 콘텐츠로 발전하기 위해 어떤 전략이 필요할까?

<본론> 첫째, K-예술이 세계적으로 성공한 이유는 전통과 현대의 조화로운 결합, 독창적인 콘텐츠, 그리고 기술 발전과의 연계 때문이다. 한국의 예술가들은 전통적인 요소를 유지하면서도 현대적인 감각을 가미하여 세계적인 경쟁력을 갖추고 있다. 예를 들어, 국

악 그룹 '이날치'는 전통 판소리를 현대적인 리듬과 결합하여 새로운 음악적 경험을 제공하며 글로벌 시장에서 인기를 얻었다. 또한, 한국 영화와 드라마는 독창적인 스토리텔링과 감각적인 연출을 통해 차별화된 콘텐츠를 만들어내고 있다. 봉준호 감독의 영화 기생충과 넷플릭스 드라마 오징어 게임은 한국적인 서사를 바탕으로 하면서도 글로벌 감성을 반영하여 세계적으로 성공한 대표적인 사례이다.

둘째, K-예술은 미술, 영화, 공연 예술 등 다양한 분야에서 글로벌 시장에 영향을 미치고 있다. 한국 현대 미술은 독창적인 감각과 실험적인 기법으로 국제 미술계에서 주목받고 있다. 이불(Lee Bul)과 같은 현대 미술가는 세계적인 미술관과 갤러리에서 활발한 활동을 펼치며 한국 미술의 위상을 높였다. 또한, 김환기의 추상화는 글로벌 경매 시장에서 높은 평가를 받으며 한국 미술의 정체성을 알리고 있다. 공연 예술 분야에서도 국립무용단과 같은 단체들이 전통 춤과 현대적 안무를 결합하여 국제 무대에서 극찬을 받고 있다. 이러한 요소들이 합쳐지면서 K-예술은 단순한 유행이 아니라 세계적인 문화 트렌드로 자리 잡고 있다.

셋째, 앞으로 K-예술이 지속 가능한 문화 콘텐츠로 발전하기 위해서는 기술과 예술의 융합, 정부 및 민간의 지원 확대가 필수적이다. 인공지능(AI)과 가상현실(VR) 기술이 발전하면서 K-예술은 더욱 다양한 형태로 진화하고 있다. 예를 들어, 디지털 아트를 활용한 미디어 전시는 기존의 예술 형식을 넘어 관객과의 새로운 소통 방식을 만들어내고 있다. 또한, 한국 정부와 문화 단체들은 K-예술의 세계화를 위해 다양한 문화 교류 프로그램을 운영하며, 해외 시장에서의 경쟁력을 높이기 위한 지원을 아끼지 않고 있다. 지속적인 창작 환경을 조성하고, 글로벌 시장과의 협력을 강화한다면 K-예술은 더욱 발전할 수 있을 것이다.

<결론> K-예술은 전통과 현대의 조화를 이루며, 독창적인 콘텐츠와 기술적 발전을 통해 세계적인 문화 현상으로 자리 잡았다. 다양한 예술 형식과 기술이 결합하면서 K-예술의 영향력은 점점 더 확대되고 있으며, 이는 한국 문화의 글로벌 확산에 큰 기여를 하고 있다. 앞으로도 K-예술이 지속 가능한 문화 콘텐츠로 자리 잡기 위해서는 기술과의 융합, 창작 환경 개선, 정부 및 민간의 적극적인 지원이 필요하다. K-예술은 단순한 유행이 아니라 세계 예술계에서 중요한 흐름을 만들어가며 지속적으로 발전할 것이다.

5. 예시 답안: 나는 K-예술이 세계적으로 성공할 수 있었던 가장 중요한 요인은 전통과 현대의 융합이라고 생각한다. 한국 예술은 오랜 전통을 유지하면서도 현대적 감각과 기술을 결합하여 글로벌 경쟁력을 갖추었다. 예를 들어, '이날치'는 전통 판소리를 현대적인 리듬과 결합하여 국내외에서 큰 인기를 끌었다. 또한, '오징어 게임'은 한국적 정서를 담고 있으면서도 보편적인 스토리 구조를 활용하여 세계적인 성공을 거두었다. 따라서 K-예술의 가장 큰 성공 요인은 전통과 현대의 균형 잡힌 조화라고 생각한다.

6. 예시 답안: <있다> K-예술은 단순한 유행이 아니라 지속 가능한 문화 콘텐츠로 자리 잡을 것이다. 한국 예술은 전통과 현대적 감각을 조화롭게 융합하면서도 끊임없이 혁신하고 있다. 특히, 디지털 기술과 AI를 활용한 예술 형식이 등장하면서 K-예술의 미래는 더욱 밝아지고 있다. 또한, 한국 정부와 기업들이 문화 콘텐츠 산업을 적극적으로 지원하고 있어 글로벌 시장에서의 영향력이 더욱 확대될 것으로 전망된다.
<없다> K-예술이 현재 높은 인기를 누리고 있지만, 장기적으로 지속 가능한 콘텐츠가 될 것인지에 대해서는 의문이 있다. 문화 콘텐츠는 빠르게 변화하는 시장에서 끊임없는 혁신이 필요하며, 한국 예술이 계속해서 새로운 가치를 창출하지 못한다면 대중의 관심이 줄어들 수 있다. 또한, 글로벌 시장에서 K-예술이 지나치게 상업화될 경우, 본래의 독창성을 잃고 획일화될 가능성이 있다.

11. 우륵과 가야금 - 한국 전통 음악의 심장과 영혼

◆ 비판적 사고 키워볼까요?

1. 정답: ⑤ 해설: 우륵의 음악은 한국 문화와 정서를 잘 표현하며, 청중은 그의 음악을 통해 자신의 감정을 공감하고 연결할 수 있다. 이는 우륵이 가야금을 사용하여 감정의 깊이를 전달하고, 한국인의 정체성을 형성하는 데 기여했음을 나타낸다. 따라서 우륵의 음악은 단순한 예술을 넘어, 한국 문화의 상징적 역할을 수행하고 있다.

2. 정답: ④ 해설: 진흥왕은 우륵의 곡 중 5곡을 신라의 대악으로 삼았지, 10곡으로 삼지 않았다.

3. 예시 답안: 우륵은 가야금의 창시자로 전해지며, 한국 전통 음악의 중요한 인물로 자리잡고 있다. 그는 가야금의 발전에 기여하고, 이를 통해 가야금 음악의

기초를 다졌다. 가야금은 한국의 대표적인 현악기로, 섬세한 음색과 다양한 연주 기법으로 한국 전통 음악의 정수를 표현한다. 우륵과 가야금은 한국의 문화유산으로서, 음악적 정체성과 감성을 전달하는 중요한 역할을 하고 있다.

4. 예시 답안: <서론> 전통과 현대의 융합은 음악 창작에 있어 중요한 요소로 자리 잡고 있다. 전통 음악은 각 문화의 역사와 정체성을 담고 있으며, 현대 음악은 새로운 감성과 기술을 반영한다. 이 두 요소의 결합은 음악의 다양성을 확장하고, 새로운 창작의 가능성을 열어준다.

<본론> 첫째, 전통과 현대의 융합은 창작의 폭을 넓힌다. 전통 음악의 멜로디와 리듬은 현대 음악의 다양한 장르와 결합하여 새로운 스타일을 만들어낼 수 있다. 예를 들어, 한국의 전통 악기인 가야금이나 해금이 현대적인 팝 음악에 사용되면서, 독특한 사운드를 창출하고 있다. 이러한 융합은 아티스트들에게 새로운 영감을 주어 창작의 기회를 확대한다.

둘째, 전통과 현대의 융합은 문화적 정체성을 강화한다. 현대 사회에서 전통 음악은 종종 잊혀지거나 소외되기 쉽다. 그러나 현대적인 해석을 통해 전통 음악이 재조명되면, 젊은 세대가 그 가치를 인식하고 계승할 수 있는 기회를 제공한다. 예를 들어, 전통 음악을 현대적인 비트와 결합한 곡들은 젊은 청중에게 더 쉽게 다가갈 수 있으며, 이는 전통 문화의 지속 가능성을 높이는 데 기여한다.

셋째, 이러한 융합은 글로벌화 시대에 적합한 음악 창작을 가능하게 한다. 다양한 문화가 서로 교류하는 현대 사회에서, 전통과 현대의 융합은 세계적인 음악 시장에서도 경쟁력을 갖출 수 있는 방법이 된다. 아티스트들은 전통 음악의 요소를 현대적인 감각으로 재해석하여, 국내외 청중에게 새로운 경험을 제공할 수 있다. 이는 음악의 보편성을 높이고, 다양한 문화의 융합을 촉진하는 긍정적인 결과를 가져온다.

<결론> 전통과 현대의 융합은 음악 창작에 있어 긍정적인 영향을 미친다. 창작의 폭을 넓히고, 문화적 정체성을 강화하며, 글로벌화 시대에 적합한 음악을 만들어 내는 이 과정은 아티스트와 청중 모두에게 새로운 경험을 제공한다. 앞으로도 이러한 융합이 지속적으로 이루어져, 전통 음악이 현대 사회에서 더욱 빛을 발할 수 있기를 기대한다. 전통과 현대의 조화는 음악의 미래를 밝히는 중요한 열쇠가 될 것이다.

5. 예시 답안: 전통 악기와 현대 악기 간의 조화는 여러 방법으로 이루어질 수 있다.

첫째, 전통 악기의 음색과 리듬을 현대 악기와 결합하여 새로운 사운드를 창출하는 것이 중요하다. 둘째, 작곡가와 아티스트가 전통 음악의 요소를 현대적인 곡 구조와 스타일에 통합하는 방식도 효과적이다. 셋째, 협업을 통해 다양한 장르의 아티스트들이 서로의 음악적 배경을 공유하고, 새로운 창작물을 만들어내는 것도 중요한 방법이다.

6. 예시 답안: <찬성> ① 전통 악기를 현대 음악에 융합함으로써 다양한 문화적 요소가 결합되어 새로운 음악적 경험을 제공한다. ② 전통 악기의 독특한 음색과 연주 기법이 현대 음악에 통합되면, 작곡가와 아티스트는 새로운 창작의 가능성을 탐색할 수 있다. ③ 전통 악기를 현대 음악에 접목시키면, 젊은 세대가 전통 음악에 대한 관심을 가질 수 있는 기회를 제공한다.

<반대> ① 전통 악기를 현대 음악에 융합하는 과정에서 전통 음악의 본질이 훼손될 수 있다는 우려가 있다. ② 현대 음악의 상업적 요소가 전통 악기와 결합될 경우, 전통 음악이 상업적 이익을 위한 도구로 전락할 수 있다. ③ 전통과 현대의 융합이 지나치게 이루어질 경우, 청중이 음악의 본질을 이해하는 데 혼란을 겪을 수 있다.

12. 문학은 종합예술이다.

• 비판적 사고 키워볼까요?

1. 정답: ③ 해설: 문학은 단순한 언어 예술이 아니라 다양한 예술과 융합되면서 새로운 가치를 창출한다. 본문에서도 영화, 음악, 미술, 연극, 무용, 건축, 패션 등 여러 분야와의 연계를 통해 문학이 종합 예술로 확장되는 과정이 설명되었다. 따라서 3번 문항의 '문학은 다른 예술과 융합되지 않는다'라는 내용은 본문과 일치하지 않는다.

2. 정답: ② 해설: 문학 속 공간 묘사는 단순히 상징적 의미만 가지는 것이 아니라, 실제 건축 설계에도 영향을 미칠 수 있다. 예를 들어, 문학 작품 속에서 묘사된 특정한 공간적 배경이 건축가들에게 영감을 주어 현실에서 유사한 건축물로 구현된 사례들이 있다. 따라서 ②번 문항에서 "실제 건축 설계에 직접적인 영향을 미치지 않는다"라는 표현은 본문의 내용과 일치하지 않는다.

3. 예시 답안: 문학과 영화의 융합은 창작의 표현 방식을 확장하는 대표적인 예이다. 예를 들어, J.R.R. 톨킨의 『반지의 제왕』은 원작 소설의 방대한 서사를 시각적으로 구현한 영화로 재탄생하면서 더욱 폭넓은 감동을 선사했다. 또한, 문학과 음악의 결합에서는 시가 노래 가사로 활용되거나, 문학적 영감을 받은 오페라와 교향곡이 창작되기도 한다. 문학과 미술의 경우, 『이상한 나라의 앨리스』와 같은 작품은 삽화 및 일러스트를 통해 더욱 생동감 있는 시각적 이미지로 형상화되었다. 이처럼 문학은 다양한 예술과 결합하여 표현 방식을 확장하고, 감각적으로 더욱 풍부한 예술적 경험을 제공한다.

4. 예시 답안: <서론> 문학은 다양한 예술과 결합하며 새로운 형태로 발전해 왔다. 영화, 음악, 미술, 연극 등과 융합하면서 문학은 단순한 글을 넘어 다채로운 감각과 표현을 담아낼 수 있게 되었다. 이러한 융합은 문학의 표현 범위를 확장시키고, 예술적 경계를 허물며 창작의 가능성을 넓히는 역할을 한다. 따라서 문학과 예술의 융합이 창작에 미치는 영향을 살펴보는 것은 중요한 의미를 가진다.

<본론> 먼저, 문학과 영화의 결합은 서사의 시각적 형상을 구현하는 대표적인 사례이다. 많은 문학 작품이 영화로 각색되면서 원작의 서사는 더욱 강렬한 감동을 선사하게 된다. 또한, 문학과 음악이 결합할 때, 시나 소설의 서정적 요소가 음악과 어우러져 감성을 극대화하는 효과를 만든다. 문학과 미술의 융합 역시 예술적 표현을 확장하는 중요한 방식이다. 문학 속 공간과 인물 묘사는 회화나 삽화를 통해 형상화되며, 독자들에게 더욱 생동감 있는 상상력을 제공한다. 연극과 무용에서도 문학적 서사는 중요한 역할을 하며, 배우의 연기와 신체적 표현을 통해 서사의 감정을 더욱 효과적으로 전달한다. 그러나 일부에서는 문학이 다른 예술과 결합하면서 본래의 언어적 깊이가 희석될 수 있다는 우려도 제기된다.

<결론> 결과적으로, 문학과 예술의 융합은 창작의 새로운 가능성을 열어주며, 감각적으로 더욱 풍부한 예술적 경험을 제공한다. 시대적 변화에 따라 문학이 다양한 예술 형태와 결합하는 것은 필연적인 과정이며, 이를 통해 문학은 더욱 확장된 방식으로 독자와 관객에게 다가갈 수 있다. 하지만 문학적 본질을 유지하면서도 창작의 다양성을 추구하는 균형을 찾는 것이 중요하다. 앞으로도 문학과 예술의 융합이 지속적

으로 이루어지며, 새로운 형태의 창작이 탄생할 것으로 기대된다.

5. 예시 답안: 문학이 다양한 예술과 융합하는 과정에서 정체성을 유지하는 것은 충분히 가능하다. 문학이 영화화되거나 음악과 결합될 때, 원작의 주제와 감성이 유지되면서도 새로운 방식으로 확장될 수 있다. 예를 들어, 셰익스피어의 희곡은 연극으로 공연되면서도 원작의 언어적 아름다움을 그대로 간직하고 있다. 그러나 일부 문학 작품이 영화화되면서 원작의 깊이 있는 서사가 생략되는 경우도 있다. 따라서 문학과 예술의 융합은 신중한 접근이 필요하며, 문학적 본질을 유지하는 동시에 창작의 새로운 가능성을 열어가는 균형을 맞추는 것이 중요하다.

6. 예시 답안: <찬성> 문학은 시대에 따라 변하며, 다른 예술과 융합하는 것은 창작의 필연적 발전 방향이다. 영화, 음악, 미술 등과의 융합을 통해 문학은 더욱 다양한 감각적 경험을 제공하며, 현대인들이 더욱 쉽게 접근할 수 있도록 한다. 또한, 디지털 시대에 맞춰 문학이 다양한 매체와 결합하면 더욱 발전할 수 있다.

<반대> 문학은 본래 언어 예술이며, 다른 예술과 융합할 경우 본질이 약화될 위험이 있다. 문학은 독자의 상상력을 자극하는 특징이 있는데, 영화나 미술과 결합하면 이러한 개성이 사라질 수 있다. 또한, 지나친 시각적 요소가 추가되면 문학의 본래적 가치가 왜곡될 우려가 있다.

13. 빛나는 피라미드 - 고대 이집트의 우주와 영혼을 담은 신성함

◆ 비판적 사고 키워볼까요?

1. 정답: ⑤ 해설: ① 대피라미드는 고대 이집트의 종교적 신념, 수학적 지식, 그리고 자연과의 조화를 반영하는 복합적인 미학 원리를 통해 그 가치를 드러낸다. ② 피라미드의 경사각은 고대 이집트인들이 수학과 기하학에 대한 깊은 이해를 가지고 있었음을 보여준다. ③ 대피라미드는 주로 석회암과 화강암으로 건축되었으며, 이러한 재료는 내구성이 강해서 시간이 지나도 잘 보존되고 있다. ④ 피라미드는 나일강과 가까운 곳에 위치해 있으며, 이는 고대 이집트인들이 자연과의 관계를 중시했음을 추측할 수 있다.

2. 정답: ② 해설: 대피라미드를 포함한 피라미드 건축은 파라오의 권력을 상징한다. 이는 중앙집권적 통치체제를 강화했음을 알 수 있다. 따라서 대규모 건축

프로젝트는 사회의 계층 구조를 반영하고, 국가의 통합을 촉진한 것이다.

3. 예시 답안: 피라미드는 고대 이집트에서 죽음과 사후 세계에 대한 믿음을 반영하는 중요한 상징이다. 이집트인들은 죽음을 단순한 끝이 아니라 새로운 삶의 시작으로 여겼으며, 피라미드는 이러한 신념을 구체화한 구조물이다. 피라미드는 왕과 귀족의 무덤으로 사용되었으며, 그 내부에는 사후 세계에서 필요한 물품과 장식이 배치되었다. 이는 고대 이집트인들이 사후 세계에서의 삶을 준비하고, 영혼이 안전하게 이동할 수 있도록 돕기 위한 의도였다. 또한, 피라미드의 형태는 하늘로 향하는 계단으로 해석되며, 이는 영혼이 신들과 연결되는 통로로 여겨졌다. 이러한 요소들은 피라미드가 단순한 무덤이 아니라, 죽음 이후의 삶에 대한 깊은 믿음을 반영하는 상징적 구조물임을 보여준다.

4. 예시 답안: <서론> 대피라미드는 고대 이집트의 상징적인 건축물로, 그 웅장한 모습은 단순한 무덤 이상의 의미를 지닌다. 이 구조물은 주변 환경과의 조화로운 관계를 통해 자연과 상호작용하며 독특한 미적 가치를 창출한다.

<본론> 대피라미드는 이집트의 사막 지역에 위치해 있으며, 이곳의 기후는 주로 건조하고 뜨거운 특징을 가지고 있다. 이러한 기후는 피라미드의 건축 재료인 석회암과 화강암의 내구성을 높여주어, 시간이 지나도 구조물이 잘 보존될 수 있는 조건을 제공한다. 사막의 황량한 풍경 속에서 대피라미드는 그 대조적인 형태와 크기로 더욱 두드러지며, 이는 자연과의 대비를 통해 시각적 아름다움을 창출한다.

지형적으로 대피라미드는 평탄한 지역에 세워져 있어 안정성을 보장한다. 또한, 피라미드는 천문학적 요소와도 깊은 연관이 있다. 북쪽을 향해 정렬된 피라미드는 고대 이집트인들이 별과 태양의 움직임을 관찰하고 이를 건축에 반영했음을 나타낸다. 이러한 천문학적 정렬은 피라미드가 단순한 무덤 이상의 의미를 지니게 하며, 자연과의 깊은 연결을 보여준다. 나일강은 대피라미드와의 관계에서 중요한 역할을 한다. 나일강은 고대 이집트 문명의 생명선으로, 농업과 교통의 중심지였다. 피라미드는 나일강과 가까운 지역에 위치하여, 강의 범람이 가져오는 비옥한 토양 덕분에 주변 지역의 농업이 발전할 수 있었다. 이러한 농업의 발전은 피라미드 건설에 필요한 노동력과 자원을 제공하였으며, 피라미드가 세워진 지역의 경제적 기반을 형성했다. 나일강은 또한 고대 이집트의 신화와 종교적 상징으로 여겨졌으며, 이는 피라미드의 미적 가치와도 연결된다.

<결론> 대피라미드는 주변 환경과의 조화로운 관계를 통해 자연과 상호작용하며 독특한 미적 가치를 창출한다. 기후와 지형, 나일강과의 관계는 피라미드의 건축적 특성과 의미를 더욱 풍부하게 만들어 주며, 이는 고대 이집트 문명의 복잡성과 아름다움을 잘 보여준다.

5. 예시 답안: 첫째, 피라미드는 왕의 무덤으로서, 왕이 사후 세계에서 신들과 함께 영원한 삶을 누릴 수 있도록 설계되었기 때문이다. 이집트인들은 왕이 신의 화신이라고 믿었기 때문에, 그의 무덤은 신성한 공간으로 간주되었다.

둘째, 피라미드의 형태는 하늘로 향하는 계단처럼 보이며, 이는 영혼이 하늘로 올라가 신들과 연결된다는 상징적 의미를 지니기 때문이다. 이러한 구조는 사후 세계에 대한 믿음을 반영하며, 영혼의 안전한 이동을 돕는 역할을 했다.

셋째, 피라미드는 종교적 의식과 제사의 장소로 사용되었으며, 이집트인들은 피라미드 주변에서 신에게 기도를 드리고 제물을 바쳤기 때문이다. 이러한 활동은 피라미드를 신성한 공간으로 더욱 부각시켰다.

6. 예시 답안: <찬성> ①사회적 필요의 우선순위: 피라미드 건설에 사용된 자원과 인력이 농업이나 교육과 같은 기본적인 사회적 필요에 사용되었다면, 고대 이집트 사회의 전반적인 복지와 발전에 더 큰 기여를 했을 것이라는 주장이 있다. 이는 인구의 생활 수준을 향상시키고, 사회적 불평등을 줄이는 데 도움이 되었을 것이다. ②인력의 효율적 활용: 피라미드 건설에 동원된 대규모 인력은 다른 생산적인 활동에 활용될 수 있었을 것이다. 예를 들어, 농업 생산성을 높이거나, 교육과 기술 발전에 기여하는 데 더 효과적일 수 있다. ③자원의 지속 가능성: 피라미드 건설에 사용된 자원(석재, 노동력 등)은 한정된 자원이다. 이러한 자원을 지속 가능한 방식으로 활용하는 것이 중요하며, 피라미드 건설은 이러한 관점에서 비효율적이라는 비판을 받을 수 있다.

<반대> ①문화적 가치와 정체성: 피라미드는 고대 이집트의 문화와 정체성을 상징하는 중요한 유산이다. 이러한 건축물은 단순한 자원 낭비가 아니라, 사회의

통합과 정체성을 강화하는 역할을 했다고 주장할 수
있다. 피라미드는 이집트인들에게 자부심과 역사적
의미를 부여했다. ②경제적 효과: 피라미드 건설은 단
기적으로는 자원과 인력을 소모했지만, 장기적으로
는 관광 산업과 관련된 경제적 이익을 가져왔다. 이는
지역 사회에 일자리와 수익을 창출하는 데 기여했으
며, 경제적 발전을 촉진할 수 있다. ③기술 발전: 피라
미드 건설 과정에서 개발된 건축 기술과 공학적 지식
은 후속 세대에 전해져, 다른 건축 프로젝트와 사회
발전에 기여했다. 이러한 기술적 진보는 고대 이집트
사회의 발전에 중요한 역할을 했다고 볼 수 있다.

14. 유미주의

• 비판적 사고 키워볼까요?

1. 정답: ④ 해설: 유미주의는 예술의 자율성을 강조하
며, 사회적 문제나 도덕적 역할보다는 순수한 미적 가
치를 추구한다. 따라서 ④번 문항에서 "유미주의는
사회적 문제를 강조한다"는 설명은 본문의 내용과 일
치하지 않는다.

2. 정답: ③ 해설: 유미주의는 사회적 역할보다 형식과
미적 가치를 중시하며, 이는 현대 예술에서도 감각적
표현을 강조하는 흐름과 연결된다. ③번 문항에서 "유
미주의의 미적 강조와는 전혀 무관하다"는 설명은
사실과 다르며, 본문의 내용과 일치하지 않는다. 유미
주의는 현대 예술에서 디지털 아트, 건축, 디자인 등
다양한 분야에 영향을 미쳤으며, 감각적 몰입과 미적
조화를 강조하는 현대 예술 흐름과 연관될 수 있다.

3. 예시 답안: 유미주의는 예술이 특정한 사회적 메시
지를 전달해야 한다는 고정관념을 깨고, 순수한 미적
가치를 강조하는 흐름을 만들었다. 예를 들어, 오스
카 와일드의 『도리언 그레이의 초상』은 도덕적 교훈
을 배제하고, 미와 젊음에 대한 인간의 욕망을 극대
화하는 방식으로 유미주의적 표현을 보여준다. 또한,
미술에서는 제임스 애벗 맥닐 휘슬러의 작품이 감각
적 색감과 구도를 강조하여 시각적 아름다움을 극대
화한 사례로 볼 수 있다. 이러한 특징은 현대 예술에
서도 이어져, 디지털 아트와 디자인에서 색채와 형식
미를 강조하는 방향으로 발전했다.

5. 예시 답안: <서론> 예술은 시대적 흐름에 따라 다양
한 사조와 철학을 반영하며 변화해 왔다. 유미주의(唯
美主義)는 예술이 도덕적 메시지를 전달하는 것이 아
니라, 순수한 미적 가치를 추구해야 한다는 사상을

강조한 사조다. 19세기 후반 유럽에서 시작된 유미
주의는 문학과 미술을 비롯한 여러 예술 분야에 영향
을 미쳤으며, 감각적인 아름다움을 극대화하는 데 중
점을 두었다. 현대 예술에서도 이러한 유미주의적 요
소가 다양한 방식으로 반영되고 있으며, 디지털 아
트, 미디어 아트, 건축 디자인, 패션 등 여러 분야에서
그 흐름을 확인할 수 있다. 그렇다면 유미주의는 현대
예술에서 어떻게 계승되고 있으며, 어떤 방식으로 변
화하고 있을까?

<본론> 먼저, 유미주의는 문학, 미술, 건축, 디자인 등
다양한 예술 분야에 영향을 미쳤다. 19세기 후반 오
스카 와일드의 문학 작품은 도덕적 교훈보다 감각적
인 언어 표현과 형식미를 중시했으며, 화가 제임스 애
벗 맥닐 휘슬러는 구체적인 주제보다 색채와 구도의
조화를 통해 감각적 미적 경험을 강조했다. 이러한 유
미주의적 경향은 시간이 지나면서 다른 예술 분야
로 확장되었고, 현대 예술에서도 그 흐름이 지속되고
있다.

둘째, 현대 예술에서 유미주의적 요소는 디지털 아
트, 미디어 아트, 건축 디자인 등에서 반영되고 있다.
디지털 아트에서는 사회적 메시지보다 색채와 형태의
조화를 강조하는 작품이 증가하고 있으며, LED 조명
과 인터랙티브 기술을 활용한 미디어 파사드(media
façade)는 도시 건축물에 감각적 아름다움을 더하고
있다. 또한, 미니멀리즘 건축에서도 색감과 조형미를
강조하는 유미주의적 특징이 나타나고 있으며, 실내
인테리어에서도 불필요한 장식을 줄이고 형태와 색
의 조화를 통해 감각적 경험을 극대화하는 방향으로
발전하고 있다.

셋째, 현대 예술에서 유미주의적 철학은 단순한 미적
가치의 추구를 넘어서 새로운 형태로 변형·발전되고
있다. 과거 유미주의는 현실 도피적이라는 비판을 받
았지만, 현대에서는 감각적 경험을 통해 정서적 공감
을 유도하는 방식으로 변화하고 있다. 예를 들어, 패
션과 산업 디자인에서도 유미주의적 요소가 반영되
어 단순히 기능적인 목적을 넘어 감각적 아름다움을
극대화하는 디자인이 강조되고 있다.

<결론> 유미주의는 단순한 예술 사조가 아니라, 현대
예술에서도 감각적 경험과 형식미를 중시하는 방식
으로 계승되고 있다. 특히, 디지털 기술과 결합한 미
디어 아트, 건축, 패션 디자인 등에서 유미주의적 철
학이 현대적 방식으로 변화하며 지속적으로 활용되

고 있다. 과거 유미주의가 사회적 역할을 배제하고 순수한 미적 가치를 강조했다면, 현대 유미주의는 미적 감각을 극대화하면서도 시대적 요구를 반영하는 방향으로 발전하고 있다. 앞으로도 유미주의적 요소는 다양한 예술 분야에서 새로운 방식으로 적용되며, 감각적 아름다움을 강조하는 창작 방식으로 지속될 것이다.

5. 예시 답안: 유미주의는 현대 사회에서 긍정적인 영향을 미칠 수 있다. 사회적 메시지 전달을 강조하는 예술이 많아지는 상황에서, 유미주의는 순수한 미적 가치를 추구하며 새로운 창작의 방향을 제시한다. 디지털 아트나 건축 디자인에서도 유미주의적 형식미와 색채 조화가 반영되어 감각적 몰입을 극대화하는 작품이 많아지고 있다. 또한, 예술의 순수성을 유지하고 대중이 예술을 감상하는 방식에 새로운 시각을 제공하는 역할을 한다. 따라서 유미주의는 현대 예술의 다양한 발전을 촉진하는 데 중요한 역할을 한다.

6. 예시 답안: <찬성> 유미주의는 예술이 본질적으로 지녀야 할 가치인 '미'를 극대화하는 사조이다. 예술이 특정한 사회적 메시지를 강조할 경우, 창작의 자유가 제한될 수 있다. 유미주의는 예술이 순수한 감각적 경험을 제공해야 한다는 점을 강조하며, 창작자들이 도덕적·정치적 압박에서 벗어나 자유롭게 작업할 수 있도록 한다. 또한, 현대 예술에서 유미주의적 요소가 강조됨으로써, 예술이 더욱 다양한 방식으로 표현될 수 있는 기회를 제공한다.

<반대> 유미주의가 예술의 본질을 유지하는 필수 요소라고 볼 수는 없다. 예술은 단순히 아름다움을 표현하는 것이 아니라, 사회적 의미와 메시지를 담아야 한다. 유미주의가 강조하는 형식적 아름다움이 지나치게 강조될 경우, 예술이 현실과 유리되어 특정 계층만의 전유물이 될 위험이 있다. 또한, 사회적 문제를 외면하는 예술이 늘어나면 예술의 영향력이 약화될 가능성이 있다. 따라서 유미주의는 하나의 방향성이 될 수는 있지만, 반드시 필요한 요소라고 보기는 어렵다.

15. 파블로 피카소의 '게르니카'를 아십니까?
• 비판적 사고 키워볼까요?

1. 정답: ⑤ 해설: 피카소의 '게르니카'가 왜곡된 인물과 어두운 색조를 사용하여 전쟁의 공포를 극대화하고, 이러한 강렬한 표현이 관객에게 전쟁의 참상을 직접

느끼게 한다는 점을 강조한다. 이는 작품의 핵심적인 특징으로, 피카소가 의도한 감정적 반응을 효과적으로 전달한다.

2. 정답: ④ 해설: 피카소가 슬픔과 분노를 느꼈지만 그 감정을 작품에 고스란히 담지 않았다고 언급하고 있는데, 이는 피카소의 의도와 맞지 않는다. '게르니카'는 그의 감정을 강하게 표현한 작품으로, 전쟁의 고통과 비극을 시각적으로 전달하고자 했기 때문에, 슬픔과 분노가 작품에 담겨 있다고 보는 것이 적절하다.

3. 예시 답안: 게르니카는 파블로 피카소가 1937년에 그린 대형 유화로, 스페인 내전 중 독일 공군의 게르니카 폭격을 주제로 하고 있다. 이 작품은 전쟁의 참상과 인간의 고통을 강렬하게 표현하여, 전쟁의 비극을 상징하는 이미지로 자리잡았다. 피카소는 이 그림을 통해 전쟁의 잔혹함과 무고한 희생자들의 고통을 알리고자 했다. 게르니카는 단순한 미술작품을 넘어, 평화와 인권을 위한 상징으로 여겨지며, 전 세계적으로 전쟁 반대의 메시지를 전달하는 중요한 문화유산으로 평가받고 있다. 이 작품은 현대 미술의 중요한 전환점을 나타내며, 예술이 사회적, 정치적 이슈에 어떻게 영향을 미칠 수 있는지를 보여준다.

4. 예시 답안: <서론> 예술은 인간의 감정과 경험을 표현하는 강력한 도구로, 사회 문제를 알리는 데 있어 중요한 역할을 할 수 있다. 현대 사회는 다양한 문제에 직면해 있으며, 이러한 문제를 효과적으로 전달하고 공감대를 형성하는 것은 매우 중요하다. 예술은 복잡한 사회적 이슈를 단순화하고, 사람들의 감정을 자극하여 행동으로 이어지게 할 수 있는 잠재력을 지니고 있다.

<본론> 첫째, 예술은 감정적 연결을 구축하는 데 탁월하다. 예술 작품은 관객의 감정을 자극하여 문제에 대한 공감대를 형성할 수 있다. 예를 들어, 다큐멘터리 영화나 연극은 특정 사회 문제를 중심으로 한 이야기를 통해 관객이 문제의 심각성을 느끼게 한다. 이러한 감정적 경험은 관객이 문제를 더 깊이 이해하고, 이를 해결하기 위한 행동으로 이어질 가능성을 높인다.

둘째, 스토리텔링의 힘을 활용하는 것이 중요하다. 개인의 경험이나 특정 사건을 중심으로 한 이야기는 복잡한 사회 문제를 쉽게 전달할 수 있다. 예술가들은 자신의 작품을 통해 관객에게 문제의 본질을 전달하고, 이를 통해 관객이 문제에 대해 생각하게 만들 수

있다. 예를 들어, 특정 사회적 이슈를 다룬 소설이나 영화는 관객이 문제를 더 잘 이해하고, 이를 통해 사회적 대화가 촉진될 수 있다.

셋째, 참여형 예술은 관객의 적극적인 참여를 유도하여 사회 문제에 대한 인식을 높일 수 있다. 퍼포먼스 아트나 설치 미술과 같은 형식은 관객이 작품의 일부가 되도록 유도하여 문제에 대한 깊은 이해를 제공한다. 이러한 참여는 관객이 문제에 대해 더 깊이 생각하고, 자신의 의견을 표현할 수 있는 기회를 제공한다.

마지막으로, 소셜 미디어와의 연계를 통해 예술 작품을 널리 퍼뜨릴 수 있다. 디지털 시대에 소셜 미디어는 예술가들이 자신의 작품을 공유하고, 사회 문제에 대한 인식을 높일 수 있는 강력한 플랫폼이다. 해시태그 캠페인이나 온라인 전시회를 통해 사람들의 관심을 끌고, 대화를 촉진할 수 있다.

<결론> 결론적으로, 예술은 사회 문제를 알리는 데 있어 매우 효과적인 수단이다. 감정적 연결, 스토리텔링, 참여형 예술, 소셜 미디어 활용 등을 통해 예술은 사람들에게 문제의 중요성을 전달하고, 공감대를 형성할 수 있다. 이러한 과정을 통해 사회 문제에 대한 인식을 높이고, 실질적인 변화를 이끌어낼 수 있는 기회를 제공할 수 있다. 예술의 힘을 통해 우리는 더 나은 사회를 만들어 나갈 수 있다.

5. 예시 답안: 예술은 모든 분야에 적용될 수 있는 강력한 도구로 여겨진다. 예술은 창의성과 표현력을 통해 문제 해결, 커뮤니케이션, 그리고 인간 경험의 깊이를 탐구하는 데 기여한다. 예를 들어, 과학에서는 예술적 사고가 혁신적인 아이디어를 촉진하고, 기술 분야에서는 디자인과 사용자 경험을 개선하는 데 중요한 역할을 한다. 또한, 사회적 이슈를 다루는 데 있어 예술은 감정적 공감을 불러일으키고, 변화를 촉구하는 힘을 지닌다. 따라서 예술은 단순한 미적 경험을 넘어 다양한 분야에서 통합적 사고와 창의적 접근을 가능하게 한다.

6. 예시 답안: <찬성> ①예술은 대중에게 감정적으로 다가갈 수 있는 강력한 매체이다. 예술작품은 사람들에게 사회적 이슈나 정치적 상황에 대한 인식을 높이고, 이를 통해 변화를 촉구할 수 있다. ②예술은 관객에게 다양한 시각을 제공하고, 기존의 가치관이나 사회 구조에 대한 비판적 사고를 유도할 수 있다. 예술가들은 자신의 작품을 통해 권력 구조나 사회적 불평

등에 대한 질문을 던지며, 관객이 스스로 생각하도록 자극한다. ③예술은 특정 시대의 정치적 상황이나 사회적 갈등을 기록하는 중요한 수단이 된다. 예술작품은 그 시대의 정서를 반영하며, 후대에 중요한 역사적 자료로 남아 정치적 메시지를 전달하는 역할을 한다.

<반대> ①예술은 본질적으로 개인의 창의성과 표현의 자유를 중시한다. 정치적 메시지가 강하게 개입되면 예술의 자율성이 훼손될 수 있으며, 예술가가 자신의 진정한 감정을 표현하기 어려워질 수 있다. ②예술작품은 관객에 따라 다양한 해석이 가능하므로, 정치적 메시지가 명확하게 전달되지 않을 수 있다. 어떤 사람에게는 정치적 메시지로 해석될 수 있지만, 다른 사람에게는 단순한 미적 경험으로 여겨질 수 있다. 이로 인해 의도한 메시지가 왜곡될 위험이 있다. ③현대 사회에서 예술은 상업적 요소와 결합되는 경우가 많다. 이로 인해 정치적 메시지가 상업적 이익에 의해 희석되거나 왜곡될 수 있으며, 예술이 진정한 사회적 변화를 이끌어 내기 보다는 소비의 대상이 되는 경우가 많다.

16. 전통예술의 현대적 변화 - 판소리와 힙합의 조화

♦ 비판적 사고 키워볼까요?

1. 정답: ④ 해설: 풍류대장은 전통 음악을 원형 그대로 보존하는 것보다는 현대적인 감각을 더해 새로운 방식으로 표현하는 데 초점을 맞추고 있다.

2. 정답: ② 해설: 국악 퓨전 음악은 단순히 전통적인 판소리 형식을 유지하면서 힙합 리듬만 추가하는 것이 아니라, 멜로디와 표현 방식까지 현대적 요소를 가미하여 변화하고 있다.

3. 예시 답안: 판소리와 힙합의 결합은 전통 음악의 대중화를 촉진하는 중요한 요소가 된다. 기존에는 판소리가 어렵고 지루하다는 인식이 많았지만, 힙합과 같은 현대적 요소를 가미함으로써 젊은 세대가 친숙하게 다가갈 수 있는 계기가 마련되었다. 예를 들어, 국악 오디션 프로그램 풍류대장은 전통과 현대 음악을 결합하여 국악이 대중적으로 소비될 수 있도록 하는 역할을 한다. 또한, SNS와 유튜브를 통해 판소리 기반의 현대적 편곡이 인기를 끌면서 국악의 접근성이 향상되었다. 이러한 변화를 통해 전통 음악이 고유한 가치를 유지하면서도 시대적 흐름에 맞춰 변화하고 있으며, 이를 통해 국악이 더욱 폭넓은 사랑을 받을 가능성이 높아지고 있다.

4. 예시 답안: <서론> 전통 음악은 시대의 흐름에 맞춰 변화해야 지속될 수 있다. 특히, 판소리와 힙합의 융합은 전통과 현대의 조화를 이루며 새로운 음악적 시도를 가능하게 한다. 이러한 변화를 통해 전통 예술이 더욱 대중화될 수 있으며, 국악의 세계적 확산에도 긍정적인 영향을 미칠 수 있다.

<본론> 먼저, 판소리와 힙합의 융합은 전통 예술의 대중화를 촉진하는 역할을 한다. 국악 퓨전 밴드 이날치와 래퍼 릴보이의 협업이나, 소리꾼 박유민이 트랩 비트를 활용한 사례는 전통 음악이 현대적인 감각과 결합하여 새로운 매력을 선보일 수 있음을 증명했다. 또한, 이러한 시도는 전통 음악이 현대 대중문화와 소통할 수 있는 기회를 제공한다. 그러나 일부에서는 전통 음악이 변형되면서 본래의 가치를 잃을 수 있다는 우려도 제기된다. 이에 대해 전문가들은 전통을 유지하는 동시에 현대적 감각을 더하는 것이 전통 예술을 지속시키는 중요한 전략이라고 강조한다.

<결론> 결국, 판소리와 힙합의 융합은 전통 음악을 더욱 발전시키고 다양한 방식으로 확장할 수 있는 기회를 제공한다. 변화와 혁신이 없다면 전통은 점점 대중의 관심에서 멀어질 수밖에 없다. 따라서 시대적 흐름을 반영하면서도 전통의 본질을 유지하는 균형을 찾는 것이 중요하며, 이를 통해 전통 예술이 더욱 가치 있게 발전할 수 있을 것이다.

5. 예시 답안: 전통 음악과 현대 음악의 융합이 지속 가능하기 위해서는 전통성과 현대성의 균형을 유지하는 것이 중요하다. 단순히 현대적 요소를 추가하는 것이 아니라, 전통 음악이 가진 고유한 특징과 가치를 존중해야 한다. 예를 들어, 판소리의 즉흥성과 서사적 구조를 유지하면서도 현대적인 편곡과 리듬을 적용하는 방식이 필요하다. 또한, 이러한 융합 음악이 대중에게 친근하게 다가갈 수 있도록 적극적인 홍보와 교육이 이루어져야 한다. 국악을 쉽게 접할 수 있는 온라인 콘텐츠 제작이나 공연 기획도 중요한 역할을 한다. 전통 음악의 본질을 유지하면서도 시대에 맞는 변화를 수용하는 것이 지속 가능한 융합의 핵심이다.

6. 예시 답안: <찬성> 전통 음악이 현대적으로 변화하는 것은 필수적이다. 시대가 변화함에 따라 음악의 형태도 변해야 지속될 수 있다. 판소리와 힙합의 융합은 전통 예술을 더 많은 사람들에게 알리고, 국악이 세계적으로 확산될 기회를 제공한다. 젊은 세대가 전통 음악을 자연스럽게 접할 수 있도록 하려면 현대적인 요소를 결합하는 것이 필요하다. 또한, 전통 음악이 고유한 가치를 유지하면서도 현대적 감각을 더하면 더욱 풍부한 음악적 경험을 제공할 수 있다.

<반대> 전통 음악이 현대적으로 변화하는 것은 전통의 본래 가치를 훼손할 위험이 있다. 판소리와 같은 전통 예술은 오랜 시간 동안 계승되어 온 고유한 형식과 정신을 가지고 있다. 이를 지나치게 현대적으로 변형하면 본래의 정체성이 흐려질 수 있다. 또한, 대중성을 고려한 변형이 오히려 전통의 깊이를 약화시킬 가능성이 있다. 전통 음악은 원형 그대로 보존하고 교육을 통해 계승하는 것이 더 중요하다.

17. 탈의 마법 - 한국 전통의 춤과 이야기

• 비판적 사고 키워볼까요?

1. 정답: ④ 해설: ① 탈춤은 한국의 고유한 문화유산이다. ② 현대에 들어서 탈춤은 전통을 유지하면서 현대적인 요소를 접목하여 새로운 형태로 발전하고 있다. ③ 탈춤을 통해 사람들은 과거의 역사와 문화를 배우고, 재해석하여 계승한다. ⑤ 탈춤은 또한 한국의 다양한 축제와 행사에서 중요한 역할을 하며, 지역 사회의 결속력을 강화하는 데 기여한다.

2. 정답: ① 해설: 탈춤에서 탈은 단순한 소품이 아니라, 한국의 전통 문화와 사회적 맥락을 반영하는 중요한 요소이다. 각 탈은 특정 인물이나 성격을 상징하며, 이를 통해 사회적 계층과 인간의 다양한 면모를 표현한다.

3. 예시 답안: 탈춤은 한국의 전통 예술로서, 그 독특한 표현 방식과 사회적 메시지로 많은 가치를 지니고 있다. 그러나 현대 사회의 변화와 함께 탈춤의 보존과 현대화는 필수적인 과제가 되었다. 보존을 위해서는 전통적인 기술과 지식을 계승하는 교육 프로그램이 필요하며, 이를 통해 젊은이들이 탈춤의 의미와 가치를 이해할 수 있도록 해야 한다. 동시에 현대화는 탈춤의 형식이나 내용에 새로운 요소를 도입하여 관객의 관심을 끌고, 다양한 장르와의 융합을 통해 더 넓은 대중에게 다가갈 수 있는 기회를 제공해야 한다.

4. 예시 답안: <서론> 탈춤은 한국의 전통 공연 예술 중 하나로, 그 기원은 고려시대와 조선시대에 뿌리를 두고 있다. 탈춤은 단순한 오락을 넘어, 한국 사회의 역사와 문화, 그리고 정체성을 이해하는 데 중요한 역할을 하고 있다.

<본론> 탈춤의 역사적 배경은 한국의 정체성을 이해

하는 데 중요한 단서가 된다. 탈춤은 원래 무속 신앙과 관련된 의식에서 시작되었으며, 이후 사회적 풍자와 비판의 수단으로 발전하였다. 조선시대에는 양반과 서민의 삶을 조명하며, 사회의 부조리와 모순을 드러내는 역할을 했다. 이러한 역사적 맥락은 탈춤이 단순한 예술 형식이 아니라, 한국 사회의 복잡한 구조와 인간 관계를 반영하는 중요한 문화적 자산임을 보여준다. 탈춤의 다양한 캐릭터와 그에 맞는 탈은 각기 다른 사회적 계층과 인물의 성격을 표현하며, 이를 통해 관객들은 한국 사회의 역사와 문화를 깊이 이해할 수 있다. 또한, 탈춤은 한국의 전통문화와 가치관을 전달하는 중요한 매개체로 기능한다. 탈춤 공연은 관객들에게 사회적 메시지를 전달하고, 한국인의 정체성을 형성하는 데 기여한다. 예를 들어, 탈춤에서 다루는 주제들은 인간의 본성과 사회적 갈등을 반영하며, 이를 통해 관객들은 자신의 정체성을 되돌아보게 된다. 탈춤은 한국의 역사적 사건과 문화적 변화를 반영하고 있으며, 이러한 요소들은 한국인의 정체성을 이해하는 데 필수적인 요소로 작용한다. 특히, 탈춤은 공동체의 연대감과 전통을 강조하며, 한국 사회의 정체성을 더욱 공고히 하는 역할을 한다. 현대에 들어서 탈춤은 전통을 유지하면서도 현대적인 요소를 접목하여 새로운 형태로 발전하고 있다. 다양한 공연 예술과의 융합을 통해 탈춤은 젊은 세대에게도 큰 인기를 끌고 있으며, 이는 탈춤이 단순한 과거의 유물이 아니라 현재와 미래에도 계속해서 사랑받는 예술 형식임을 보여준다. 현대의 탈춤 공연은 전통적인 요소를 현대적인 감각으로 재해석하여, 관객들에게 새로운 경험을 제공하고 있다. 이러한 변화는 탈춤이 한국의 정체성을 이해하는 데 더욱 중요한 역할을 하게 만든다.

<결론> 탈춤은 한국의 정체성을 이해하는 데 필수적인 요소로 자리 잡고 있다. 탈춤은 한국의 전통문화와 가치관을 전달하는 중요한 매개체로서, 관객들에게 깊은 공감을 불러일으키고, 한국 사회의 복잡한 구조를 이해하는 데 도움을 준다. 따라서 탈춤은 한국의 정체성을 이해하는 데 있어 빼놓을 수 없는 중요한 요소로 자리매김하고 있으며, 앞으로도 그 가치는 계속해서 이어질 것이다.

5. 예시 답안: 한국 전통 공연 예술 중 탈춤과 비슷한 역할을 해온 예술 형태로는 판소리, 가면극, 농악, 그리고 전통 무용이 있다. 판소리는 한 명의 소리꾼이

긴 서사를 노래와 이야기로 전달하는 음악극으로, 민중의 삶과 감정을 표현하며 사회적 비판을 담고 있다. 가면극은 가면을 쓰고 공연하는 형태로, 다양한 캐릭터를 통해 인간의 본성과 사회의 모순을 풍자한다. 농악은 농촌의 축제에서 행해지는 음악과 춤으로, 공동체의 결속을 강화하고 농민의 삶을 기념한다.

또한, 전통 무용은 특정한 주제나 이야기를 담고 있으며, 부채춤이나 사물놀이와 같은 무용은 한국의 자연과 감정을 표현한다. 이들 공연 예술은 모두 탈춤과 유사하게 사회적 메시지를 전달하고, 한국인의 정체성을 형성하는 데 중요한 역할을 해왔다.

6. 예시 답안: <찬성> ① 탈춤은 한국의 전통적인 공연 예술로, 세대를 거쳐 전해져 오며 지역 사회의 문화적 정체성을 강화한다. 이를 통해 젊은 세대가 전통 문화를 배우고 경험할 기회를 제공한다. ② 탈춤은 공동체의 구성원들이 함께 참여하고 협력하는 활동이다. 공연 준비 과정에서의 협력과 공연 관람을 통해 지역 주민 간의 유대감이 강화되고, 공동체 의식이 고양된다. ③탈춤은 다양한 캐릭터와 이야기를 통해 사회적 이슈나 풍자를 담아내며, 이를 통해 공동체 내의 다양한 목소리를 표현할 수 있는 장을 제공한다. 이는 문화적 다양성을 존중하고 발전시키는 데 기여한다.

<반대> ① 탈춤이 현대 사회에서 상업화되면서 전통적인 의미와 가치가 퇴색될 위험이 있다. 상업적 목적이 우선시되면 공동체 문화의 본래 취지가 손상될 수 있다. ② 현대 사회의 변화와 도시화로 인해 젊은 세대가 탈춤에 대한 관심을 잃고 있다. 이로 인해 전통 문화가 점차 소외되고, 공동체 문화의 지속 가능성이 위협받고 있다. ③ 탈춤이 현대적인 요소와 결합되면서 전통적인 형태가 변형될 수 있다. 이러한 변화는 원래의 전통 문화를 유지하는 데 방해가 될 수 있으며, 공동체 문화의 정체성을 약화시킬 수 있다.

18. 현대 미술이 난해한 이유
◆ 비판적 사고 키워볼까요?

1. 정답: ③ 해설: 현대미술은 정해진 해석을 강요하지 않으며, 오히려 관객이 자유롭게 해석하는 것을 중요하게 여긴다. 따라서 3번 문항의 내용은 본문과 일치하지 않는다.

2. 정답: ② 해설: 본문에서는 현대미술이 시대의 흐름과 기술의 발전에 따라 변화하고 있으며, 새로운 형식

과 개념을 강조한다고 설명하고 있다. 그리고 전통적 재현에서 벗어나 다양한 표현 방식을 시도한다는 지문도 옳은 설명이다. 따라서 2번 문항이 가장 적절한 선택이다.

3. 예시 답안: 현대미술이 난해하다고 느껴지는 이유 중 하나는 작품의 개념적 특성이 강하고, 관객이 이해하기 어려운 경우가 많기 때문이다. 이를 해결하기 위해 첫째, 작가와 미술관은 작품의 의도를 쉽게 전달할 수 있도록 해설을 제공하는 것이 중요하다. 둘째, 관객들이 직접 참여할 수 있는 인터랙티브 전시나 체험형 전시를 늘려 감각적으로 접근할 수 있도록 해야 한다. 셋째, 교육 프로그램을 통해 현대미술의 개념과 역사를 쉽게 설명하는 기회를 마련하는 것도 도움이 될 수 있다. 이러한 노력을 통해 현대미술은 더 많은 사람들에게 친숙한 예술로 자리 잡을 수 있을 것이다.

4. 예시 답안: <서론> 현대미술은 기존의 예술 형식을 뛰어넘어 개념적이고 철학적인 요소를 강조하며 발전해 왔다. 전통적인 미술이 주로 현실을 재현하는 데 집중했다면, 현대미술은 개념과 메시지를 전달하는 방식으로 확장되었다. 하지만 이러한 변화는 일부 관객들에게 난해하게 느껴질 수 있다. 어떤 작품은 이해하기 어렵고, 작가의 의도를 파악하기 위해 배경 지식이 필요하기도 하다. 그렇다면 현대미술의 난해함은 예술 발전에 긍정적인 요소일까, 아니면 오히려 대중과 예술을 멀어지게 만드는 요인일까?

<본론> 현대미술의 난해함이 긍정적인 이유는 새로운 표현 방식을 도입하고, 관객이 작품을 단순히 감상하는 것을 넘어 깊이 있는 사고를 하도록 유도하기 때문이다. 전통적인 재현 방식에서 벗어나 다양한 실험이 이루어지면서 예술의 경계가 확장되었다. 또한, 난해한 작품은 관객이 스스로 해석하며 적극적으로 작품에 참여할 기회를 제공한다. 그러나 이러한 난해함이 부정적인 영향을 미칠 수도 있다. 난해한 현대미술은 대중이 쉽게 접근하기 어렵고, 일부 전문가나 예술계 내부인들만 이해할 수 있는 형태로 남을 가능성이 크다. 지나치게 난해한 작품은 관객과의 소통을 단절시키고, 예술이 소수만을 위한 영역으로 인식되게 만들 수도 있다.

<결론> 이러한 문제를 해결하기 위해 작품 해설을 제공하고, 교육 프로그램을 확대하는 등의 노력이 필요하다. 또한, 대중 친화적인 전시 기획을 통해 다양한 관객층이 현대미술을 접할 수 있도록 해야 한다. 현대미술의 난해함은 예술의 발전과 다양성을 위한 중요한 요소지만, 대중과의 소통이 함께 이루어져야 한다. 따라서 예술성과 접근성의 균형을 맞추는 것이 현대미술이 지속적으로 발전하는 데 중요한 역할을 할 것이다.

5. 예시 답안: 예술 작품이 반드시 명확한 메시지를 전달해야 한다고는 생각하지 않는다. 예술은 감성적이고 주관적인 경험을 제공하는 것이 중요하며, 관객마다 다른 감상을 할 수 있기 때문이다. 특히 현대미술은 단순한 시각적 아름다움을 넘어 철학적, 개념적인 요소를 담고 있어 다양한 해석이 가능하다. 물론 일부 작품은 사회적 메시지를 직접적으로 전달해야 할 필요가 있을 수 있지만, 모든 작품이 명확한 의미를 가져야 한다면 예술의 창의성과 자유로운 표현이 제한될 수 있다. 따라서 예술은 정해진 답이 아닌, 다양한 해석이 공존할 수 있는 공간이어야 한다.

6. 예시 답안: <찬성> 현대미술은 전통적인 예술 개념을 넘어 새로운 사고방식을 제시하는 역할을 한다. 난해한 작품은 단순한 시각적 아름다움을 넘어 사회적, 철학적 질문을 던지고 관객이 스스로 생각할 기회를 제공한다. 또한, 난해한 예술은 기존의 틀을 깨고 새로운 형태의 표현 방식을 모색하는 데 기여한다. 예술은 반드시 쉽게 이해되어야 하는 것이 아니라, 다양한 방식으로 관객과 소통하며 사고의 확장을 유도하는 역할을 할 수 있다. 따라서 난해한 현대미술은 예술의 가치를 더욱 높이는 요소가 될 수 있다.

<반대> 예술이 난해할수록 가치가 있다는 주장은 예술이 대중과 멀어질 위험을 감수해야 한다는 의미가 될 수 있다. 모든 사람이 예술을 감상하고 이해할 권리가 있지만, 난해한 작품이 많아질수록 일부 계층만이 즐길 수 있는 한정된 문화가 될 가능성이 크다. 예술이 사회적 메시지를 담고 있다면, 많은 사람들에게 쉽게 전달되는 것도 중요한 요소이다. 따라서 예술의 가치는 난해함이 아니라, 얼마나 많은 사람들이 공감하고 소통할 수 있는지에 따라 결정될 수 있다.

저자가 작업한 주제 분류

인문편
1. 한옥의 특징과 현대적 가치 (조찬영)
2. 맥주, 문명의 물결을 일으킨 황금 액체 (이지혜)
3. 독서가 뇌과학에 미치는 영향 (조찬영)
4. 스니커즈 - 운동화에서 문화 아이콘으로, 발끝에서 시작된 세상 정복기! (이지혜)
5. 고전문학의 현대적 재해석 (조찬영)
6. 새로운 균형을 찾아서 - 피아제와 아동 인지의 비밀 (이지혜)
7. 동서양 철학의 만남과 융합 (조찬영)
8. 파라다이스와 지옥 사이 - 도파민 중독의 역설 (이지혜)
9. 심리적 탄력성 - 실패와 스트레스를 다루는 능력 (조찬영)
10. 역사는 우리의 뿌리이자 미래를 비추는 거울 (조찬영)
11. 죽음이 가르쳐주는 삶의 진정한 가치 (조찬영)
12. 돌봄의 예술 - 사랑으로 엮는 사회의 연결고리 (이지혜)
13. 사고의 틀을 확장하는 언어 (조찬영)
14. 브리타니의 선택 - 존엄한 작별을 위한 자유의 길 (이지혜)
15. 인간과 자연의 상호의존성 (조찬영)
16. 기억의 마법 - 첫인상과 마지막 인상이 남기는 흔적 (이지혜)
17. 자조의 힘 - 스스로 돕는 자들이 만든 근대 한국의 이야기 (이지혜)
18. 초저출산 시대, 우리 미래는 어떻게 될까? (이지혜)

예술편
1. 거울 속으로 - 베르사유 궁전의 역사와 아름다움 (이지혜)
2. BTS와 국악의 콜라보, 전통과 현대의 조화 (조찬영)
3. 스기모토 히로시 - 시간과 존재를 포착한 사진 예술의 경계 (이지혜)
4. 인체 해부학과 르네상스 화가들 - 예술과 과학의 융합 (조찬영)
5. 움직임의 마법 - 키네틱 아트로 만나는 새로운 경험 (이지혜)
6. 예술과 인공지능, AI가 그린 그림은 예술일까? (조찬영)
7. 우륵과 가야금 - 한국 전통 음악의 심장과 영혼 (이지혜)
8. 공공미술과 사회 변화 - 그래피티 예술, 도시를 바꾸다 (조찬영)
9. 신발이 걸린 나무 - 슈즈트리의 이야기 (이지혜)
10. 세계가 주목하는 K-예술 (조찬영)
11. 우륵과 가야금 - 한국 전통 음악의 심장과 영혼 (이지혜)
12. 문학은 종합예술이다. (조찬영)
13. 빛나는 피라미드 - 고대 이집트의 우주와 영혼을 담은 신성함 (이지혜)
14. 유미주의 (조찬영)
15. 파블로 피카소의 "게르니카"를 아십니까? (이지혜)
16. 전통예술의 현대적 변화 - 판소리와 힙합의 조화 (조찬영)
17. 탈의 마법 - 한국 전통의 춤과 이야기 (이지혜)
18. 현대 미술이 난해한 이유 (조찬영)